U0092969

理律法律叢書

入國之禮

憲法變遷的跨越

李念祖 著

 三民書局
財團法人理律文教基金會
LEE AND LI FOUNDATION

國家圖書館出版品預行編目資料

人國之禮：憲法變遷的跨越 / 李念祖著.－－初版一
刷.－－臺北市: 三民, 2012
　　面；　公分.－－(理律法律叢書)

　　ISBN 978-957-14-5733-8　(平裝)

1.中華民國憲法 2.憲政主義 3.文集

581.27　　　　　　　　　　　　　　　101020338

© 　人國之禮
　　　──憲法變遷的跨越

著 作 人	李念祖
發 行 人	劉振強
發 行 所	三民書局股份有限公司
	地址　臺北市復興北路386號
	電話　(02)25006600
	郵撥帳號　0009998-5
門 市 部	(復北店) 臺北市復興北路386號
	(重南店) 臺北市重慶南路一段61號
出版日期	初版一刷　2012年10月
編　　號	S 580630

行政院新聞局登記證局版臺業字第○二○○號

有著作權‧不准侵害

ISBN　978-957-14-5733-8　（平裝）

http://www.sanmin.com.tw　三民網路書店
※本書如有缺頁、破損或裝訂錯誤，請寄回本公司更換。

理律法律叢書序

　　1999 年夏，理律法律事務所捐助成立財團法人理律文教基金會。理律法律事務所長期致力於社會與文教公益事務，成立基金會，是為了更有系統、有效率，也更專注、持續地將理律的資源運用到公益服務上，這是理律善盡企業社會責任的具體實踐。

　　理律法律事務所創立於 1960 年間，在數十年提供專業服務的過程中，深感提倡法治觀念於社會的重要性。法治觀念若未根植，不僅守法精神難以落實，立法闕漏、乃至執法失當，也在所難免。凡此種種，對從事法律工作者而言，不僅增加了業務負擔，也斲傷了法律的理想與尊嚴；就社會而言，法律制度非但未能定紛止爭，甚且成為公義的障礙，毋寧是極大的諷刺。

　　有鑑於此，本基金會乃以提倡及宣導法治為宗旨，舉辦或贊助法治議題之座談、研討與學術論文，並出版相關之叢書或刊物；在贊助法律人才之養成方面，除了設置獎助學金，贊助法律學生之學習與競賽活動以外，每年並舉辦兩岸「理律盃」校際法律學生模擬法庭辯論賽，結合學生課堂上與實務上的學習，多方面協助推廣法治教育，期能有助於培養法律人才的寬廣視野與專業能力。

　　在學術界與實務界廣泛投注心力下，法學論著及刊物可謂汗牛充棟，惟社會的演進瞬息萬變，法律議題的新興領域有如雨後春筍，實務變化與特殊案例亦與時俱增，徒生難免有應對維艱梗概之歎，胥賴學術界與實務界本諸學理或經驗攜手共進，分享知識泉源。基於此一認識，本基金會忖將理律法律事務所同仁提供法律服務歸納的心得，加上在法律學院所擔任教席、講授法律課程累積的材料，以及參與法律政策的研究分析，佐以相關法律之最新理論與國際立法趨勢，集腋成裘。此外，理律舉辦或贊助專

題研討會的成果，由與會賢達共同編纂之書冊（例如前曾與政治大學傳播學院定期共同舉辦「傳播與法律」系列研討會，出版一系列傳播法律知識之書籍，先後約有 10 年），亦循適當規劃列入「理律法律叢書」。

　　理律法律叢書將理律在實務上累積的知識資源提供予有意修習相關課題的讀者參考，並藉此拋磚引玉，邀請法律界先進賜教。深盼假以時日，本基金會的努力對於法治的提昇有所助益。

財團法人理律文教基金會　謹識

2012 年 6 月

推薦序

本書作者李念祖，民國六十年代就讀臺灣大學法律研究所時曾隨余撰寫碩士論文，並擬以我國憲法上關於臨時條款之地位為題目，按處當時政治環境，討論此項問題，求其公允，甚不易為，故曾建議可再斟酌。念祖頗有自信，認能處理。余指導論文，素來重視學生自己志趣，遂維持其原題。不過論文口試時，確遇困難，幸能通過。最堪引以為慰者，論文公開後，曾獲前輩學者林紀東先生之認同，並加引用。彼時起，余即許念祖治學頗有「膽識」。有膽則能勇，有識則能辨。證諸念祖以後在學術方面之發展，益信所許非虛。

按念祖在國內及美國深造學成，即入理律法律事務所為執業律師。同時一直在各大學法律系及研究所兼課，並常有學術專論發表，均以憲法領域為主。嘗謂教書多年，深感學生對來自西方之憲法制度及其思想背景總有隔閡。自忖或係因西方憲法本在規範個人與政治權力掌握者間之關係，與中國傳統文化無何關聯所致。因而對此一疑問不斷關注。終於使其研究學問之興趣兼及中國法律之歷史，亦即中國法律思想與法律制度之發展過程。尤其自2001年以後上海博物館對出土之戰國竹簡加以整理付印，念祖隨即深入研究，希從確實古籍之相關記載，得以發現古代有無近似西方憲法或憲政思想之雛形或痕跡。

本書係集文而成，書名分主副。主名為「人國之禮」，依作者自序說明，即在試圖藉原本之中國語言，表明來自西方之「憲法」此一譯名，進而探討中國傳統文化中有無西方「憲法」之觀念及制度。可知本書之基礎與重心或即在此。書成，作者請余作序，乃即以書之此一基礎或重心為主要對象。

對「人國之禮」之用語，念祖有進一步之解說。簡言之，先秦之世以「禮」稱倫理關係或人際關係，較「法」之偏於「刑」者為妥適；憲政思想與制度不能脫離「個人」之保障，「人」字較古代多用集「眾人」之「民」字更為

相宜；而以「國」代「君」以代表最高權力之所在，可超越時空兼及古今。

　　作者藉「人國之禮」以探索古代中國有無近似憲法及憲政思想之觀念，實際上係以戰國楚竹簡中孔子與弟子子夏議論「民之父母」之對話及孟子對「民之父母」深一層之闡釋為根據。亦即先秦時代，無君主與人民直接關係之「禮」，借用父母子女間血緣之親而有君「為」「民之父母」之說，進而乃有君「應為」「民之父母」，與如何「始能為」「民之父母」以及如何即「不配為」「民之父母」等之議論。由此足見掌權之君主與人民之關係，並非全無規範可言。念祖為作此推論，廣引我國歷代經典文獻、民國以來各方面學者著作及近年中共大陸地區諸多研究人員之有關論述，分別加以探討與評介。凡此均可見念祖本其有膽有識之治學態度，勇於探索問題，不計艱難，致力集備可得之知識，選精擇要。從此循序漸進而得如下之結論。

　　亦即作者肯定古代以降之傳統文化中，確有憲法及憲政思想之芽苗或雛形。換言之，古今縱可分界，卻並無不能貫通之障。如以君為「民之父母」為例，君主與人民之關係中，已有君主承擔義務之觀念。至於如何能期傳統文化中君主之義務觀轉成人民之權利意識，尤其「個人」之權利意識，作者坦承尚須致力另作研究與探討。

　　又本書原有一副題為「憲法變遷的跨越」，書之內容亦分三部分，即所謂「古今的跨越」、「國家的跨越」及「權力的跨越」。除第一部分即本序之主要內容外，後二部分中，其一係處理移民及外國人基本人權之保障，強調二者均已超越國界而趨國際化。其二則係處理在臺灣掌握權力之總統或個人已為憲法及憲政取代之經過，以及中華民國憲法之現況與前景。此二部分之主旨，凡熟悉我國憲法變遷歷史及現代西方憲法與憲政思想者均不難認知與了解。本書簡序乃不一一論及。

馬漢寶於台北思上
書屋
民國一百零一年八月

自　序

　　本書是一本文集，一本或許應該歸類於憲政史範疇的文集。「人國之禮」，則是作者試圖藉用中文原生語言表達「憲法」的詞彙。

　　作者從解嚴前後，於上庠講授本國憲法與美國憲法課程，已歷二十五個寒暑。雖然授課時多少需要介紹成文憲法與民主憲政的發展歷史，但起初並不曾特別從憲政史學的角度從事研究。若干年後，從課堂上學生的反應漸漸產生一種體會，學生們並非不能理解或接受授課的內容，也不是對於憲法不感興趣，但是好像總有一層看不見的帷幕擋在那裡；無論如何強調，學生們似難對於憲政思想深切認同，也缺乏感動，更不會普遍意識到，憲政思想與其個人之間，具有極其重要的關聯。這當是一種文化現象，或許是因為憲法的觀念，與刑罰的觀念不同，不是原來就已埋在中文文化語言脈絡裡的觀念，並未隨著語言學習的過程，即為中文的使用者普遍理解其真意。更基本的原因，可能隱藏在憲法一詞只是清季末年的舶來品這個歷史事實之中；在未與本身的文化體系接榫之前，人們很難藉助原生的語言體會它在人文社會之中的位置或是真正的意涵。

　　不妨如此想，在先秦百家爭鳴，各種思想奔放激盪的年代，如果憲法的觀念出現了，它會以什麼樣的詞彙，為人們所理解？憲法，本是個人與政治權力掌握者之間的規範；政治權威需要規範，在古代東方不可能是從未出現過類似的觀念。先秦時期，足以拘束權力者的規範是「禮」，雖然位居「予一人」位置的君王與個別庶民之間並無成套可用之禮，君王卻以民之父母的稱號與姿態出現，上下數千年而無改變。民之父母，就是當時的人國之禮，也就是原生憲政思想的胚胎。本書第一部分即在試圖回到先秦，特別是儒家的思想源頭，探討「民之父母」作為描述且

規範君民關係的觀念，與西方憲政思想之間的差距，以及兩相接榫與合流的可能圖象，其目的則在思索並顯示兩者之間未必存有不可跨越的觀念障礙。本書所以用「人國之禮──憲法變遷的跨越」冠名，亦就是在指述，憲法的觀念，並非不能於儒家社會人文思想中立足。從無到有的可能性，確實存在。

　　相較於第一部分著重於思想史上的窮本溯源與時間跨越，本書第二部分則是著眼於憲法在世界法治發展體系中的功能性地位。也就是基於憲政主義係將單位個人的保障引為核心的價值，來思考個人於全球之地域間流動，特別是在兩岸之間具有明顯差異的現實環境之中，必須跨越地域侷限，鬆動主觀權念，服膺人權保障之普世價值的道理。在時間與空間交織的變動中，憲政思想的發展軌跡，也隨著全球化而前進，毋寧無可避免。

　　本書第三部分則是聚焦於中華民國憲政體制六十餘年的歷史經驗。中華民國憲法是二次戰後舉世最高齡的憲法之一。憲法法典甚為年長，憲政卻似青春正盛。第三部分各篇論述的重心，在於觀察因憲法法典存在而能從專制社會文化中培養出民主憲政體質最要緊的關鍵，亦即終身在位甚至於世襲的「予一人」國家元首，如何轉變成為任期固定而可以經常輪替的有限權力職位。中華民國可以在六十餘年的憲政歷程中，成功地渡過此一轉換所面臨的文化調整，所經歷及克服的挑戰，還有其中的制度理由，均是作者行文的關切所在。

　　總的來看，雖然臺灣原來似乎不是憲政發展的沃土，但是誕生時即不為人看好的憲法法典畢竟產生了作用，而且頗具前景；或可引人深思，傳統的思想未必盡是阻力，一無是處；西方傳來的典章制度，亦未必盡是只有抄襲模仿，而無自然生成的部分。中華民國憲法橫跨地域與制度變遷的背後，既然同時埋藏著傳統思想與舶來憲政文化的長期發展與變化作用，其間的交互激盪，即是本書各文所描繪、在華人社會中向未之見，頗有成就卻又尚難謂為足夠成熟的憲政史實。

　　本書問世，作者感謝恩師馬漢寶教授惠允賜序，施予鞭策，也要感

謝理律文教基金會的李光燾老師、陳長文老師、李永芬學長、李家慶律師、范鮫律師、高于婷小姐以及許多理律同仁長期鼓勵支持，還有三民書局高水準的專業編輯校訂工作。本書如果還有任何不到之處，均是作者一人的責任，敬請方家先進不吝指正。

2012 年 6 月

人國之禮
憲法變遷的跨越

目　次

理律法律叢書序

推薦序

自　序

❀一、古今的跨越

　◆「人」、「國」之禮

　　——憲政主義與中國政治傳統思想的對話　　003

　◆「民之父母」與先秦儒家古典憲政思想初探

　　——從上博楚竹書簡文談起　　009

　◆「民之父母」與「始作俑者」之先秦儒家

　　憲政思想端緒論稿　　057

　◆「民之父母」,「其無後乎」?

　　——論先秦儒家古典憲政思想的進度與限度　　099

❀二、國界的跨越

　◆移民身分與基本人權　　189

　◆論我國憲法上外國人基本人權之平等保障

　　適格　　215

◆ 兩岸關係中的人性價值

　　──從普世人權作為兩岸間的共同追求談起　　243

◆ 超國界法律研究裡憲法的位置　　253

三、權力的跨越

◆ 憲政發展中我國總統權力的演變　　277

◆ 憲政主義在臺灣的發展與政治影響

　　──憲法取代國王權威的半世紀回顧　　297

◆ 逆水行舟的憲政

　　──臺灣解嚴二十年回顧憲法來時路　　315

◆ 中華民國憲法長壽的體制原因　　379

名詞索引　　389

大法官解釋索引　　396

一、古今的跨越

「人」、「國」之禮
——憲政主義與中國政治傳統思想的對話*

　　在中國的傳統思想中，儒家與法家常被視作對立的思想，而且儒家長期被認為是主流；法家則常被看作是旁道，甚且是末流。儒家重禮；法家重權、重術、重勢、重刑。依儒家的傳統觀念，出禮即入刑，「法」乃被定位於制裁的工具，使人畏懼，也不是治國的常道，只在不得已的情形才用。如果用得多了，用得濫了，那是濫刑，有傷德治，不是正確的治國之道。這些思想，其實都有深刻的道理存在，到了 21 世紀的今天，未必站不住腳。但是，傳統的儒家思想遇上了西方憲政主義的法治思想，卻似乎產生格格不入的觀感，其故何在？

　　一個很大的問題在於，雖然現代研究儒家思想的學者，都可同意「禮」其實就是現代的「法」，但一般中國人聽到「法治」甚或「憲法」等詞彙之中的「法」字，卻容易誤將它當成「刑」或「制裁」的代名詞，或者將它與法家《商君書》〈開塞〉所說：「勝法之務，莫急於去姦；去姦之本，莫深於嚴刑」的法意識相連結，或者想當然耳地假設它與中國傳統思想主流以及倫理道德觀念，難相契合，於是聽不明白、也不理解現代憲政主義所欲傳達「保障人權」的訊息與道理。加上「人權」似乎也是中國傳統政治思想中缺乏的一種概念，問題就變得更加困難了。這樣的誤解或認知差距，對於中國走向憲政主義，實是一種根本性的障礙。

　　憲法，其實完全不是制裁人民的戒律，而是治國者的守則，一種用來約束治國者以保障每一個個人的行為準繩。用中國傳統的語言來理解，與其說憲法是一種法家的「法」，毋寧該說是一種儒家的「禮」；此「禮」無以名之，不妨稱之為「人」、「國」之禮（或「民」、「國」之禮）。

*本文原刊載於《憲政思潮》，頁 158–164，復刊第 1 期（2001 年）。

　　禮，用今天的話說，是生活的規範，是行為的規矩，也就是人倫的秩序。《孟子》〈滕文公〉將它歸納為五種基本的人際關係，講究「父子有親、君臣有義、夫妻有別、長幼有序、朋友有信」，如果不在五倫之中，或者就是陌路，或者就要比附援引。例如師生關係，是中國人極其講究重視的一種人際關係，因為不在五倫之中，即要借用父子關係來說明，於是民間就有所謂「一日為師，終生為父」的說法。

　　傳統的語言，將五種人際關係倫理秩序以「禮」名之，用今天的話語，「禮」其實就是「法」。五種人際關係的定位，決定了每一種關係裡的人所應該遵循的行為準據法則。是父子關係，就要父慈子孝，是兄弟關係，就該兄友弟恭。這些對應的關係，都有相對的義務，不但是行為的準據法，還根本形成了中國人根深蒂固的是非觀念。西方人所說的 right or wrong，在中國語言中是「是」與「非」，「對」與「錯」。right 或 wrong 是相對的觀念，但分開來看的時候，卻可能是絕對的，就像「善」、「惡」或是「好」、「壞」一樣。「是」與「非」，「對」與「錯」，各自分開來看的時候，仍然是相對的。沒有兩個對應的主體存在，根本不能成立是不是、對不對的觀念。兩者相合才是「是」，才是「對」應。兩不相合，就是「非」，就是「錯」置。中國人的是非觀念，牢不可拔地植基於相互對應的人際關係之中。《禮記》〈曲禮〉有云：「夫禮者，所以……別異同，明是非。」每一種人際關係裡的人，行為合乎禮，也就是合乎「是」或「對」的標準。所以，中國人說道歉的方法，就是「『對』不起」，或者「失禮」，意思是說：當我偏離了對應於特定關係的行為尺度，就不合乎禮而該向你說「對不起」的時候了。至於到底什麼是應該適用的「禮」，則要視兩人間是什麼關係而定。這正是中國人初見面要先敘「關係」的原因。敘定了關係，才找到了兩者之間應該適用的禮，也就是「準據法」，也才能決定我該盡什麼樣的義務，以及可以期待對方盡什麼樣的義務。

　　舉一個西方人不易理解的例子。西方人與中國人做生意，初見面時，中國人總是盛情招待，不願意逕自坐下談判契約的內容，等到熟絡了，才願意簽約，簽約時可能連內容都未閱讀就簽字了。簽約之後，卻又常常要

求重新討論契約的內容，加以修改，或是爭執已簽的契約內容不公平，要求重寫契約。西方人有時不免認真的懷疑：「這是不是中國人一貫的商業伎倆？」其實這種看來荒唐的舉動並非完全不可用中國人的禮治觀念加以理解。對許多中國人而言，不相認識的陌生人之間，沒有準據法，難以談交易、做生意；乃應先相互交往、認識，才能建立朋友關係；確立了朋友關係，就要講信用，就有了準據法，就可以做生意了。簽訂契約，對中國人而言，可能只是雙方認同基本關係的象徵表示而已。傳統觀念中的契約，有時只是一種信物，一塊木頭刻上字就稱之為「契」（此一觀念早見於〈尚書序〉中）。契剖為兩片，雙方各執一半，執契者再見面將契相互合致的時候，就該記得將契剖開時談過的信誓約定。中國人簽約的時候，表示已將對方認做朋友。朋友之間，講究信義；不讀厚厚的契約，有時或是信賴對方既是朋友，必不欺我，甚至可能假設對方不會把不合朋友之道的條件寫入契約。簽約之後，認為內容有異要求修改，則往往是認定不公平的條件不合朋友之道，而且以為：如果真是朋友，當然應該講究平等的義氣，不會不肯調整不合理的契約內容。中國的商人，禮敬關公、講究四海之內皆是朋友、信義行遍天下才會生意興隆，都不是沒有原因的。此與西方人即使在陌生人之間，亦可以憑藉曾經仔細談判、內容鉅細靡遺的契約，拘束雙方作為交易的基礎，其實是不同的方法、不同的哲學。

在五種人倫關係之中，朋友是最為（也可能是僅有的）平等的人際關係，但也是較為疏遠的關係，不如父子、夫妻、兄弟三種關係來得親近。深受「親疏有別」觀念影響的中國人，常常不以朋友關係為滿足。這就產生了義結金蘭的心理基礎。朋友結拜的意思，是要將朋友關係提升為更親近的兄弟關係。一成兄弟，即敘長幼，準據法隨之改變，但同時即不再以「平等」的觀念相互拘束。平等的人際關係，較不為中國人所重視，也就其來有自。中國人好敘年齒，其實是在分別長幼，尋找適用的準據法。

儒家所建立的禮法系統，西方的漢學家稱之為一種有機結構主義(organicism) 的宇宙觀❶，在西方或僅有早期的亞里斯多德哲學可相媲美，

---

❶ D. Bodde, CHINESE THOUGHT, SOCIETY, AND SCIENCE (Univ. of Harvard

卻與現代科學的發展有其不謀而合之處❷。

　　回頭來看憲法所規範的關係。憲法所要規範的人際關係，乃是權力掌握者與人民，特別是與個別人民的關係。「中華民國」中的「民國」，指的該是由人民組成的國；「中華人民共和國」的用意，也應該相若（中華人民共和國因為還要強調共黨及工農領導專政，就發生了如何給「人民」下定義的問題）。憲法所要規範的，就是這樣一層關係。用傳統的中國語言來說，憲法所要設定的，原是作為個別的「人」與集體構成權力所在的「國」之間應有的關係，也就是「人」、「國」之禮。「人」、「國」之禮，也不妨稱之為「民」、「國」之禮。但用「人」與「國」對稱，比較彰顯西方對「人」的概念；如果用「民」與「國」對稱，或許更接近中國傳統對稱詞性的用法。不過，稱「民」比較帶有「主權意識」，也易引起係指集體稱呼的誤會；稱「人」，則比較中性，可以凸顯人的個別性，本文姑且用「人國之禮」一詞。

　　「人」、「國」之禮或「民」、「國」之禮，不在五倫關係之中，它與「君臣」關係有所不同。「君臣」規範君與臣的關係，並不直接規範「君」與「民」的關係。君臣有義，用現代的話說，講的是長官與僚屬的關係，長官（就是君）要照顧僚屬（就是臣），給予地位財富（分封），僚屬則要效忠長官，這或許是某種最原始的公務員法了。羅貫中所著廣泛流傳民間的《三國演義》桃園結義的故事中，關、張先以兄長事劉，終以臣僚事劉，三人的關係從朋友而兄弟，從兄弟而君臣，準據法也隨之改變。「君」與個別的「民」並無直接的關係，個別的「民」與「君」要發生關係，每每先要建立「臣」的身分，成立君、臣關係。古代稱之為「策名委質」；中國民間流行的戲劇中呈現平民初見君王，期待封爵（俗稱「討封」），不過就是要正君臣的名分或關係、確立準據法而已。君民不必發生直接關係，臣與民卻不免要發

Press, 1991), 94–203; J. Needham, SCIENCE AND CIVILISATION IN CHINA II (Cambridge Univ. Press, 1956), 286–287.

❷　D. Bodde, CHINESE THOUGHT, SOCIETY, AND SCIENCE (Univ. of Harvard Press, 1991), 368.

生關係，五倫之中，又無此關係，於是借用父子關係加以對應，也就是「愛民如子」，「父母官」等等的說法。此種說法，或係始自《詩經》之〈南山有臺〉：「樂只君子，民之父母」❸、〈泂酌〉：「豈弟君子，民之父母」或《尚書》〈洪範〉中「天子作民父母，以為天下王」等語。而這層關係一旦建立，不但宗法封建的觀念架構即可長期隱然存在，誠正修齊治平的哲學，也就更為順理成章。不過，真正環繞在君王四周，與君之間發生直接關係的是臣。若臣子想要告老退隱，其實是含蓄地脫逸君臣關係，雙方將要形成陌路；而當國君禮聘在野遺賢出仕，乃是君王主動地要建立君臣關係，謝絕出仕的人，則是謝絕建立君臣關係，也就是要與君王續為陌路。這兩種情形，都隱含著對於君主的否定，乃都可能招來殺身之禍。中國的經典，無論儒家或法家，雖有極多教導君王如何對待人民的篇章，但其中的君與民，基本上是一君對萬民，民是集體的存在，並不是君民之間個人與個人的對應關係。像上述《尚書》中「天子作民父母」的說法，即不例外。

君與民個別之間，沒有可資對應之禮，不生直接關係，從現代的眼光來看，就是未定「人」、「國」之禮。憲法作為一種「人」、「國」之禮，正可以補足五倫關係中這一部分的欠缺。至於「臣」與「民」（也就是「官」與「民」）甚或君民之間借用父母關係，也無非是一種誤置的關係。無論是「君」是「官」，作為人民擬制的父母，與有血緣之親的真正父母子女關係，當然不會一樣，視民如親恐怕只能成為聖人一廂情願的希望。無論中外，君主或官吏常會濫用權力欺凌百姓，或許才是較為實際真切的景象。君民或官民之間，其實需要建立一種正確的「人」、「國」之禮來加以替代、補白，才能納入正軌。而現代憲政主義以個別人民為主體單位，根據保障人權思想所產生的憲法，作為一種「人」、「國」之禮，雖然在儒家思想中並未真正出現，但絕不像法家思想之係專為統治當道服務而立說者；憲政主義意圖拘束權力的核心理念，反與思圖使用經典拘束君王行為的儒家思想，並非不能尋得接榫互補之處。

---

❸ 此句學者疑為刺諷官吏濫權使民之詞，陳子展，《詩經直解》，頁 944–946，臺北：書林（1992 年）。

　　將憲政主義所追求建立的「人」、「國」之禮看做是五倫之外的第六種人際關係（當政者與個別人民的關係），原來的五倫是否因而發生變化？五倫中首先需要重新調整的，當然就是「君臣關係」。在某種程度上，今日仍非不能將君臣關係作為國家與公務員的關係加以理解。像歐陸行政法傳統理論中的「特別權力關係」，無非就是某種西方版本的君臣關係。現在特別權力關係理論逐漸褪色、縮限，也可視為傳統君臣關係在當代受到調整的一種過程。「人」、「國」之禮真正衝擊「君臣倫理」之處，在於「人」與「國」之間要建立一種越來越趨平等的關係，而且要徹底改變權力集中於國君或少數官吏的現象，以確保權力不致離開「人」、「國」關係的軌道而遭濫用。以權力分立制度為內容的「人」、「國」之禮，乃必須置於原有五倫中君臣關係之前。此中也尚有另一項應予釐清的問題，「人」、「國」之禮的理想，尋求建立平等的關係，不但要徹底打破官尊民卑的準父子關係，也註定要將平等思想輸入於其他的人倫關係。像現代的配偶關係講究平等，就是極為明顯的變化。

　　清末張之洞著《勸學篇》，提出「中學為體、西學為用」之說，至今仍有學者❹加以引申發揚。而已故之黃仁宇教授在當代觀察大歷史之餘，則倡導「西學為體、中學為用」的新時代歷史觀，也仍然以為中國傳統的倫理道德觀念與西方的人文思想可以相互調和，不但沒有不可克服的障礙，而且可以發生互補作用❺。這些因為中學西學不同而引起的思辯，姑不論孰應為體、孰應為用，都在討論中學西學如何融合匯通。其基本用意，與本文所說的「人」、「國」之禮，或許都有可以相互發引之處。中國大陸當政者在廿世紀末開始重新提倡「以德治國」、「以法治國」的背景之中，用「人」、「國」之禮體會憲政主義在中國傳統思想長河中的落腳點，或許也還頗有一些實際的意義。至於憲政主義，也就是「人」、「國」之禮中的各項具體內容，與我國傳統政治思想接軌時，各有些什麼值得思考的道理存在，則顯然還需要留待後文為更進一步的探究了。

❹　郭沂，《郭店竹簡與先秦學術思想》，頁 822-849，上海：上海教育（2001 年）。
❺　黃仁宇，《新時代的歷史觀》，頁 58-88，臺北：商務（1998 年）。

「民之父母」與先秦儒家古典憲政思想初探——從上博楚竹書簡文談起*

✿ 壹、前 言

　　1994 年上海博物館獲得戰國楚簡一批❶，頗不乏秦火之後兩千餘年未

---

* 謹以此文恭賀恩師馬大法官襄武教授八秩嵩壽。恩師重視法律思想研究，近年倡議使用「中國法律史」替代「中國法制史」之名稱，以兼賅法律思想與法律制度之研究；於言及法制史之研究範圍時，曾說：「中國法制史既主要在研究中國古代或過去的法律制度，實際上不能不依靠有關的歷史資料，包括文書記載、歷史檔案、地下文物等。」「晚近出土的文物日多，鑑定方法亦日益科學化，可信的史料隨之增加，大有助於認識早期法制之究竟。因此，法制史學與歷史學以及考古學彼此間關係之密切，已非同往昔，足以促使歷史學家、考古學家與治法制史的學者，多加合作。」馬漢寶，〈中國法制史之名稱與研究範圍〉，收入劉增貴主編，《法制與禮俗》，頁 9–11、13，臺北：中央研究院歷史語言所（2002 年）。本文之作，偏重於法律思想之探討，亦多藉重考古出土文物之研究成果之處，或可符驗恩師所論及之研究方向。

本文原收入於《法律哲理與制度——公法理論（馬漢寶教授八秩華誕祝壽論文集）》，頁 1–47，臺北：元照（2006 年）。

❶ 上博館藏之此批竹書，總字數約 3 萬 5 千字，涉及八十多種古籍，其取得之經過，參閱駢宇騫、段書安編著，《本世紀以來出土簡帛概述（資料篇、論著目錄篇）》，頁 118–120，臺北：萬卷樓（1999 年）；朱淵清，〈馬承源先生談上博簡〉，收入朱淵清、廖名春編，《上博館藏戰國楚竹書研究》，頁 1–8，上海：上海書店（2002 年）。上博首度對外正式發表部分楚竹書之內容，係在 2001 年底，主要包括《孔子詩論》、《緇衣》及《性情論》。參見季旭昇編，《上海博物館藏戰國楚竹書(一)讀本》，自序頁 1，臺北：萬卷樓（2004 年）。

見之古籍。經過數年整理，於 2001 年後陸續發表其內容❷。內有一段簡文，內容約略與《禮記》〈孔子閒居〉段落文字以及《孔子家語》〈論禮〉段落文字相當，但亦有一些明顯之出入。學者標之為「民之父母」❸。此簡出土，對於《禮記》與《孔子家語》是否為漢儒纂輯甚至後代偽作❹、先秦舊籍之原始面貌為何等問題，均起了若干澄清的作用❺。

　　由於此簡據信為先秦之楚文字，簡文確切內容之辨識，學者之間並非毫無不同的看法❻。然而《民之父母》簡文係藉「五至、三無」之說以敘

---

❷ 上博於 2001 年底首度公布部分楚竹書內容之後，第二次係於 2002 年底發表，主要包括《民之父母》、《子羔》、《魯邦大旱》、《昔者君老》、《容成氏》等簡。參閱季旭昇編，《上海博物館藏戰國楚竹書㈡讀本》，臺北：萬卷樓（2003 年）；朱淵清、廖名春編，《上博館藏戰國楚竹書研究續編》，弁言、目錄，上海：上海書店（2004 年）。

❸ 此篇命名係本篇簡本整理者濮茅左先生所為，全篇收入馬承源編，《戰國楚竹書㈡》，頁 151–180，上海：上海古籍（2002 年）。並參見季旭昇，〈民之父母譯釋〉，收入氏編，同上註，頁 1。上博簡文與《禮記》〈孔子閒居〉及《孔子家語》〈論禮〉文字內容之差異比較，參見方旭東，〈上博簡《民之父母》篇論析〉，收入朱淵清、廖名春，同上註，頁 256–273。

❹ 《禮記》一書係許多論禮記錄的集合，這些論禮的文獻何時由何人彙編，論者聚訟已久，參見姜義華注譯，《新譯禮記讀本》，頁 6–16，臺北：三民（1997 年）。《孔子家語》一書，今本十卷四十四篇，首為三國魏王肅所傳，後人疑其為王肅偽作者，至今有之，參閱羊春秋注譯，《新譯孔子家語》，頁 1–5，臺北：三民（2003 年再版）。關於上博竹書《民之父母》與《禮記》及《孔子家語》成書先後的考據，參閱如楊朝明，《〈禮記·孔子閒居〉與〈孔子家語〉》，收入謝維揚、朱淵清，《新出土文獻與古代文明研究》，頁 51–55，上海：上海大學（2004 年）。

❺ 論者以為讀了上博竹書《民之父母》之後，必須承認「確係《孟子》以前遺物，絕非後人偽造所成」。龐樸，〈喜讀「五至三無」——初讀《上博簡》㈡〉，收入朱淵清、廖名春，註 2，頁 220–221。同說，魏啟鵬，〈說「四方有敗」及「先王之遊」——讀《上博簡》㈡箋記之一〉，收入朱淵清、廖名春，註 2，頁 224。

❻ 參見如林素清，《上博簡》㈡《民之父母》幾個疑難字的釋讀〉，收入朱淵清、廖名春，註 2，頁 230–235。

明「民之父母」之意義，則可確定。「民之父母」是一種描述君王與人民間基本關係的說法，對於研究中國古典儒家思想之中，是否曾有某些類似西方憲政主義觀念存在的問題，可能具有重要的地位。本文無意亦不適合針對《民之父母》簡文從事訓詁考據的研究，但試圖從其已經呈現的內容之中，探究中國有無古典憲政思想存在、以什麼形式存在，或是在什麼程度上存在等問題的可能答案。

貳、古代中國「人國之禮」的有與無

憲法，是規範權力保障基本人權之法，也就是界定個人與國家間基本關係之法❼。換句話說，憲法所要規範的人際關係，乃是國家權力掌握者與人民之間，特別是掌權者與個別人民之間的關係，也就是作為個別存在的「人」與集體構成權力所在的「國」（或古代之「君」）❽，兩者之間應有的關係。儒家素來將人際關係中適合其身分地位的行為規則，以「禮」稱之❾，循此義理解憲法，憲法當可稱之為「人國之禮」，也就是規範國家（或掌握足以代表國家之權力者）與個人之關係的典章制度❿。問題是中

---

❼ 吳庚，〈基本權的三重性質〉，收入《司法院大法官釋憲五十週年紀念論文集》，頁 7–22，臺北：司法院（1998 年）。

❽ 依學者研究，在中國，「國家」自先秦以來是指「以國君為君主與其家臣、家人、客所組成的政治集團」，有時就指皇帝本人。甘懷真，《皇權、禮儀與經典詮釋：中國古代政治史研究》，頁 201–202、246–248，臺北：喜瑪拉雅基金會（2003 年）。亦有逕稱之為國君一體者，王健文，《奉天承運──古代中國的「國家」概念及其正當性基礎》，頁 98–133，臺北：東大（1995 年）。

❾ 馬漢寶，《法律與中國社會之變遷》，頁 3–4，臺北：自刊（1999 年）。

❿ 茲就本文使用「人國之禮」一詞之用語做一說明。章太炎先生說：「禮者，法度之通名，大別則官制、刑法、儀式是也。」〈禮隆殺論〉，《章太炎全集（三）・檢論（卷2）》，頁 399，上海：上海人民（1984 年）。「禮」與「法」的關係，可因用語之指涉不同，呈現不同的說法。例如徐道鄰先生即認為：「把禮和法二者分別起來，而比較其對於國家的作用，則儒法兩家的見解，大相逕庭。」參見徐道鄰，《中國法制史論略》，頁 8，臺北：正中（1959 年臺 3 版）；林咏榮先生則說：「法乃出於禮，偏於刑。法既與禮同源，法家亦與儒家同宗。」

國儒家所言賴以教化治國之禮，主要在規範父子、君臣、夫婦、兄弟、朋友五種關係，稱之為五倫❶；而先秦周禮之中，奉行「禮不下庶人❷」的

又說：「道為治之體，禮與法均為治之具，而制作及運用此治之具者，則屬於人。故禮治、法治與人治並非相互排斥而不相容者。」參見林咏榮，《中國法制史》，頁 35–36，臺北：自刊（1971 年增訂 5 版）。楊日然教授則指出：「古代文獻往往將禮法相提並論，並未加以明顯的區分。」又說：「在吾國古代，一切社會規範幾無一不可稱為『禮』。」楊日然，〈從先秦禮法思想的變遷看荀子禮法思想的特色及其歷史發展〉，收入氏著，《法理學論文集》，頁 382–386，臺北：元照（1997 年）。本文未以「人國之法」稱呼西方憲法之概念，原因在於儒家或法家所謂之「法」，偏於「刑」的概念，所謂「出禮而入刑」《後漢書·陳寵傳》，即此義也。徐道鄰先生推崇「管子說：『生法者君，守法者臣』（〈任法〉），說得何等簡捷了當」。然則類此之「法」概念，並非描述「憲法」的恰當方法。憲法應是規範政治領袖行使權力的典章制度，不是權力統治的工具，如果使用當代西方的「法」概念來形容憲法，西方法治國家的「法」概念，不但不限於刑法，而且主要是從憲法之治出發，將憲法稱為「人國之法」，並無不妥；但若要以東方儒家、法家的語言來形容憲法所欲規範的關係，那就不宜以「人國之法」而宜以「人國之禮」來形容憲法了。因為東方傳統上使用的「法」義狹，西方當代使用的「法」義寬；西方當代的「法」概念足以涵蓋東方傳統上的「禮」及「法」，本文以「人國之禮」而不以「人國之法」形容西方的「憲法」概念，其故在此。特別值得說明者，比較東方的禮與西方的法，是否能以「禮治」強調道德誡命為由而謂其與法治觀念具有根本的區別，實為另一可資探究的學術題目。惟就憲法學而言，自由主義思想尊重人性尊嚴，也可以一種道德誡命主張視之；法與道德確實可相區別，終不能不有必要的聯繫。至於中國古代有無可稱為憲政主義的思想，正是值得從事學術思辨而為本文所欲討論的主題；本文以「先秦儒家古典憲政思想」為題，則是以為先秦儒家的思想之中，非無可以辨別為憲政思想源頭的成分在內，併此說明。

❶　《禮記》〈中庸〉：「子曰：『……君臣也、父子也、夫婦也、兄弟也、朋友之交也，五者，天下之達道也。』」姜義華，註 4，頁 749。《孟子》〈滕文公〉：「聖人憂之，使契為司徒，教以人倫：父子有親，君臣有義，夫婦有別，長幼有序，朋友有信。」李學勤編，《孟子注疏》，頁 174，臺北：台灣古籍（2001 年）。

❷　《禮記》〈曲禮（上）〉，姜義華，同上註，頁 36。據學者研究，庶人與君僅有之禮，見於《儀禮》〈士相見禮〉：「庶人見於君，不為容，進退走。」顧寶田、鄭

原則，就掌握權力之君王與一般庶民的關係而言，為後世西方憲政主義所關切而欲規範建立之人國之禮，其思考脈絡並不相同，也就不構成儒家禮教思想的主要內容⑬。從這樣一層意義上說，若謂憲政主義並不存在於儒家傳統思想之中，當然有其道理存在。此中也許還有另外一層道理，父子、君臣、夫婦、兄弟、朋友的五倫之誼，都是熟識之人之間的關係，一君與萬民並不相互熟識，不訂人國之禮⑭，亦非無故。

不過，儒家思想中雖然未定「人國之禮」，但是仍有解釋君主與平民身分關係的說法存在，而且說法非一，約略有兩條思路。其中一條脈絡，是將平民視為臣子，《詩經》〈小雅・北山〉說：「溥天之下，莫非王土；率土之濱，莫非王臣」⑮，可為代表，亦即以為君民關係與君臣關係相當。然而這也只是一種譬喻而已。因為從西周以降，締結君臣關係，必須通過一定的禮儀，如「策名委質」（也就是臣子將己身獻給君主或君主所代表的國家，並由君主正式登錄其姓名，正君臣關係之意⑯）為之，並不能說任何平民都可以進入君臣之禮的適用範圍之內。

另一條脈絡，則是將君王視為「民之父母」，這種觀念，也見於《詩經》⑰，數千年間廣泛流行，其實也是一種譬喻。正因為缺乏君民之禮，於是借用

淑媛注譯，《新譯儀禮讀本》，頁 67，臺北：三民（2002 年），其意義及討論，參見陳戍國，《中國禮制史（先秦卷）》，頁 36-42，長沙：湖南教育（2002 年 2 版）。

⑬ 這當然不是說儒家典籍中沒有談論君民關係的篇章。例如《禮記》〈緇衣〉：「民以君為心，君以民為體」、「心以體全，亦以體傷；君以民存，亦以民亡。」姜義華，註 4，頁 802，就是說明君民關係的文字，但並不是在制定君民之禮，則甚明顯。

⑭ 《儀禮》〈士相見禮〉要求庶人面君時，「不為容，進退走」，似乎有意不使庶人與君之間建立個人與君主的關係。此外，階級等差觀念顯然也是制訂人國之禮的思想障礙因素。

⑮ 陳子展，《詩經直解》，頁 733，臺北：書林（1992 年）。《孟子》〈公孫丑（上）〉：「尺地莫非其有也，一民莫非其臣也。」李學勤，註 11，頁 83，說法類似。

⑯ 甘懷真，註 8，頁 225、227-235。

⑰ 如《詩經》〈大雅・泂酌〉：「凱悌君子，民之父母」。陳子展，註 15，頁 943。

五倫中的父母子女關係來解釋君民關係。中國社會借用五倫秩序以解釋五倫以外的人際關係，其實並不限於君民關係；師生關係介於君臣父子之間 ❶，也是一例。將君民關係以君臣關係或父母子女關係來加以理解，雖說是兩條脈絡的思想，但在漢朝以後，君臣關係出現「父子化」的趨向 ❶，這兩條脈絡彼此之間，未必完全牴觸。而其皆因人國之禮並不存在，乃借用其他既有的、為社會所通曉的關係來比附說明人君與庶民所應適用的身分關係準據法，方法上也屬一致。

　　準乎此述，千百年來深入中國社會民間的思想，例如以「民之父母」形容國君，將地方行政首長稱為「父母官」 ❷，頌揚皇帝或官員能夠做到「愛民如子」 ❷，均在無形之中甚或有意無意之間，在社會觀念上起了某種界定的、規範的、禮的作用；此與當代源自西方的憲政思想要求掌權者尊重基本人權，似乎兩不相侔，而且可能相互衝突。惟此中有無殊途而同歸的觀念因素存在，其實也很值得研究。上博竹書《民之父母》簡文出土，驗證了此一觀念詳細內容的較早源頭所在，可令研究者耳目一新，自有考求之價值。以下即從上博竹書的內容談起。

---

❶ 儒家典籍中，將老師與君父並舉者，如《白虎通》〈封公侯〉：「人有三等，君父師。」（清）陳立，《白虎通疏證》，頁157，光緒元年淮南書局版重刊，臺北：廣文（1987年）。《禮記》〈檀弓〉：「事親有隱而無犯，左右就養無方，服勤至死，致喪三年。事君有犯而無隱，左右就養有方，服勤至死，方喪三年。事師無犯無隱，左右就養無方，服勤至死，心喪三年。」姜義華，註4，頁70，則將師生關係界定於親子關係與君臣關係之間。

❶ 詳細的論述，見甘懷真，註8，頁278–296。

❷ （宋）王禹偁詩：「西垣久望神仙侶，北部休誇父母官。」見《辭海》，「父母官」條，頁2898，臺北：中華（1996年8版）。又（清）王士慎，《池北偶談》〈談異七·曾祖父母〉：「今鄉官稱州縣官曰父母，撫按司道府官曰公祖，沿明世之舊也。」張司徒，《南園後錄》：「言其非矣，謂稱布政司為曾祖父母，則尤可笑。」頁627，臺北：漢京文化（1984年）。

❷ 《禮記》〈中庸〉中謂：「凡為天下國家有九經」，也就是九項綱領性的措施，其一是「子庶民」，也就是愛民如子。姜義華，註4，頁750。

❀ 參、上博簡文裡的「民之父母」

　　上博竹書《民之父母》共 14 簡，397 字，經學者整理分為四段，均為孔子與學生子夏討論《詩經》中關於「民之父母」政治思想的對話，第一段為孔子回答子夏問如何成為「民之父母」，第二段為孔子續答何謂「五至」，第三段為孔子續答何謂「三無」，第四段為孔子說明何謂「五起」❷❷；這節師生對話，學者認係儒家「務實而周密的施政哲學，與道家無關」❷❸。關於簡文的內容，前已言之，由於是秦前文字，又有一些錯漏殘缺的跡象，學者辨識，非無困難，看法亦不完全一致❷❹，本文主要以季旭昇氏考證的譯釋補白為本，錄其內容如下❷❺：

　　　　子夏問於孔子：「《詩》曰：『凱悌君子，民之父母。』敢問如何而可謂民之父母？」孔子答曰：「民之父母乎，必達於禮樂之源，以至『五至』、以行『三無』，以皇於天下。四方有敗，必先知之，其可謂民之父母矣。」

　　　　子夏曰：「敢問何謂『五至』？」孔子曰：「『五至』乎，物之所至者，志亦至焉；志之所至者，禮亦至焉；禮之所至者，樂亦至焉；樂之所至者，哀亦至焉。哀樂相生，君子以正，此之謂『五至』。」

　　　　子夏曰：「『五至』既聞之矣，敢問何謂『三無』？」孔子曰：「『三無』乎，無聲之樂、無體之禮、無服之喪。君子以此皇於天下，傾耳而聽之，不可得而聞也，明目而視之，不可得而見也，

---

❷❷　季旭昇，註 2，頁 1。

❷❸　季旭昇，同註 2。

❷❹　《民之父母》中，第九簡、第十簡均顯有脫漏字，應該如何增補，即有不同之看法。參見季旭昇，同上註，頁 17–19。

❷❺　季旭昇，同上註，頁 2–3，並參閱陳麗桂，〈由表述形式與義理結構論《民之父母》與《孔子閒居》及《論禮》之優劣〉，收入朱淵清、廖名春，註 2，頁 236–250。

而得既塞於四海矣，此謂之『三無』！」子夏曰：「無聲之樂、無體之禮、無服之喪，何志是邇？」孔子曰：「善哉！商也，將可以教《詩》矣！『成王不敢康，夙夜基命宥密』，無聲之樂；『威儀遲遲，不可選也』，無體之禮；『凡民有喪，匍匐救之』，無服之喪也。」

子夏曰：「其在語也，美矣！宏矣！盡於此而已乎？」孔子曰：「猶有五起焉。」子夏曰：「所謂五起，可得而聞歟？」孔子曰：「無聲之樂，氣志不違；無體之禮，威儀遲遲；無服之喪，內恕孔悲。無聲之樂，塞于四方；無體之禮，日逑月相；無服之喪，純德同明。無聲之樂，施及孫子；無體之禮，塞于四海；無服之喪，為民父母。無聲之樂，氣志既得；無體之禮，威儀翼翼；無服之喪，施及四國。無聲之樂，氣志既從；無體之禮，上下和同；無服之喪，以畜萬邦 ❷❻ 。」

---

❷❻　其白話大意約為：

子夏向孔子請教：「《詩經》說：『和樂平易的君主，是人民的父母。』請問如何才可說是『民之父母』？」孔子回答說：「要回到禮樂的本源，做到五至、三無、明白行之於天下。四方出現災禍之事，必須儘速知道，這就是民之父母了。」

子夏說：「請問什麼是『五至』？」孔子回答：「五至嗎？執政者先瞭解萬物之理（物之所至），就能瞭解人民的需要（志之所至），然後才能制禮以供人民遵循（禮之所至），然後才能制樂以供人民抒發感情（樂之所至），然後也就能與人民的悲哀痛苦發生共鳴（哀之所至）。哀樂相互牽引，執政者以之正己正民，就是抓到了施政的五項要領。」

子夏說：「『五至』我已經聽聞了，請問什麼叫做『三無』？」孔子回答：「三無嗎？就是沒有旋律聲響的音樂，沒有肢體揖讓的禮儀，沒有親等服制的喪戚；執政者以之推行於天下，人民豎耳未必聽到，睜眼未必看到，但執政者的心意自然充塞於四方，這就是『三無』的意思。」子夏說：「沒有旋律聲響的音樂（無聲之樂），沒有肢體揖讓的禮儀（無體之禮），沒有親等服制的喪戚（無服之喪），什麼典籍的記載最接近？」孔子說：「問得好，商啊！我可以教你《詩經》了。《詩經》上說：『成王不敢安逸，夙夜經營天命，寬和而又慎密』，就是無聲之樂；『威儀盛富嫻雅，難以勝記』，就是無體之禮；『人民發生喪難，

按「民之父母」，在儒家經典之中，出處非一。「凱悌君子，民之父母」，見於《詩經》〈大雅・泂酌〉；《詩經》〈小雅・南山有臺〉中，亦有「樂只君子，民之父母❷」之句。除《詩經》之外，《尚書》〈洪範〉云：「五、皇極：皇建其有極……曰，天子作民父母，以為天下王❷」。《禮記》〈大學〉引述《詩經》〈小雅・南山有臺〉「樂只君子，民之父母」時解釋說：「民之所好好之，民之所惡惡之，此之謂民之父母❷」。《孟子》〈梁惠王〉亦有說明如何可以為民父母❸，同時也對不足以為民父母的君主提出質疑：「獸相食，且人惡之，為民父母行政，不免於率獸而食人，惡在其為民父母也❸？」《孟子》〈滕文公〉又問：「為民父母，使民盼盼然，將終歲勤動不得以養其父母，又稱貸而益之，使老稚轉乎溝壑，惡在其為民之父母也❷？」不

趨去相救」，就是無服之喪。」

　　子夏說：「這些話語的意思，真是美好而宏遠。所有的意思都在這裡了嗎？」孔子說：「還有『五起』呢！」子夏說：「所謂『五起』，我可以聽聞嗎？」孔子說：「無聲之樂，不違背人民的意志願望；無體之禮，威儀盛富嫻雅；無服之喪，內心惻隱憫恕而同情他人。無聲之樂，能夠充塞於四方；無體之禮，每天都有進境；無服之喪，純美的德性和百姓共同昌明。無聲之樂，施及子孫後代；無體之禮，充塞於四海；無服之喪，以為人民的父母。無聲之樂，能夠讓人民的意志願望實現；無體之禮，威儀盛大；無服之喪，施及四方。無聲之樂，能夠完全配合人民的意志願望；無體之禮，能夠讓上下和諧一致；無服之喪，使萬邦都能和樂安好。」

❷　陳子展，註15，頁565。

❷　吳璵注譯，《新譯尚書讀本》，頁79-80，臺北：三民（1977年）。

❷　姜義華，註4，頁878。

❸　《孟子》〈梁惠王〉：「國君近賢，如不得已，將使卑踰尊，疏踰戚，可不慎與！左右皆曰賢，未可也；諸大夫皆曰賢，未可也；國人皆曰賢，然後察之。見賢焉，然後用之。左右皆曰不可，勿聽；諸大夫皆曰不可，勿聽；國人皆曰不可，然後察之。見不可焉，然後去之。左右皆曰可殺，勿聽；諸大夫皆曰可殺，勿聽；國人皆曰可殺，然後察之。見可殺焉，然後殺之，故曰國人殺之也。如此，然後可以為民之父母。」李學勤，註11，頁62-63。

❸　李學勤，同上註，頁16-17。

❷　李學勤，同上註，頁161。

過，上博楚竹書出現之前，孔子解釋「民之父母」的意義最為完整之紀錄，首推《禮記》〈孔子閒居〉的段落。而上博楚竹書問世之後，學者以其內容又較《禮記》〈孔子閒居〉、《孔子家語》〈論禮〉更為完整❸，並且有助於推論《孔子家語》〈論禮〉並非三國時代王肅偽作❸，也可看出《禮記》的相關內容確為儒家而非道家的思想❸。換言之，吾人研究儒家「民之父母」之思想，上博楚竹書的簡文已將時鐘自漢代撥回秦前，進一步上溯孔子的政治哲學思想。

❀ 肆、五至、三無與五起

　　上博竹書簡文中記載的五至、三無與五起，是孔子用來闡釋《詩經》所說「民之父母」的意義者。按《詩經》〈大雅・泂酌〉所說「凱悌君子，民之父母」，學者亦有解為諷刺君王之說而認與《詩經・小雅・南山有臺》裡的「樂只君子，民之父母」之為讚頌之辭不同者❸；上博簡文裡的孔子，顯然係從正面方向解釋此語的涵義。

　　依其說法，「五至」是如何成為民之父母的要徑，也就是「物至」、「志至」❸、「禮至」、「樂至」、「哀至」，乃是君王達到民之父母境界的五項施政要領。亦即以為，執政者如能瞭解事物的道理、人民的需要、禮制的重要、樂政的作用，並且體會人民的悲苦所在，就能處在一種如民父母的地

❸　陳麗桂，同註25；方旭東，同註3。

❸　龐樸，同註5；寧鎮疆，〈由《民之父母》與定州、阜陽相關簡牘再說《家語》的性質及成書〉，收入朱淵清、廖名春，註2，頁277–310。

❸　龐樸，同上註，頁220–223。

❸　學者有認為〈泂酌〉一篇是奴隸歌手的諷刺、〈南山有臺〉則是賢者歌頌王者之辭者。陳子展，註15，頁567、994–945。

❸　在《孔子家語》與《禮記》〈孔子閒居〉之中，「五至」裡的首二至，均記載為「志之所至，詩亦至焉；詩之所至，禮亦至焉」，而上博竹書簡文首二至則經學者辨識為「物之所至，志亦至焉；志之所至，禮亦至焉」，並認為此語說得較彼兩書更為透徹。李旭昇，註2，頁7–8；同說，陳麗桂，註25，頁240–243。異說，方旭東，註3，頁260–261。

位。若與《禮記》〈大學〉解釋《詩經》〈南山有臺〉的「民之父母」所說「民之所好好之，民之所惡惡之❸」對照，當是「志至」、「哀至」的意思，可以互為參考。

　　三無，也就是無聲之樂、無體之禮、無服之喪，說的是「民之父母」的境界，或許適合用「潛移默化」的觀念來形容。亦即以為君王該從有聲無聲、有形無形的言行舉措、勤勉的施政作為之中為民表率，照顧人民的需要。孔子引用的《詩經》文字之中，「成王不敢康，夙夜基命宥密」出自《詩經》〈周頌・昊天有成命〉❸；「威儀遲遲，不可選也」出自《詩經》〈邶風・柏舟〉❹；「凡民有喪，匍匐救之」出自《詩經》〈邶風・谷風〉❹。其中「成王不敢康」一句，原詩確係用以形容君主的勤勞謹慎；而「威儀遲遲，不可選也」，原詩係在諷刺衛國之臣，學者乃謂孔子此處實係斷章取義之用法❹；至於「凡民有喪，匍匐救之」，原詩是言鄰里之仁❹，也不在描述君王的德行，上博簡文裡，孔子當亦只係藉用其詞以說明民之父母應有的境界而已。

　　五起，則是在形容人君做到「民之父母」所追求的、不同層次的效果❹。上博簡文與《禮記》〈孔子閒居〉的語句排列方式並不一致，學者有認為上博簡文的層次與順序較為恰當者❹。惟此中差異，似乎並不甚關宏旨。簡文中的孔子顯然以為，無聲之樂是在描述君主透過勤政來實現人民的意志願望，由近而遠，從這一代到下一代，從本土而天下；無體之禮是在描述

---

❸　《禮記》〈大學〉：「《詩》云：『樂見君子，民之父母。』民之所好好之，民之所惡惡之，此之謂民之父母。」姜義華，註4，頁878。

❸　陳子展，註15，頁1075。

❹　亦作「威儀棣棣」。陳子展，同上註，頁78。

❹　陳子展，同上註，頁107。

❹　季旭昇，註2，頁16。

❹　「匍匐救之」一作「扶服捄之」，學者將之解為鄰居有災禍時，急忙趕去救助。陳子展，註15，頁107。

❹　方旭東，註3，頁271–272。

❹　方旭東，同上註，頁261–262。

君主的威儀 ❹，要讓人民感到尊敬順服，以使政府人民協調一致；無服之喪，則是在描述君主疾民之苦，體會人民的悲痛與感覺，不分畛域。不論《詩經》〈大雅·泂酌〉所言是褒義或是貶義，「凱悌君子」描寫的君主同時具有威嚴與慈悲的形貌 ❹，確與《民之父母》簡文的意思相通。依照《民之父母》簡文所述，君主若能一方面努力實現人民願望、另一方面讓人民順服，而又能將人民的悲苦當作自己的悲苦來感受，謂此種境界已與劬勞辛苦、威嚴慈愛而能善體子女感受的父母相當，自有其說服力存在。

總體言之，五至、三無、五起的敘述邏輯，頗為切合儒家思想中「格物、致知、誠意、正心、修身、齊家、治國、平天下」的一貫德治哲學 ❹；「民之父母」亦有在齊家與治國之間建立接榫點的味道，「國」與「家」藉此可以相連。此段簡文也被論者引為下接思孟學派，特別是孟子所尚的浩然之氣思想 ❹ 的證據 ❺。就本文的主題而言，《孟子》〈梁惠王〉篇及〈滕文公〉篇前引段落，不論係在責備不仁之君不足以為民之父母，或是正面說明「民之父母」應有的態度，均已驗證孟子持續著「民之父母」的說法，可謂習以為常。是則從《詩經》、《尚書》到《民之父母》的孔子，再到〈梁惠王〉、〈滕文公〉的孟子，均曾將「民之父母」看做君王與人民之間應有

❹ 威儀觀，是先秦儒家政治思想中頗為重要的環節，相關討論，參見甘懷真，註8，頁 10–16。

❹ 「凱悌君子」，亦作「豈弟君子」或「愷悌君子」。明代何楷將之解為「豈以強教之，弟以悅安之」，即為恩威並施之意。陳子展，註15，頁 945。

❹ 《禮記》〈大學〉：「古之欲明明德於天下者，先治其國；欲治其國者，先齊其家；欲齊其家者，先脩其身；欲脩其身者，先正其心；欲正其心者，先誠其意；欲誠其意者，先致其知；致知在格物。物格而后知至，知至而后意誠，意誠而后心正，心正而后身脩，身脩而后家齊，家齊而后國治，國治而后天下平。自天子以至於庶人，壹是皆以脩身為本。」姜義華，註4，頁 870。

❹ 此種思想，見於《孟子》〈公孫丑〉：「夫志，氣之帥也。氣，體之充也。」「我善養吾浩然之氣。」李學勤，註11，頁 90。

❺ 龐樸，註5，頁 221–222。異說，陳劍，〈上博簡《民之父母》「而得既塞於四海點」句解釋〉，收入朱淵清、廖名春，註2，頁 251–255。

的基本身分定位關係，說法實屬一貫而且一致。五至、三無、五起之說，也確實已經顯示如何將儒家的中心思想置入並貫穿於「民之父母」的觀念之中。

伍、道德身分與道義責任

　　父母，是根源於人類血緣繁衍之自然事實而建立之一種身分。「民之父母」亦是一種身分；但是，君王與其臣民未必均具有明顯可辨的血緣關係，「民之父母」的身分不是基於血緣關係而來，而係出自一種擬制或借用的說法[51]。政治心理學的研究者或許可為此種說法的社會文化心理基礎提供分析論證[52]，但在論理上，此種擬制還是需要一種解釋甚或說服的理由。上博簡文中，子夏對於《詩經》所言「民之父母」有此一問，其故當亦在此。子夏顯然並不完全理解《詩經》將君主定位為「民之父母」的意義，在他的疑問之中，似乎假設君王要成為民之父母，必須符合一些條件；孔子的回答，呼應了他的假設，同時也在說明這些條件。既然需要具備這些條件，也就是做到五至、三無的境界，才取得民之父母之身分；言下之意，不能做到這種地步的國君，就不該以「民之父母」稱之。易言之，「五至」、「三無」所成就的「民之父母」身分，是一種施政的理想狀態之下的產物，也就是一種理想的道德人格，或許可以稱為人君的一種道德身分，或是一種道德象徵[53]。

　　成就此種道德身分，繫於君主做到「五至」、「三無」，是則君主做到「五至」、「三無」，也就成為一種道義責任[54]。簡而言之，君主取得民之父母的

---

[51]　當代學者有討論此種比喻極不恰當者，見石元康，《從中國文化觀論現代性：典範轉移》，頁 332–334，臺北：東大（1998 年）。

[52]　學者以為，中國政治文化是母親人格的展現，而與西方自由主義所產生的憲政思想其實是嬰兒人格的發抒，有所不同，是則民之父母的譬喻，或許可為驗證這種分析觀察的憑藉。參見石之瑜，《中國文化與中國的民》，頁 44–48，臺北：風雲論壇（1997 年）。

[53]　石之瑜，《政治文化與政治人格》，頁 35，臺北：揚智（2003 年）。

[54]　要求君主修德，為民表率，是儒家論證君權正當性的重要道德支撐。易言之，

　　道德身分，應該是在其善盡「五至」、「三無」的道義責任之後。反過來說，未盡此種道義責任的君主，當也不能取得也不該取得「民之父母」的道德身分。道德身分的成就，取決於道義責任的履行。學者解釋儒家的權力思想，以為對儒家文化而言，「權力基本上是指涉一種道德地位」❺❺，也就是說具備道德地位才會享有權力，失去道德的人就自然失去權力。據此而言，「民之父母」的說法，顯然是道德權力論述的一個重要環節；是用父母子女關係作為判斷君主對於人民能否符合道德權力期待的標準。能做到「民之父母」的地步，君王才具有掌握道德權力地位的正當性。

　　但是，儒家鼓勵或是希望君主做到民之父母的理想境界，是一回事；世間上為人君者，是否都能做到「民之父母」的要求，顯然是另一回事。《民之父母》簡文顯然重視「當為」甚於「存在」，在其探討當為，亦即說明君主如何可以成為民之父母之餘，留下兩個子夏沒有問、孔子也沒有說明的問題。一個問題是，君王為什麼會願意履行其道義責任以成就民之父母的道德身分？《民之父母》簡文所描述的「五至」、「三無」，在當時是否為輕鬆容易可以做到的道義責任，是個問題；需要君王做出相當努力，則甚顯然。與父母之具有自然血緣關係、照顧子女常出於天性的親子關係相比，君王與庶民之間未必具有可以辨識或足夠親近的血緣關係，為何願意努力做到「民之父母」這樣的理想君主？是為了取得權力之故嗎？

　　第二個問題是，不能盡到這種道義責任的君主，若不能視之為民之父母，他與庶民之間，又是什麼關係？君主應該因為不能做到「民之父母」而失去權力地位嗎？

　　在這兩個問題缺乏交代的情況下，「民之父母」之說法雖在陳述君王之「當為」，卻也彷彿係在陳述現實「存在」君王身上的特質，從而可能引起一種普遍的印象，誤以「當為」為「存在」，認為所有的君王都必能做到民

君權的正當性，主要的一部分來自於君王有德。相關討論，參閱如歐陽禎人，《郭店儒簡論略》，頁 198–207，臺北：台灣古籍（2003 年）；王健文，註 8，頁 65–90。

❺❺　石之瑜，《後現代的政治知識》，頁 177，臺北：元照（2002 年）。

之父母的要求，或是以為所有的君王都是民之父母；也就是在聽聞了民之
父母的道理之後，只記得或相信君王擁有「民之父母」的身分，而忽略了
君王有無盡到民之父母的道義責任。《民之父母》之說，主要應是講給君王
聽聞的；但對聽聞此說的君王而言，可能樂於接受自己具備「民之父母」
的道德身分，以「民之父母」自居，期待「子民」效忠，卻未必樂於認真
履踐「民之父母」的道義責任。「民之父母」的觀念如果不能伴隨君王業已
善盡其道義責任的名聲與事實一起傳揚，將只是一種虛矯的、不該取得的
名義，而可能原義盡失。

　　以下，即進一步從這兩個問題路徑進行探索「民之父母」之說在君民
關係（或「人國之禮」）上可能形成的思想變化或周折。

陸、人君之善與人君之惡

　　上博簡文中孔子以民之父母期許君王，當是以為人君只要努力，即可
以進入民之父母的境界，而絕不至於以為任何君王皆不可能做到民之父母
的要求。是即希望甚或相信，人君可以善到足以為民父母的程度。但是，
雖然孔子希望甚或相信人君之善，並不能因此推斷孔子並不知道人君有惡。
事實上孔子顯然知道政治現實中的人君與道德理想境界的距離。像儒家以
為「中庸」是一種至高的政治境界❺❻，《禮記》〈中庸〉記載：「子曰：『天
下國家可均也，爵祿可辭也，白刃可蹈也，中庸不可能也』」❺❼，明白指出
「中庸」的理想在現實政治中恐屬不可期待。然則從《民之父母》可以看
出，儒家似乎寧可樹立較高的道德期許，憧憬一種理想的政治，也不去積
極處理人君之惡的問題。先秦儒家經典之中，與「君」為善的思想、對於
人君為善的期許，遠遠超過陳述人君之惡的篇幅，《孟子》一書，也許是少
數的例外之一。以下選擇儒家論君之惡的一些說法，試與「民之父母」的

---

❺❻　《禮記》〈中庸〉：「中也者，天下之大本也；和也者，天下之達道也，致中和，
　　天地位焉，萬物育焉。」「子曰：『中庸其至矣乎！民鮮能久矣。』」「子曰：『執
　　其兩端，用其中於民，其斯以為舜乎！』」姜義華，註4，頁737–739。
❺❼　姜義華，同上註，頁740。

理想加以對照討論。

　　秦儒家之中，孟子倡性善之說❺❽，荀子倡性惡之說❺❾，世皆知之。有趣的是，認為人之性惡的荀子，雖謂：「有亂君，無亂國❻⓪」，卻相信「有治人，無治法❻❶」，並謂：「請問為人君。曰：以禮分施，均徧而不偏」、「古者聖人以人之性惡，以為偏險而不正，悖亂而不治，故為之立君上之埶以臨之，明禮義以化之，起法正以治之，重刑罰以禁之，使天下皆出於治，合於善也❻❷。」對於人君依循善念治國，可謂信心滿滿❻❸。另一方面，認為人之性善的孟子，卻也不吝於指責人君之惡。如《孟子》〈梁惠王〉中說：「今夫天下之人牧，未有不嗜殺人者❻❹」，而稱好戰之梁惠王「不仁❻❺」，「望之不似人君❻❻」；又說：「賊仁者謂之賊，賊義者謂之殘，殘賊之人，謂之一夫，聞誅一夫紂矣，未聞弒君也❻❼」，皆為其例。可見儒家並非不知

---

❺❽　《孟子》〈告子〉：「孟子曰：『……人性之善也，猶水之就下也。人無有不善，水無有不下。』『乃若其情，則可以為善矣，乃所謂善也。若夫為不善，非才之罪也。』」李學勤，註11，頁347、354。

❺❾　《荀子》〈性惡〉：「人之性惡，其善者偽也。」「孟子曰：人之性善。曰：是不然。」（唐）楊倞註，（清）王先謙集解，《荀子集解·考證》，頁399、404，臺北：世界（2000年2版）。

❻⓪　（唐）楊倞，《荀子》〈君道〉，同上註，頁209。

❻❶　（唐）楊倞，《荀子》〈君道〉，同上註。

❻❷　（唐）楊倞，《荀子》〈性惡〉，同上註，頁404–405。

❻❸　荀子亦以民之父母稱君，《荀子》〈王制〉：「故天地生君子，君子理天地。君子者，天地之參也，萬物之摠也，民之父母也。無君子則天地不理，禮義無統，上無君師，天下無父母，夫是之謂至亂。」（唐）楊倞，同上註，頁142。

❻❹　李學勤，註11，頁21。

❻❺　李學勤，同上註，頁447。

❻❻　李學勤，同上註，頁21。

❻❼　李學勤，同上註，頁64。〈梁惠王〉篇中，還有其他的例子，如謂「是故明君制民之產，必使仰足以事父母，俯足以畜妻子，樂歲終身飽，凶年免於死亡。然後驅而之善，故民之從之也輕。今也制民之產，仰不足以事父母，俯不足以畜妻子，樂歲終身苦，凶年不免於死亡，此惟救死而恐不贍，奚暇治禮義哉！」

人君之惡，只是一貫使用古代聖君如堯舜禹等作為勸君為善的榜樣，以冀人君離惡趨善。在這一點上，孟子與荀子的觀點，並無重大不同。

於此應說明者，君善君惡的問題，未必可從性善論或性惡論直接推論而出。孟子以為性善而言君之惡，荀子以為性惡而言君之善，可以證之。本文只言人君之善惡假設，不欲涉入性善性惡之討論；雖然民主制度是否建立在性惡論之上、是否可以建立在性善論之上，亦為當代學者潛心討論的問題 **68**。

儒家言人君之惡的設想為何，或許可於另一段新出土的竹書中考求之。1993 年湖北省荊門市的郭店楚代古墓中出土了一大批竹簡 **69**，經過整理辨識，其中有一篇秦後未見的佚書，被命名為《魯穆公》，有如下之內容 **70**：

> 魯穆公問於子思曰：「何如而可謂忠臣？」
>
> 子思曰：「恆稱其君之惡者，可謂忠臣矣！」

此簡中看不出子思 **71** 與魯穆公對話的背景；純就其內容言之，忠臣的

李學勤，同上註，頁 29。

68 參見如李明輝，〈性善說與民主政治〉，收入氏著，《孟子重探》，頁 132–168，臺北：聯經（2001 年）。

69 郭店楚簡的數量不若上博楚簡之多，總字數約在一萬三千字左右，但也有許多漢後未見的儒道兩家佚書。參見駢宇騫、段書安，註 1，頁 115–118；李均明，《古代簡牘》，頁 31–35，北京：文物（2003 年）。另據學者推斷，郭店出土的16 篇先秦典籍，所在墓地的主人應是楚懷王時期太子衡的老師，竹書則可能是其生前教授太子的教科書。參見劉祖信、龍永芳，《郭店楚簡綜覽》，頁 9，臺北：萬卷樓（2005 年）。

70 涂宗流、劉祖信，《郭店楚簡──先秦儒家佚書校釋》，頁 9–11，臺北：萬卷樓（2001 年）。《魯穆公》之全文為：「魯穆公問於子思曰：『何如而可謂忠臣？』子思曰：『恆稱君之惡者，可謂忠臣矣！』公不悅，揖而退之。成孫弋見，公曰：『向者吾問忠臣於子思，子思曰：「恆稱君之惡者，可謂忠臣矣！」寡人惑焉，而未之得也。』成孫也曰：『噫，善哉，言乎！夫為君之故殺其身者，嘗有之矣，恆稱君子惡者未之有也。夫為其君之故殺其身者，效祿爵者也。恆稱其君之惡者，而遠祿爵，非子思，吾惡聞之矣。』」

71 子思為孔子之孫，孟子之師，所著《子思》一書，宋後已亡佚。現傳者則為《子

定義若是「恆稱君之惡者❼」，其似已假設君上恆有惡；但同時亦必假設君上可以接納勸諫、離惡趨善。《禮記》〈曲禮（下）〉說：「為人臣之禮，不顯諫。三諫而不聽，其逃之❼。」子思所謂之忠臣，其所想像面對的，仍然是一個會聽臣子勸諫、一心向善的君主，可謂惡中有善之君；其君臣關係，則似乎並不因君主為惡而有所改變。與此相關的問題是，儒家所言之君臣關係，一說本是選擇而來❼；另一說，則認為君臣關係「無所逃於天地之間❼」。如果是可選擇以始、可逃離以終，則君臣之間，未必是終生的關係，或有朝向平等關係理解的空間❼；君臣關係如果是無可逃於天地之間的關係，則屬終身之誼，也不像是平等的關係。

　　《魯穆公》簡中所述，當然只是君臣之間而非君民之間的關係。君臣關係是否皆可當然移用於君民關係，是個疑問，前文略有討論，此處暫不

　　思子》一書。學者相信《禮記》裡的〈中庸〉、〈表記〉、〈坊記〉、〈緇衣〉等篇，均出自於子思書，參見郭沂，〈《中庸》・《子思》・《子思子》──子思書源流考〉，收入龐樸等，《郭店楚簡與早期儒學》，頁75–80，臺北：台灣古籍（2002年）。

❼　有學者持異說，認為「恆」應訓為「亟」，並以解為「急切指出」之意為宜，陳偉，《郭店竹書別釋》，頁45，武漢：湖北教育（2003年）。

❼　姜義華，註4，頁60。

❼　郭店楚簡中《父子兄弟》一篇中有云：「君臣、朋友，其擇者也。」涂宗流、劉祖信，註70，頁254；對照《孔子家語》〈弟子行〉中說：「是故君擇臣而任之，臣亦擇君而事之。有道順命，無道衡命。」意思相同。

❼　《莊子》〈人間世〉中記載：「仲尼曰：『天下有大戒二。其一命也，其一義也。子之愛親，命也，不可解於心。臣之事君，義也，無適而非君也，無可逃於天地之間，是之謂大戒。是以夫事其親者，不擇地而安之，孝之至也。夫事其君者，不擇事而安者，忠之盛也。』」（清）王先謙，《莊子集解》，頁36，臺北：東大（2004年5版）。《論語》〈子張〉中記載子路曰：「不仕無義，長幼之節，不可廢也。君臣之義，如之何其廢之？欲潔其身而亂大倫。君子之仕也，行其義也。」此說與「無所逃於天地之間」相近。學者認為子路係在轉述孔子之語，錢穆，《論語新解》，頁658–659，臺北：東大（1990年）。

❼　金耀基，《中國民本思想史》，頁153，臺北：臺灣商務（1993年）。

深究。然則恆稱其君之惡之忠臣，不論是否逃之，未必均可以其君為「一夫」而誅之。孟子所說的「一夫」，即是獨夫，所舉的例子是商紂❼，是一種極端的狀態；「誅一夫」則是一種極端的手段。面對君主之惡，在「逃之」與「誅之」之外，有無其他的辦法？恐怕是先秦儒家未曾真正面對並積極提供確定解答的問題，下文將予以討論。

宋末鄧牧著《伯牙琴》，其中〈君道〉一篇❽，極言人君之惡，為漢代

❼　李學勤，註11，頁64–65。

❽　（宋）鄧牧，《伯牙琴》，臺北：新文豐、《叢書集選》，頁2–3，臺北：臺灣商務（1936年初版），影本藏臺灣大學圖書館文學院圖書分館。錄其全文如下：古之有天下者，以為大不得已。而後世以為樂，此天下所以難有也。生民之初固無樂乎為君，不幸為天下所歸，不可得拒者，天下有求於我，我無求於天下也。子不聞至德之世乎？飯糲粱，啜藜藿，飲食未侈也；夏葛衣，冬鹿裘，衣服未備也；土堦三尺，茆茨不翦，宮室未美也；為衢室之訪，為總章之聽，故曰，皇帝清問下民，其分未嚴也；堯讓許由，而許由逃，舜讓石戶之農，而石戶之農入海，終身不反，其位未尊也。夫然故天下樂戴而不厭，惟恐其一日釋位，而莫之肯繼也。不幸而天下為秦，壞古封建，六合為一，頭會箕斂，竭天下之財以自奉，而君益貴。焚詩書，任法律，築長城萬里，凡所以固位而養尊者，無所不至，而君益孤，惴惴然，若匹夫懷一金，懼人之奪其後，亦已危矣。天生民而立之君，非為君也，奈何以四海之廣，足一夫之用邪，故凡為飲食之侈，衣服之備，宮室之美者，非堯舜也，秦也。為分而嚴，為位而尊者，非堯舜也，亦秦也。後世為君者，歌頌功德，動稱堯舜，而所以自為，乃不過如秦何哉。書曰：酖酒嗜音，峻宇雕牆，有一於此，未或不亡。彼所謂君者，非有四目兩喙鱗頭而羽臂也，狀貌咸與人同，則夫人固可為也。今奪人之所好，聚人之所爭，慢藏誨盜，冶容誨淫，欲長治久安得乎？夫鄉師里胥雖賤役，亦所以長人也，然天下未有樂為者，利不在焉故也；聖人不利天下，亦若鄉師里胥然，獨以位之不得人是懼，豈懼人奪其位哉？夫懼人奪其位者，甲兵弧矢，以待盜賊，亂世之事也。惡有聖人在位，天下之人，戴之如父母，而日以盜賊為憂，以甲兵弧矢自衛邪？故曰：欲為堯舜，若使天下無樂乎為君；欲為秦，莫若勿怪盜賊之爭天下。嘻！天下何常之有？敗則盜賊，成則帝王，若劉漢中、李晉陽者，亂世則治主，治世則亂民也。有國有家，不思所以採之，智鄙相籠，強弱相陵，天下之亂，何時而已乎？

以後所罕見的觀點 ❼⑨ 。文中先是推崇堯舜之為君,「以為大不得已」,而與
後世君王之以擁有天下為樂不同。鄧牧說:

> 皇帝清問下民,其分未嚴也;堯讓許由,而許由逃,舜讓石
> 戶之農,而石戶之農入海,終身不反,其位未尊也。夫然故天下
> 樂戴而不厭,惟恐其一日釋位,而莫之肯繼也。

此係言君之善。鄧牧繼則言秦之為君,「凡所以固位而養尊者,無所不
至」,以為因此秦後之君多惡:

> 天生民而立之君,非為君也,奈何以四海之廣,足一夫之用
> 邪,故凡為飲食之侈,衣服之備,宮室之美者,非堯舜也,秦也。
> 為分而嚴,為位而尊者,非堯舜也,亦秦也。後世為君者,歌頌
> 功德,動稱堯舜,而所以自為,乃不過如秦何哉。

鄧牧認為天下之亂,實源於人君之惡,「若劉漢中、李晉陽者,亂世則
治主,治世則亂民也。有國有家,不思所以捄之,智愚相籠,強弱相陵,
天下之亂,何時而已乎?」他使用「一夫」一詞,顯然也受孟子的影響。

當代學者研究儒家思想中憲政民主觀念的萌芽,常討論明末號為黎洲
老人的黃宗羲及其所著之《明夷待訪錄》 ❼⓪ 。言人君之惡,確有一些想法
發前儒所未發 ❼① 。黃黎洲的觀點,與鄧牧亦有相近之處,惟該書中〈原君〉

---

❼⑨ 漢代獨尊儒家,董仲舒領袖士林而為儒家奠定了政治上思想正統的地位,學者
認為他其實將先秦儒家以民意為天意的思想,藉著提倡「天人相與」、以天道
代替人道觀念的說法而加以改變,將之歸為中國君權神授說的代表,因而將中
國先秦之民本思想帶入了停滯期乃至銷沈期。金耀基,註76,頁101–119、125;
蕭公權則將之稱為專制天下政治思想之因襲時期,蕭公權,《中國政治思想史》,
頁4–6、313–321,臺北:聯經(1982年)。

❼⓪ 如石元康,〈明夷待訪錄所揭示的政治理念──儒家與民主〉,收入氏著,註51,
頁325–348;金耀基,註76,頁149–155。最早推崇黃黎洲著作裡的民主主義
精神的應推梁啟超,相關討論,參閱石元康,註51,頁325–326。

❼① 著名漢學家 de Bary 認為黃宗羲於《明夷待訪錄》中提倡設置宰相、學校以制
君,是其獨到的見解;力言有治法而後有治人,首先提出「非法之法」的概念,
其倡言法治也與西方之法治觀念最為接近。Wm. Theodore de Bary, *Asian*

一篇，❽似較鄧牧說的更為清楚。黃黎洲以為，人各自私自利，古之聖君

Values and Human Rights (Cambridge: Harvard University Press, 1998), 100–109. 亦有認為黎洲言君「為天下之大害」，此在當時可謂晴天霹靂者。牟宗三，《政道與治道》，頁165，臺北：學生（2003年增訂新版）。

❽ （清）黃宗羲著，李廣柏注譯，《新譯明夷待訪錄》，頁1–7，臺北：三民（1995年）。錄其全文如下：

有生之初，人各自私也，人各自利也，天下有公利而莫或興之，有公害而莫或除之。有人者出，不以一己之利為利，而使天下受其利，不以一己之害為害，而使天下釋其害。此其人之勤勞必千萬於天下之人。夫以千萬倍之勤勞而己又不享其利，必非天下之人情所欲居也。故古之人君，量而不欲入者，許由、務光是也；入而又去之者，堯、舜是也；初不欲入而不得去者，禹是也。豈古之人有所異哉？好逸惡勞，亦猶夫人之情也。

後之為人君者不然，以為天下利害之權皆出於我，我以天下之利盡歸於己，以天下之害盡歸於人，亦無不可；使天下之人不敢自私，不敢自利，以我之大私為天下之大公。始而慚焉，久而安焉，視天下為莫大之產業，傳之子孫，受享無窮；漢高帝所謂「某業所就，孰與仲多」者，其逐利之情不覺溢之於辭矣。此無他，古者以天下為主，君為客，凡君之所畢世而經營者，為天下也。今也以君為主，天下為客，凡天下之無地而得安寧者，為君也。是以其未得之也，屠毒天下之肝腦，離散天下之子女，以博我一人之產業，曾不慘然！曰「我固為子孫創業也」。其既得之也，敲剝天下之骨髓，離散天下之子女，以奉我一人之淫樂，視為當然，曰「此我產業之花息也」。然則為天下之大害者，君而已矣。向使無君，人各得自私也，人各得自利也。嗚呼，豈設君之道固如是乎！古者天下之人愛戴其君，比之如父，擬之如天，誠不為過也。今也天下之人怨惡其君，視之如寇讎，名之為獨夫，固其所也。而小儒規規焉以君臣之義無所逃於天地之間，至桀、紂之暴，猶謂湯、武不當誅之，而妄傳伯夷、叔齊無稽之事，使兆人萬姓崩潰之血肉，曾不異夫腐鼠。豈天地之大，於兆人萬姓之中，獨私其一人一姓乎？是故武王聖人也，孟子之言，聖人之言也。後世之君，欲以如父如天之空名禁人之窺伺者，皆不便於其言，至廢孟子而不立，非導源於小儒乎！雖然，使後之為君者，果能保此產業，傳之無窮，亦無怪乎其私之也。既以產業視之，人之欲得產業，誰不如我？攝緘縢，固扃鐍，一人之智力，不能勝天下欲得之者之眾，遠者數世，近者及身，其血肉之崩潰在其子孫矣。昔人願世世無生帝王家，而毅宗之語公主，亦曰：「若何為生我家！」痛哉斯言！

如堯舜禹者，亦不能例外；此則言人之性惡與君之性惡並無差別。然則他也明白指出人君的職分是為天下興利，理想的君主則是能夠抑制私欲而善盡職分的君主；現實政治中的帝王則率多是視天下為私產的惡君。黃氏推崇孟子貶抑桀紂獨夫之言，而謂主張君臣之義無所逃於天地之間者是為「小儒」；黎洲實為斥責人君之惡最為徹底的儒者之一，他顯然深受孟子的影響。

此外，黃黎洲形容人君的權力心態，「以為天下利害之權皆出於我，我以天下之利盡歸於己，以天下之害盡歸於人」；其中以「權」、「利」二字描述「權力」，按照當代的觀點來看，也值得留意 ❽❸。

孔門弟子三千，儒家傳人無數，從祀孔廟者一百八十二位 ❽❹，而如鄧牧與黃黎洲之力言人君之惡、直斥世間君主因為私心私欲而不肯善盡其為人君之責任者，並不多見。然則，即令他們看得如此透徹，卻仍然沒有放棄憧憬堯舜聖君的理想。將其等與指責人君「率獸食人」的孟子之思想態度相較，或許也可說只是批判人君性惡的程度深淺有異而已。學者認為，「對於防止君主濫用權力，中國傳統的辦法是要君主從事德性的修養，但是，這種辦法似乎從來沒有奏效過」，並且指出，「梁啟超認為《待訪錄》

回思創業時，其欲得天下之心，有不廢然摧沮者乎！是故明乎為君之職分，則唐、虞之世，人人能讓，許由、務光非絕塵也；不明乎為君之職分，則市井之間，人人可欲，許由、務光所以曠後世而不聞也。然君之職分難明，以俄頃淫樂不易無窮之悲，雖愚者亦明之矣。

❽❸ 依當代憲政思想言，「權利」與「權力」有別，此處無待深論。中國古代典籍少見「權利」一詞，《荀子》〈勸學〉中有「是故權利不能傾也，群眾不能移也，天下不能傷也，生乎由是，死乎由是，夫是之謂德操」，(唐) 楊倞，註59，頁16，雖語及「權利」一詞，但顯非現代「權利」的觀念，學者多認此為儒家思想與西方法治觀念大不同之所在，如張佛泉，《自由與人權》，頁75，臺北：臺灣商務 (1995 年)；石元康，註51，頁334。黃黎洲此處用詞遣字，與《荀子》中用語相近，「權利」一詞頗有呼之欲出的味道，惟如石元康所說，黃宗羲當時並未建立權力與權利是兩個可相對立的概念。石元康，註51，頁 331-335。關於中文「權利」一詞之來源及其間發生的問題，馬漢寶教授早有辨正之說，參見李復甸，〈權利辨正〉，《法令月刊》，頁 15-16，46 卷 10 期 (1995 年 10 月)。

❽❹ 黃進興，《聖賢與聖徒》，頁 115-117，臺北：允晨文化 (2001 年)。

有民主主義的精神的說法，是沒有什麼根據的❽」，應屬中肯之論。換句話說，儒家心心念念考慮道德之「當為」，希望君主向善，卻根本忽略了君主手掌大權而私欲薰心，怎會肯於一心向善的現實性「存在」問題，此亦為學者指稱孔子的「成德意識」，是「樂觀主義所凝聚成的道德理想主義❽」之故。

也有學者認為在以道德為權力的儒家思想中，根本沒有政府權力為必要之惡的假設，因為❽：

　　性善的政治領導人竟然為個人利益而謀求擴增權力的話，會徹底摧毀政治秩序。失去道德感召力之後，領導人不會再獲得民眾所自願賦予的決策權。

石之瑜並進一步指出，人民想證明上位者的個人利益影響政府決策殊為困難，因此會乾脆接受領袖是道德的，

　　並且承認他們會忠誠的遵守道德上的規範。對上司揭發等於是不名譽，……那就更不用說去質疑代表普天之下最高道德的國家元首了❽。

這是政治心理學的分析路徑，頗能說明為什麼儒家文化並不熱衷正面處理君主之惡的問題，也間接印證了由樂觀主義凝聚的道德理想主義確實存在。

❀ 柒、民之父母與君父思想

鄧牧與黃黎洲力言人君之惡，但顯也深受「民之父母」的觀念影響。鄧牧在文章中詢問：「惡有聖人在位，天下之人，戴之如父母，而日以盜賊為憂，以甲兵弧矢自衛邪？」而黃黎洲則謂：「古者天下之人愛戴其君，比之如父，擬之如天，誠不為過也。今也天下之人怨惡其君，視之如寇讎，

---

❽　石元康，註51，頁334–335。

❽　張灝，《幽暗意識與民主傳統》，頁58，臺北：聯經（2000年2版）。

❽　石之瑜，註55，頁179。

❽　石之瑜，同上註。

名之為獨夫，固其所也」，其看法亦頗為近似。他們都以為如民父母的聖君，與謀私利而遭天下之人怨惡之君不同；言下之意，惡君似不能以「民之父母」視之。此種觀點，實與《民之父母》簡文中將「民之父母」視為一種需要履踐相關道義責任條件之後而具備的道德身分，遙相呼應。而鄧、黃兩氏在慨嘆君之不君之餘，卻也如《民之父母》簡文一樣，沒有討論或說明，不能盡到民之父母責任的惡君，應該如何規範其與庶民的關係一項問題。其結果，既然沒有別種解釋來填補關係上的空白，而人君又繼續在位，「民之父母」的身分恐不免自然繼續下去，不因其為惡君而有不同。

　　這樣一種空白，其根本的原因，可能也就出自於「民之父母」的說法本身。父母是一種終身存在的身分，雖然父母確有照顧子女的道義責任需要承擔，其身分的取得出自於自然血緣事實而並非取決於道義責任的履行。用「民之父母」形容君民關係，其問題出在此種身分一旦上身，即不易因為「五至」、「三無」的道義責任未遭履踐而當然失去。準此而言，「民之父母」的說法，其實直接在為君父思想鋪路。說到中國古代的君父思想，其實，還有父權社會的性別歧視形成的父權支配問題，可堪研究❽❾。黃黎洲說：「愛戴其君，比之如父，戴之如天」，若與鄧牧說「聖人在位，天下之人，戴之如父母」相較，在這一點上似也顯出些許差異。此點或與憲政主義所排斥的性別歧視問題相關，而與儒家思想所涉非一❾⓪，本文暫不具論。

　　學者研究指出，中國古代君主身分的正當性，建立在得到「天命」而有其「德」；《禮記》〈中庸〉謂「大德者必受命❾❶」，其中的「德」，可以指

---

❽❾　關於中國古代父權支配家族思想與實踐的說明與分析，參閱瞿同祖，《中國法律與中國社會》，頁 7–25，臺北：里仁（1984 年）。

❾⓪　儒家向持男女有別的觀念，《禮記》〈禮運〉提倡大同世界的崇高理想，卻也未能免於「男有分、女有歸」的窠臼。當然，儒家也有父母無別的說法，《禮記》〈喪服四制〉：「資於事父以事母而愛同」即是。姜義華，註 4，頁 325、935。不過，有學者以為只能說有父權而不說有母權，因為母是從父的，母權是得自於父權的。瞿同祖，同上註，頁 17–18。相關討論，並可參見 de Bary, *supra* note 81, 124–133.

❾❶　姜義華，同上註，頁 746。

稱具備道德的意思，也可能指稱有其「神聖屬性」或「族群傳統」的意思❷。道德崇高的聖人，並不當然取得君主的身分，可見「天命」別有來源；對此孟子的解釋是，「匹夫而有天下者，德必若舜、禹而又有天子薦之者，故仲尼不有天下。」（《孟子》〈萬章（上）〉❸）此中需要交待的問題是，「天命」如何可知？孟子說是「以行與事示之而已矣」《孟子》〈萬章（上）〉❹，也就是要靠行為及事蹟顯現；能讓天子向天舉薦，能為天下之民接受，就是天命顯示的表現。換而言之，「天命」存在與否，不純然只是主觀的道德修為可以決定，而必須經由社會事實自然發展出來，看似一種自然的現象，也就有從「存在」中體會「當為」的味道。決定誰是天子君王的天命如果是一種自然現象，則與父母子女關係之係出於自然，其間本質上的差異就已漸形消失了。

此中也尚有深受儒家推崇之禪讓政治的問題，需要解釋。禪讓政治是傳賢的政治，按孟子的說法，也就是由天子薦之於天而為人民所接受的一種程序，顯現了天命的歸屬，即與依據血統決定的傳子政治不同。然則，在傳賢的禪讓政治與傳子的血緣政治之間，如何說明其間統一的道理？孟子同樣將之歸之於天命，他說，「天與賢，則與賢，天與子，則與子❺。」其解釋是：「舜、禹、益相去久遠，其子之賢不肖皆天也，非人之所能為也。莫之為而為者，天也。莫之致而至者，命也。」「繼世而有天下，天之所廢，必若桀、紂者也，故益、伊尹、周公不有天下❻。」孟子並曾引述孔子的話：「唐虞禪，夏后、殷、周繼，其義一也」，以為支持其說之論據❼。

❷　王健文，註8，頁65–84。

❸　李學勤，註11，頁304。

❹　李學勤，同上註，頁301。

❺　李學勤，同上註，頁304。

❻　李學勤，同上註，頁304–305。

❼　李學勤，同上註，頁305。莊子則對上古之禪讓政法有完全不同之看法，《莊子》〈秋水〉：「帝王殊禪，三代殊繼。差其時，逆其俗者，謂之篡夫；當其時，順其俗者，為之義之徒。」（清）王先謙，《莊子集解》，臺北：東大（2004年5版）。

　　然則，即使是儒家眼中的禪讓政治與血緣政治之間，有絕大之不同**❾❽**。血緣政治裡的君王，只要不是惡如桀紂一般，即可因死而傳子的制度而建立終生的身分。禪讓政治裡的君王，即使聖如堯舜，因為實施禪讓，也可能不是終生在位。此點先秦古籍似有不同的傳說。依《孟子》〈萬章（上）〉的描述，禪讓政治選賢在君主生前，推舉確定在君主身後，傳位之君主似乎仍是終生在位**❾❾**。《呂氏春秋》〈慎行論・求人〉則說：「堯傳天下於舜，禮之諸侯，妻以二女，臣以十子，身請北面朝之，至卑也**❿**。」依此則舜

---

❾❽ 禪讓政治出於推舉與選擇，血緣政治出於爭奪與放伐，兩者之間，矛盾之處遠較統一之處明顯。在推崇禪讓政治之餘，如何建立血緣政治的正當性，正是儒家之天命說想要解決的問題。上博楚竹書中《容成氏》一篇，學者稱為「中國上古史的新材料」，許全勝，《容成氏》篇釋地〉，收入朱淵清、廖名春，註2，頁372，其內容記載了古代帝王的事蹟，其敘事觀點，則顯現了推崇禪讓政治、批判血緣政治的特殊觀點。相關討論，參閱淺野裕一，《戰國楚簡研究》，頁88-109，臺北：萬卷樓（2004年）。

❾❾ 《孟子》〈萬章（上）〉：「舜相堯二十有八載，非人之所能為也，天也，堯崩，三年之喪畢，舜避堯之子于南河之南。天下諸侯朝覲者，不之堯之子而之舜；訟獄者，不之堯之子而之舜；謳歌者，不謳歌堯之子而謳歌舜，故曰天也。夫然後之中國，踐天子位焉。」李學勤，註11，頁301-302。依馮友蘭的解釋：「孟子之理想的政治制度中仍有天子諸侯等階級，但以為政治上之高位，必以有德者居之。其理想的政治制度，為以有聖人之德者居天子之位。此聖人既老，則在其死以前預選一年較少之聖人，先使為相以試之。及其成效卓著，則荐之于天，以為其自己之替代者，及老聖人既死，此少聖人即代之而為天子。然天意之不可知，可知者民意而已。民果歸之，即以天下與之，故荐之于天，即荐之于民也，……蓋無天子荐之，則不能先為相以自試，不能施澤于民，民不歸之也。此理想與柏拉圖《理想國》之主張極相似。」馮友蘭，《中國哲學史（下）》，頁480，香港：三聯（1992年）。此與《尚書》〈堯典〉：「帝曰：『格汝舜，詢事考言，乃言厎可績，三載，汝陟帝位。』舜讓于德，弗嗣。正月上日，受終於文祖。……二十有八載，帝乃殂落，百姓如喪考妣，三載，四海遏密八音。月正元日，舜格于文祖。」（吳璵，註28，頁11-12）可以相互對照。其中「百姓如喪考妣」一語，亦與「民之父母」之觀念相通。

❿ 朱永嘉、蕭木注譯，《新譯呂氏春秋》，頁1380，臺北：三民（1995年）。

係在堯生前受命。上博楚簡《容成氏》：「有子七人，不以其子為後；見禹之賢也，而欲以為後。禹乃五讓以天下之賢者，不得已，然後敢受之⓿」，究係在舜生前或身後完成禪讓？似不明確。禪讓思想與《民之父母》相同之處，似乎也在並未設想聖君可能轉變為惡君，或係此種設想根本即與「聖君」之定義不合之故。然則「民之父母」之說，對於君主身分維持不變，暗暗增添了說服力，也自然為其終生的身分給予加持，則頗顯然。

　　更有甚者，君臣關係與父子關係的交錯比較，也可能給予君民關係某種間接的啟示。孔子說：「子為父隱⓿」，孟子說：「父子之間不責善⓿」。不責父母之惡，乃是儒家的重要教誨；聖明天子如舜者，遇到惡父殺人，也需要負父逃至無人之濱避隱⓿。若是惡君為惡，則該如何？前曾言之，儒家認為事君有不同於事父之處，事君應該責善，犯之、諫之，也就是諍諫以格君之非⓿。孟子認為合於禮之要求的君臣關係是：「諫行言聽，膏澤下於士民；有故而去，則使人導之出疆，又先於其所往；去三年不反，然後收其田里。此之謂三有禮焉。如此，則為之服矣⓿。」前文也說過《禮記》〈曲禮（下）〉記載三諫君王不聽，臣子可以逃去之禮，孟子又說：「無罪而殺士，則大夫可以去⓿。」他甚至告訴齊宣王，一般臣子應該「君有

⓿　邱德修，《上博楚簡容成氏注釋考證》，頁 27，臺北：台灣古籍（2003 年）。

⓿　《論語》〈子路〉：「父為子隱，子為父隱，直在其中矣！」錢穆，註 75，頁 471。

⓿　《孟子》〈離婁（上）〉，李學勤，註 11，頁 242。

⓿　《孟子》〈盡心（下）〉：「桃應問曰：『舜為天子，皋陶為士，瞽瞍殺人，則如之何？』孟子曰：『執之而已矣。』『然則舜不禁與？』曰：『夫舜惡得而禁止？夫有所受之也。』『然則舜如之何？』曰：『舜視棄天下猶如棄敝蹝也，竊負而逃，遵海濱而處，終身訢然，樂而忘天下。』」李學勤，同上註，頁 435–436。論者有以此為東西方法治文化殊途發展之關鍵所在者。參見周天瑋，《蘇格拉底與孟子的虛擬對話》，頁 43–61，臺北：天下文化（1998 年）。

⓿　薩孟武將之歸納為同受孔子與孟子重視的「臣道」，薩孟武，《儒家政論衍義》，頁 197–199、462–466，臺北：東大（1982 年）。

⓿　《孟子》〈離婁（下）〉，李學勤，註 11，頁 255。

⓿　《孟子》〈離婁（下）〉，李學勤，同上註，頁 257。

過則諫，反覆之而不聽，則去❿」；對於與君王有血緣關係的「貴戚之親」
而言，則是「君有大過則諫，反覆之而不聽，則去位❿。」郭店楚簡《父
子兄弟》中說：「父亡惡，君猶父也；其弗惡也，猶三軍之旆也，正也。所
以異於父，君臣不相在也，則可已；不悅，可去也；不義而加諸己也，弗
愛也❿」，說法相似。臣子可以如此，那麼人民呢？孟子說：「無罪而戮民，
則士可以徙❿。」知識分子面對無罪而戮民之惡君，竟也不過只有遷徙一
途；似乎只要不到需要弔民伐罪的地步❿，儒家的辦法就是繼續提醒國君
應該施行仁政而已。這裡仍是「成德意識」裡的樂觀主義在發生作用。然
則一旦成為民之父母，惡君即是惡父，若再對照《禮記》〈曲禮（下）〉所
說「子之事親也，三諫而不聽，則號泣而隨之❿。」庶民一旦視君王如父，
既非人臣，不能犯之、諫之，若又不辨事君與事父之禮不同，抑或不願逃
去，君主有惡亦只能隨之；臣民視君如父，則均將無所逃於天地之間，如
何能使之去位？民之父母固定了君主的道德身分，道德身分一旦上身，旋
與道義責任脫鉤。只要未成一夫，即有揮之不去的地位。

　　與民之父母所構建的君父思想相關的，尚有平等的問題。前引鄧牧在
《伯牙琴》〈君道〉中說：「彼所謂君者，非有四目兩喙鱗頭而羽臂也，狀
貌咸與人同，則夫人固可為也。」似是以為君主與一般人並無不同。此點

---

❿　《孟子》〈萬章（下）〉，李學勤，同上註，頁343。

❿　《孟子》〈萬章（下）〉，李學勤，同上註。不過，公孫丑問：「賢者之為人臣也，
其君不賢，則固可放與？」孟子答：「有伊尹之志，則可；無伊尹之志，則篡
也。」《孟子》〈盡心（上）〉，李學勤，同上註，頁433。亦即孟子以為假如賢
者有伊尹愛君之志，則可以放君，否則不可之意。

❿　涂宗流、劉祖信，註69，頁258。此段話中，似乎辨明君雖猶父，但君無惡的
道理與父無惡的道理有些不同，乃是因為君王應像三軍的軍旗一樣端正，這與
西方「國王不能為非」的觀念似亦相通。

❿　《孟子》〈離婁（下）〉，李學勤，註11，頁257。

❿　《孟子》〈滕文公（上）〉：「誅其君，弔其民，如時雨降，民大悅。」李學勤，
同上註，頁201。

❿　姜義華，註4，頁60。

或許亦是受到孟子的影響。孟子所為人之性善的假設，是否不僅適用於一般人，也同樣適用於君王？其態度並不明顯。雖然《孟子》一再說出「舜何人也，予何人也，有為者亦若是」〈滕文公（上）〉 ⑭、「民為貴，社稷次之，君為輕」〈盡心（下）〉 ⑮、「堯、舜與人同耳」〈離婁（下）〉 ⑯、「人皆可以為堯舜」〈告子（下）〉 ⑰一類的話語，而有學者以為這是表達人性平等論的基本立場 ⑱。但是，人皆可以為堯舜，或是在說人的原生品質 ⑲相同，此與其在身分關係上是否為平等之關係，未必可以當做同一個問題來理解 ⑳。親子之間，即使在當代的民法規範上，似也可能因為存有權力與服從關係而不被認為是一種平等的關係 ㉑。歷代儒者熱衷辯論五倫之中父子關係與君臣關係孰者為先的問題 ㉒，先秦的觀念似是以父子為先 ㉓。

----

⑭ 李學勤，註 11，頁 153。

⑮ 李學勤，同上註，頁 456。

⑯ 李學勤，同上註，頁 282。

⑰ 李學勤，同上註，頁 377。

⑱ 金耀基，註 76，頁 56；歐陽禎人，註 54，頁 69–71。

⑲ 學者亦有將之形容為「人的內在價值及其達到道德完善的固有能力」皆屬相同者，杜維明，〈先秦儒家思想中的人的價值〉，收入氏著，《儒家思想》，頁 82，臺北：東大（1997 年）。

⑳ 先秦思想中，真正接近人性平等且身分平等的觀念提倡者，或許只能從莊子的極端個人自由主義中推求之。參見蕭公權，註 79，頁 187–193 中關於莊子思想的討論。

㉑ 韓忠謨，《法學緒論》，頁 435，臺北：自刊（1974 年）。

㉒ de Bary 指出，先秦儒家所言君臣關係，是雙向對待而非單向義務的概念。所謂永恆不變的忠，乃是針對原則而不是個人。de Bary, *supra* note 81, pp. 18–19，此點與《魯穆公》簡文子思所說的忠臣觀念，恰可相互驗證。單向的忠君觀念，是在漢朝以後較為明顯；「忠」君與「孝」父兩者如果看做不同的道德，則忠孝可能形成矛盾。漢朝以後儒者對此問題的討論，參見甘懷真，註 8，頁 279–296。

㉓ 郭店竹簡《父子兄弟》有這樣一段話：「仁，內也。義，外也。禮樂，共也。內主父、子、夫也，外立君、臣、婦也。疏斬布絰，杖，為父也，為君亦然。疏衰齊牡麻絰，為昆弟也，為妻亦然。袒免為宗族也，為朋友亦然。為父絕君，

然而儒家為此討論，不能說與「民之父母」的想法無關。無論是父子為先
抑或君臣為先，父子君臣既是可相比擬的關係，藉著「民之父母」之說將
君父思想再向君民關係投射，推理上了無困難。問題關鍵是父母與子女之
間並非平等關係，此點以下將再討論；君主一旦在觀念上成為「民之父母」，
君民之間也就更不再會是平等的關係了。

至於有朝一日君主真的做到了民之父母，也就是聖如堯舜的地步，那
是「當為」已等同於「存在」，久已分離的儒學道統與君王治統重新歸一（也
就是「治教合一」），屆時在政治上發生君主不受任何制衡的景象與問題❷，
恐怕就更不是樂觀的儒者所能預見或想像的了。

✺ 捌、憲政思想的存在與分歧

當代西方憲政思想（亦即憲政主義）的核心，是在有限政府 (limited
government) 的觀念基礎上限制政府權力，保障基本人權。根據憲政思想所
書寫的憲法，具體界定了國家、政府與人民的關係，用儒家的語言，可稱
為「人國之禮」，已見前述；而將當代的人國之禮與先秦時代內容並不完整
周備的人國之禮相較，可以思索憲政思想是否果然存在其中，乃至有無相
互歧異的所在。當代憲法控制政治權力的方法不一，略加歸納言之，其先
必假設政治權力可能為惡，也就是以為有權必濫❷，而且一旦為惡，其勢

不為君絕父。為兄弟絕妻，不為妻絕兄弟。為宗族殺朋友，不為朋友殺宗族。」
涂宗流、劉祖信，註70，頁206。「為父絕君」一語的意義，論者頗有爭論，
參見彭林，〈再論郭店《六德》──「為父絕君」及相關問題〉，收入龐樸等，
《古墓新知》，頁273-285，臺北：台灣古籍（2002年）；林素英，〈郭簡「為
父絕君」的服喪意義〉，收入李學勤、謝桂華，《簡帛研究，2002、2003》，頁
74-85，桂林：廣西師範大學（2005年）；陳偉，註72，頁124-126。

❷ 學者指出，此一景象曾於清代康熙朝出現，相關討論，參閱黃進興，《優入聖
域》，頁87-124，臺北：允晨文化（1994年）。

❷ 此為英國 Acton 爵士的名言：「權力使人腐化，絕對的權力，絕對地腐化。」
(Power tends to corrupt, and absolute power corrupts absolutely.) 參閱林子儀、葉
俊榮、黃昭元、張文貞，《憲法──權力分立》，頁105，臺北：學林（2003年）。

益大，將非平民所能輕易抗抵，於是以一部成文而稱之為憲法的法典，揭
明人權清單以為昭示，採用權力分立、司法獨立乃至違憲審查的制衡制度
防止權力集中，運用民主選舉的手段決定權力歸屬，使之任期固定而且定
期改選以確保權力和平移轉，從而避免濫權作用因為時間久長而惡化到難
以收拾的程度 ❿。

　　憲法作為一部拘束政治權力的成文法典，在中國先秦時代當然沒有出
現過完全相同的概念。不過周公制禮，以範定包括君臣關係在內之諸種人
際關係，可不可以憲法視之，其實也有討論的空間 ❿。儒家所謂的道統，
從堯舜禹湯以迄文王武王，都是以聖君為典型。惟道統依附的主體，至制
禮作樂的周公從攝政轉為大臣，至孔子又轉為儒者，孔子且因禮崩樂壞而
思復興古制，當然存有倡議以「禮」約束君王的用意；此點在周公言之，
制禮作樂以為成王法，其實已有使用成文規範約束權力的思想種子在焉。
到了漢代董仲舒以經折獄 ❿，也有以禮為法，作為行使權力之依據的意思，
即不能否認其與憲政思想有一定程度的相通之處。至於以憲法標示人權之
內容，作為權力行使不可侵犯的禁區，這樣的想法在古代中國似乎並不存
在。當然也有學者以為，《孟子》〈梁惠王（上）〉中揭示君王治國的目標理
想作為一張「義務清單」 ❿，即已與憲法列舉人權清單的用意，有其相通

---

❿　參閱林子儀等，同上註，頁 11–12。

❿　de Bary 曾將孔子在《論語》中說的「禮」形容為「人類最基本的原則，或者
　　說它是代表基本的憲章秩序，與個人和公共道德都息息相關」 (the most
　　fundamental of human institutions, or in other words as representing a basic
　　constitutional order, correlative in importance to individual and public morality.) de
　　Bary, *supra* note 81, 30.

❿　參見徐道鄰，《中國法制史論略》，頁 12–15，臺北：正中（1959 年臺 3 版）；
　　黃源盛稱之為自然法論的折獄理念，黃源盛，《中國傳統法制與思想》，頁
　　110–113，臺北：五南（1998 年）。

❿　錄其文如下：「是故明君制民之產，必使仰足以事父母，俯足以畜妻子，樂歲
　　終身飽，凶年免於死亡。然後驅而之善，故民之從之也輕。今也制民之產，仰
　　不足以事父母，俯不足以畜妻子，樂歲終身苦，凶年不免於死亡，此惟救死而

之處⓭，見解獨到。不過，這些都還不是本文討論的主題。以下只就「民之父母」思想與西方憲政思想相互比較，分為五點加以敘述。

一、關於權力為惡的思想

不論在性善性惡的思辯問題上採取何種立場，假設權力可能為惡，是西方憲政思想的起始前提之一⓭。上博簡文《民之父母》中似乎看不出人君為惡的假設，不過從《孟子》使用「民之父母」之說法以觀照君王之惡的段落來看，《民之父母》簡文只是舉出《詩經》上「成王不敢康，夙夜基命宥密」一個實例來形容民之父母的形象，孔子解釋「民之父母」顯然也不是在描述當世現實的狀態，而是說出對於人君的期許，揭櫫一種人君的理想境界。也不妨說，設非現實的人君並不理想，孔子回答子夏的問題或許不是上博簡文的敘述方式。不過，《民之父母》即使是因為人君不善而產生的憧憬，其與君為善的想法遠遠超過孟子責君之惡的憤怒⓭，亦極明顯。

恐不贍，奚暇治禮義哉！王欲行之，則盍反其本矣：五畝之宅，樹之以桑，五十者可以衣帛矣。雞豚狗彘之畜，無失其時，七十者可以食肉矣。百畝之田，勿奪其時，八口之家可以無飢矣。謹庠序之教，申之以孝悌之義，頒白者不負戴於道路矣。老者衣帛食肉，黎民不飢不寒，然而不王者，未之有也。」李學勤，註11，頁29。

⓭　余英時，〈序〉，收入朱敬一、李念祖，《基本人權》，頁14–15，臺北：時報文化（2003年）。

⓭　西哲，例如康德 (Kant) 係執性善說或性惡說，亦為論者研究的課題。參見如李明輝，註68，頁145–147。關於掌權者為善為惡的問題，西方當然也有歧異的說法。英國曾有「國王不能為非」(the King can do no wrong) 的諺語，則係與「朕即國家」、君王是國家正當性的象徵、不能在法院中加以追訴的觀念有關，Stanley de Smith, *Constitutional and Administrative Law*, 5th ed. by Harry Street & Rodney Brazier (Great Britain: Penguin 1986), 145–146. 其思維邏輯則與儒家將君王看成道德象徵有近似之處。

⓭　《孟子》〈告孔子（下）〉：「長君之惡其罪小，逢君之惡其罪大。今之大夫皆逢君之惡，故曰今之大夫，今之諸侯之罪人也。」（李學勤，註11，頁393）。直言君惡之處，有些咬牙切齒的味道。

儒家思想並非不知人君有惡，此與西方憲政思想相同，但是即使露骨指責人君之惡如孟子、鄧牧、黃宗羲者，仍不放棄盼君向善的立場，可以看出其中真正的差異在於一種政治態度。不同的政治態度，決定了對於人君為惡時採取的對策並不相同。學者用樂觀主義加以形容⑬，也許足以凸顯此種態度不夠實際；如謂此種樂觀主義有時帶有為權力服務的心思，就某些儒者而言，或也不能說是厚誣古人⑭。

　　然則從另一角度說，此種態度或許乃是願與政治現實妥協的產物。《莊子》〈人間世〉中所述仲尼之語：「子之愛親，命也……臣之事君，義也⑬。」如果記載可靠，亦可推知孔子並非未曾注意父子關係與君臣關係乃至君民關係，彼此未必可以完全取代借用。故其承認君主統治支配的地位與父母之於子女相似，從而要求君主同樣發揮父母的慈愛，即可能是一種釜底抽薪的盼望：天下作惡之人甚多，若能從君王開始實行仁政，「風行草偃⑬」，即可一舉解決所有的問題。此亦就是新儒家學者所說「君主專制並非出於儒家內聖之學的要求，而是在現實的歷史條件下不得已的選擇（在混亂失序與君主專制之間的選擇）」，也就是認為儒家未能發展出民主制度，不在於其思想本身的缺陷，而是在於歷史條件的侷限⑬。《民之父母》對於理想君王的境界陳義甚高，是否希望發揮「取法乎上得乎中」的作用，固難斷言；但孟子一再提到「民之父母」，也未嘗不能說是企圖打動君王的「惻隱之心⑬」、緩和君王為惡程度的一種說法。其中試圖矯正人君之惡的務實用意，或許不比西方憲政思想遜色。惟因強調君主之當為以致忽略了可能引

---

⑬　張灝，註86，頁64–65。

⑭　例如文起八代之衰之韓愈，蕭公權即稱之為唐代儒者中表示盛世之樂觀而擁護專制政體之代表。蕭公權，註79，頁433–436。

⑬　（清）王先謙，同註75。

⑬　《論語》〈顏淵〉：「君子之德，風，小人之德，草；草上之風，必偃。」錢穆，註75，頁438。

⑬　李明輝，註68，頁153–154。

⑬　《孟子》〈告子（上）〉：「惻隱之心，人皆有之。」「惻隱之心，仁也。」李學勤，註11，頁354。

起「民之父母」從「當為」命題轉為「存在」命題的閃失，則可能是孔子倡言《民之父母》之說時始料未及之處。學者以為孔子思想傾向君本位，孟子思想傾向民本位❸，且與君本位的政治現實水火不容❹，從孔子、孟子分別援引「民之父母」以言君善君惡的態度輕重有別來看，不為無故。

　　西方憲政主義解決權力為惡的重要方法之一，是權力分立的制衡制度。論者有謂在先秦儒家的思想之中，君臣關係中的「諍諫」其實含有制衡思想在內❹；黃宗羲則被推崇為後代儒者之中，發展知識分子教育與批判性格以為制衡君主為惡方法的先驅❹。此中所謂「制衡」，當然是較為鬆散的用法，惟這也可能是在君權「定於一」的思想❹之下，未能發展現代西方的分權制度思維卻又另闢蹊徑的表現。不過，若是以為道德就是權力的根源，作為道德表徵的君王，也許根本不會成為應該受到牽制的對象；就像是父母子女關係，不會是制衡思想適用的場合一樣。「民之父母」所建立的君主道德表徵既與父母相當，作為「民之父母」的君主似乎也就不會成為制衡關係中需要牽制的對象❹，當也是君王權力應受制衡的想法在中國古代並不發達的因素之一。

二、關於民主與民本思想

　　「與君為善」的表述態度，恐怕還與言說者心中所想像的表述對象為誰有關。此處要說到「民之父母」觀念中有無民主或是民本的思想了。美國寫下世界第一部成文憲法，其立憲主義的思想顯現在 Thomas Jefferson

❸　蕭公權，註 79，頁 96。

❹　黃俊傑，《孟學思想史論（卷一）》，頁 165，臺北：東大（1991 年）。

❹　歐陽禎人，註 54，頁 206–207。

❹　de Bary, *supra* note 81, 105–109. 異說，石元康，註 51，頁 343–347。

❹　《禮記》〈坊記〉：「子云：天無二日，土無二王，家無二主，尊無二上，示民有君臣之別也。」《禮記》〈喪服四制〉：「天無二日，土無二王，國無二君，家無二尊，以一治之也。」姜義華，註 4，頁 118、935；《孟子》〈梁惠王（上）〉：「卒然問曰：『天下惡乎定？』吾對曰：『定於一。』」李學勤，註 11，頁 21。

❹　石之瑜，註 53，頁 33–37。

主筆的獨立宣言 (The Declaration of Independence) ⑭之中。獨立宣言是一件
瀝數英王之惡的歷史文件，昭告北美十三州殖民地人民起而抗暴，若與人
所熟知之唐代文豪駱賓王代李敬業所撰〈討武曌檄〉 ⑭相互對照，或許可
以看出一些端倪。此兩篇文字，一中一西，有一共通之處，都是以響應起
事革命的人而非所要聲討的國君為言說對象⑭。而兩文不同之處在於駱賓
王的檄文只是檢討武則天個人的罪過而欲興勤王之師，以求回復舊唐李氏
君位；獨立宣言則是要將君王專制的制度連根拔起。美國制憲之前，有人
提出一個問題：制憲之後國王在哪裡？論者所提供的答案則是美國係用成
文憲法取代國王⑭。這個說法顯示最初美國產生成文憲法所建立的民主政
治語言情境，是在一種人民相互對話而無君王存在的場景中出現。

　　許多學者認為古代中國儒家沒有民主的觀念，只有民本思想⑭，例如
金耀基認同日本學者的說法，認為民本思想所建構的是「開明專制」 ⑮；
蕭公權則認為中國的民本思想含有「民有」、「民享」而獨缺「民治」觀念，
是為民本思想與民主思想的絕大差異⑮。其說均極有見地。不寧惟是，民

---

⑭　此文發表於 1776 年 7 月 4 日。全文見 Merrill Peterson, ed., *Thomas Jefferson*
　　(USA: Penguin, 1975), 235–241.

⑭　黃清泉注譯，《新譯駱賓王文集》，頁 481–486，臺北：三民（2003 年）。

⑭　駱文：「公等或家傳漢爵，或地協周親；或膺重寄於爪牙，或受顧命於宣室，
　　言猶在耳，忠豈忘心？……共立勤王之勛，無廢舊君之命。」黃清泉，同上註，
　　頁 485–486。

⑭　Edward Corwin, *The "Higher Law" Background of American Constitutional Law*
　　(Ithaca: Cornell University Press, 1955), 1–2.

⑭　參見如金耀基，註 76，頁 13。

⑮　金耀基，同上註，頁 47–50。

⑮　蕭公權，註 79，頁 96–97。亦有認為民本思想只有民享 (for the people) 觀念者，
　　薩孟武，註 105，頁 55、576–577。徐復觀則不以蕭說為然，以為《孟子》中
　　可以看出民治原則的端緒（如「國人皆曰賢……然後用之……國人皆曰可殺
　　……然後殺之」），只是沒有想到如何實現民治的制度而已。氏著，《中國思想
　　史論集》，頁 136–137，臺北：學生（1995 年）。牟宗三亦認為古代中國無政道
　　或政權的民主，但有治道或治權的民主觀念，氏著，註 81，頁 24；林毓生則

本思想與民主思想的另一個差異，可能存在於言說環境乃至言說對象的想像並不完全相同。與民本思想不同的民主思想，在制度上設計的言說場景或是場景想像，常是一群相互關係平等的人共同設計未來的政治結構，不是人民與現實存在的君主在對話❿。《尚書》〈五子之歌〉中說：「民為邦本，本固邦寧❿」，即是民本思想的表現，然則民本思想的言說對象顯然是君主而非一般人民❿。薩孟武稱之為「為君立言，不是為民立言❿。」

易言之，民本思想是儒家與君主的對話。對話的目的在為民請命；對話的結果，君主的職分仍然存在而不會解消，言說者進入了一種「與君共舞」的情境。子思當著魯穆公之面說恆稱君之惡者即為忠臣，引起魯穆公不悅；孟子對齊宣王說貴戚之卿諫君大過，反覆不聽時可以易君之位，「齊宣王為之變色❿」，或均已是與君王對話之民本思想的言說極限了。「民之

批評此種說法有誤，以為中國只有民本思想，沒有民主思想。氏著，《思想與人物》，頁 416、423–426，臺北：聯經（1983 年）。

❿　20 世紀美國學者 John Rawls 建構平等自由主義的理論，採取無知之幕後 (the veil of ignorance) 的民主協議場景想像，可為一項鮮明的例證。John Rawls, A THEORY OF JUSTICE, 118–123 (1999, revised edition, Cambridge: Belknap of Harvard University Press).

❿　錢宗武、江灝譯註，《尚書》，頁 102，臺北：台灣古籍（1996 年）。

❿　〈五子之歌〉的背景即是在描述夏啟之子太康喪失帝位，其昆弟五人在洛水彎處作此詩歌埋怨太康失道亂紀。錢宗武、江灝，同上註，頁 100–102。〈五子之歌〉是《尚書》中疑為後人偽作的作品，卻也是鄧牧《伯牙琴》中引述的篇章。有學者考證〈五子之歌〉是後人偽作之古文《尚書》篇章，參見吳璵，註 28，頁 5–6；朱廷獻，《尚書研究》，頁 21–49，臺北：臺灣商務（1987 年）。惟亦有學者仍以為民本思想係出於《尚書》，其例證之一為《尚書》〈周書·酒誥〉：「人無於水監，當於民監。」吳璵，註 28，頁 110。參見勞思光，《中國哲學史（第一卷）》，頁 34–35，臺北：三民（1981 年）。

❿　薩孟武，註 105，頁 576。鄧牧於《伯牙琴》〈君道〉中說：「天生民而立之君，非為君也。」承襲《荀子》〈大略〉所言：「天之生民，非為君也；天之立君，以為民也。」（唐）楊倞，註 59，頁 458，則為儒家之中非以君王為言說對象之民本語言。

父母」的言說內容，實亦不脫為君王設想以為說服的情境，提醒君王應該對待人民親如骨肉鄉里之人，當然與民本思想相通；《禮記》〈大學〉以「民之所好好之，民之所惡惡之」解釋「民之父母」，當已是與民主思想最為接近的民本思想，惟其並非目無君王的民主對話語言，仍甚明顯。其言說前提既然已是要與君共舞，充其量乃只能寄之以無限的樂觀主義態度。

當然，民主國家也不乏由君主立憲而君主繼續在位的例子❺，民主制度與君共舞的結果，則常妥協走向虛位君主的制度。虛位君主的觀念或許可與主張君主無為的老莊思想相互對照❺。儒家經典也有垂拱而治的說法❺，但與「民之父母」的論述路徑應該有所區辨。勤勞、威嚴而又慈愛的「民之父母」，並非垂拱無為之君的現象，垂拱無為或許是天下大化之後的理想景致❻；面對君王存在的現實狀態，《民之父母》的妥協之道，不是主張君王虛位，而是理想君王積極勤勞的樂觀想像。

三、關於人格平等的思想

儒家的五倫，貫穿其間者為一種重要人際對待關係的規範，此種重視人際正確對待關係的觀念，深植於文化之中，不但是範定是非的標準，根本構成以「對」（相互對應）、「錯」（錯位錯置）之字眼型塑是非價值判斷的語言環境。前文已經說到，講究人際間的對應對待關係（例如父慈子孝、

---

❺　《孟子》〈萬章（下）〉，李學勤，註11，頁343。

❺　例如荷蘭、比利時。英國亦是有世襲君主在位的民主國家，只是並無一部成文憲法存在。

❺　學者有將老莊之無為而治解為縮小政府權力的概念者，蕭公權，註79，頁180-184；但若將「無為」解釋為「任其自然」而非「無所作為」，則與虛位君主亦未必可以相提並論。參閱朱心怡，《天之道與人之道——郭店楚簡儒道思想研究》，頁231-232，臺北：文津（2004年）。

❺　《尚書》〈武成〉：「惇信明義，崇德報功，垂拱而天下治。」錢宗武、江灝，註153，頁249。

❻　《論語》〈衛靈公〉：「子曰：『無為而治者，其舜也與！夫何為哉？恭己正南面而已矣。』」錢穆，註75，頁551。

兄友弟恭、朋友有信等），與主張人際平等，觀念上本為兩事。清末面臨中西思想衝擊而反應激烈的譚嗣同甚至認為應先破除所有對待性的關係，始足以言平等❶，或可引為旁證。大抵上，五倫之中的對應關係皆不易從平等關係加以理解❷，因為儒家的禮教思想，原則上極重差等❸，平等關係不易出現，有也只是例外或偶然。更重要的影響則是儒家在諸種人際對待關係中，強調主從次序，郭店楚簡中另一篇佚書《六德》，似乎揭露了許多道破觀念要害的儒家訊息❹：

❶　參閱王汎森，《中國近代思想與學術的系譜》，頁 126–127，臺北：聯經（2003年）。

❷　《白虎通》〈三綱六紀〉：「三綱者，何謂也？謂君臣父子夫婦也。六紀者，謂諸父、兄弟、族人、諸舅、師長、朋友也。故含文嘉曰：君為臣綱，父為子綱，夫為妻綱。又曰：敬諸父兄，六紀道行，諸舅有義，族人有序，昆弟有親，師長有尊，朋友有舊。」（清）陳立，註18，頁442。父子、君臣、夫婦、兄弟之間固無論矣，即如被 de Bary 看作關係平等的朋友 (de Bary, *supra* note 81, 18)，也因可以適用長幼有序的觀念而進入某種類似兄弟間的不平等關係。

❸　例如《禮記》〈曲禮（上）〉：「夫禮者，所以定親疏、決嫌疑、別同異、明是非也」、「為天子削瓜者副之，巾以絺。為國君者華之，巾以綌。為大夫者累之，士疐之，庶人齕之。」前者係言「禮」是為建立秩序與等級而存在的基本原則；後者則是具體說出天子、國君、大夫、士與庶人吃瓜的禮數不同，天子有人代為切瓜，切瓜的方法與保潔的用品都有講究，庶人只能連皮咬著吃。又如《禮記・曲禮（下）》：「天子穆穆，諸侯皇皇，大夫濟濟，士蹌蹌，庶人僬僬。」是說自天子以至庶人，儀態上的評價也要定格定型，而且完全不同。姜義華，註4，頁4、28、58，《禮記》中類此之說，比比皆是。儒家傳統中的身分差等與近代平等觀念的比較討論，參閱黃源盛，註128，頁369–396。

❹　《六德》簡文內容之辨識，此處以涂宗流、劉祖信之校釋文為準。異說如廖名春，《新出楚簡試論》，頁 171–180、219–230，臺北：台灣古籍（2001年）；丁原植，《郭店楚簡儒家佚籍四種釋析》，頁 197，臺北：台灣古籍（2000年）；陳偉，〈關於郭店楚簡《六德》諸篇編連的調整〉，收入武漢大學中國文化研究院編，《郭店楚簡國際學術研討會論文集》，頁 64–74，武漢：湖北人民（2000年）；彭林，《六德》柬釋〉，收入龐樸等，註123，頁 263–272。所謂「六德」，係指「聖、智也，仁、義也，忠、信也」、「父聖、子仁、夫智、婦信，君義，

　　生民斯必有夫婦、父子、君臣，此六位也。有率人者，有從人者；有使人者，有事人者；有教者，有孝者，此六職也。既有夫六位也，以任此六職也。六職既分，以美六德。

　　六位是六種身分，六職是六種責任。君為使人者，臣為事人者，應有的對應關係為君義臣忠（或君禮臣忠）**⑯**。父為教者，子為孝者，應有的對應關係為父聖子仁**⑯**。這都是雙向關係的觀念。雙向對應的關係與平等關係並非同義；主從次序一旦區分，自無平等可言**⑯**。錢穆即以為「君使臣、臣事君」，顯為君臣不平等之觀念**⑯**。父教子孝，子諫父惡而不聽，只能號泣而隨之，父子之間當然也不是平等的關係。

　　《六德》雖然將「六德」分述於「六位」之上，但也將之集中在君王的身上，其說與《民之父母》裡的想法相當接近，而謂**⑯**：

　　　　何謂六德？聖、智也，仁、義也，忠、信也。聖與智就矣，仁與義就矣，忠與信就矣。作禮樂，制刑法，教此民爾使之有向也，非聖智者莫之能也；親父子，和大臣，寢四鄰之淵澍，非仁義者莫之能也；聚人民，任土地，足此民爾生死之用，非忠信者

臣忠」。涂宗流、劉祖信，註70，頁190、192、212。關於《六德》簡文與儒家思想的相互印證，參見歐陽禎人，註54，頁134-146。

⑯　《六德》：「父兄任者子弟，大才藝者大官，小才藝者小官，因而施祿焉，使之足以生，足以死，謂之君，以義使人多。義者，君德也。非我血氣之親，畜我如其子弟。故曰：苟淒夫人之善匹，勞其寵悅之力弗敢憚也，危其死弗敢愛也，謂之臣，以忠事人多。忠者，臣德也。」涂宗流、劉祖信，同上註，頁198。此與《論語》〈八佾〉：「君使臣以禮，臣事君以忠。」說法相近。錢穆，註75，頁97。

⑯　《六德》：「既生畜之，或從而教誨之，謂之聖。聖也者，父德也，子也者，會享長材以事上，謂之義；上共下之義，以掬野野，謂之孝。故人則為內者必以仁。仁者，子德也。」涂宗流、劉祖信，同上註，頁202。

⑯　有趣的是，對等者，我國文字輒以「敵」稱之，如「敵禮」、「敵體」、「富可敵國」等皆同此用法。參見《辭海》，「敵」字釋義，註20，頁2043-2044。

⑯　錢穆，註75，頁97。

⑯　涂宗流、劉祖信，註70，頁192。

莫之能也。

《六德》又說 **⑰**：

> 君子不啻明乎民微而已，或以知其一矣。男女不辨，父子不
> 親；父子不親，君臣亡義。是故先王之教民也，始於孝弟。君子
> 於此一冊者亡所法。是故先王之教民也，不使此民也憂其身、失
> 其冊。孝，本也。

《六德》中還有這樣一句話：「民之父母親民易，使民相親也難。」君
王一旦身為「民之父母」，就承襲了父教子孝的關係，《論語》、《孟子》中
充滿君主為政應以教化為主、「作之君、作之師」**⑰** 的觀念 **⑰**，將君王教民
引為理所當然。「民之父母」的說法是將君王教民與父母教子的行為統一起
來理解，君王是道德表徵也是教化中心。父子關係若不是平等關係，君民
關係也就不是平等關係。

其實，儒家是否缺乏人格平等的觀念，較為準確的說法應是馬漢寶教
授的分析 **⑰**：

> 儒家重個人，在重其倫理道德之修養，而實踐之方法，則是
> 責成個人各盡其人倫上的義務。質言之，個人之倫理道德，須在
> 人與人之關係中，始能完成與發揮。因此，可以說在儒家思想中，

---

⑰ 涂宗流、劉祖信，同上註，頁 215。

⑰ 《孟子》〈梁惠王（下）〉：「書曰：『天降下民，作之君，作之師……』」李學勤，
　　註 11，頁 45。

⑰ 如《孟子》〈盡心（上）〉：「仁言不如仁聲之入人深也，善政不如善教之得民也。
　　善政，民畏之；善教，民愛之。善政得民財，善教得民心。」李學勤，前註，
　　頁 421。又如《論語》〈顏淵〉：「子曰：『政者，正也。子帥以正，孰敢不正？』」
　　《論語》〈為政〉：「道之以政，齊之以刑，民免而無恥。道之以德，齊之以禮，
　　有恥且格。」錢穆，註 75，頁 432、436。de Bary 指出君道與師道合一是存在
　　於聖王身上的理想，但到了孔子時代，君道與師道已經分裂。de Bary, *supra* note
　　81, 27；此亦即是黃進興所說可以兩分的儒學道統與君王治統的區別。黃進興，
　　註 124，頁 87–124。

⑰ 馬漢寶，註 9，頁 47。

難有與任何他人無關的「個人」觀念之產生，亦難有與任何他人
完全「平等」的觀念之產生。

西方憲政思想則反是，自由憲政主義將個人看成一個個獨立的主體，
而不是由「人是社會關係的集合」的觀念來看人。獨立宣言之起始即強調
人生而平等為自明之理❿。西方比較憲法學的教科書說，任何憲政社會最
基本的原則就是一項共識：作為一國的公民在法律之前人人平等❿。就權
力與人民之關係而言，憲法不但認知兩者事實上通常並不處於平等之地位，
並且思所矯正，以求弱勢之人民受到強勢之掌權者平等對待。即使大陸法
系思想遷就政府與人民間存有支配關係而慣將公法私法關係兩分❿，公法
學上也向有特別權力關係的理論❿，但特別權力關係，主要是存在於國家
與公務員或軍人之間的關係，也可說是「君臣關係」在近代演變的版本，
並不能作為界定掌權者與平民間關係的準據。換言之，西方憲政思想終究
是在朝平等關係發展建構憲法上權力與人民的關係。「民之父母」說法的問
題在於，父母教導子女是因為子女年幼無知，人格尚不成熟，至少在子女
未成年時如此；即使在教育並不普及的時代，亦不能因為假設人民無知乃
以之作為君王行禮樂教化而取得教導人民之地位的理由，「民之父母」用君
主教民來解決社會教育的問題，陳述了樂觀的理想，卻未交待足以支持其
說法的實證論述基礎。因而建立了君民不平等的觀念，則是言說者未知引
以為憂的所在。

---

❿　"We hold these truths to be self evident: that all men are created equal..." Peterson,
　　supra note 138, 235.

❿　Vicki Jackson & Mark Tushnet, *Comparative Constitutional Law*, (New York:
　　Foundation, 1999), 214.

❿　即使在公法的領域內，也還將行政區分為建築在支配關係上的高權行政（公權
　　力行政）與建築在平等關係上的私經濟行政，而適用不同的法理原則。參見吳
　　庚，《行政法之理論與實用》，頁 10–16，臺北：自刊（1992 年）。

❿　其理論介紹，參見如陳新民，《行政法學總論》，頁 127–129，臺北：自刊（1992
　　年修訂 7 版）；吳庚，同上註，頁 170–178。

四、關於權力來源的思想

當代憲政思想，將政治權力的來源植基於民主選舉制度，稱之為民主正當性❿。即使是君主立憲，也須搭配民主的國會，成就政府的民主正當性。雖然有的比較憲法學教科書在理論上雖不願逕謂無民主即無憲政，而只將選舉看成是一種憲政制度，將之與憲政文化、法治主義有所區別❿，但從現實世界來說，成文憲法國家若不經民主選舉替換政權，憲政可稱為成功的例證極其有限❿。前述民本思想與民主思想的關鍵差異亦即在此，民主是由人民透過選舉產生政府，民意是政府權力的正當來源；民本思想則只關切人民的福祉，並不直接追問權力的來源或基礎。

所謂民本思想不同於民主思想，非謂儒家並不思考權力來源的問題，也非謂儒家認為權力來源是與人民無關的問題。前面說過，儒家認為君王權力的來源是「天命」，「天命」與「德」有關，與民意有多少關係？需要說明。

依照孟子的觀點，治國有王霸之分❿，王道與霸道之區別，就在於是否以民為本施行仁政❿，人民趨就有道之君，透露著人民的選擇，也暗示

---

❿ Carl Schmitt 著，劉鋒譯，《憲法學說 Verfassungslehre》，頁 121–126，臺北：聯經（2004 年）。我國憲法實踐上言及此一概念，較近的例子是大法官釋字第585 號解釋許玉秀大法官一部協同一部不同意見書，《總統府公報》，第 6618號，頁 37，2005 年 2 月 16 日。研究西方憲政民主的學者，也有主張被統治者的同意並不是「遵守法律的道德義務」之唯一來源，民主憲政國家人民遵守法律的道德義務，需以國家克盡其對每個人的道德義務來加以證成者，與本文之主題不無可以發引進一步討論之處，或將俟諸來日。參見謝世民，〈政治權力、政治權威與政治義務〉，《政治與社會哲學評論》，頁 6–8、38，臺北：巨流，第 1 期（2002 年 6 月）。

❿ Jackson & Tushnet, *supra* note 175, 217–218.

❿ *Id*. 217–218.

❿ 其間義理之討論，參見如黃俊傑，註 140，頁 161–179。

❿ 《孟子》〈梁惠王（下）〉：「齊宣王問曰：『齊桓、晉文之事，可得聞乎？』孟

著民意足以決定君王的正當性，但這畢竟與「民治」(by the people) 不可相提並論。儒家雖然常將天命與施行仁政相連結，但其說法存在著問題：用當時的標準來看，「五至」、「三無」作為一種行動實踐的準則，均需要君主付出努力，未必容易做到；用今天的眼光來看，何謂王道、仁政，儒家設定的標準其實不高，「老者衣帛食肉、黎民不飢不寒」即可王天下；「國人皆曰可殺，然後殺之」即可稱為民之父母，以如此之「民之父母」而稱王天下，今日言之似不困難。不過，這些標準都不免失之主觀，儒家並未發展出一套客觀的、技術上簡單明白的制度，決定天命何時降臨、何時業已遠離，而只是依據歷史事件的自然發展為事後的評斷；評斷前朝因何得到天命、如何失去天命較為容易，評斷現實存在的人君不該得到天命或已失去天命，顯較困難。孟子批評梁惠王「望之不似人君」，但既未質疑梁惠王不該得位，也沒有提出客觀標準據之要求梁惠王去位。僅憑儒者各自觀察民意的趨向，顯然不足以建立權力來源的客觀正當性；所謂天命在「德」，此中天子血統的傳承，其實要比認定天子推行仁政或是受到人民擁護的程度如何，客觀得多。儒家憧憬禪讓政治，溢於言表，也就是推崇傳賢政治甚於傳子政治，但始終不曾提出傳賢的具體方法；只是一味期待君王自動傳賢，何啻與虎謀皮？孟子又說出「天與賢，則與賢；天與子，則與子」這種看似客觀、卻不夠具體實際的話語，其副作用則是，儒家口裡民意的重要性，在一般而非極端的政治現實之中，其實並不足以決定君主去位。

從另一個角度說，「民之父母」的說法，係依賴君主實踐其道德責任來證成其道德身分，故其取得道德身分的基礎，不在「民意」的存在；雖然「民之父母」的言說者顯然也假設，實踐其道德責任的君主，必然會得到人民的支持與同意而獲得其「民之父母」的道德身分，這點從《民之父母》提出「五起」來說明做到「五至」、「三無」的效果，即可看出。「民之父母」的說法，雖然揭示著君王努力的方向，但是標準過於主觀，恐不足以啟發

子對曰：『仲尼之徒，無道桓、文之事者，是以後世無傳焉，臣未之聞也。無以，則王乎？』曰：『德何如，則可以王矣？』曰：『得民而王，莫之能禦也。』」
李學勤，註11，頁23。

君主善盡政治上道義責任的意願，也不足以對君王權力構成有力的限制，同時卻又間接肯定了君主得位可以與父母身分源於自然事實相提並論，泯滅了「子之愛親、命也」、「臣之事君、義也」兩相類比之間原已趨於薄弱的論述差異。身分上相當於為人子女的庶民，當然不可能像民主政治中成為享有統治地位的一方。如果說上博簡文中過度理想化的《民之父母》其實已將憲政思想，特別是產生民治思想的可能苗芽朝著相反方向撥弄，更加淡化了民意在決定君主權力來源問題上的重要性，應非過言。

五、關於定期改選的思想

西方憲政思想中，政治權力定期改選，是成文憲法初次出現時，即行採取的基本原則❸。在英國將終身世襲的君王寖假演化成虛位元首，民主選舉產生的政府則亦必須定期改選❹。定期改選，可說是對於可能為惡的權力掌控者，在「逃之」與「誅之」之外，一種較為合理的控制對策。掌握國家最高權力的職位必須定期改選，在中國大陸，乃至臺灣，都是制度上早已引入、卻遲至 20 世紀末葉才認真接受的制度觀念❺。此與「民之父

---

❸ 美國憲法第 2 條規定美國總統之任期為 4 年，《聯邦論》(*The Federalist Papers*) 費去四講 (Nos. 53, 63, 71–72) 討論此中的問題，Garry Wills (ed.), *The Federalist Papers by Alexander Hamilton, James Madison & John Jay*, (U.S.A.: Bantam, 1982), 270–275, 318–325, 362–370. 獨立宣言的起草人 Thomas Jefferson 在制憲期間主張總統不許連任，以免權力尾大不掉。Peterson, *supra* note 142, 430–431.

❹ 英國國會 1694 年規定之任期不得超過 3 年，1715 年立法改為 7 年，1911 年又改為 5 年。de Smith, *supra* note 131, 244.

❺ 中華人民共和國 1954 年之憲法規定，全國人民代表大會每屆任期 4 年（第 24 條）、共和國主席任期 4 年（第 39 條），1975 年及 1978 年憲法均將毛澤東思想入憲（第 2 條），1982 年憲法規定共和國主席任期 5 年，連任不得超過兩屆（第 79 條），姜士林、陳瑋編，《世界憲法大全（上）》，頁 69–70、75、79、89–90，北京：中國廣播電視（1989 年）。領導人依法退位則是較為晚近之事；中華民國憲法規定總統任期 6 年，僅得連任一次（第 47 條），嗣有動員戡亂時期臨時條款加以修改，解除總統連任之限制，蔣介石總統因而終身連任。直至大法官

母」的說法，亦有關係。從「民之父母」之說與傳賢政治的觀念其實相互衝突，可以觀照此中的問題所在。

先秦儒家雖然從無君王定期改選的思想存在，但其提倡禪讓政治的理想，與君王在位的久暫不無關連。即使禪讓的決定若仍取決於在位君王自發性的選擇賢人，禪讓與否、如何禪讓，似均受君主主觀態度的影響，但是如前所述，禪讓政治一旦被懸為聖君的楷模行為，也就或多或少影響了君王終身職的當然假設 。然而父母子女基於血緣關係所建立的乃是終生的身分，父母不會定期改選，也不會禪讓。「民之父母」將父母關係比擬借用於君民關係之後，能夠做到《民之父母》之期許的君主進入「民之父母」的地位，無形中已然成為不會禪讓更不會定期改選的終身職。如果說「民之父母」是聖君的一種理想境界，「禪讓」是聖君的另一種理想境界，那麼「民之父母」的理想事實上足以破壞「禪讓政治」的理想，而為傳子政治取代傳賢政治的思想暗助一臂之力。

此處值得再一次檢視「民之父母」的言說情境，前面說到「民之父母」是「為君立言，不是為民立言」，或可視之為一種與現實政治妥協的產物。此種言說情境的現實矛盾，並非不在西方憲政思想中出現。憲政主義假設掌權者為惡，對於國家元首的選民來說，其實有時難以理解，因為選民投票係因認定候選人良善堪擇，一旦當選即轉而視之為惡人，政治感情上不易調適，也不易說明。將定期改選載入成文憲法形成一種明確的政治制度，簡省了許多口舌，也就迴避了言說情境上的現實困難。「民之父母」的說法所以出現，可能的解釋之一，或許就是因為先秦儒家未能將君民之禮看做制禮工作的重要一端，以致並無技術上、制度上的細節設計，乃只能以一

釋字第 261 號解釋資深中央民代不得無限期在任，應定期退職，嗣並修憲規定總統任期為 4 年，連任以一次為限，始將定期改選制度落實。參見李念祖，《憲法原理與基本人權概論》，頁 50-62，臺北：三民（2002 年）。

 依《容成氏》簡中敘述，堯舜行禪讓之際，均已身老，「視不明，聽不聰」。邱德修，同註 101。老王體衰遜位，讓賢繼之，不必終其身而在位，或為合理之推論。

種概括的、借用的、模糊的觀念（如「民之父母」）為欠缺的君民之禮（或人國之禮）提供補白式的交待，其結果卻又因為「民之父母」的觀念導引而更使得人國之禮的空白積重難返。

玖、結　語

「民之父母」的觀念，並非始於孔子，而應是春秋時代之前即已同時流傳於民間以及官方的說法，前者可以《詩經》為證，後者則可從《尚書》見之。孔子視《詩經》、《尚書》為立說講學的經典，藉著《詩經》闡揚「民之父母」觀念的微言大義，也就並不意外。「民之父母」則因為儒家思想盛行而數千年流傳不衰，在有意無意間支配著政治文化的形成與延續，並且成為某種寓而不宣的「人國之禮」的主要觀念素材。

本文藉著上博《民之父母》楚簡出土，檢視了先秦受人重視而攜入墓內陪葬的「民之父母」的詳細解釋，參酌若干近年新出土的先秦簡書，以及原已廣為流傳的先秦儒家政治思想的材料，用以考察其與西方限制權力的憲政思想合致與分歧的所在。五至、三無、五起之說，與儒家一貫的中心思想吻合，揭示了人君對人民的道義責任，也同時賦予人君對於人民所具有的道德身分。但是既未提供君主為何願意善盡其道義責任的理由，也未交代不盡道義責任時，能否繼續維持其道德身分。大體言之，「民之父母」是用樹立人君之善的標竿來處理人君有惡的現實；此點不脫成德意識中過於樂觀的道德理想主義。「民之父母」直接為君父思想鋪路，拉近了天命觀裡的「君」與血緣觀裡的「父」之間的差距；也為傳賢政治與傳子政治的觀念衝突創造了有利於傳子政治的和緩出路。加上君臣、父子關係的規範相互濡染，民之父母更為君民關係之中君王道德身分形成固定作用推波助瀾，並因此決定了君民之間不平等的關係。

徐復觀曾經一針見血地說：「用憲法來控制人君或其他型態的政治權力，乃到了近代才出現的事。在中國古代，便只有靠人君的德行來控制人君自己[187]。」若謂嘗試解決人君之惡的問題是憲政主義思想的核心與源頭

---

[187]　徐復觀，註151，頁137。

之一，民主制度、權力分立、定期選舉等均屬於解決人君之惡的手段，則將民之父母的說法與西方憲政思想相互對照觀察，可以發現兩者都在嘗試解決人君之惡的問題，但是手段顯然有異。「民之父母」之說不僅是對人君可以為善抱持樂觀態度，也是言說者與現實人君的一種妥協。此種妥協，表現在民本思想與民主思想的差異之中。「民之父母」的言說者「與君共舞」，是承認君王存在而表述其所當為；在民主制度中，其實容納不下為民父母的君王存在。民之父母的說法，也可能促成君民不平等的觀念牢不可拔；此點與西方憲政思想以強調個人平等作為建制基礎有著顯著的不同。「民之父母」觀念與西方憲政思想的另一項重大差異，在於西方民主強調民意在政治權力來源上的絕對重要性，「民之父母」之說則將儒家之以民意決定天命歸屬的思想淡化，影響了民治思想萌芽的機會。此外，民之父母的身分，不適禪讓，也無定期改選的問題，西方憲政思想藉用定期選舉以防制權力為惡的制度，在「民之父母」的思想裡，乃無出現的空間。

綜之，《民之父母》的篇章，在儒家經典中，在儒家的禮制思想上，似乎並不居於顯赫的位置，但對於當代憲政思想的主要脈絡之所以不在中國古代出現，卻顯然具有關鍵性的影響。

「民之父母」與「始作俑者」之
先秦儒家憲政思想端緒論稿*

壹

民之父母的觀念，於西周中期燮公盨銘文：「迺自作配相民，成父母，生我王。❶」、《尚書》〈泰誓（上）（古文）〉：「亶聰明作元后，元后作民父母」、〈洪範〉：「曰天子作民父母，以為天下王」❷，即已見之，語皆精簡；

---

* 本文原收入於 《政治思潮與國家法學——吳庚教授七秩華誕祝壽論文集》，頁 69–103，臺北：元照（2010 年）。

❶ 其銘文係在言「禹修德而王，配天在下，承天意治民，為民父母，以德教養我有周之先王」，馮時，〈燮公盨銘文考譯〉，收入氏著，《古文字與古史新論》，頁 293、299–300，臺北：台灣書房（2007 年）。學者亦有以為「相民」係「嚮民」，此句是指天為自己作配、為民立君而引導人民，為下民生王，作民父母之意。裘錫圭，《中國出土古文獻十講》，頁 57–59，上海：復旦大學（2004 年）。

❷ 楊家駱主編，《尚書注疏及補正》，書 11 頁 1、書 12 頁 11，臺北：世界書局（1985 年）。古文《尚書》久受學者質疑為後人所作之偽經，屬於古文《尚書》之〈泰誓〉固無論矣；于省吾氏以為〈洪範〉亦係晚周人所作，以為「是訓是行，以近天子之光，曰天子作民父母，以為天下王」，乃雜采黃老之言而成者也，于省吾，《尚書新證》，頁 98–99，臺北：嵩高書社（1985 年）；李學勤氏則曾考據叔多父盤，以為〈洪範〉為西周作品是完全可能的，李學勤，〈叔多父盤與〈洪範〉〉，收入氏著，《中國古代文明研究》，頁 103–105，上海：華東師範大學（2004 年）。茲若從燮公盨銘文與〈洪範〉對照民之父母之用法，也可得到李學勤先生的相同推論，裘錫圭，同上註，頁 70。另自 1993 年郭店楚簡出土，引用古文《尚書》條目多條，論者乃對相關古籍之信度與出處重新評價。參見如郭沂，〈《論語》‧《論語》類文獻‧孔子史料——從郭店簡談起〉，收入龐樸等，《郭店楚簡與早期儒學》，頁 55–56，臺北：台灣古籍（2002 年）。

1990 年代問世之上海博物館藏楚簡❸（上博楚簡），其中《民之父母》一篇中，孔子則曾就何謂「民之父母」詳為詮釋，筆者曾有論文〈「民之父母」與先秦儒家古典憲政思想初探──從上博楚竹書簡文談起〉（收錄於本書前篇）介紹並討論其中是否寓藏憲政思想❹。

❸ 上博楚簡《民之父母》的內容為：子夏問於孔子：「《詩》曰：『凱悌君子，民之父母。』敢問何如而可謂民之父母？」孔子答曰：「民之父母乎，必達於禮樂之源，以至『五至』、以行『三無』，以皇於天下。四方有敗，必先知之，其可謂民之父母矣。」子夏曰：「敢問何謂『五至』？」孔子曰：「『五至』乎，物之所至者，志亦至焉；志之所至者，禮亦至焉；禮之所至者，樂亦至焉；樂之所至者，哀亦至焉。哀樂相生，君子以正，此之謂『五至』。」子夏曰：「『五至』既聞之矣，敢問何謂『三無』？」孔子曰：「『三無』乎，無聲之樂、無體之禮、無服之喪。君子以此皇於天下，傾耳而聽之，不可得而聞也，明目而視之，不可得而見也，而得既塞於四海矣，此謂之『三無』！」子夏曰：「無聲之樂、無體之禮、無服之喪，何志是邇？」孔子曰：「善哉！商也，將可以教《詩》矣！『成王不敢康，夙夜基命宥密』，無聲之樂；『威儀遲遲，不可選也』，無體之禮；『凡民有喪，匍匐救之』，無服之喪也。」子夏曰：「其在語也，美矣！宏矣！盡於此而已乎？」孔子曰：「猶有五起焉。」子夏曰：「所謂五起，可得而聞歟？」孔子曰：「無聲之樂，氣志不違；無體之禮，威儀遲遲；無服之喪，內恕孔悲。無聲之樂，塞于四方；無體之禮，日述月相；無服之喪，純德同明。無聲之樂，施及孫子；無體之禮，塞于四海；無服之喪，為民父母。無聲之樂，氣志既得；無體之禮，威儀翼翼；無服之喪，施及四國。無聲之樂，氣志既從；無體之禮，上下和同；無服之喪，以畜萬邦。」

此一讀法係依據李旭昇，〈《民之父母》譯釋〉，收入李旭昇主編，陳美蘭、蘇建洲、陳嘉凌合撰，《上海博物館藏戰國楚竹書㈡讀本》，頁 2–3，臺北：萬卷樓（2003 年）；上博楚簡該篇原整理者濮茅左先生的解讀略異（例如將五至解為志至、詩至、禮至、樂至、哀至，與《孔子家語》〈論禮〉相合），詳見馬承源主編，《上海博物館藏戰國楚竹書㈡》，頁 149–180，上海：上海古籍（2002 年）。《禮記》〈孔子閒居〉及《孔子家語》〈論禮〉兩篇中，均有與上博楚簡內容大體相當而細節出入的段落。上博楚簡《民之父母》是較為可靠可信的記敘，似不待言。惟自《民之父母》簡出，論者已謂舊說《孔子家語》係屬於漢代王肅偽作應告終結。詳見如楊朝明編，《孔子家語通譯》，頁 3–7，臺北：萬卷樓（2005 年）。

先秦儒學以孔孟並稱，《孟子》書中，「民之父母」一語，頻頻出現，其首篇〈梁惠王（上）（下）〉各章，記載孟子與梁惠王、齊宣王的對話，即一再說到「民之父母」❺。其中孟子曾經引用孔子的話「始作俑者，其無後乎」，來反比梁惠王所作所為距離民之父母的境界過遠❻，其前後緊接

❹　李念祖，〈「民之父母」與先秦儒家古典憲政思想初探——從上博楚竹書簡文談起〉，收入於《法律哲理與制度——公法理論（馬漢寶教授八秩華誕祝壽論文集）》，頁1-47，臺北：元照（2005年）。本書收入於頁9-55。

❺　如〈梁惠王（下）〉記載孟子說齊宣王時曾曰：「國君近賢，如不得已將使卑踰尊，疏踰戚，可不慎歟？左右皆曰賢，未可也；諸大夫皆曰賢，未可也；國人皆曰賢，然後察之。見賢焉，然後用之。左右皆曰不可，勿聽；諸大夫皆曰不可，勿聽；國人皆曰不可，然後察之。見不可焉，然後去之。左右皆曰可殺，勿聽；諸大夫皆曰可殺，勿聽；國人皆曰可殺，然後察之，見可殺焉，然後殺之，故曰國人殺之也。如此，然後可以為民父母。」〈公孫丑（上）〉：「孟子曰：『尊賢使能，俊傑在位，則天下之士皆悅而願立於其朝矣。市，廛而不徵，法而不廛，則天下之商皆悅而願藏於其市矣；關，譏而不徵，則天下之旅皆悅而願出於其路矣；耕者助而不稅，則天下之農皆悅而願耕於其野矣；廛，無夫、里之布，則天下之民皆悅而願為之氓矣。信能行此五者，則鄰國之民仰之若父母矣！』」〈滕文公（上）〉：「為民父母，使民盼盼然。將終歲勤動，不得以養其父母，又稱貸而益之，使老稚轉乎溝壑，惡在其為民父母也？」各篇均有民之父母的說法出現。李學勤編，《孟子注疏》，頁62-63、109-110、161，臺北：台灣古籍（2001年）。本文則主在討論〈梁惠王（上）〉篇中孟子對梁惠王言民之父母。

❻　始作俑者章句列為〈梁惠王〉第4章，但與前一章亦甚有關聯，第3章的內容為：
梁惠王曰：「寡人之於國也，盡心焉耳矣。河內凶，則移其民於河東，移其粟於河內。河東凶亦然。察鄰國之政，無如寡人之用心者。鄰國之民不加少，寡人之民不加多，何也？」孟子對曰：「王好戰，請以戰喻。填然鼓之，兵刃既接，棄甲曳兵而走，或百步而後止，或五十步而後止。以五十步笑百步，則何如？」曰：「不可。直不百步耳，是亦走也。」曰：「王如知此，則無望民之多於鄰國也。不違農時，穀不可勝食也。數罟不入洿池，魚鱉不可勝食也。斧斤以時入山林，材木不可勝用也。穀與魚鱉不可勝食，材木不可勝用，是使民養生喪死無憾也。養生喪死無憾，王道之始也。五畝之宅，樹之以桑，五十者可

的文句是❼：

> 梁惠王曰：「寡人願安承教。」孟子對曰：「殺人以梃與刃，有以異乎？」曰：「無以異也。」「以刃以政，有以異乎？」曰：「無以異也。」曰：「庖有肥肉，廄有肥馬，民有饑色，野有餓莩，此率獸而食人也。獸相食，且人惡之。為民父母，行政不免於率獸而食人，惡在其為民父母也？仲尼曰：『始作俑者，其無後乎？』為其象人而用之也。如之何其使民飢而死也？」

「民之父母」在此段對話中出現，孟子與梁惠王都已默許「民之父母」乃是國君應該擔當的一種理想角色；上博楚簡《民之父母》裡的孔子也已如此期盼。不過，孟子面對國君談民之父母，與孔子面對學生談民之父母，情境有些不同。孔子是與學生清談❽；孟子引用孔子之言勸誡國君，則是儒者與國君當面對話，正是在以「民之父母」一語，界定國家統治者與人民的基本關係❾。

　　憲法是規範國家（或掌握代表國家之權力者）與人民之基本關係，藉

以衣帛矣。雞豚狗彘之畜，無失其時，七十者可以食肉矣。百畝之田，勿奪其時，數口之家可以無飢矣。謹庠序之教，申之以孝悌之義，頒白者不負戴於道路矣。七十者衣帛食肉，黎民不飢不寒，然而不王者，未之有也。狗彘食人食而不知檢，途有餓莩而不知發；人死，則曰：『非我也，歲也。』是何異於刺人而殺之，曰：『非我也，兵也。』王無罪歲，斯天下之民至焉。」李學勤，同上註，頁 11–13。

❼　李學勤，同上註，頁 16–17。

❽　《禮記》〈孔子閒居〉一篇中記載了孔子與子夏同一段談話。（清）孫希旦，《禮記集解（下）》，頁 1274–1277，臺北：文史哲（1990 年）。

❾　《尚書》〈洪範〉：「天子作民父母，以為天下王。」就是此項基本關係最直接的說明。楊家駱，註2，書 12 頁 11。異說，亦有論者以為春秋時代，在從封建結構往主權國家連帶關係挪移的政治轉變中，庶民成為國家的臣民，「中國卻從未有人試著從國家與臣民相互的道德與法律義務層面來解釋這層新關係（魯國或衛國從未出現蘇格拉底這樣的人物）。這或許是當時的知識份子崇尚道德責任未明文成為法律的時代。」金安平，《孔子——喧囂時代的孤獨哲人》，頁 28–29，臺北：時報文化（2008 年）。

著眼制權力以保障基本權利的典章制度，或可以「人國之禮」形容之❿。
中國文字中，「憲」字晚出，尚未見之甲骨；有以西周金文「憲」字不從心，
「𡧱」字為「憲」字之初文者⓫。先秦古籍中，「憲」字嘗見於如：

《尚書》〈蔡仲之命（古文）〉⓬：

> 爾乃邁迹自身，克勤無怠，以垂憲乃後。

《詩經》〈小雅·六月〉：

> 文武吉甫，萬邦為憲。

〈小雅·桑扈〉⓭：

> 君子樂胥，萬邦之屏。之屏之翰，百辟為憲。

《周禮》〈秋官·司寇（下）〉⓮：

> 布憲，掌憲邦之刑。正月之吉，執旌節以宣布于四方，而憲
> 邦之刑禁以詰四方邦國，及其都鄙，達于四海。凡邦之大事，合
> 眾庶，則以刑禁號令。

《管子》〈立政·首憲〉：

> 孟春之朝。君自聽朝。論爵賞校官。終五日。季冬之夕。君
> 自聽朝。論罰罪刑殺。亦終五日。正月之朔。百吏在朝。君乃出
> 令布憲于國。五鄉之師。五屬大夫。皆受憲于太史。大朝之日。
> 五鄉之師。五屬大夫。皆身習憲于君前。太史既布憲。入籍于太
> 府。憲籍分于君前。五鄉之師出朝。遂于鄉官致于鄉屬。及于游
> 宗。皆受憲。憲既布。乃反致令焉。然後敢就舍。憲未布。令未

---

❿ 作者使用人國之禮稱呼當代之憲法；按先秦周禮，「禮不下庶人」，君臣之間有
禮，君王與庶人之間並無可用之禮儀；「民之父母」，則是借用父母子女關係來
表述君民關係而甚為普遍的說法。若有任何人國之禮的芻形觀念，即於是乎在。
李念祖，註4，頁3–7。

⓫ 陳初生編，《金文常用字典》，頁947–949，臺北：復文圖書（1992年）。

⓬ 楊家駱，註2，書17頁8。

⓭ 陳子展，《詩經直解》，頁564、782，臺北：學林（1992年）。

⓮ 布憲為官名，（漢）鄭玄註：「憲，表也，謂縣之也。」楊家駱編，《周禮注疏
及補正》，周禮三十六秋官司寇下，頁16，臺北：世界書局（2009年）。

致。不敢就舍。就舍。謂之留令。罪死不赦。五屬大夫。皆以行車朝。出朝不敢就舍。遂行至都之日。遂於廟致屬吏。皆受憲。憲既布。乃發使者致令以布憲之日蚤晏之時。憲既布。使者以發。然後敢就舍。憲未布。使者未發。不敢就舍。就舍。謂之留令。罪死不赦。憲既布。有不行憲者。謂之不從令。罪死不赦。考憲而有不合于太府之籍者，侈曰專制。不足曰虧令。罪死不赦。首憲既布。然後可以行憲。

〈立政・省官〉：

修火憲。敬山澤林藪積草。夫財之所出。以時禁發焉。使民宮室之用，薪蒸之所積。虞師之事也。

〈立政・七觀〉：

令則行，禁則止，憲之所及，俗之所被。如身體之從心，政之所期也。

〈七法〉：

有一體之治，故能出號令，明憲法矣。

〈八觀〉 ❶ ：

禁罰威嚴，則簡慢之人整齊。憲令著明，則蠻夷之人不敢犯。

《禮記》〈中庸〉 ❶ ：

仲尼祖述堯舜，憲章文武。

《逸周書》〈度邑〉 ❶ ：

其惟依天室，其有憲命。

《左傳》襄公 28 年 ❶ ：

---

❶ 布憲，君王所布達之基準大法。（唐）尹知章注，（清）戴望校正，《管子校正》，頁 10-11、13、32、73，臺北：世界書局（1990 年 13 版）。

❶ （清）康有為，《中庸注》（光緒 27 年），頁 40，臺北：臺灣商務（1966 年重印）。

❶ （清）朱右曾，《逸周書集訓校譯》，頁 120，臺北：世界書局（2009 年）。

❶ 竹添光鴻箋謂：「縣示之曰憲。盟約之外，蓋有所縣示，故曰憲令也。」（周）

此君之憲令而小國之望也。

《墨子》〈非命（上）〉❶：

　　先王之書，所以出國家，布施百姓者，憲也。

　　是故古之聖王，發憲出令，設以為賞罰以勸賢。

《韓非子》〈定法〉❷：

　　法者，憲令著於官府，賞罰必於民心。

　　凡此，「憲」字均有表懸官府應遵守之最高上位命令法度或典範準則之義，但尚與今日所稱之憲法有間。

　　今日「憲法」一詞，乃係晚清之際出於日人借用其字之迻譯❸。憲法在日本形成通用而確定為今日意義之語，學者考證係在明治 15 年（西元 1882 年），伊藤博文赴歐調查報告中使用之語而來❹。當時使用憲法一詞，若是因於「憲」字原意有上位法度（如言「上憲」）之故，則與西方憲法之為 higher law（較高法）之始義相通，其譯法亦屬貼切。在中國，於 1864 年（清同治 3 年）出版美國教師丁韙良翻譯自 H. Wheaton 1855 年著作 ELEMENTS OF INTERNATIONAL LAW 之《萬國公法》，書中數度提到西方之憲法，曾有不同之譯法，包括「合盟」、「國盟」、「國法」等，其中用「制憲」一詞，則用以迻譯美國憲法第 5 條中 "Executive" 一詞❺。清光緒

　　左丘明著，竹添光鴻箋，《左傳會箋》（明治 26 年），頁 1256，臺北：天工書局（2005 年再版）。按《周禮》〈秋官·司寇〉：「正月之吉，始和，布刑於邦國都鄙，乃縣刑象之灋于象魏，使萬民觀之刑象，挾日而斂之。」「凡邦之大盟約，涖其盟書而登之於天府。」（漢）鄭玄註：「天府，祖廟之藏。」（楊家駱，註 14，頁 4–5），可為參照。學者釋「象刑」為法處於胚胎時期的公布形式，將刑刻畫出來公諸於眾的一項原始立法活動。胡留元、馮卓慧，《夏商西周法制史》，頁 15–28，北京：商務印書館（2006 年）。

❶　李漁叔，《墨子今註今譯》，頁 254、257，臺北：臺灣商務（1974 年）。

❷　（清）王先慎，《韓非子集解》，頁 619，臺北：藝文（2007 年重印）。

❸　陳新民，《憲法學釋論》，頁 5–7，臺北：五南（2005 年修訂 5 版）。

❹　（日）美濃部達吉著，歐宗佑、何作霖譯，湯唯點校，《憲法學原理》（1927 年商務），頁 379–380，北京：中國政法大學（2003 年重印）。

24 年（1898 年）5 月 20 日，康有為之〈進呈《日本變政考》等書，乞采
鑒變法以御侮圖存折〉中，向光緒帝言及：

　　日本變法，日異月殊，經百十之阻撓，過千萬之叢敝，刮垢
除舊，改良進步，乃得成今日之憲法。

而其《日本變政考》書序中亦有：

　　大隈重信、伊藤博文實為會黨之魁首，草定議院之憲法，憲
法既定然後治具畢張，與萬國通流合化矣㉔。

同年次月，康有為向光緒上〈請定立憲開國會析〉，其中有云：

　　臣竊聞東西各國之強，皆以立憲法開國會之故㉕。

康有為於光緒 27 年（1901 年）所撰《孟子微》書中，嘗有「孟子特
明升平授民權開議院之制，蓋今之立憲體，君民共立法也」、「獨立自由之
風，平等自由之義，立憲民主之法」、「若平世則民權既興，憲法大定，不
賢則放逐，乃公理也」諸語㉖。引用日本憲法用語之濫觴，或可於此等資
料見之；而 1901 年梁啟超之〈立憲法議〉中，有㉗：

　　憲法者何物也？立萬世不易之寶典，而一國之人，無論為君
主、為官吏、為人民，皆共守之者也。為國家一切法度之根源，
此後無論出何令、更何法，百變而不許離其宗者也。西語原字為
the constitution，譯意猶言元氣也。蓋謂憲法者，一國之元氣也。

1903 年嚴復譯自英人 E. Jenks 1900 年著作 A HISTORY OF POLITICS
之《社會通詮》書中，有以下兩段文字㉘：

㉓　（美）丁韙良譯，H. Wheaton, ELEMENTS OF INTERNATIONAL LAW，《萬
　　國公法》，頁 103、105、107、132，臺北：中國國際法學會（1998 年重印）。

㉔　見孔祥吉編著，《康有為變法奏章輯考》，頁 186、421，北京：北京圖書館（2008
　　年）。

㉕　夏新華、胡旭晟整理，《近代中國憲政歷程：史料薈萃》，頁 16，北京：中國政
　　法大學（2004 年）。

㉖　（清）康有為，《孟子微》（光緒 27 年），臺北：臺灣商務（1968 年重印，1987
　　年臺 4 版），卷 1 頁 12、14，卷 4 頁 21。

㉗　引自夏新華、胡旭晟，註 25，頁 24。

有原本律。有尋常律。原本律。非平時當國者所能議立改訂
也。其所議立改訂者。皆尋常之律令而已。原本律者。期與國長
久不刊之憲法也。尋常律者。議事以制。隨時之憲法也。法典舊
義。有載府不載府之辨。不刊隨時。義正如此。載府之憲法。大
抵皆不刊者。方其議立。固以此為不可變者。而不載府之憲法。
年月萌生。積久而著。則尋常憲權所得修改增削者矣。

　　夫共和之合邦。有其最要之形式。往者政家戴視。於論憲法
書。表之最晰。蓋共和之制。有三大綱如下：一、宜立共和之通
憲。為最尊法典。百事首基。以祛中央與分治者之爭執。二、宜
著國權分操之限域。使中央分治。咸曉然於其責任義務之所當為。
無越畔侵官之慮。三、宜建無上法權。以宜憲法責遵守。其行權
也。以中央與分治政為之機關。而不為二者所牽制。

　　其書中又將立法權以「議政權」(亦稱憲權) 譯之　，將 constitutional
government 譯為「立憲政府」 ❷，用語雖不一致，亦已可略窺其間變化之
跡。及至 1906 年孫文先生在東京演講時，其使用憲法之語法，已與今日無
殊 ❸。

　　世傳周公制禮，禮器又出現於禮字出現之前，商代甲骨文卜辭之「豐」
字原義雖與周代之「禮」已有出入 ❸，均無妨於子曰：「殷因于夏，禮所損

❷　（清）嚴復譯，E. Jenks, A HISTORY OF POLITICS，《社會通詮》，頁 188、
　　196–197，臺北：臺灣商務（2009 年重印）。
❷　（清）嚴復，同上註，頁 148、中西名表頁 4。
❸　孫文，〈三民主義與中國民族之前途〉，收入胡春惠編，《民國憲政運動》，頁
　　7–16，臺北：正中書局（1978 年）。
❸　（漢）許慎撰，（清）段玉裁注，《說文解字注》，頁 2：「禮，履也（註：此假
　　借之法），所以事神致福也，從示從豐（註：禮有五經，莫重於祭，故禮字從
　　示。豐者，行禮之器）」，臺北：頂淵（2003 年）；「豐，象器中盛玉形，亦為禮
　　器之義，卜辭用作醴。」劉興隆，《新編甲骨文字典》，頁 19、284，臺北：文
　　史哲（1997 年）；自王國維《釋禮》以降（楊家駱編，王國維著，《定本觀堂集
　　林》，頁 290–291，臺北：世界書局（2009 年 6 版）），論者多以此字為禮字原

益，可知也；周因于殷，禮所損益，可知也」**❷**；先秦時期雖無現代憲法，憲字疑為縣、懸二字別寫，亦無妨後人於先秦思想中尋覓憲政觀念的蹤跡與端緒。

貳

由於《孟子》的援引，「始作俑者」和「民之父母」一樣，成為流傳數千年，至今仍是時人琅琅上口，慣於引用的鮮活語言**❸**。其辭約定俗成，通曉易解。然而，純從訓詁的角度說，要理解始作俑者章句的原始辭意，非無難處**❹**；於此略言其要。

首先，始作俑者一語出自《孟子》書中孟子引述孔子之辭，「其無後乎」四字未見於其他如《論語》、《禮記》等儒家經典**❺**。孔子究竟有沒有說過

形；陳戍國，《中國禮制史──先秦卷》，頁 4-5，長沙：湖南教育（2002 年重印）；楊志剛，《中國禮儀制度研究》，頁 7-10，上海：華東師範大學（2000 年）。且有以為型態成熟的周禮，包括了禮治、禮制、禮儀及禮器諸項要素者，楊志剛，同書，頁 12-13；禮，乃是從禮器為始，而禮儀，而禮制，而禮治，終則構成一種強大的社會規範。

❷ （宋）朱熹集注，陳戍國標點，《四書集註》，頁 68，長沙：岳麓書社（2004 年）；一讀作：「殷因于夏禮，所損益，可知也；周因于殷禮，所損益，可知也。」錢穆，《論語新解》，頁 63，臺北：東大（1988 年）。

❸ 例如張大春，〈辜負百姓，誰來負責〉，《聯合報》（2009 年 1 月 6 日），A4 版，文中引用《論語》與宋朝田錫的奏摺，指出今日臺灣尚有百姓凍餒而死，為民父母的政府是率獸食人；梁文傑，〈始作俑者，其無後乎？〉，《中國時報》（2009 年 1 月 8 日），A13 版，文中因教育部部長使用始作俑者一語引起討論而追問始作俑者其辭究竟何意並誤解釋。

❹ 清代焦循曾謂，為《孟子》作疏有十難，（清）焦循，沈文倬點校，《孟子正義》，頁 1050-1051，北京：中華書局（1987 年）。

❺ 《禮記》〈檀弓（下）〉中曾有「塗車、芻靈，自古有之，明器之道也。孔子謂『為芻靈者善』，謂『為俑者不仁』，不殆於用人乎哉？」（清）孫希旦，《禮記集解（上）》，頁 265，臺北：文史哲（1990 年）。意思相近，但無「其無後乎」的說法。詳後述。

此語、如果說過，是在何種情境下說的，皆無從證明，本是解讀先秦儒家經典習見的先天限制；而若辭語文義多歧，又缺乏發話背景時，更會增加解讀的困難。此其一者。

其次，古籍缺乏句逗。孟子引述仲尼之語，究竟是逐字徵引還是微言大義？「始作俑者，其無後乎」若是孔子原句，會是某種解讀；若是孟子轉述，可能又是別種解讀；究竟在那裡斷句，也恐已難確知。孔子之語斷在「其無後乎」，會是某種解讀；斷在「為其象人而用之也」，又可能是另一種解讀。換句話說，孔子的話何處結束，孟子的話何處開始，可能改變此一篇章語意的理解，而確實的語詞與斷句處不易查考證明，此其困難處二。

主要的困難，仍在於「其無後乎」四字如何解釋。此語帶有疑問，孔子究在贊揚始作俑者，抑或責備始作俑者？如為責備，為何責備？均可推敲；孟子對孔子之語的理解為何？有無錯解？有無轉化孔子語意？也值得玩味。然則除了現存的《孟子》章句文本之外，其他可資佐證的並世文獻有限，此其困難處三。

嚴格說來，這些困難或將使得始作俑者章句的正確理解陷於不能。但是，如果不是要尋找孔孟相關語言實境的科學性考古答案，而是嘗試進入孟子與梁王該段對話文字所可能延伸的時代思想射程，研究始作俑者的章句意義，就仍有其價值。本文即從此出發以捉摸〈梁惠王〉篇文字所呈現的當時憲政思想語言情境。

〈梁惠王〉篇提及始作俑者這一段話，文義上有多種解釋的可能。東漢趙岐認為孔子係在嚴厲批判俑葬發明人，理由是俑葬招致使用真人從葬的風氣；趙岐並引用《詩經》〈黃鳥〉所描寫秦穆公以隨臣從葬的悲劇❸❻，

---

❸❻　《詩經》〈秦風・黃鳥〉：「交交黃鳥，止于棘。誰從穆公？子車奄息。維此奄息，百夫之特，臨其穴，惴惴其慄！彼蒼者天，殲我良人！如可贖兮，人百其身！交交黃鳥，止于桑。誰從穆公？子車仲行。維此仲行，百夫之防，臨其穴，惴惴其慄！彼蒼者天，殲我良人！如可贖兮，人百其身！交交黃鳥，止于楚。誰從穆公？子車鍼虎。維此鍼虎，百夫之禦，臨其穴，惴惴其慄！彼蒼者天，殲我良人！如可贖兮，人百其身！」陳子展，註13，頁390–393。

歸責於俑葬的發明者 **❸⓻**。此一引證，未必確實，也恐與考古發現的結論未必一致 **❸⓼**。當代考古學證據顯示，俑葬當係出現於活人殉葬之後，似乎存有取代人殉人祭的作用關係 **❸⓽**；但兩者孰先孰後，漢代學者未必確知。〈黃

---

❸⓻　趙岐注曰：「俑，偶人也。用之送死。仲尼重人類，謂秦穆公時以三良殉葬，本由有作俑者也。夫惡其始造，故因此人其無後嗣乎，如之何其使此民飢而死邪。孟子陳此以教王愛民。」（清）焦循，沈文倬點校，註34，頁63。

❸⓼　例如學者研究不斷出土的戰國楚俑，以為「從戰國中期楚人才製作木俑替代活人殉葬。」「當時用俑的數量規定較嚴格」，相當於封君級、大夫級的高級貴族一般只能用9～12個木俑，身分多為侍俑，俑貌由寫實向抽象、簡化發展，彩繪由複雜變簡省，數量由少變多；戰國早期楚墓中普遍出現的殉人陪葬，則在戰國中期之有木俑的楚墓中不再出現。詳見高至善，〈楚俑研究〉，收入《陶俑論文集》，頁15-22、24，臺北：史博館（1998年）。

❸⓽　俑葬與人祭人殉孰先孰後？論者有推測俑葬早於人殉者，如郭沫若，《奴隸制時代》，頁80-81，北京：中國人民大學（2004年重印），似與嗣後不斷出現的考古證據不合。依現有的考古證據言之，人祭於西元前約3500年新石器時代的紅山文化祭祀遺址已經浮現其跡，黃展岳，《古代人牲人殉通論》，頁10，北京：文物（2004年）；張星德，《紅山文化研究》，頁68、97-98、108，北京：中國社會（2005年）。僅見諸新聞發布的更早人祭遺址，甚至可能推溯到7000多年以前的湖南高廟文化，王平、（德）顧彬，《甲骨文與殷商人祭》，頁205，鄭州：大眾（2007年）。西元前約3500～3000年之山東泰安大汶口晚期文化墓葬中亦有殉人，李學勤編，王宇信等著，《中國古代文明與國家形成研究》，頁27-28，北京：中國社會科學（2007年2版）；屬於龍山文化（西元前2500～2000年或1900年）之山西襄汾陶寺考古遺址中，也有人牲及奠基牲的現象，高煒，〈中原龍山文化葬制研究〉，收入解希恭編，《襄汾陶寺遺址研究》，頁655-657，北京：科學（2007年）。至於俑器，紅山文化中亦有女性塑像出土，無論其係祖先崇拜或是土地神祇，均係受崇拜之女性神祇而非作為陪葬之偶俑（張星德，同書，頁71-91）；西元前約4000年之仰韶文化中曾出土彩陶器口塑成人頭偶像之陶瓶陶罐，學者以之為祖先神的俑像（楊志剛，註31，頁336-337），則非屬陪葬俑。之後的半坡文化亦曾有罐頂是人頭形的陶器出土（《中國古代陶俑研究特展圖錄》，頁10-11、150，臺北：史博館（1998年））。較早的陪葬俑，則為殷墟所出的男女奴隸偶人（曹者祉、孫秉根編，《中國古代俑》，頁1-2，上海：上海文化（1996年）；胡厚宣、胡振宇，《殷商史》，頁

鳥〉悲歌子車氏三良從葬，從漢魏 直到晉代❹，士大夫卻是詠歎不絕；趙岐相信孔子知道三良殉葬之慘而有此一說，並非不能理解。他的解釋，用白話文說，大致如下❷：

> 發明俑葬的人，大概不會有後代吧！（始作俑者，其無後乎！
> ——孔子語）

> 因為使用像人的俑偶陪葬，招致後來以活人殉葬之風！（為其
> 象人而用之也——孟子語）

「無後」作「無嗣」或「絕後」解，未必就是孟子的想法，也未見得始自漢代趙岐，卻也是宋代大儒朱熹的理解無疑。朱熹在《四書集註》中說❸：

610，上海：上海人民（2003 年）），與東周時期長子牛家坡 7 號墓中與殉人同置的木俑四件（黃展岳，同書，頁 173–174）；業已出土的人祭與俑偶，起始年代相距甚遠。雖然隨葬品的原始作用，究竟是死人遺物人格化構成觀念的產物，還是藉以反映靈魂不死以供死者身後之用，仍無定論，蒲慕州，《墓葬與生死——中國古代宗教之省思》，頁 21，北京：中華書局（2008 年）。人祭盛行於殷商時期，並非始於殷商時期，學者以為「應該是在人類有了比較系統的神靈觀念以後，就產生了的原始信仰活動」，王平、（德）顧彬，同書，頁 205。而人俑不同於一般生活器具，其成為陪葬品，或係在奴隸思想形成之後，乃未必先於人殉。考古發掘中，商代人牲祭祀數量龐大，一次動輒使用數百甚或成千，胡厚宣、胡振宇，同書，頁 149–188，西周墓葬中殉人減少，春秋戰國秦漢之後，使用象徵性的明器包括陶俑、木俑之俑器陪葬，漸次普遍，或亦可間接得出人祭先於人俑，而人俑也有取代人祭人殉之功能的推論，參見傅亞庶，《中國上古祭祀文化》，頁 300–303，北京：高等教育（2005 年 2 版）；蒲慕州，同書，頁 42–45、53、154–164；黃展岳，同書，頁 146–148、168–169；王平、（德）顧彬，同書，頁 210–212；宋玲平，《晉系墓葬制度研究》，頁 158，北京：科學（2007 年）。

❹ 魏曹植有〈三良〉詩，（清）丁晏編，黃建註，《曹子建集評註》，臺北：世界書局（1998 年 2 版），頁 48。

❹ 晉代陶潛亦有〈詠三良〉詩，楊家駱編，《陶淵明詩文彙評》，臺北：世界書局（1998 年 2 版），頁 279。

❷ 參見註 37 所引趙注。

　　古之葬者，束草為人，以為從衛，謂之芻靈，略似人形而已。
中古易之以俑，則有面目機發而太似人矣！故孔子惡其不仁，而
言其必無後也。

此中的理解，用白話說，與趙岐有些不同：

　　發明俑葬的人，大概不會有後代吧！（始作俑者，其無後乎！
——孔子語）

　　因為俑偶極像人卻用以殉葬，其心可誅！（為其象人而用之也
——孟子語）

此種解讀，在今天也是通行的看法❹。

　　趙岐與朱熹的兩樣解法，對於始作俑者都無贊同之意。然而，始作俑
者即便是以俑象人，其心可誅，但是死俑若是用以代替活人殉葬，若是確
也取代了許多活人性命，孔孟兩位夫子，為何如此不假辭色，並無肯定之
意❺？此其可疑者一。

　　既以俑葬形成後來殉人之風而明知有殉人之事，孔子又何以只是嚴詞
責備製作俑偶，卻未責備牲人？文獻中孔子似乎從未正面指責過人殉人
祭。傅斯年先生即曾以為商代人祭惡習到了周代已有改變，懷疑孔孟「竟似不
知古有人殉人祭之事」才以為俑者不仁❻，亦或係有相同之疑問在胸。此

---

❹　（宋）朱熹集注，陳戌國標點，註32，頁234。

❹　如傅佩榮，《傅佩榮解讀孟子》，頁9，臺北：立緒（2004年）；又如南懷瑾即
以吃葷形素食與吃葷無異為例，以說明以俑陪葬的心理與使活人陪葬無殊，見
南懷瑾講述，《孟子旁通㈠——梁惠王篇（上）（下）》，頁114，臺北：老古文
化（1984年）。

❺　有學者說：「從減少人命的無謂犧牲來看，始作俑者未必沒有可取之處。」林
素英，《古代生命禮儀中的生死觀——以《禮記》為主的現代詮釋》，頁124，
臺北：文津（1997年）。亦有認為周代以俑葬取代殉人，是屬社會進步或重大
變革者，如高至善，註38，頁8；成耆仁，〈古代俑的發展與演變——以漢唐
俑為研究對象〉，收入《陶俑論文集》，頁62，臺北：史博館（1998年）。世人
且不乏因孔子責備作俑者而以為孔子糊塗者，如岳南、楊仕，《風雪定陵》，頁
277，臺北：遠流（2004年2版）。

其可疑者二。

以「無嗣」或「絕後」責人，語甚嚴厲，足令聞者不安；孔子雖是使用「無後」二字，不是像後代論者形容的「斷子絕孫」❹，類同詛咒，惟此出自聖人之口，有無理解上的錯誤？仍可一問。此其可疑者三。

孔子以始作俑者不仁，為何以「絕後」相責？其間的邏輯連繫何在？換而言之，作俑者不仁，為何該受「絕後」的詛咒？「絕後」與「作俑」的推論關係似乎還應交待清楚。此其可疑者四。

孔子以《詩經》為教❹，又修《春秋》，書中皆曾紀錄以人為牲禮之事❹；孔子若是教過〈黃鳥〉，應無不曾聽聞在春秋當時包括魯國在內之各國時有人祭或人殉之理❺。只責人俑而不責人牲，最為可疑；始作俑者一段話語，

---

❹ 傅斯年，《性命古訓辨證》，頁 141–143，臺北：新文豐（1985 年重印）。

❹ 如傅佩榮，同註 44；楊伯峻，《孟子譯註》，頁 9，臺北：華正書局（1990 年）；易中天，《先秦諸子百家爭鳴》，頁 270，臺北：泰電電業（2009 年）。

❹ 《史記》謂孔子刪《詩》，歷代質疑者不乏其人。近如錢穆，《孔子傳》，頁 104–112，臺北：東大（2003 年重印 2 版）。惟孔子的詩教與詩論，儒家經典多所記載，現因上博楚簡《詩論》出土，亦可得到旁證。參見戴晉新，〈上海博物館藏楚簡《詩論》的歷史認識問題〉，收入謝維揚、朱淵清主編，《新出土文獻與古代文明研究》，頁 27–32，上海：上海大學（2004 年）。

❹ 前已言之，《詩經》〈黃鳥〉刺秦康公以從臣殉穆公事，係在孔子之前；而《春秋》僖公 19 年：「己酉，邾人執鄫子，用之。」（（周）左丘明著，竹添光鴻箋，註 18，頁 423）；昭公 11 年：「冬十有一月丁酉，楚師滅蔡，執蔡世子有以歸用之。」（竹添光鴻，同書，頁 1500）所載用人為牲之事例，亦然。

❺ 上博楚簡《孔子詩論》中，共出現《詩經》詩篇 50 餘篇，不含〈秦風・黃鳥〉在內（李旭昇主編，《上海博物館藏戰國楚竹書(一)讀本》，頁 1–5，臺北：萬卷樓（2004 年）），是因為孔子不知〈黃鳥〉抑是因為其中言及人殉而孔子不言，耐人尋味。另外，《左傳》一書之記載人殉人牲已夥，如文公 6 年：「秦伯任好卒，以子車氏之三子奄息、仲行、鍼虎為殉。為之賦〈黃鳥〉。」成公 2 年：「宋文公卒，始厚葬，用蜃炭，益車馬，始用殉。」成公 10 年：晉景公「如廁，陷而卒。小臣有晨夢負公以登天，乃日中負晉侯出諸廁，遂以為殉。」（竹添光鴻，同上註，頁 822、874）昭公 10 年：「平子伐莒取郠，獻俘。始用人於亳社。」定公 3 年：「邾莊公卒，先葬以車五乘，殉五人。」昭公 13 年：「（楚

有無其他的解釋？

　　以俑代人，免生人於殉葬，原該是好事；如何理解「始作俑者，其無後乎」其中責備之意，關鍵在於「無後」的「後」字。

　　如果依朱熹或趙岐之說，「無後」係作「絕後」或「無嗣」解，「始作

靈）王縊于芋尹申亥氏，申亥以其二女殉而葬之。」哀公 7 年：「師宥掠，以邾子益來，獻于亳社。」（竹添光鴻，同書，頁 1496、1536、1782、1921）均係以人為祭祀之牲殉的記載；其中《左傳》昭公 10 年與哀公 7 年兩則，又均為魯國之殺祭。而《左傳》兩次曰「始」用人、殉，是否意指用殉又成風氣？又《左傳》僖公 33 年：「君之惠，不以纍臣釁鼓。」（竹添光鴻，同書，頁 550–551）昭公 5 年：「吳子使其弟蹶由朱高師，楚人執之將以釁鼓。」（竹添光鴻，同書，頁 1420）雖均未果，但亦可證自晉而秦，自吳而楚，以俘釁鼓，並非罕見。左丘明熟知之事，孔子完全不知，似乎不合孔子熟諳歷史掌故的傳世印象。按西周的人祭人殉，既見於其他史書的記載（如《逸周書》〈世俘〉：「辛亥，荐俘殷王鼎。武王乃翼矢珪、矢憲、告天宗上帝。……癸丑，荐殷俘王士百人。籥人造，王矢琰，秉黃鉞；執戈。」（（清）朱右曾，註 17，頁 94–95），亦見於考古之發掘，詳見如黃展岳，註 39，頁 146–167。至春秋之際，人命仍然賤如螻蟻，殺戮之風慘烈而常見，從古籍已可證之，如《禮記》〈檀弓（上）〉記載孔子聞子路死難遭醢，「遂命覆醢。」（清）孫希旦，註 35，頁 169；《管子》〈揆度〉中，管子曰：「輕重之法曰：自言能為司馬不能為司馬者，殺其身以釁其鼓。自言能治田土不能治田土者，殺其身以釁其社。」（（唐）尹知章，註 15，頁 385）孔子則讚美管子，「微管仲，吾其披髮左衽矣」《論語》〈憲問〉，錢穆，註 32，頁 508）；距離孔子甚近的墨子，在《墨子》〈節葬（下）〉中曾說：「曰天子殺殉，眾者數百，寡者數十，將軍大夫殺殉，眾者數十，寡者數人。」春秋時人對人殉人牲之知情與否以及視為理所當然的程度，可見一斑。依考古學者研究，人殉或從死之風，於春秋齊魯地區仍稱盛行。黃展岳，同書，頁 186–204。許倬雲先生以為：「春秋以後，齊國墓葬中常有人殉，周人改變商人的人殉，是商周禮制的大不同處。齊國忽然又出現人殉，也許正是夷人用人為犧牲的舊日習慣，在周制崩壞後，再度浮現了。」許倬雲，《萬古江河》，頁 69，臺北：英文漢聲（2006 年）。惟當時人祀，尚不以齊俗為限，如《楚辭》〈招魂〉：「魂兮歸來，南方不可以止些。雕題黑齒，得人肉以祀，以其骨為醢些。」楊家駱主編，《楚辭注八種》，頁 120，臺北：世界書局（1989 年）；晉系地區，亦可見人殉墓葬，宋玲平，註 39，頁 156–158。

俑者，其無後乎」就很難得出孔子毫無責備之意的解釋。此與成書於漢代的《禮記》中記載孔子曾說「為俑者不仁」、「不殆於用人乎哉」，可以相互印證❺。

或有懷疑孔子之語係說一種反話而未必有責備之意者，也就是說：「發明俑偶的人，難道沒有後代要祭祖嗎？❺」如果從此角度思考，則此話究竟何意？

將「其無後乎」當做反話來理解，也有兩種可能。一是以為「難道不需要考慮後代的利益嗎？」其故在於作俑是耗費資源的事，其所耗費的正是可以留給子孫的資源。孔子是本於節葬思想而有此語嗎？不能說全無可能，但與孟子的理解顯然相去甚遠，未必可信。二是以為「難道是沒有子孫後代，所以用俑殉葬，而不必擔心後代效法嗎？」此種解釋，則必是以為俑葬不如真人殉葬逼真，而將俑葬看成不敬先人的草率之舉，只是為了避免活人殉葬而使用俑葬。「為其象人而用之也」，就成為圓說之詞。但此種解釋建築在祭禮中俑葬不如人殉虔敬的前提之上，更不像是以為俑者不仁的孔子的想法；解釋不通。

參

清代焦循作《孟子正義》，其看法亦是脫出朱熹的理解之外。用白話說，他是將「無後」解為「沒有後續的行動了嗎？」焦循仔細比較趙岐與孟子的看法，說道：

> 趙氏推孔子之意，以其始於作俑，終至用生人為殉；此孔子
> 歎無後之意，非孟子引以況使斯民飢死之意也❺。

焦氏之說，本於《禮記》中記載孔子比較芻靈與俑，贊成芻靈而責備俑者不仁；焦氏鑒於俑是做成能轉動、跳躍的葬器，太過逼真像人，孔子才會如《淮南子》或《文子》所云：「見所始則知所終」❺，擔心要求葬器

---

❺　《禮記》〈檀弓（下）〉，（清）孫希旦，同註35。

❺　梁文傑，同註33。

❺　（清）焦循，註37，頁64。

如此逼真像人，終有一日要以生人殉祭❺❺。焦循若與朱熹的理解有異，問題仍在「其無後乎」的「後」字而已。

　　古時以生人殉葬，人殉與人祭非無區別。人殉，是以親人故舊殉葬；人祭，亦稱人牲，則是以仇敵、俘虜或奴隸充之（奴隸的來源往往就是戰俘或戰俘的後代）❺❻。人殉，未必是被迫的；人祭，則必然不是出於自願。無論是人殉或是人祭，都為逝去的君主之「用」，「用」字在甲骨文中就是祭祀殺牲之意❺❼。無論是以人殉人牲作為「從衛」❺❽，或是作為相從君主於地下的奴僕，皆有犧牲以為其所「用」之意。茲者依焦循的解釋，「始作

❺❹　《淮南子》〈繆稱〉：「紂為象箸而箕子嘰，魯以偶人葬而孔子歎，見所始則知所終。」熊禮匯注譯，《新譯淮南子》，頁 502–503，臺北：三民書局（1997 年）；《文子》〈微明〉，頁 81：「紂為象箸而箕子唏，魯以偶人葬而孔子唏，見其所始，即知其所終。」長春：時代文藝（2008 年）。

❺❺　焦氏之說，其全文為：「文子微明篇云：『魯以俑人葬而孔子歎，見其所始，即知其所終。』終謂至於以生人為殉也，故趙氏引三良殉恐事。事見詩秦風黃鳥篇。文公六年左傳云：『秦伯任好卒，以子車氏之三子奄息、仲行、鍼虎為殉。』是其事也。推孟子之意，蓋謂木偶但象人耳，用之，孔子尚歎其無後，況真是人而使之飢而死，其為無後，更當何如？趙氏推孔子之意，以其始於作俑，終至用生人為殉；此孔子歎無後之意，非孟子引以況使斯民飢死之意也。」（清）焦循，註 34，頁 63–64。

❺❻　黃展岳，註 39，頁 1–6、78。學者綜論人殉與人祭有許多不同之處，包括人殉與人祭的目的不同等等、身分不同、埋葬位置不同、是否為身首全軀不同、遺存不同、殉葬對象是否特定也有不同。王平、（德）顧彬，註 39，頁 8–9；又張光直先生觀察商代墓葬中，出於殉葬坑中的銅器裝飾花紋似乎別成分類，顯示了人殉與人牲的差異，張光直，《中國青銅時代》，頁 241–246，臺北：聯經（1983 年）。

❺❼　胡厚宣、胡振宇，註 39，頁 176–177；王平、（德）顧彬，註 39，頁 79；王慎行，《古文字與殷周文明》，頁 128–129，西安：陝西人民教育（1992 年）。另如《周禮》〈天官‧冢宰〉：「凡用禽獻」（唐）賈公彥疏：「殺牲謂之用。」（楊家駱編，註 14，周禮四天官冢宰，頁 20，臺北：世界書局（2009 年））可為參照。

❺❽　考古發現之周代墓葬，確可證明俑與殉人係如朱熹所言作為死者從衛之意，黃展岳，註 39，頁 173–174。

俑者，其無後乎？」的白話似乎應該是：

　　發明俑葬的人，後續的做法不會更為不堪嗎？（始作俑者，其
　無後乎？──孔子語）
　　因為好似用人為犧牲一樣，令人擔心。（為其象人而用之也
　──孟子語）

　　以上多種解釋可能之中，焦循的看法似乎最為平穩；從趙岐、朱熹以
降的通行理解所可能引起的種種疑問，皆不存在。孔子若明知秦穆公曾以
三良殉葬，人牲並未絕跡而仍只責備俑葬，自是瞭解俑葬不足以取代人牲
人殉，乃有「其無後乎？」的設疑之辭，質問作俑就能夠發生取代人祭的
效用嗎？果然，則亦將不只是認為以俑陪葬其心可誅而已，同時也已間接
責備了用人為殉；他既不是在詛咒發明俑葬之人絕嗣，將更接近世所熟悉
的孔子印象。焦循否定了朱熹的說法，也認為孟子對孔子的理解有異，不
同於前輩儒者，所見有逾邁古人之處❺❾。

　　按孟子引述始作俑者章句是用來告誡梁惠王不可「率獸食人」，孔子之
言「其無後乎」，既不在直接責備作俑之人無嗣，孟子的引述是否如焦循之
見而與孔子的說法之間有些不同，尚有討論餘地。《禮記》指出孔子責備「為
俑者不仁」、「不殆於用人乎哉」，與孟子理解孔子責備俑者的誅心之論相合。
孟子說梁惠王率獸食人，同為誅心之論，也是引為一種譬喻，而不是說梁
惠王真有率獸食人的實際行為❻⓿。當孟子將「其無後乎」引為責備為俑者

---

❺❾　惟焦循若是以為趙岐認為「無後」是指「豈不知其所終」之意，也忽略了趙岐
　　係將「無後」解為「無嗣」，並非以之為「豈不知其所終」之意。焦氏從《文
　　子》之文義解釋「無後」，實為創見。

❻⓿　《孟子》〈滕文公（下）〉中，孟子則說「庖有肥肉，廄有肥馬，民有饑色，野
　　有餓莩，此率獸而食人也。」是魯國賢人公明儀話語。李學勤，註5，頁211。
　　儒家經典關於公明儀之記載，參見（清）臧志仁，《四書人物類典串珠》，頁124，
　　臺北：老古文化（2001年）；其為孔子弟子之推論，參見仇德哉，《四書人物》，
　　頁203-204，臺北：臺灣商務（1986年）。又《孟子》責君以率獸食人之比喻，
　　不只一處，〈離婁（上）〉：「君子不行仁政而富之，皆棄於孔子者也，況於為之
　　強戰？爭地以戰，殺人盈野；爭城以戰，殺人盈城；此所謂率土地而食人肉，

不仁的根據，又緊接在生動具象、也率直嚴厲地描述君主「率獸食人」惡政之後，趙岐或朱熹將「無後」當成是「無嗣」之意，似也順理成章。孟子當係知道孔子以為俑者不仁，但難以確定孟子是否以為「無後」就是「絕後」；雖然孟子也有「不孝有三，無後為大」之語❻❶，是否藉孔子的話暗示作俑足以招致無嗣？甚或語帶雙關？實亦不能遽斷。

然而，孟子與孔子之間，就此是否仍如焦循所說存有差異，還可細究。孔子責備俑者，如果是要防微杜漸；孟子用孔子之言形成對比，來警醒梁惠王不可忽略人民的飢苦，則是舉輕明重，多少已經轉化了孔子的說法。當然，孔子所說「始作俑者，其無後乎」，只責備為俑者不仁，看上去並未直接譴責當時仍然不時出現的以人為殉為牲。此中若是刻意的含蓄，則不論是在維持尊君的一貫態度❻❷，或是有心為君主隱諱❻❸，或是不忍為言，或是「非禮勿言」❻❹，以免後來者效法，其實或也不無舉輕以明重的意思；

罪不容於死。」〈梁惠王（下）〉中，孟子說齊宣王：「臣聞郊關之內，有囿方四十里，殺其麋鹿者如殺人之罪。則是方四十里為阱於國中，民以為大，不亦宜乎？」李學勤，同書，頁 42–43、239。

❻❶ 《孟子》〈離婁（上）〉。李學勤，同上註，頁 248。

❻❷ 金耀基先生曾謂儒家思想向以「尊君」為中心，惟孟子則一反其道而行。金耀基，《中國民本思想史》，頁 61，臺北：臺灣商務（1993 年）。

❻❸ 孔子自稱殷人之後（《禮記》〈檀弓（上）〉，（清）孫希旦，註 35，頁 196），是否真如傅斯年先生所想係不知殷商人祭之風甚烈？又孔子若確曾刪定《詩》《書》，其所刪去的部分是否包括先代聖王君主均不能完全免除的人牲人殉祭祀？於此均不能無疑。

❻❹ 《論語》〈顏淵〉：「顏淵問仁；子曰：『克己復禮為仁。一日克己復禮，天下歸仁焉。為仁由己，而由人乎哉？』顏淵曰：『請問其目。』子曰：『非禮勿視，非禮勿聽，非禮勿言，非禮勿動。』顏淵曰：『回雖不敏，請事斯語矣。』」《論語》中也有孔子不直言非禮祭祀之記載，〈八佾〉：「子曰：『禘自既灌而往者，吾不欲觀之矣。』或問禘之說。子曰：『不知也，知其說者之於天下也，其如示諸斯乎？』指其掌。」錢穆先生說：「孔子不贊成魯之逆祀，故於禘祭不欲觀。但亦不欲直言。」錢穆，註 32，頁 82–83。《孔子家語》〈曲禮子夏問〉：「子路問於孔子曰：『魯大夫練而杖，禮也？』孔子曰：『吾不知也。』子路出，

果然，則孟子的引述與譬喻，仍不失準確。至於孟子規誡梁惠王應有恤惜生靈的仁人之心，在談到殺人以梃以及以政無異之後，告訴梁惠王不可率獸食人，以其不該以政殺人，則亦不該「用」人為殉為牲，也似已意在言外，乃不能不佩服孟子善於取譬的說服功夫。

　　焦循之將「其無後乎」解為「豈無後續之作」，很有道理，但基於前面說到理解始作俑者章句的難處，其說是否準確符合史實，也還有待將來更多考古資料的驗證。

肆

　　「始作俑者，其無後乎」章句，「無後」如作「無嗣」解，固然其中藏有父母子女關係的討論；如作「豈無後續之作」解，也不因此即與父母子女關係無涉。不論孟子是否語帶雙關，始作俑者的章句之中，可以有兩層父母子女關係的涵義存在。

　　俑葬，是祭祀活動的環節。祭祀的主要功能之一是祖先崇敬 **65**，死去的父母，通常是每個人最親密的祖先，作俑以為葬器，亦就是子女祭祀父母禮儀的一部分。儒家講究父母子女關係，思考到父母死後的父母子女關

謂子貢曰：『吾以為夫子無所不知，夫子亦徒有所不知。』子貢曰：『子所問何哉？』子路曰：『由問：「魯大夫練而杖，禮與？」夫子曰：「吾不知也。」』子貢曰：『止，吾將為子問之。』遂趨而進曰：『練而杖，禮與？』孔子曰：『非禮也。』子貢出，謂子路曰：『子謂夫子而弗知之乎？夫子徒無所不知也。子問，非也。禮，居是邦，則不非其大夫。』」（楊朝明，註3，頁553–554），既以「居是邦，不非其大夫」為禮，況為君乎？

65 祭祀之源起，功能有二：自然崇拜與祖先崇敬。在商代，自然崇拜包括天帝崇拜、自然崇拜與祖先崇拜，天帝崇拜在天帝人格化之前，原也屬於自然崇拜。陳夢家，《殷墟卜辭綜述》，頁646，北京：中華書局（1988年）；在周代，祭祀可分為天神、地示、人鬼三大系統，見《周禮》〈春官・宗伯〉：「大宗伯之職，掌建邦之天神、人鬼、地示之禮，以佐王建保邦國。」楊家駱，註2，周禮十七春官宗伯，頁5，其詳參見如張鶴泉，《周代祭祀研究》，頁28–50，臺北：文津（1993年）。

係，也就講究葬禮葬器的選擇。《禮記》〈檀弓〉中有三段話，都說到使用葬器的基本觀念，其一是 **66**：

> 孔子曰：「之死而致死之，不仁，而不可為也；之死而致生之，不知，而不可為也。是故竹不成用，瓦不成味，木不成斲，琴瑟張而不平，竽笙備而不和，有鐘磬而無簨虡。」其曰明器，神明之也。

大意是說，孔子認為，向死者祭拜而認為死者徹底的死了，不仁，所以不可以；向死者祭拜而認為死者還活著，不智，所以不可以。使用種種的祭器，乃都只能形似而不能如其可使用一般。將之稱為明器，是要以死者為神明接受供奉的意思。

其二是 **67**：

> 仲憲言於曾子曰：「夏后氏用明器，示民無知也。殷人用祭器，示民有知也；周人兼用之，示民疑也。」曾子曰：「其不然乎！其不然乎！夫明器，鬼器也。祭器，人器也。夫古之人，胡為而死其親乎？」

大意是說，仲憲認為夏后氏使用明器，是當時的人認為死者無知覺，殷商之人使用祭器，是當時的人認為死者有知覺；周代的人兩者都用，是心中對此有所懷疑。曾子則認為不然，明器是鬼用的器具；祭器是人用的器具，古代的人為何要想像親人逝去為鬼是毫無知覺的呢？（言下之意，曾子認為使用明器並非認為親人死後並無知覺之故 **68**。）

其三是 **69**：

---

66 〈檀弓（上）〉，（清）孫希旦，註35，頁216。

67 （清）孫希旦，同上註，頁219。

68 殷商考古資料中遺有之葬器，人牲與人俑俱現，明器與人器兼用（胡厚宣、胡振宇，註39，圖像諸頁；中國社會科學院考古研究所，《安陽殷墟郭家莊商代墓葬——1982年～1992年考古發掘報告》，頁156–157，北京：中國大百科全書（1998年）），可見周代學者囿於當時資訊所及，認知可能失於片斷。

69 〈檀弓（下）〉，（清）孫希旦，註35，頁264–265。《孔子家語》〈曲禮公西赤問〉：「子游問於孔子曰：『葬者塗車芻靈，自古有之。然今人或有偶，是無益

孔子謂：「為明器者，知喪道矣，備物而不可用也。」哀哉！死者而用生者之器也，殆於用殉乎哉？「其曰明器，神明之也。」塗車、芻靈，自古有之，明器之道也。孔子謂「為芻靈者善」，謂「為俑者不仁」，不殆於用人乎哉？

　　大意是說：孔子謂，「用明器的人，是瞭解治喪的道理，為死者準備了生人不能用的器具。」悲哀啊！如果死者是要用生人使用的器具，就接近要用人殉葬了吧？「稱為明器，是要以之供奉死者如神明一般。」用土做的車、草紮的人形物，從古代就有，就是使用明器的方法。孔子說「用草人是對的」，說「用俑為葬器的人存心不仁」，不就是擔心太接近用人殉葬了嗎❼❶？

　　簡言之，依此記錄，儒家自孔子、曾子以降，既不以為逝去的父母完全身毀神滅而了無知覺❼❶，也不以為逝去的父母仍和生前並無二致。取前者，則人無孝思，不仁也；取後者，則終將以生人從葬，不僅不智，亦不仁也。兩皆不仁，兩皆不可，於是取其折衷，視逝者為超乎自然的神明；葬器，則亦介於真實與不真實之間，乃不必生人殉葬。這不但是務實的選擇態度❼❷，在人牲人殉並不罕見的時代中，避免生人成為犧牲殉葬，也確

　　於喪。」孔子曰：『為芻靈者善矣，為俑者不仁，不殆於用人乎？』」（楊朝明，註3，頁573）記載相似。

❼❶　論者乃以為孔子寧可接受陶製馬車（塗車）與稻草人（芻靈）陪葬，是因為「這只在精神上近似真實的車與人」。金安平，註9，頁233。

❼❶　學者有稱之為來自於信仰靈魂不滅、死而不絕的生命觀，陪葬禮物是生者對於死者一生奮鬥所給予的回饋與慰藉者，林素英，註45，頁125、227–240。

❼❷　所以說是務實的選擇考量，是因為幽冥阻隔，死後真相不可盡知《論語》〈先進〉：「季路問事鬼神。子曰：『未能事人，焉能事鬼？』『敢問死。』曰：『未知生，焉知死？』」錢穆，註32，頁387）但是基於死而不絕的生命希望，不因死者逝去而忘記他，即為人情之常；又不能以為死者完全未去如生而亂了生人世界的生活狀態，乃只能基於現實需要，兩相折衷。參見《孔子家語》〈致思〉：「子貢問於孔子曰：『死者有知乎？將無知乎？』子曰：『吾欲言死之有知，將恐孝子順孫妨生以送死；吾欲言死之無知，將恐不孝之子棄其親而不葬。賜欲知死者有知與無知，非今之急，後自知之。』」楊朝明，註3，頁101；（漢）班固，《白虎通》〈三教〉：「夏后氏用明器，殷人用祭器，周人兼用之，何謂？

是儒家用來界定孝道的重要價值取捨考量。當然，孝子既不以為逝去的父母已然身毀神滅，基於儒家亦表接受的「事死如事生」基本思想❼❸，本也可能成為以人為祭的理由，而與不許牲人的禮法意識構成某種觀念矛盾。

孔子責備以俑為葬器，擔心終至於用人殉葬。人殉人牲能為死去的君王所用，尚須出自於在世者的強制；亦即必係君王在世的後代（通常是其後嗣）為了祭祀父王，主動以強制力量將活人作為獻祭的犧牲❼❹。作為人殉人牲的臣僕奴隸，在其後嗣眼中，原可是死者遺留予後嗣所用的資源，以之犧牲獻祭，則是後嗣將其資源獻予死去的父母先人。獻祭愈多，顯現的孝思愈足，殺戮也就愈慘。同理，製俑為資源的消耗，墨子主張節葬，即是以為厚葬導致奢侈與貧窮❼❺；作俑者使用為人子者所可支配的資源獻

日夏后氏教以忠，故先明器，以奪孝子之心也，殷教以敬，故先祭器，敬之至也，周人教以文，故兼用之，周人意至文也。孔子曰：之死而致死之，不仁，而不可為也；之死而致生之，不知，而不可為也，故有死道焉，以奪孝子之心焉，有生道焉，使人勿倍焉，故竹器不成，用木器不成，斲瓦器不成，沬琴瑟張而不平，竽笙備而不和，有鐘磬而無簨虡懸示，備物而不可用也。孔子曰：為明器者，善為俑者不仁，塗車芻靈，自古有之，言今古皆然也。」（清）陳立，《白虎通疏證》，頁 440–441，臺北：廣文書局（1987 年）。

❼❸　《禮記》〈中庸〉：「踐其位，行其禮，奏其樂，敬其所尊，愛其所親，事死如事生，事亡如事存，孝之至也。」（清）康有為，註16，頁18；《白虎通》〈巡狩〉：「王者出，必告廟何？孝子出辭反面，事死如事生。《尚書》曰：『歸格于祖禰。』」（清）陳立，同上註，頁347。然則「事死如事生」亦必有其限度，《禮記》〈雜記（下）〉：「曾子曰：『……夫大饗，既饗，卷三牲之俎，歸于賓館。父母而賓客之，所以為哀也。』」（清）孫希旦，註8，頁1095。

❼❹　《禮記》〈中庸〉：「天子父母之喪，無貴賤一也。」（清）康有為，註16，頁17。又君主若在生前即殺殉，則是例外。

❼❺　《墨子》〈節葬〉：「子墨子言曰：『仁者之為天下度也。辟之無以異乎孝子之為親度也。』」「亦有力不足，財不贍，智不智，然後已矣；無敢舍餘力，謀隱餘利，而不為親為之矣。」「子墨子曰：『……若以若三聖王者觀之，則厚葬久喪，更非聖王之道。故三王者，皆貴為天子，富有天下，豈憂財用之不足哉？……』」今王公大人之為葬埋，則異於此，必大棺中棺，革闠三操，璧玉即具，戈劍鼎鼓壺濫，文繡索練。六鞶萬領，輿馬女樂皆具，曰必捶涂，差通壟雖凡山陵，

祭父母，作俑愈多，孝思愈足。孔子擔心俑葬不足以取代人殉人牲，俑葬甚或成為人殉人牲的先聲，於是責備俑者不仁，顯示「孝」若與「仁」相左，此際「仁」的價值更勝一籌。

《孟子》借用作俑與人祭之間必須為了防微杜漸而同予否定，來對照民之父母與率獸食人的反差，點染出俑葬中另一層應該熟思的父母子女關係，也就是君王與人民之間擬制的父母子女關係。民之父母的說法，透過孔子始作俑者之言，提調出孟子訴求君王本應如父母呵護子女一般去體會人民的切身感受。以人為殉或率獸食人，一樣反映了君王全未體會人民切身感受的冷漠到達何種程度。對照孔子說「民之父母」應該「四方有敗，必先知之」、「凡民有喪，匍匐救之」，要能「哀至」而有「無服之哀」❼❻，孟子說的民之父母，與孔子的出發點完全一致。君王有善體民心如子女的義務，自然不能為了祭祀自己的父母先人，以如同子女的活人為殉為牲，也不能肥養豕馬卻不恤餓莩，而應該致力於善盡孟子所開列養生送死的實政清單❼❼。從君王身負為民父母的責任，說到君王不可為了祭祀自己的父

此為輟民之事，靡民之財，不可勝計也，其為毋用若此矣。」「是故求以富國家，甚得貧焉；欲以眾人民，甚得寡焉；欲以治刑政，甚得亂焉。求以禁止大國之攻小國也，而既已不可矣；欲以干上帝鬼神之福，又得禍焉。上稽之堯舜禹湯文武之道，而政逆之；下稽之桀紂幽厲之事，猶合節也。若以此觀，則厚葬久喪，其非聖王之道也。」「故衣食者，人之生利也，然且猶尚有節；葬埋者，人之死利也，夫何獨無節於此者？」李漁叔，註19，頁167–182。

❼❻ 參見註3上博楚簡《民之父母》引文。

❼❼ 康有為讀〈梁惠王（上）〉第三章，有云：「不違農時，數罟不入洿池，斧斤以時入山林，皆孔子之仁政，以為民養生送死之計。孟子述之，凡孔門後學所言仁政，百家千說傳記無限而大概相同理論多矣！若實政則《孟子》全書，不過此數條，及尊賢使能、俊傑在位、市廛而不征數語，然所以為民者至矣。」（康有為，註26，卷4頁9）。凡此或皆可說是孔子主張之仁政，按《大戴禮記》〈主言〉：「曾子曰：『敢問不費不勞可以為明乎？』孔子愀然揚麕曰：『參！女以明主為勞乎？昔者舜左禹而右皋陶，不下席而天下治。夫政之不中，君之過也。政之既中，令之不行，職事者之罪也。明主奚為其勞也！昔者明主關譏而不征，市廛而不稅，稅十取一，使民之力歲不過三日，入山澤以時，有禁而無

母先人而以人民為殉為牲；始作俑者的章句，是以一層「民之父母」的仁義，設定君王另一層自己為父母盡孝的行為界限。兩層父母子女關係裡的價值順序，輕重有別；君王仁民，優先於君王本人盡孝。

孟子在此兩層父母子女關係中顯示的價值順序，與孔子主張「務民之義，敬鬼神而遠之」❼❽，在俗世的關懷與獻祭的神靈之間的取捨選擇相一致；體會為俑者不仁、不能率獸食人的道理，都可說是「務民之義」。西方的學者已經指出，孔子相較於其前期的宗教思想，有一項重大不同；以前是重「天」甚於現世，孔子則是認為神靈的要求不可忽略，但人民應該優先；《論語》〈先進〉中如「未能事人，焉能事鬼」、「未知生，焉知死」的話語，都是證明❼❾。孔子因此會重視人殉人牲的生命甚於祭祀父母先人的牲禮，孟子會從民之父母說到始作俑者，找到相互一致的對比邏輯，也就順理成章而不令人意外了。

伍

〈梁惠王〉篇列於《孟子》書中七篇之首，趙岐曾以〈孟子篇敍〉分析孟子「以為聖王之盛，惟有堯舜，堯舜之道，仁義為上，故以梁惠王問利國，對以仁義，為首篇也。」焦循將之附於《孟子正義》書尾以為佐參，亦認同「堯舜之道即仁義矣！❽⓿」

征；此六者取財之路也。明主捨其四者而節其二者，明主焉取其費也！』」（清）王聘珍，《大戴禮記解詁》，頁 3，北京：中華書局（2008 年重印）。惟同樣說君主應為之事，孔子以先王之政為正面之舉例，義務感尚不明顯；孟子則逕以君王之義務言之，說法已有不同。

❼❽　《論語》〈雍也〉：「樊遲問知，子曰：『務民之義，敬鬼神而遠之，可謂知矣！』」錢穆，註 32，頁 213。

❼❾　錢穆，同上註，頁 387；H. Smith, THE WORLD'S RELIGIONS, 85, N.Y.: Harper One, revised and updated ed. 1991；《禮記》〈中庸〉：「子曰：『鬼神之為德，其盛矣乎？視之而弗見，聽之而弗聞，體物而不可遺。』使天下之人齊明盛服以承祭祀，洋洋乎如在其上，如在其左右。《詩》曰：『神之格思，不可度思，矧可射思？』」（清）康有為，註 16，頁 13-14，是均可謂不可論知之倡議。

〈梁惠王〉篇分為上下，上篇凡 7 章，始作俑者之章句位於第 4 章⑧。第 1 章為孟子說梁惠王「何必曰利，亦曰仁義而已矣」⑧；第 2 章為孟子以文王為例，告訴梁惠王，國君興沼池、蓄鳥獸，須以與民同樂為前提⑧；第 3 章教導梁惠王如何始能使人民樂於來歸，詳細說明如何遂行王道⑧；到了第 4 章，從梁惠王表示願意聽孟子指教開始，孟子即以「民之父母」與「率獸食人」作為對比，指出以政殺人與以刃殺人並無不同，勸誡梁惠王，「王者為政之道，生民為首」⑧，不可以政殺人，而有始作俑者等語。

　　公法學者吳庚教授以為⑧：

　　　中國固有文化中不存有人權的觀念，幾千年沒有 Bill of
　　Rights（權利清單），只有 Bill of Duties（義務清單），這就是專制

---

⑧　焦循，註 34，頁 1041。

⑧　題為宋孫奭所撰之《孟子正義》以為此章應與前章（第 3 章）連續為一章。李學勤編，註 5，頁 17。

⑧　其文為：「孟子見梁惠王。王曰：『叟！不遠千里而來，亦將有以利吾國乎？』孟子對曰：『王何必曰利？亦有仁義而已矣。』王曰：『何以利吾國？』大夫曰：『何以利吾家？』士庶人曰：『何以利吾身？』上下交征利，而國危矣。萬乘之國，弒其君者，必千乘之家；千乘之國，弒其君者，必百乘之家。萬取千焉，千取百焉，不為不多矣。苟為後義而先利，不奪不饜。未有仁而遺其親者也，未有義而後其君者也。王亦曰仁義而已矣，何必曰利？』」李學勤，註 5，頁 2–4。

⑧　其文為：「孟子見梁惠王。王立於沼上，顧鴻雁麋鹿，曰：『賢者亦樂此乎？』孟子對曰：『賢者而後樂此。不賢者雖有此，不樂也。《詩》云：「經始靈台，經之營之。庶民攻之，不日成之。經始勿亟，庶民子來。王在靈囿，麀鹿攸伏，麀鹿濯濯，白鳥鶴鶴。王在靈沼，於牣魚躍。」文王以民力為台為沼，而民歡樂之，謂其台曰靈台，謂其沼曰靈沼，樂其有麋鹿魚鱉。古之人與民偕樂，故能樂也。〈湯誓〉曰：「時日害喪？予及女皆亡！」民欲與之偕亡，雖有台池鳥獸，豈能獨樂哉？』」李學勤，同上註，頁 6–8。

⑧　李學勤，同註 6。

⑧　此為趙岐注《孟子》所為〈孟子章指〉之語，引自焦循，註 37，頁 64。

⑧　吳庚，〈法制作為應具備之憲法思維〉，收入行政院法規委員會編印，《法制作業應具備之憲法思維》，頁 5，臺北：行政院秘書處（2005 年）。

政體能夠延續數千年的原因。

此中「義務清單」，講的是人民的義務。在中國提倡君主立憲的梁啟超先生，亦以為中國只有義務思想而無權利思想❽，是一大缺憾。此皆言人民之有義務而無權利者也。若以君王之權利義務為其著眼，余英時先生以為義務為權利之對，君王義務清單與人民權利清單，異曲同工；他指出，〈梁惠王（上）〉下列章句是張列舉君王義務的清單❽：

> 是故明君制民之產，必使仰足以事父母，俯足以畜妻子，樂歲終身飽，凶年免於死亡。然後驅而之善，故民之從之也輕。今也制民之產，仰不足以事父母，俯不足以畜妻子，樂歲終身苦，凶年不免於死亡，此惟救死而恐不贍，奚暇治禮義哉！王欲行之，則盍反其本矣！五畝之宅，樹之以桑，五十者可以衣帛矣。雞豚狗彘之畜，無失其時，七十者可以食肉矣。百畝之田，勿奪其時，八口之家可以無飢矣。謹庠序之教，申之以孝悌之義，頒白者不負戴於道路矣。老者衣帛食肉，黎民不飢不寒，然而不王者，未之有也。

此為〈梁惠王（上）〉之末章，內容是孟子說齊宣王之語，與〈梁惠王（上）〉第 3 章中孟子說梁惠王之言辭，非常類似。篇中孟子言畢如何王天下的作法之後，梁惠王表示願聆指教，孟子隨即說出率獸食人與民之父母的強烈對比，並有引述孔子始作俑者的章句。值得思考者，孟子說梁惠王，是單純提供建議，還是在課加梁惠王以義務？建議並無強迫性，只是為君王畫策；一旦是在以之為君王的義務，而有拘束君王行事的意思，已然播下憲政思想的種子。

《孟子》〈萬章〉中的一段話，或許可為孟子說梁惠王的態度下一註腳❽；

❽ （清）梁啟超，〈論權利思想〉、〈論義務思想〉，收入朱榮貴主編，《前輩談人權——中國人權文獻選輯㈠人權的肇始》，頁 137–151，臺北：輔仁大學（2001 年）。

❽ 李學勤，註5，頁29；余英時，〈序〉，收入朱敬一、李念祖，《基本人權》，頁15，臺北：時報文化（2003 年）。

❽ 「萬章曰：『敢問不見諸侯，何義也？』孟子曰：『在國曰市井之臣，在野曰草

孟子說到身為庶人，為諸侯服勞役是義務，與諸侯面，則不是義務；他以「說大人則藐之」的態度，自視其德足為君之師，依古制告誡君所不當為者❿；孟子敢在君王之前以虛擬的率獸食人意象責備君王不仁，顯然不只是在為梁惠王畫策，而是給予道德教示，指引其當為之路。「為民父母不該率獸食人」也就是君王「義務」的概念了。其實後世使用「義務」一詞的觀念，從「義」字而來，與孟子密不可分；孟子說梁惠王的義利之辨，恰就是公認先秦時期賦予「義」字重要價值意義的原創者之一❶，義務是群體中依隨著關係而定的本分，孟子說梁惠王說的是君王與人民的關係，告訴梁惠王國君的本分不在國君一己之私欲私利；謀人民之福祉，才是國君的本分，才是國君該行的事。此和孟子說：「仁，人心也；義，人路也。❷」

莽之臣。皆謂庶人。庶人不傳質為臣。不敢見於諸侯，禮也。』萬章曰：『庶人召之役，則往役；君欲見之，召之則不往見之，何也？』曰：『往役，義也。往見，不義也。且君之欲見之也，何為也哉？』曰：『為其多聞也，為其賢也。』曰：『為其多聞也，則天子不召師，而況諸侯乎？其賢也，則吾未聞欲見賢而召之也。繆公亟見於子思曰：「古千乘之國以友士，何如？」子思不悅曰：「古之人有言曰，事之云乎，豈曰友之云乎！」子思不悅也，豈不曰：「以位，則子君也，我臣也，何敢與君友也；以德，則子事我者也，奚可以與我友？」千乘之君，求與之友而不可得也，而可召與？齊景公田，召虞人以旌，不至，將殺之。「志士不忘在溝壑，勇士不忘喪其元。」孔子奚取焉？取非其招不往也。』』李學勤，註5，頁338–339。

❿ 《孟子》〈盡心（下）〉：「說大人則藐之，勿視其巍巍，堂高數丈，榱題數尺，我得志弗為也。食前方丈，傳妾數百人，我得志弗為也。般樂飲酒，驅騁田獵，后車千乘，我得志弗為也。在彼者我所不為也，在我者皆古之制也，吾何畏彼哉？」李學勤，同上註，頁473。

❶ 另一位談「義」較多的是在孟子之前的墨子，但談法尚有不同，與孟子對後世的影響亦有不同。

❷ 《孟子》〈告子（上）〉，李學勤，註89，頁365。又如〈離婁（上）〉：「仁，人之安宅也。義，人之正路也。」李學勤，同書，頁233；〈盡心（上）〉：「殺一無罪，非仁也。非其有而取之，非義也。居惡在？仁是也，路惡在？義是也。」李學勤，同書，頁434。

義是該遵行的道路，相通相合。借用「始作俑者」防微杜漸之意，映照率獸食人與民之父母兩者之間舉輕以明重的對比，也正是從期待君王具有仁心，進入要求君王遵行義路的轉折性說詞。

孔子以提倡「仁」為中心思想❾❸，孟子則是強調以「義」與仁並稱。《孟子》〈梁惠王〉當頭一句「王何必曰利，亦曰仁義而已矣」，是在梁惠王以如何有利於自己的霸業發展問計於孟子時，試圖將梁惠王從如何求己之利導向思考該對人民做什麼事。余英時先生強調的義務清單，正是孟子心中國君應該致力實施的政策。然而積極當為的政策對梁惠王而言也許甚為遙遠，於是孟子同時勸誡他先要思考更起碼的不能為之事。不要率獸食人，就是孟子形容的消極不作為義務。國君的角色應該追求「為民父母」，不能「率獸食人」，兩者實為一事，但將「當為」轉化為「不當為」的命題，襯托出更大的說服力量；他藉著孔子進一步責備始作俑者不仁而不僅是責備人祭不仁作為對比，或也已暗示性地告誡梁惠王不該以民為祭祀之犧牲。

始作俑者章句，孔子講的就是仁，講得含蓄。他必不同意人殉人牲，但他只以作俑者為批評對象；俑者的背後當然是君主，但孔子的話並未直

---

❾❸　許倬雲先生認為孔子當時賦予「仁」一個新的意義，「仁」這個字相當於整個的人性，仁是人性的本質，也是一個人性格成長的種子。許倬雲，《萬古江河──中國歷史文化的轉折與開展》，頁67，臺北：英文漢聲（2006年）。「仁」字也就是在描述人與人間的理想關係，西方學者將孔子對「仁」字的提法形容為「仁同時指涉一種對他人的仁愛之情以及對自己的自尊，不論它在何處出現，對人的生命尊嚴都有一種不可分割的意義。」H. Smith, *supra* note 79, 172–175；《禮記》〈禮運〉中亦載有孔子對仁義的解釋：「故禮也者，義之實也。協諸義而協，則禮雖先王未之有，可以義起也。義者，藝之分，仁之節也。協於藝，講於仁，得之者強。仁者，義之本也，順之體也，得之者尊。故治國不以禮，猶無耜耕也；為禮不本於義，猶耕而弗種也；為義而不講之以學，猶種而弗耨也；講之以學而不合之以仁，猶耨而弗穫也；合之以仁而不安之以樂，猶穫而弗食也；安之以樂而不達於順，猶食而弗肥也。」（（清）孫希旦，註35，頁618–619）其中的「義」字，主要是「適宜」的意思，與孟子後來所說的「義」字觀念，強度猶有不同。

接指責人殉人牲，也未指責使用人殉人牲的君主們。孟子則逕將梁惠王不
恤人民的態度與率獸食人相連接，直接了當指出梁惠王違背了對於人民的
作為與不作為義務，有仁心而違反了義路者，和無仁心者相比，有如五十
步與百步一樣。

　　孔子解釋君王如何為民之父母，是對弟子子夏說出心中所憧憬的君王
愛民理想境界，更像是對君王之仁的期許❾❹。孔子的孫子子思在魯穆公面
前，用「恆稱君之惡者」描述「忠臣」❾❺，比孔子進前一步，已從設想人
君之善說到勸思人君之惡❾❻。孟子為子思之門人弟子❾❼，不只是背地指斥

❾❹　除上博楚簡《民之父母》之外，《大戴禮記》〈衛將軍文子〉中記載：「業功不
　　伐，貴位不善，不侮可侮，不佚可佚，不敖無告，是顓孫之行也。孔子言之曰：
　　『其不伐則猶可能也，其不弊百姓者，則仁也。』《詩》云：『愷悌君子，民之
　　父母。』夫子以其仁為大也。」（清）王聘珍，註77，頁101；《禮記》〈表記〉
　　中亦有：「子言之：『君子之所謂仁者，其難乎！《詩》云：「凱弟君子，民之父
　　母。」凱以強教之，弟以悅安之，樂而毋荒，有禮而親，威莊而安，孝慈而敬，
　　使民有父之尊，有母之親，如此而后可以為民父母矣。非至德其孰能如此乎？』」
　　（清）孫希旦，註8，頁1308–1309。其理想中之君王形象如此，可為參照。

❾❺　其討論，參見涂宗流、劉祖信，《郭店楚簡——先秦儒家佚書校釋》，頁9–11，
　　臺北：萬卷樓（2001年）。《魯穆公》之全文為：「魯穆公問於子思曰：『何如而
　　可謂忠臣？』子思曰：『恆稱其君之惡者，可謂忠臣矣！』公不悅，揖而退之。
　　成孫弋見，公曰：『向者吾問忠臣於子思，子思曰：「恆稱其君之惡者，可謂忠
　　臣矣！」寡人惑焉，而未之得也。』成孫弋曰：『噫，善哉，言乎！夫為其君之
　　故殺其身者，嘗有之矣，恆稱君子惡者未之有也。夫為其君之故殺其身者，效
　　祿爵者也。恆稱其君之惡者，遠祿爵者，為義而遠祿爵，非子思，吾惡聞之矣。』」
　　荊門市博物館編，《郭店楚墓竹簡》，頁141，北京：文物（2005年重印）。

❾❻　子思言君之「惡」，孔子只言君之「過」。《孔子家語》〈六本〉：「孔子曰：『良
　　藥苦於口而利於病，忠言逆於耳而利於行。湯武以諤諤而昌，桀紂以唯唯而亡。
　　君無爭臣，父無爭子，兄無爭弟，士無爭友，無其過者，未之有也。故曰：君
　　失之，臣得之；父失之，子得之；兄失之，弟得之；己失之，友得之。是以國
　　無危亡之兆，家無悖亂之惡，父子兄弟無失，而交友無絕也。』」楊朝明，註
　　3，頁180–181；此言或係《魯穆公》子思之言之張本。

❾❼　《史記》〈孟子荀卿列傳〉：「孟軻，鄒人也，受業子思之門人。」有以為係子

梁惠王不仁❾❽，更不屑於只為國君獻策，他在梁惠王之前，用「始作俑者」的孔子之言，要其視為有如率獸食人的君王不可率獸食人，當面責君之惡以「格君心之非」，膽氣智慧俱足❾❾；從言君之所當為進入言君之不當為，實已將先秦政治思想正式引入憲政文化的場域氛圍。《荀子》〈禮論〉談到祭祀之禮，亦曾謂：「殺生而送死謂之賊」❿以非難人祭人殉；不知其中有無孟子的影響。

❀ 陸

　　為君王畫策⓫，或是為君王樹立理想典範，均未必能說是屬於憲政思想的範疇；設想君王對人民負有何種義務，據之建立當為與不當為之規範，

思之徒者，有以為「子思之門人」與「子思之門」有別，乃係子思之再傳弟子者；亦有以為「門人」係弟子之弟子之謂，故為再傳弟子之弟子者。馮鐵流，《先秦諸子學派源流考》，頁178，重慶：重慶（2005年）。關於孟子的師說，另參閱林漢仕，《孟子探微》，頁22–32，臺北：文史哲（1978年再版）。

❾❽　《孟子》〈盡心（下）〉：「孟子曰：不仁哉，梁惠王也！」李學勤，註89，頁447。

❾❾　《孟子》〈離婁（上）〉：「惟大人為能革君心之非。君仁，莫不仁。君義，莫不義。君正，莫不正。一正君而國定矣！」李學勤，註89，頁245。而大人，則其義當與朱熹所稱「大學者，大人之學」的大人或是乾卦〈文言〉上的大人（夫大人者，與天地合其德，與日月合其明，與四時合其序，與鬼神合其吉凶）相通。又《尚書》〈冏命（古文）〉：「惟予一人無良，實賴左右前後有位之士，匡其不及，繩愆糾繆，格其非心，俾克紹先烈。」（楊家駱，註2，書19頁25）亦有格君心之非的說法。異說以為孟子較為圓滑，永遠無法達到孔子的高度。金安平，註9，頁269。

❿　（唐）楊倞註，（清）王先謙集解，《荀子考證》，頁342，臺北：世界書局（2000年）。

⓫　《孟子》〈梁惠王（下）〉中，滕文公問孟子小國事齊楚之道，孟子對曰：「是謀非吾所能及也。無已，則有一焉。」繼則以周之先王太王居邠受狄人所侵而遷邑於岐山之下故事說之；並引邠人之言（「邠人曰：『仁人也，不可失也。』從之者如歸市；或曰：『世樂也，非身之所能為也，效死勿去。』」李學勤，註89，頁76）請滕文公於斯二者擇之，此則是為君畫策。至於同篇中，孟子說齊宣王，好勇、好貨、好色皆當與民同之，已不盡是畫策，而是以婉言相勸相戒。

才是憲政思想的端緒❿。民之父母，不是始於孔子的觀念，早在《詩經》、
《尚書》中皆已見之❿，顯為孔子樂於使用闡釋的譬喻，不只孟子續加援
引，《荀子》書中，也同樣出現，如❿：

> 湯武者，民之父母也；桀紂者，民之怨賊也。今世俗之為說
> 者，以桀紂為君，而以湯武為賊，然則是誅民之父母而師民之怨

---

❿ 古籍記載臣下訓教君王之例不一，如《尚書》〈伊訓（古文）〉（楊家駱，註2，
書8頁16-17），記載伊尹以成湯之風範訓教新即位之商王太甲；〈高宗肜日〉，
記載臣下祖己誡諫商王祖庚（楊家駱，同書，書10頁27-28），王國維先生疑
祖己為高宗子孝己，有如《尚書》〈西伯戡黎〉質疑商紂之祖伊，王疑為紂之
諸父弟然（王國維，註31，頁30-31）。《尚書》〈無逸〉記載攝政之周公訓教
成王（楊家駱，同書，書17頁3-5）。張光直先生即以為，伊尹為昭穆制度下
代表宗族輪替執政之監政貴族（張光直，註56，頁220）。又如《大戴禮記》
〈武王踐阼〉亦記載：「武王踐阼，三日，召士大夫而問焉，曰：『惡有藏之約，
行之行，萬世可以為子孫恆者乎？』諸大夫對曰：『未得聞也。』然後召師尚
父而問焉，曰：『黃帝、顓頊之道存乎意，亦忽不可得見與？』師尚父曰：『在
丹書。王欲聞之，則齊矣。』三日，王端冕，師尚父亦端冕，奉書而入，負屏
而立。王下堂，南面而立。師尚父曰：『先王之道，不北面。』王行西，折而
南，東面而立。師尚父西面道書之言，曰：『『敬勝怠者吉，怠勝敬者滅，義勝
欲者凶。凡事不彊則枉，弗敬則不正，枉者滅廢，敬者萬世。』藏之約，行之
行，可為子孫恆者，此言之謂也。且臣聞之，以仁得之，以仁守之，其量百世，
以不仁得之，以仁守之，其量十世；以不仁得之，以不仁守之，必及其世。』
王聞書之言，惕若恐懼，退而為戒書。」(清) 王聘珍，註77，頁103-104。
尚父亦為周武王開國重臣，武王待之如師，凡此皆較如 1215 年大憲章之係貴
族限制英王王權的行為，而似均與孟子以平民之身分訓教君王，可有區別。斯
維至則以為孟子是貴族民主的倡議者，但他繼承了周公「天命不常」、天命可
以改變的思想而宣揚湯武革命，則是發前人所未見。斯維至，《中國古代社會
文化論稿》，頁 148-151、384-388，臺北：允晨文化 (1997 年)。
❿ 《詩經》〈大雅·泂酌〉：「凱悌君子，民之父母。」〈小雅·南山有臺〉：「樂只
君子，民之父母。」陳子展，註13，頁 565、943；《尚書》〈洪範〉及〈泰誓
（古文）〉均見前引。
❿ 《荀子》〈正論〉，(唐) 楊倞，註100，頁300。

賊也。

又如⑩⑤：

　　《詩》曰：「愷悌君子，民之父母」。彼君子者，固有為民父母之說焉。父能生之，不能養之；母能食之，不能教誨之；君者，已能食之矣，又善教誨之者也。

不以儒家思想為然的法家代表人物韓非子，則曾批判儒家的民之父母思想⑩⑥：

　　今儒墨皆先王兼愛天下，則視民如父母，何以明其然也？曰：「司寇行刑，君為之不舉樂；聞死刑之報，君為流涕。」此所舉先王也。夫君臣為如父子則必治，推而言之，是無亂父子也！人之情性，莫先於父母，皆見愛而未必治也，雖厚愛矣，奚遽不亂？今先王之愛民，不過父母之愛子，子必不亂也，則民奚遽治哉？

荀子與韓非子對於民之父母的說法雖然褒貶不一，但對於「民之父母」辭義的理解角度則均與孔子相近，認為民之父母之說是在頌揚君王仁心愛民的善意表現。其實上博楚簡《民之父母》中孔子解釋凱悌君子，是要像父母對子女一樣，勤勞而恩威並施，更像是對於君王勸多於誡的畫策式教導；孟子說到民之父母的角度則有不同，藉著率獸食人譬喻的襯托，民之父母不再只是對於君王的頌揚，也不只是建議性的畫策、取決於君王善意的當為選擇，而是帶有濃重的義務意味⑩⑦，以之為君王必須達成的責任，誡甚於勸。《孟子》其他各篇中說到民之父母之處，其語氣則是有誡有勸，未若說到「率獸食人」一節的非此不可。

---

⑩⑤　《荀子》〈禮論〉，（唐）楊倞，同上註，頁 345。

⑩⑥　語出《韓非子》〈五蠹〉，（清）王先慎，註20，頁 690–691。

⑩⑦　金耀基先生亦從《孟子》〈梁惠王（下）〉：「孟子謂齊宣王曰：『王之臣，有託其妻於其友而之楚遊者，比其反也，則凍餒其妻子，則如之何？』王曰：『棄之。』曰：『士師不能治士，則如之何？』王曰：『已之。』曰：『四境之內不治，則如之何？』王顧左右而言他。」提出孟子認為君王對人民有義務的觀點。金耀基，註62，頁 59。

「義」的觀念，不是始自孟子。「義」字見於甲骨，亦普遍出現於西周金文❿。《論語》〈里仁〉則有：「子曰：『君子喻於義，小人喻於利』❿」。《管子》〈心術（上）〉曰❿：

> 虛無無形謂之道。化育萬物謂之德。君臣父子，人間之事，謂之義。登降揖讓，貴賤有等，親疏之體，謂之禮。簡物小未一道，殺僇禁誅謂之法。

此中說的是一般性的人倫關係義務，並未單獨強調君王之義務。論者早謂中國向來是義務思想發達而權利思想不發達的社會❿，講義務也是人民的義務或是個人對社會群體的義務居多，君王的德行或許受到期待，君王的義務並不是被突出強調的觀念，至少不是說話含蓄而又以尊君為尚的孔子所曾明白區辨的觀念。孔子說「務民之義，敬鬼神而遠之，可謂知矣」❿的

---

❿ 論者自西周金文研究道德體系中「信」、「義」觀念之基本內涵，指出信源於祭祀，根植於生者對待先祖鬼神的虔誠信守態度，而後發展為生者之間及生者與死者之間的普遍道德約守；而「義」的本質則是忠義。馮時，〈西周金文所見「信」、「義」思想考〉，收入李學勤、林慶彰等著，《新出土文獻與先秦思想重構》，頁 125–137，臺北：台灣書房（2007 年）。亦有以為義字甲骨文本意是插羽美飾兵器的儀仗，引伸出表述個人自我的語義，周代則發展為與禮法互為表裡的禮節儀容之規範，其後更引伸成為會理的社會道義觀念。劉翔，《中國傳統價值觀念詮釋學》，頁 114–117、161，臺北：桂冠（1993 年）。

❿ 錢穆，註 32，頁 134。《左傳》成公 2 年：「仲尼聞之，曰：『惜也，不如多與之邑。唯器與名不可以假人。君之所司也，名以出信，信以守器，器以藏禮，禮以行義，義以生利，利以平民。政之大節也。若以假人，與人政也。政亡，則國家從之。弗可止也已。』」竹添光鴻，註 49，頁 808。

❿ （唐）尹知章，註 15，頁 219。《管子》，通說認為成於戰國，其內容或雜有春秋時代齊國史料，《心術》篇則多謂為其年代略早於孟子而為孟子所習知。郭沫若，《中國古代社會研究》，頁 424–425、602–603，石家庄：河北教育（2000年重印）；張固也，《《管子》研究》，頁 275–286，濟南：齊魯書社（2006 年）。

❿ 如梁啟超，〈論義務思想〉（1902 年），收入朱榮貴編，《前輩談人權——中國人權文獻選輯㈡人權的肇始》，頁 151，臺北：輔仁大學（2001 年）。

❿ 見註 78 所引。

時候，「義」字顯然是在說君王的施政重心，而非君王的「義務」⓫⓭。略晚於孔子而略早於孟子的墨子⓫⓮，有貴義之說，亦將義利相提並論⓫⓯；尚有義力之辨，他以為「義，善政也」⓫⓰；更以為義自天出，「順天意者，義政也。」⓫⓱又以為為父母、為師及為君者，皆不可以為治法，惟天是法⓫⓲。墨子或不同

⓫⓭ 錢穆先生的解釋是「民，神之主也，所以為政者只管人事之所宜，對鬼神敬而遠之，可算是知了。」錢穆，註31，頁213–214。

⓫⓮ 關於墨子年代的討論，參見錢穆，《先秦諸子繫年》，頁103：「墨子之生，至遲在元王之世（西元前475年），不出孔子卒後10年。其卒當在安王10年左右（西元前392年），不出孟子生前10年。」臺北：東大（2008年2版）；李漁叔，註19，頁4–7。

⓫⓯ 《墨子》〈貴義〉：「萬事莫貴於義。」「子墨子曰：『商人之四方，市賈信（倍）徙，雖有關梁之難，盜賊之危，必為之。今士坐而言義，無關梁之難，盜賊之危，此為信（倍）徙，不可勝計，然而不為。則士之計利，不若商人之察也。』」李漁叔，註19，頁340、350。〈經上〉：「義，利也」，李生龍注譯，《新譯墨子讀本》，頁256，臺北：三民書局（1996年）。

⓫⓰ 《墨子》〈天志（上）〉：「順天意者，義政也。反天意者，力政也」、〈天志（中）〉：「子墨子言曰：『今天下之君子之欲為仁義者，則不可不察義之所從出。』既曰不可以不察義之所從出，然則義何從出？子墨子曰：『義不從愚且賤者出，必自貴且知者出。』何以知義之不從愚且賤者出，而必自貴且智者出也？曰：『義者善政也。』何以知義之為善政也？曰：『天下有義則治，無義則亂，是以知義之為善政也。夫愚且賤者，不得為政乎貴且知者，貴且知者，然後得為政乎愚且賤者，此吾所以知義之不從愚且賤者出，而必自貴且知者出也。』然則孰為貴？孰為知？曰：『天為貴，天為知而已矣，然則義果自天出矣。』」李漁叔，註19，頁191–194。

⓫⓱ 《墨子》〈天志〉：「且吾言殺一不辜者必有一不祥，殺不辜者誰也？則人也。予之不祥者誰也？則天也。若以為天為不愛天下之百姓，則何故以人與人相殺，而天予之不祥？此我所以知天之愛天下百姓也。順天意者，義政也。」（李漁叔，同上註，頁191）此則與孟子之說十分接近，《墨子》〈盡心（上）〉：「殺一無罪，非仁也。」（李學勤，註1，頁434）可為一例。相關討論，可參見李漁叔，同書，頁11–12。

⓫⓲ 《墨子》〈法儀〉：「今大者治天下，其次治大國，而無法所度，此不若百工辯也，然則奚以為治法而可，當皆法其父母奚若？天下之為父母者眾，而仁者寡，

意民之父母之說，但包括墨子在內，孟子之前的學者們所熱衷討論而逐漸發展演變「義」的觀念，對於孟子以「義」字要求君王對子民盡其責任，難說必無影響；但也均未如孟子直接以「義」字課責君王之非；言君臣之義，也從未如孟子說的「君視臣如土芥，臣視君如寇讎」那樣徹底❶⓵❾。

柒

簡言之，像余英時先生已經指出的，孟子要求君王以仁民為「義務」的獨到觀點，不能不說已是憲政思想的文化發祥，在古中國率先進入了一種新的政治思想境界。

從重大祭祀必用人牲的商代，到了人牲逐漸消失的周代，祭祀之禮已生重大變化。所須說明者，《周禮》中未見任何人為牲禮之規範，亦未見以人祭為非禮之明文規定；後代歷朝則直到明英宗及清康熙時，始曾出現廢殉之明令❶⓶⓿；迄至清末，人祭人殉在實際政治生活中仍未完全絕跡或根除❶⓶❶。然而，周代的禮法制度，不言而喻的帶有「不以人為牲禮」的禮法

若皆法其父母，此法不仁也。法不仁不可以為法，當皆法其學奚若？天下之為學者眾，而仁者寡，若皆法其學，此法不仁也。法不仁不可以為法，當皆法其君奚若？天下之為君者眾，而仁者寡，若皆法其君，此法不仁也，法不仁不可以為法，故父母學君三者，莫可以為治法。」「然則奚以為治法而可，故曰莫若法天，天之行廣而無私，其施厚而不德，其明久而不衰，故聖王法之，既以天為法，動作有為，必度於天，天之所欲則為之，天所不欲則止。」李漁叔，註19，頁17–18。

❶⓵❾ 《孟子》〈離婁（下）〉：「孟子告齊宣王曰：『君王視臣如手足，則臣視君如腹心，君王視臣如犬馬，則臣視君如國人，君王視臣如土芥，則臣視君如寇讎。』」李學勤，註89，頁255。

❶⓶⓿ 黃展岳，註39，頁283、286–287。

❶⓶❶ 黃展岳，同上註，頁287；清末革命黨人徐錫麟刺殺了清巡撫恩銘，就擒後經草草審訊後處死，「在恩銘家人的強烈要求之下，挖了徐錫麟的心以祭亡靈。」史景遷（J. Spence）著，溫洽溢譯，《天安門——中國的知識份子與革命》(THE GATE OF HEAVENLY PEACE: THE CHINESE AND THEIR REVOLUTION, 1895–1980)，頁84，時報文化（1981年）。民國以後，人牲當然為非法，亦已

誠命，自已遠較商代慣常以人為牲作為殷代的禮儀進步，而更為接近日後憲政思想的發端。

趙岐註解《孟子》至始作俑者章句時說：「仲尼重人類，謂秦穆公時以三良殉葬，本由有作俑者也」❶❷❷，雖不知其中因秦殉三良而責備作俑的思維關連，是否合乎孔子原意，但「仲尼重人類」一語，則已道出試圖力挽人祭惡習之狂瀾者，厥為「重人類」之人道思想。安陽殷墟之發掘，揭開了商代人祭之頻之慘，奴隸時代的駭人實況，然則今世以為駭人而當時不以為駭人者，有周一代出現「重人類」的人道思想，實為其間之重大轉折。

吳庚氏借用德國的憲法思想，將建立客觀政治社會秩序描述為憲法的主要功能之一❶❷❸。君王違禮，稱為非禮❶❷❹；在今日則謂國家領袖違憲。所相同者，當時之禮，既是建構國家權力正當性的依託，亦是客觀的政治社會秩序規範❶❷❺；所不同者，禮不是個人（例如庶人或遭選定為人牲之奴隸）

反映於成文憲法保障生命及生存權利之明文規定之中，刑法禁止謀為同死而教唆或幫助自殺（刑法第 275 條），或可看做禁止自願殉死規定。但時值今日，此種規定更尚有是否符合生命選擇自由的憲法問題。

❶❷❷ 同註 37。

❶❷❸ 另一面重要功能，則為主觀權利之保護。吳庚，〈基本權的三重性質〉，收入《司法院大法官釋憲五十週年紀念論文集》，頁 7–22，臺北：司法院（1998 年）。

❶❷❹ 如《禮記》〈禮運〉：「孔子曰：『魯之郊禘，非禮也。周公其衰矣！』」（清）孫希旦，註 35，頁 597–598。《左傳》哀公 16 年：「孔丘卒，公誄之。曰旻天不弔，不憖遺一老，俾屏余一人在位……子貢曰：君其不沒於魯乎。夫子之言曰：禮失則昏，名失則愆。失志為昏，失所為愆。生不能用，死而誄之，非禮也，稱一人，非名也。君兩失之。」竹添光鴻，註 15，頁 1988；《孔子家語》〈曲禮子貢問〉：「宣公八年六月辛巳，有事于太廟，而東門襄仲卒，壬午猶繹。子游見其故，以問孔子曰：『禮與？』孔子曰：『非禮也，卿卒不繹。』」楊朝明，註 3，頁 591。有時亦稱「失禮」，如《左傳》定公 10 年：「俘不干盟，兵不偪好，於神為不祥，於德為衍義，於人為失禮，君必不然。」（此孔子之語也）竹添光鴻，註 18，頁 1843–1844。

❶❷❺ 學者研究先秦之禮制，以為先秦禮觀念的演變，是從威儀觀的強調，漸被詮釋為政治秩序的整體規範，引述《左傳》隱公 11 年：「禮，經國家，定社稷，序

可以主張的權利規範❶❷❻。重秩序而不知有權利，可謂其來有自。

　　又按所謂「刑不上大夫，禮不下庶人」❶❷❼，禮實為主要君王施之於貴

民人，利後嗣者也」等語，遂知禮已成為「國家政體的根本規範」。甘懷真，
《皇權、禮儀與經典詮釋：中國古代政治史研究》，頁 10–31，臺北：喜瑪拉
雅基金會（2003 年）。並可參見《孔子家語》〈禮運〉：「孔子曰：『……夫禮者，
君之柄，所以別嫌明微，儐鬼神，考制度，列仁義，立政教，安君臣上下也。
……是故夫政者，君之所以藏身也。必本之天，殽之降命。……降于五祀之謂
制度。』」楊朝明，註3，頁 372–374。

❶❷❻　一方面，禮不下庶人，況於隨時成為犧牲的奴隸；另一方面，梁啟超說：「奴
隸者，無權利者也。故奴隸即禽獸也。」氏著，〈論權利思想〉（1902 年），收
入朱榮貴，註 111，頁 138；亦有云：「奴隸是權利客體而非權利主體。」胡留
元、馮卓慧，註 18，頁 199。「權利」在自西方於清末轉自日本傳入中國之前，
在中國是幾乎不存在的觀念，余英時先生乃強調「義務」觀念之形成，足以取
代。「權利」一詞，亦係出自翻譯。參見趙明，《先秦儒家政治哲學引論》，頁
185–191，北京：北京大學（2004 年）；依作者淺見，較為中國本土的辭彙，
「正義」一詞，指涉的原就是今日通稱為「權利」的概念；詳細之討論，並非
本文所能容納。

❶❷❼　《禮記》〈曲禮（上）〉，（清）孫希旦，註 35，頁 81–82；又此二語之意義，參
見《孔子家語》〈五刑解〉：「冉有問於孔子曰：『先王制法，使刑不上於大夫，
禮不下於庶人。然則大夫犯罪，不可以加刑；庶人之行事，不可以治於禮乎？』
孔子曰：『不然。凡治，君子以禮御其心，所以屬之以廉恥之節也。故古之大
夫，其有坐不廉汙穢而退放之者，不謂之不廉汙穢而退放，則曰簠簋不飾；有
坐淫亂男女無別者，不謂之淫亂男女無別，則曰帷幕不修也；有坐圉上不忠者，
不謂之圉上不忠，則曰臣節未著；有坐罷軟不勝任者，不謂之罷軟不勝任，則
曰下官不職；有坐干國之紀者，不謂之干國之紀，則曰行事不請。此五者，大
夫既自定有罪名矣，而猶不忍斥，然正以呼之也。既而為之諱，所以愧恥之。
是故大夫之罪，其在五刑之域者，聞而譴發，則白冠厘纓，盤水加劍，造乎闕
而自請罪，君不使有司執縛牽掣而加之也；其有大罪者，聞命則北面再拜，跪
而自裁，君不使人捽引而刑殺，曰：子大夫自取之耳，吾遇子有禮矣。以刑不
上大夫，而大夫亦不失其罪者，教使然也。所謂禮不下庶人者，以庶人遽其事
而不能充禮，故不責之以備禮也。』冉有跪然免席曰：『言則美矣，求未之聞。』
退而記之。」楊朝明，註3，頁 355–356。

族之儀節（禮儀）法度（禮制）規範（禮治），《論語》〈季氏〉：「天下有道，則禮樂征伐自天子出。」錢穆氏因謂：「古制非天子不得變禮樂。❷」然則，君王亦有君王應守之禮；先王之法即為君王應守之禮，上位的統治者「克己復禮」，乃是建構與維護整體社會秩序的關鍵❷。不過，孔子非議君王違禮，向來或則代之以不語，或則言語出之以含蓄❸；孟子則使用「民之父母」與「始作俑者」的辭令指責梁惠王率獸食人，「如之何使民飢而死也」一問，與昔年孔子責備執政者違禮相較，態度更為直率無隱，而與今日之責備執政者「違憲」，語氣相當❸。

孔子尊周室、夢周公❸，期待後代周天子能承襲文武周公獲得天命的仁德，乃不僅以「民之父母」建立其理想君王模型的道德正當性，亦同時以民之父母的血緣親誼作為比擬，希望君王能以行為證明，其與庶民之間確實具有與血緣親誼相當的關係。孟子則是反過來論證，當君王有如禽獸般的行為，足以證明其與庶民間並無與血緣親誼相當的關係時，就有喪失其道德正當性的危險❸出現。

吳庚氏曾將儒家憧憬的堯舜禹等統治模範，以 Max Weber 所說的魅力型領袖權威歸之❸，而魅力型領袖的接位者，若是傳賢式的繼承，是將領

---

❷ 錢穆，註32，頁595。

❷ 趙明，註125，頁142–148。

❸ 《論語》〈八佾〉：「子曰：『禘自既灌而往者，吾不欲觀之矣！』」錢穆，註32，頁82；《孔子家語》〈禮運〉：「孔子曰：『……如有不由禮而在位者，則以為殃。』」楊朝明，註3，頁370。

❸ 《論語》〈八佾〉：「孔子謂季氏：『八佾舞于庭，是可忍也，孰不可忍也。』」錢穆，同上註，頁67，均為責備魯之君臣違禮之詞。美國總統 Barack Obama 於2009年即位，就職典禮中手按憲法，跟隨最高法院首席大法官複誦總統誓詞有誤，次日乃於白宮再行其禮，以免違憲，動搖就職之正當性，與春秋時代君主行祭祀非禮而受評價，意義相若。

❸ 《論語》〈述而〉：「甚矣，吾衰矣，吾不復夢見周公。」錢穆，同上註，頁231。

❸ 《孟子》〈離婁（上）〉：「暴其民甚，則身弒國亡；不甚，則身危國削。」「天子不仁，不保四海；諸侯不仁，不保社稷。」李學勤，註5，頁225、237。

袖的魅力制度化；若是世襲式的繼承，則其世襲後權威的正當性，已非領袖的魅力，而是其血緣的優異❶❸❺。從此或可看到孟子較孔子更進前一步的所在。孔子是借用「民之父母」之說接駁血緣政治的正當性，孟子則是使用天命觀念，解釋傳賢與傳子的共同正當性❶❸❻在於人民事實上的承認，「民之父母」的典範，反過來成為孟子否定失德君王在位正當性的終極尺度，孟子已然遠離了孔子因於血緣疆固周室的期望。

孟子所說「民之父母」四字，雖然也不能完全脫離血緣之親的意含，但是孔子期以父母對子女的關懷教養之心打動君王行仁，孟子則是以父母對子女關懷養育的義務課責君王。只此君王負有義務一義，即無怪乎晚清之際，康有為、梁啟超、孫中山紛紛於倡議引進西方憲法之同時，而又均重返儒家傳統思想尋找接榫之處，皆會上溯孟子，或是藉重早已上溯孟子而「原君」「原臣」之義的黃宗羲❶❸❼。黃黎洲當年提出的新說，當然也非今日的憲政論述，但是此中的思想接駁，卻足以顯示首開於孟子的君王義務觀念苗頭，正是後世接引西方憲政思想的端緒所在。

用民之父母形容君王與人民的關係，到了孟子提出始作俑者不許率獸食人之警誡，才走上成為君王義務規範的思路。至於從君王的義務思想再行轉化成為人民的權利思想，或者再行轉化成為每一個個人都可以向國家主張權利的思想，那又將是尚需另行演繹發展的憲政歷史路徑，只能留待他日後續的研究了。

---

❶❸❹ 吳庚，《韋伯的政治理論及其哲學基礎》，頁 77，臺北：聯經（1993 年）（註 64）。

❶❸❺ 吳庚，同上註，頁 66–67。

❶❸❻ 「正當性是指對於統治權力的存在，經過形式上的認可或事實上的承認。」吳庚，註 86，頁 80。

❶❸❼ 康有為的《孟子微》，直以孟子為開中國民主制度先河的先知，已見前引；梁啟超與孫中山均深受明末清初黃宗羲所書《明夷待訪錄》〈原君〉〈原臣〉兩篇的影響，皆曾私密加以刊行以為當時宣傳思想之張本，而黃宗羲之以孟子為師，則可從〈原君〉一文及其唯一的完整哲學著作《孟子師說》中，清楚得知。參閱朱義祿，《黃宗羲與中國文化》，頁 37–73、331–333、342–345，貴陽：貴州人民（2001 年）。

「民之父母」，「其無後乎」？
——論先秦儒家古典憲政思想的進度與限度*

🌼 壹、導 言

民之父母，是描述政府與人民關係的一個古典觀念，考古證據可以上溯西周❶；經典文字記載則散見於各處，包括《尚書》與《詩經》❷；在民間因其說法認知容易而滲透深遠，社會文化影響長達數千年，至今未衰❸。

作者前曾根據 1990 年代問世的上海博物館館藏楚簡《民之父母》記載

---

* 本文原分上下兩部分刊載於中國法制史學會會刊《法制史研究》20 期，頁 1–39（2011 年 12 月）、21 期，頁 1–40（2012 年 6 月）。茲已增補資料合為一篇。

❶ 民之父母的觀念，於西周中期夒公盨銘文：「迺自作配相民，成父母，生我王」見之。其銘文係在言「禹修德而王，配天在下，承天意治民，為民父母，以德教養我有周之先王」，馮時，〈夒公盨銘文考譯〉，收入氏著，《古文字與古史新論》，頁 293、299–300，臺北：台灣書房（2007 年）。學者亦有以為「相民」係「嚮民」，此句是指天為自己作配、為民立君而引導人民，為下民生王，作民父母之意。裘錫圭，《中國出土古文獻十講》，頁 57–59，上海：復旦大學（2004 年）。

❷ 《尚書》〈泰誓（上）（古文）〉：「亶聰明作元后，元后作民父母」、〈洪範〉：「曰天子作民父母，以為天下王」（楊家駱主編，《尚書注疏及補正》，書 11 頁 1、書 12 頁 11，臺北：世界（1985 年））；《詩經》中民之父母亦不只一處出現，如〈大雅・泂酌〉：「凱悌君子，民之父母」；〈小雅・南山有台〉：「樂只君子，民之父母」。陳子展，《詩經直解》，頁 943、565，臺北：書林（1992 年）。

❸ 例如 2009 年臺灣遇上重大風災，馬英九總統自許政府應該聞聲救苦，社會亦視為理所當然，即與「四方有敗，必先知之」、「凡民有喪，匍匐救之」等民之父母愛民如子的傳統情懷，庶幾近之。

孔子對子夏闡述「民之父母」的道理，研究先秦儒家係透過「民之父母」的高度道德理想之說以圖制約君王為惡，但是指出此說同時確認君王終生在位的固定身分，亦因此強化了君王與人民之間不平等的關係地位，足以反過來減消制約君王權力的作用❹。

　　作者繼又為文，再從《孟子》〈梁惠王（上）〉篇援引孔子「始作俑者，其無後乎」之語告誡梁惠王不得如率獸食人般地不恤民生一節，思索孟子所樹立的君王「義務」思想，乃為先秦儒家憲政思想的端緒❺；蓋以清代學者焦循對於「始作俑者，其無後乎」的辭意理解，較之宋代大儒朱熹的看法更為合理，「其無後乎」四字，說的是擔心最早使用人俑為葬器的人，「難道沒有後續的作為？」（擔心可能繼之以牲人的後續作為），而未必是說最早使用人俑為葬器的人「將會斷絕後嗣」的意思。按以孔子的話語是在防微杜漸，直接譴責作俑，間接譴責人祭人殉；孟子則是不僅為君王畫策，還更進一步規誡君王有仁民保民的義務。孟子運用舉輕以明重的說服方法，是以周代出現「以人牲為非禮」的禮法思想為其立論基礎。

　　前此兩文中，作者均以「人國之禮」形容政府與人民的關係規範，也用來形容先秦儒家思想經由民之父母之觀念所建立的君民關係，然而對於先秦當時以民之父母為核心觀念的「人國之禮」究竟如何存在，亦即先秦儒家憲政思想所企及的進度達於何處的問題；以及先秦儒家的憲政思想端緒與後世自西方傳入的憲政思想，其間的差距有無接軌的障礙，亦即先秦儒家憲政思想的限度何在的問題，則均還可接續前撰兩文，再做進一步探究，此即為本文之主題。

　　於此應就「人國之禮」的用語，作一說明。作者所欲研究者，是當代

---

❹ 李念祖，〈「民之父母」與先秦儒家古典憲政思想初探──從上博楚竹書簡文談起〉，收入《法律哲理與制度──公法理論（馬漢寶教授八秩華誕祝壽論文集）》，頁 1–47，臺北：元照（2005 年）。本書收入於頁 9–55。

❺ 李念祖，〈「民之父母」與「始作俑者」之先秦儒家憲政思想端緒論稿〉，收入《政治思潮與國家法學──吳庚教授七秩華誕祝壽論文集》，頁 69–103，臺北：元照（2010 年）。本書收入於頁 57–97。

憲法規範及憲政思想在古代中國有無對應觀念及其可能的對應觀念為何。「人國之禮」,是用以表述「個人與國家的基本關係規範」;先秦之世,倫理關係 (或者說人際關係) 的規範稱之為「禮」,君王又與國家不分❻,用「君民之禮」或許比「人國之禮」適當。然則,如果要在古代中國政治文化思想的語境中,以一項詞彙貫穿說明當代憲法規範下的基本權利義務關係,「人國之禮」實較「君民之禮」更為恰當;雖然先秦之世,不僅君國不分,而且既無「君民之禮」,更無「人國之禮」。當代憲法,則是有「國家」❼而未必有「君王」❽;以「國」代「君」,可以貫穿當代與古代。「民」,為「君」、「國」、「政府」之對,較「人」字更具身分關係用語色彩;但更接近於指涉「集體」,而不如「人」字之較易涵攝「個體」的單位觀念。當代憲法規範與憲政思想,均不能缺乏「個人」作為主體的權利義務關係假設❾,「人國之禮」乃較「君民之禮」或是「民國之禮」更可準確、中性而適當地表述「個人與國家的基本關係規範」。

❻ 甘懷真,《皇權、禮儀與經典詮釋:中國古代政治史研究》,頁 201–205,臺北:喜瑪拉雅基金會 (2003 年)。君國無別之說,亦非古代中國所獨有,西方學者早已有云:「若君權無限,則君身與國體無別,法國路易十四所謂國者,我也。」丁韙良 (W. Martin) 譯,H. Wheaton 著,《萬國公法》 (ELEMENTS OF INTERNATIONAL LAW, 1855, 6th Ed., Boston: Little Brown),頁 73,臺北:中國國際法學會 (1998 年)。

❼ 眾所周知,孫文先生將憲法形容為「國家之構成法,人民權利之保障書」;中華民國憲法前言則說明憲法之目的為「鞏固國權,保障民權……」。

❽ 舉世固不乏君主立憲之民主國家,惟多數之民主國家,已無君主存在,第一部成文憲法出現於美國,制憲者有意以憲法取代君王,E. Corwin, THE HIGHER LAW BACKGROOND OF AMERICAN CONSTITUTIONAL LAW, 4、6–17,(1st Published in Harvard Law Review, XLIIC 1928–1929), Ithaca: Cornell University Press, 1955。

❾ 中華民國憲法第 2 章規定「人民之權利與義務」,章內各條均有「人民」用語,「民」是相對於政府的身分用語,「人」則應包括「個人」的單位意義,不能將「人民」概以集體之觀念用語解之,此從憲法第 139 條明言「個人」之規定亦可得到旁證。

先秦之世，儒家用以表述君民關係的說法不一，「民之父母」；「君者舟也，庶人者水也」❿；「民以君為心，君以民為體」⓫，均是世傳孔子對於君民關係的形容。然則「君者舟也，庶人者水也」與「民以君為心，君以民為體」都是譬喻而非身分關係的規範；「民之父母」，則既是譬喻類比，也足以轉化成為身分關係的規範依託。民之父母之說，乃足成為先秦「人國之禮」規範思想研究的重要材料。

貳、民之父母與始作俑者與人國之禮

作者前曾於拙文中指出，《孟子》〈梁惠王〉以「民之父母」與「始作俑者」章句標舉君王義務思想⓬；然則其中究竟埋藏了什麼較為具體的憲政思想芽苗？以下要從 5 個不同的角度進一步辨識搜尋其憲政思想的高度。

一、祭祀與政治秩序規範

「始作俑者」的語言，落點係在祭祀活動之中。《左傳》中說：「國之大事，在祀與戎。」⓭傅斯年先生早已指出這是商代甲骨卜辭已經出現的說法⓮。在古代國家形成的過程中，祭祀活動舉足輕重，久為考古研究普

---

❿　《荀子》〈哀公〉：「丘聞之，君者舟也；庶人者水也。水則載舟，水則覆舟，君以此思危，則危將焉而不至矣。」（唐）楊倞註，王先謙集解，《荀子集解》，頁 494，臺北：世界（2000 年 2 版）。《孔子家語》〈六本〉：「孔子曰：『舟非水不行，水入舟則沒；君非民不治，民犯上則傾。是故君子不可不嚴也，小人不可不整也。』」楊朝明，《孔子家語通解》，頁 197，臺北：萬卷樓（2005 年）。

⓫　語出《禮記》〈緇衣〉。（清）孫希旦，《禮記集解》，頁 1328，臺北：文史哲（1990 年）。

⓬　李念祖，註 5，頁 95–103。

⓭　《左傳》成公 13 年。竹添光鴻，《左傳會箋》，頁 888（明治 26 年），臺北：天工（2005 年再版）。張光直先生以為《左傳》此說，是將「真實的或虛構的親族組織加以認可的儀式和戰爭」，看做是國家的主要事務。張光直，《中國青銅時代》，頁 24，臺北：聯經（1983 年）。

⓮　傅斯年，《性命古訓辨證》（1938 年），頁 179，臺北：新文豐（1985 年重印）。

遍確認❶,不只是靜態的經典如此記載而已;經典記載,則是在考古出土文物之外,藉以理解古人思想活動的文字參考依據,又不待言。「禮有五經,莫重於祭」,如果依「禮」字的起源解釋,禮字原是祭祀神人之器的假借字或會意字❶,學者乃謂「奉神人之事,通謂之禮」❶,禮與祭祀既不可分,研究古禮之學,乃不能脫離祭祀活動。

商代的歷史,因為殷墟甲骨卜辭的出土而得到確證;至於商代之前,從考古學證據看去,西元前 1900~1500 年的二里頭文化❶,久有爭辯是否屬於夏王朝的遺址,仍因尚無文字作為直接證據而猶待證實❶。但從其遺址出土的器物中,學者得到以下的論據❷:

二里頭國家領土擴張的實質很大程度是為了獲得青銅合金。

---

❶ 參見如李學勤主編,王宇信等著,《中國古代文明與國家形成研究》,頁 41,北京:中國社會科學(2007 年 2 版)。

❶ 王國維著,楊家駱編,《定本觀堂集林(上冊)》,頁 29,臺北:世界(2009 年)。

❶ 王國維著,楊家駱編,同上註。

❶ 此為 1983 年碳 14 年代測定的初步報告數據,進入 21 世紀後更精緻的研究已縮小範圍至西元前 1750~1520 年左右,參見仇士華、蔡蓮珍、張雪蓮,〈關于二里頭文化的年代問題〉,收入杜金鵬、許宏主編,《二里頭遺址與二里頭文化研究》,頁 321–329,北京:科學出版社(2006 年);姜寅虎,〈對二里頭遺址最新測年報告的學術思考〉,收入杜金鵬、許宏主編,同書,頁 344–345。

❶ 懷疑論者詳見如張光直,註 13,頁 31–90;李學勤主編,王宇信等著,註 15,頁 208–216;杜金鵬、許宏、王學榮,〈群賢雅集,百花齊放——「中國‧二里頭遺址與二里頭文化國際學術研討會」綜述(代前言)〉,收入杜金鵬、許宏主編,同上註,頁 X;王仲孚,〈夏代考古的收獲與猶待證實的問題〉,收入杜金鵬、許宏主編,同上註,頁 530–531;姜寅虎,同上註,頁 359;肯定說如朱歧祥,〈論夏文字與夏文化〉,收入氏著,《甲骨文研究——中國古文字與文化論稿》,頁 30–40,臺北:里仁(1998 年);李伯謙,〈關於夏王朝始年的一些思考〉,收入氏著《文明探源與三代考古論集》,頁 103–106,北京:文物(2011 年)。

❷ (澳)劉莉著,陳星燦等譯,《中國新石器時代——邁向早期國家之路》,頁 215,北京:文物(2007 年)。

而青銅禮器則被用做顯示社會分層、財富、權力和地位的象徵，用做祖先祭祀的媒介，用以證明貴族上層統治的合法性。

又說❷：

　　中心的二里頭貴族通過在邊緣地區使用武力設立確保物質和信息流動的據點而獲得支配權。該世界體系依靠宴享等以祖先崇拜為中心的共同信仰系統得以維持，宴飲則需要各種不同形式的禮器。祖先崇拜的儀式似乎也被邊緣地區所接受，而這至少有助於共同文化傳統的形成，後者即考古記錄中所看到的二里頭文化。

就像《論語》〈季氏〉中孔子說：「天下有道，則禮樂征伐自天子出；天下無道，則禮樂征伐自諸侯出。」❷呼應著祭祀活動與權力取得具有如何密切的關係，以及祭祀如何受到權力獨占的觀念❷。祭祀之禮的舉行者，顯示著壟斷資源的地位❷；特別是在商王祭祀系統中出現的大量生人犧牲❷，和掌握青銅祭器一樣❷，還烘托出權力高人一等的通天與威懾作

----

❷　（澳）劉莉，同上註，頁 217。關於商周兩朝統治權掌握青銅器與自然資源的獨占關係，參見張光直，《中國青銅時代（第二集）》，頁 121–130，臺北：聯經（1990 年）。

❷　錢穆，《論語新解》，頁 595，臺北：東大（1988 年）。

❷　論者稱之為「祭政合一」。楊志剛，《中國禮儀制度研究》，頁 522–526，上海：華東師範大學（2000 年）。

❷　張光直，註 13，頁 21–22。依考古學者之研究，權力擴展與資源控制策略息息相關，最常見的策略包括舉行飲宴，與對於一些人工製品──既有生活用品也有禮儀用品──的生產的權利。劉莉，註 110，頁 224–225。舉行飲宴的效果，如《詩經》〈大雅・公劉〉：「篤公劉，于京斯依，蹌蹌濟濟，俾筵俾几，既登乃依，迺造其曹，執豕于牢，酌之用匏，食之飲之，君之宗之。」（陳子展，註 2，頁 938）可為參證。

❷　考古發掘殷墟以及於其王陵區、宗廟區祭祀坑中發現人殉人牲情形的要述，參見如胡厚宣、胡振宇，《殷商史》，頁 149–188，上海：上海人民（2003 年）；楊寶成，《殷墟文化研究》，頁 127–146，臺北：台灣古籍（2004 年）。

❷　「青銅的另外的一個主要用途，即在祭器上的使用，可將青銅當做貴族威權與節約規則的象徵。在三代期間這些容器在形式與裝飾紋樣上經過許多有時相當

用❷,自也強化了統治權力的地位。原始的社會中,能與自然神祇溝通的巫覡祭司❷,經常就是掌握權力的部落領袖與共主❷。經過演變遞嬗,藉

顯著的變化,但是它們的主要功能——在儀式上使用並為特選親族的貴族統治之合法性象徵——是始終未變的。」張光直,註 13,頁 25–26。又說:「在祖先崇拜中使用的青銅禮器乃是最高的象徵物。」張光直,同書,頁 125。又說:「政治與宗教藝術是結合在一起的,作為通天工具的藝術,在政治權力的獲得和鞏固方面所起的作用,可以與戰車和戈戟、刑法這種統治工具相比。這在作為商周藝術核心的青銅器中的九鼎傳說上,看得很清楚。古代王朝占有鼎,就是獨占通天手段的象徵。」張光直,註 19(1990 年),頁 125–126。

❷ 許倬雲,《萬古江河》,頁 49、55,臺北:英文漢聲(2006 年);亦有以為人祭的主要目的之一是鞏固王權者,王平、(德)顧彬,《甲骨文與殷商人祭》,頁 212,鄭州:大眾(2007 年)。

❷ 如《禮記》〈禮運〉:「醴醆以獻,荐其燔炙,君與夫人交獻,以嘉魂魄,是謂合莫。」合莫,即是司祭者藉祭祀以與幽冥世界相通相契之意,亦即「合陰陽以求之,足以適合乎冥莫之中也」。(清)孫希旦,註 11,頁 592–593。學者曾如此分析此種觀念之源起及來由:「天文學事實上是古代政教合一的帝王所掌握的神秘知識,對於農業經濟來說,作為曆法準則的天文學知識具有首要的意義,誰能把曆法授予人民,他便有可能成為人民的領袖。因此在遠古社會,掌天時的人便被認為是曉解天意的人,或者是可以與天溝通的人。誰掌握了天文學,誰就獲得了統治的資格。這種天文與權力的聯繫,古人理解得相當深刻,很明顯,由於古代政治權力的基礎來源於古人對於天象規律的掌握程度,來源於正確的觀象授時的活動,因此,天文學作為最早的政治統治術於是便成為君王得以實現其政治權力的唯一工具,並由此發展出君權天授的傳統政治觀。這意味著王權的獲取如果只能通過對天的掌握來實現的話,那麼授與這種王權的天也便自然成為君王靈魂的歸宿。事實上,這種樸素的政治觀直接導致了古人以祖配天的古老宗教觀的形成。」馮時,《中國古代的天文與人文》,頁 63,北京:中國社會科學(2006 年)。前引《尚書》〈秦誓(古文)〉:「亶聰明作元后,元后作民父母」,殆此之謂也。

❷ 論者嘗引韋伯之言:「……皇權由巫術的神性中發展出來,世俗的權威與神靈的權威統一於一人之手……皇帝為了獲得神性而必須具有的個人品質,被儀式主義者與哲學家加以儀式化,繼而加以倫理化。皇帝必須依據古典經書上的儀式和倫理規則生活與行事。這樣,中國的君主首先是一位大祭司」,而謂君主

著祭祀儀典與功能的踐行以與神祇溝通，曾是專屬於統治權力的貴族專業活動範疇❸⓪。現代憲法要求國家權力最高代表於就職時宣誓的誓詞❸①，也不妨視為古代君王以祭祀禮儀與神祇溝通的某種現代蹤跡。如果宣誓含有

大祭司必須牢牢守護自己的祭祀大權。楊志剛，註23，頁525。

❸⓪　以商代之祭祀占卜為例，考古出土之卜辭，有王卜辭與非王卜辭之不同，問疑者是王，稱為王卜辭，問疑者非王，而或是王之親族兄弟者，則為非王卜辭。參見常耀華，《殷墟甲骨非王卜辭研究》，頁10–11，121–126，北京：線裝書局（2006年）。周代亦然，周天子有祭天之特權，周天子與諸侯祭社禮儀則有嚴格之等級差別，用以祭祖之宗廟祭祀亦然，祭祀權力之掌握與分別，均具有高度之政治統治權力上現實象徵作用，其詳，參見如張鶴泉，《周代祭祀研究》，頁75–86、116–128、170–180，臺北：文津（1993年）。

❸①　英國1215年之自由大憲章第1條即載有英王向上帝宣誓遵守之文字（陳金讓等編，《新編世界各國憲法大全（第二冊）》，頁9，臺北：國民大會秘書處（1996年））、1789年美國聯邦憲法第2條第1項末規定總統之就職誓詞（陳金讓等，同書（第三冊），頁40）及1949年德國基本法第56條規定聯邦總統就職之誓詞（陳金讓等，同書（第二冊），頁732），均為西方憲法要求國家元首宣誓之例證。辛亥革命武昌起義之後20日，清廷頒布宣統〈實行憲政諭〉（（清）宣統3年9月初9，1911年10月30日），內有文字：「茲特布告天下，誓與我國軍民維新更始，實行憲政。」1911年11月3日頒布〈君主立憲重要信條諭諭〉（即公布憲法19條）則有「宣統三年九月十三日內閣奉上諭：資政院奏採用君主立憲主義，並先擬具重大信條19條，繕單呈覽，懇請宣誓太廟，布告臣民，以固邦本而維皇室一摺。朕詳加披覽，均屬扼要，著即照准，一面擇期宣誓太廟，將重要信條，立即頒布，刊刻謄黃，宣示天下。將來該院草擬憲法，即以此為標準。欽此。」（夏新華、胡旭晟整理，《近代中國憲政歷程：史料薈萃》，頁147–149，北京：中國政法大學（2004年））；1913年（民國2年）3月王寵惠所擬之《中華民國憲法草案》第54條即明定大總統之誓詞（繆全吉編著，《中國制憲史資料彙編──憲法篇》，頁175、183，臺北：國史館（1989年））；同年10月北京政府國會通過之大總統選舉法第4條亦明定總統就職之誓詞（繆全吉，同書，頁57–58）；民國8年北京政府憲法起草委員會於8月12日議決提出之中華民國憲法草案第47條規定大總統之就職誓詞（繆全吉，同書，頁214、218）及1947年制定之中華民國憲法第48條規定總統之就職誓詞（夏新華、胡旭晟，同書，頁1104、1107），則可見中國立憲史料之軌跡。

任何對著超自然神靈詛咒的用意在內,今日載有國家元首或官吏誓詞的憲法,伴隨著正式的儀式,就仍帶有「禮即奉神人之事」的殘餘作用,也仍不失為一種古代人國之禮的遺存。

甲骨文記錄著祭祀犧牲的清單,君王藉著占卜的過程與祖靈溝通獲得現實的指引,正也是統治權力極其核心的活動❸❷;甲骨文中用人為牲的卜辭記載極多,人牲祭祀,曾經在新石器時代的商王國家權力活動中占有重要的位置❸❸。據學者統計,依出土之甲骨卜辭記載,幾乎絕大多數的商王都曾成為後代商王使用人牲祭祀的對象❸❹。商代的人國之禮,人祭幾是不可或缺的部分。從商代甲骨卜辭觀察,「人」是人方部族的指稱❸❺,以致有如經常成為牲品的羌方之「羌」❸❻一樣,不乏學者以為「人」本身就是卜辭中祭祀牲品的稱名❸❼。人祭與人國之禮的起源關係,再密切不過了;不

---

❸❷　學者兼從王卜辭與非王卜辭研究商代後期祭祖儀式所反映的社會關係,觀察到「商王具有對王室先祖的主祭權。共同信仰王室祖先之商人共同體成員的祭祀儀式,是由商王安排進行的。與商王的這種權力類似所謂『非王卜辭占卜主體』──商人貴族族長也有對其家族祖先的主祭權。這些情況說明商王與非王貴族族長分別在商人共同體貴族組織中居於中心和領導的地位。」劉源,《商周祭祖禮研究》,頁 313–321,北京:商務印書館(2004 年)。

❸❸　學者指出,殷商時期人祭是最隆重的祭祀儀式,人牲是祭祀神靈的極品,人祭的目的主要是祈福免災與鞏固王權。王平、(德)顧彬,註27,頁 206–212。依照西方人類學的傳統分類,人格化的神、裝束特殊自成體系的祭司與用人作犧牲,是中級野蠻社會常見的特徵現象。楊東蒓、馬雍、馬巨譯,(美)摩爾根(L. H. Morgan, 1818–1881)著,《古代社會》(ANCIENT SOCIETY, 1877),頁 7–9、23,北京:中央編譯出版社(2007 年)。

❸❹　王平、(德)顧彬,同上註,頁 220。

❸❺　傅斯年,註14,頁 162–163;陳夢家,《殷墟卜辭綜述》,頁 301–309、605,北京:中華(1988 年)。

❸❻　商代使用人牲最普遍的是羌方的俘虜,其詳見如王平、(德)顧彬,註27,頁 49–53;王慎行,《古文字與殷周文明》,頁 125–130,西安:陝西人民教育(1992 年)。一說疑此係由於羌人為夏代遺民之故,朱歧祥,〈說羌──評估甲骨文的羌是夏遺民說〉,收入氏著,註19,頁 41–50。

過，商人以人為牲的人國之禮，與後世崇尚人性尊嚴的憲法，南轅而北轍，當然不可同日而語。

　　人祭早於俑器，是較能符合當代考古發現的論斷 **❸❽** 。然而，不論是先有人祭還是先有俑器，始作俑者章句裡的批判思想一旦出現，以生人或極像生人之俑偶送葬的祭祀活動即受挑戰，此在祭祀活動的變化上，乃有劃時代的重大意義。孔子之世，有能力及地位以生人或俑偶祭祀者只有天子、諸侯與卿大夫貴族 **❸❾** ，批判作俑，對象當然包括君主，孔子用語含蓄，應是守禮之故 **❹⓿** ，或非深諳「苛政猛於虎」的明哲保身之舉 **❹❶** 。孟子則不畏觸怒君王，將孔子的批判引申成君王的義務，生人或像人俑偶祭祀不合於禮制規則的想法，呼之欲出。祭祀活動，本是禮制的要目；孔孟若是以為君王不該以生人殉葬，從而構成君王與殉人之間的關係規範，其思想源頭之一，當就在於強調「民之父母」的觀念。再若將「民之父母」視為人國之禮的雛形，不用生人殉葬，也就該是人國之禮的另一則祭祀活動矩限。

---

❸❼ 黃展岳，《古代人牲人殉通論》，頁 78，北京：文物（2004 年）；王平、（德）顧彬，註 27，頁 18–19。

❸❽ 雖然學者之間有不同之推論，但考古證據中，人祭的年代似乎遠早於陪葬俑之遺存，相關資料引述，見李念祖，註 5，頁 78–79，註 38。

❸❾ 《儀禮》〈既夕禮〉稱士「無祭器」。（漢）鄭玄注、（唐）賈公彥疏，楊家駱編，《儀禮注疏及補正》，儀禮 38 頁 4，臺北：世界書局（1981 年）；《禮記》〈曲禮（下）〉：「無田祿者，不設祭器」、「君子雖貧，不粥祭器。」（清）孫希旦，註 11，頁 117。〈禮運〉：「大夫具官，祭器不假，聲樂皆具，非禮也。」（清）孫希旦，同書，頁 600。士禮略而無祭器，是為周禮之基本原則，林素英，《古代生命禮儀中的生死觀──以《禮記》為主的現代詮釋》，頁 120–123，臺北：文津（1997 年）。

❹⓿ 可能的解釋，包括尊君的態度使然、孔子欲為君主諱、孔子非禮勿言，或是不忍為言等，其討論見李念祖，註 5，頁 85–86。

❹❶ 《禮記》〈檀弓（下）〉，（清）孫希旦，註 11，頁 292；《詩經》〈大雅·烝民〉：「既明且哲，以保其身。夙夜匪懈，以事一人。」陳子展，註 2，頁 1020；陳子展氏以為孔孟責俑殉而不責人殉者，殆孔、孟之時人殉尚行，不得不危行言遜，避重就輕也，氏著，同書，頁 394。

人牲雖未見諸儒家任何禮制明文設禁，孟子似也過門不入，其理卻不證自明。

質言之，從商到周，不但祭祀之禮發生改變，所具有的政治意義，也有不同。祭祀之禮取決於崇拜的內容，殷墟出土的甲骨卜辭就顯示了殷人崇拜的內容❹，商代祭祀時，神選的繼承者或代理者──商王以其名發施號令❹，大祭司商王也就是巫覡之「禮」的決定者與踐行者❹；雖然當時

❹ 陳夢家先生的敘述，可以總括其意：「卜辭所記殷人的崇拜，可以分為三類：一是天帝崇拜，崇拜上帝及其臣正，二是自然崇拜，崇拜土地諸祇；三是祖先崇拜，祭祀先王、先妣和多祖、多妣、多父、多母、多兄、多子等，乃是崇拜祖先的具體表現。上帝的權威很大，有善惡兩方面。善的方面，他可以令雨、令齊、降若、降食、受又、受年；惡的方面，也可以令風、降禍、降莫、降不若。對於人事，他可以若（諾）可以弗若。對於時王，可以福之禍之，對於邑，也可以為禍。他主宰了天時、人事和農事的豐歉。帝廷之中有一群『臣正』──他的官吏，大約是日和風、雨、雲、雪諸師，風是『帝使』。先王先公死後升天，賓於帝所，在帝左右。上帝是掌管自然天象的主宰，是施令下雨的主宰，所以他實為農業生產的神，他的臣正也是分掌天象的諸神。他和人王不是父子的關係。人世王不直接向上帝求雨祈年，而是通過先公先王和神祇向上帝求雨祈年的。殷人的上帝是自然的主宰，尚未賦有人格化的屬性。先公、先王、先祖升天以後，則以祖先的身分而天神化了。原屬自然諸祇（如山川、社、四方等）在祭祀上人格化了。天、天命和天子的觀念，是到了西周才出現的。」陳夢家，註35，頁646。

❹ 劉源，註32，頁125-134、313-314；（俄）阿甫基耶夫著，王以鑄譯，《古代東方史》，頁566-568，上海：上海書店（2007年）。

❹ 商王一方面是人間的最高統治者，另一方面則得與上帝溝通，不同時期的商王，既漸漸將獻祭行為固定化、規範化，也不斷變化其形式與祭品或薄或豐的內容，展現祭祀的誠意，王平、（德）顧彬，註27，頁206-215；李學勤主編，王宇信等著，註15，頁291-296；許倬雲，註27，頁53-55。陳詠明曾描述商代宮廷幾乎天天都有祭祀，甚至一日數起，祭祀名目形形色色，祭法與祭品複雜多樣，陳詠明，《儒學與中國宗教傳統》，頁42-46，臺北：臺灣商務（2004年）。到了周代，則以周天子獨行郊之祭的制度，以維持其獨尊的地位（周公之後封於魯，魯例外的得行郊天之祭），復以諸侯助祭彰顯天子之權，其詳，見張鶴

顯已存在的祭典，未必使用「禮」的稱謂。「禮」於周代定制，世稱始於周公 **❹⑤**；《左傳》、《逸周書》、《禮記》均有周公於攝政期間制禮作樂之記載 **❹⑥**，周公攝政，不是天子，卻因於殷制，制訂了孔子認為後世君王應該遵行的禮制。於是祭祀之禮看起來不再只是君王豐簡由心的即興主觀決定 **❹⑦**，而更往客觀的規範觀念發展，可以作為評價君王祭祀或統治行為的是非標準 **❹⑧**。《逸周書》記載，武王伐紂勝利之後，祭祖時曾經「荐俘馘（職）」，

泉，註 30，頁 75–83。

❹⑤ 游喚民，《周公大傳》，頁 231–235，長沙：湖南人民（2008 年）；持異說者以為：「道德至尚的原則並不是從周初便形成的，也不是周公一人制定的。從任意性的鬼神意志到有規律的道德原理，其間有一個逐漸發展的漫長過程。有證據表明，周公之時，宗教內容主要還延續商代的鬼治主義，並沒有立刻發生深刻變化。」陳詠明，同上註，頁 66。

❹⑥ 《左傳》文公 18 年：「先君周公制周禮。」（周）左立明著，竹添光鴻箋，《左傳會箋》（明治 26 年），頁 672，臺北：天工（2005 年再版）。《逸周書》〈明堂〉：「明堂者，明諸侯之尊卑也，故周公建焉而朝諸侯之位，制禮作樂，頒度量而天下大服，萬國各致其方賄。」（清）朱右曾，《逸周書集訓校釋》，頁 1630，臺北：世界（2009 年）。《禮記》〈明堂位〉：「武王崩，成王幼弱，周公踐天子之位，以治天下。六年，朝諸侯于明堂，制禮作樂，頒度量，而天下大服。」（清）孫希旦，註 11，頁 842。

❹⑦ 《尚書》〈高宗肜日〉：「嗚呼，王司敬民，罔非天胤，典祀無豐于昵。」（楊家駱，註 2，書 10 頁 28）勸誡商王，經常的祭祀不可對亡父過度豐盛，或可見祭祀牲禮從豐從簡係由君王決之（一說此句係指典祀無禮于尸，于省吾，《尚書新證》，頁 83–85，臺北：崧高（1985 年））；論者言及《詩經》〈黃鳥〉中秦康公決定以穆公臣子從殉穆公，原因在於穆公生前與群臣飲酖，曾約「生共此樂，死共此哀。」卒時乃有從死者 177 人，不只詩人詠歎之子車三良而已（陳子展，註 2，頁 394–395），亦是祭祀牲禮內容豐簡不一，視當時君王即興決定的證明。

❹⑧ 例如，《孔子家語》〈禮運〉：「子曰：『天子有田以處其子孫，諸侯有國以處其子孫，大夫有采以處其子孫，是謂制度；天子適諸侯，必舍其宗廟，而不以禮籍入，是謂天子壞法亂紀；諸侯非問疾弔喪而入諸臣之家，是謂君臣為謔。』……」，楊朝明，註 10，頁 372。

也就是以商人俘虜百人與敵人的頭顱（或左耳）獻祭，採用了以人為牲的
祭禮❹。相傳係由曾隨武王伐紂的周公所制訂的周代祭禮，包括軍禮，有
無人牲在內，已不可確考❺，然則無論從《周禮》、《儀禮》或是《禮記》

❹　《逸周書》〈世俘〉：「甲申，百弇以虎賁誓，命伐衛，告以馘俘。辛亥，薦俘
殷王鼎。武王乃翼矢珪、矢憲，告天宗上帝。……癸丑，薦殷俘士百人。……
武王乃廢于紂矢惡臣百人，伐右厥甲小子鼎，大師伐厥四十夫家鼎，帥司徒司
馬初厥于郊號。武王乃夾于南門用俘，皆施佩衣，衣先馘入。」（清）朱右曾，
註46，頁94–98；此當視為軍禮祭祀，陳戍國，《中國禮制史——先秦卷》，頁
271，長沙：湖南教育（1991年）。類此軍禮祭祀之方法至春秋猶有用之者。《左
傳》僖公28年：「秋七月丙申，振旅，凱以入于晉。獻俘授馘，飲至大賞。」
《左傳》稱之「不失賞刑之謂也。」竹添光鴻，註46，頁519–520。李學勤謂
此種儀式原為商之舊制，《殷代地理簡論》，頁9–11，臺北：木鐸（1982年）。

❺　如《尚書》〈召誥〉、〈洛誥〉記載周初各種祭禮情景，關於祭祀用牲之記載，
有牛、羊、豕及騂牛，無人。楊家駱，註2，書15頁28–34。考古學者黃展岳
則指出：除了自然崇拜祀典偶爾用人之外，「周人先世沒有用活人祭墓的傳統，
也不存在於宮殿宗廟的建築中使用人牲的習俗。西周立國後，似乎也不繼承殷
人的這兩種惡習。周貴族墓裡和墓地上，罕見用人祭祀，宮殿宗廟建築中，也
未見奠基牲。」黃展岳，註37，頁148。游喚民引證古籍，認定周公制禮作樂
確有其事無疑，所制之禮的內容包括對於祭祀制度的改革，對祭祀用牲的數量
嚴格限制不得超過十二牢（《周禮》〈秋官·司寇〉（掌客）條，楊家駱編，《周
禮注疏及補正》，周禮三十八秋官司寇（下），頁29，臺北：世界（2009年）），
若從此反證周公所訂祭祀之禮的內容並無人祭，應屬合理；惟其推測周公制禮
之內容，尚包括其他朝覲天子、天子登基之禮與軍禮在內，也包括殺敵凱旋之
軍禮祭祀；後者是否排除人祭似仍有可疑，依其研究，即使在周公所舉行之軍
禮，及至成王之後之康王時代，亦有獻馘告廟的記載。游喚民，註45，頁
231–235、249–252。劉翔研究殷周時代之寮祭，依西周初期金文記載，包括康
王時期的《廿五祀盂鼎》銘文，均有凱旋歸來獻俘馘、飲至、施寮祭於宗廟的
記錄，認為與武王之祭禮相通，劉翔，《中國傳統價值觀念詮釋學》，頁56–59，
臺北：桂冠（1992年）。周代戰爭勝利在宗廟舉行獻俘之禮的金文及文獻記載，
並參見秦照芬，《商周時期的祖先崇拜》，頁51，臺北：蘭臺（2003年）。胡留
元、馮卓慧以為《周禮》一書雖非出自周公之手，仍不能否定有周公制禮的歷
史事實，而周公制定的禮儀制度，不少內容恰恰包含於《周禮》一書之中，胡

中關於祭祀用牲的詳細禮儀規定中，均無人牲在內❺，與商代用人牲之頻繁而理所當然相較，實已可知周代至少到了春秋時期，已確有人牲不合一般祭禮，也就是人牲非禮❺的反省意識所以出現的原因；《左傳》頻頻引述責備用人為殉為牲之語❺，良有以也。

留元、馮卓慧，《夏商西周法制史》，頁 352–354，北京：商務（2006 年）。

❺　如《禮記》〈曲禮（下）〉：「天子以犧牛，諸侯以肥牛，大夫以索牛，士以羊豕。」「凡祭宗廟之禮，牛曰一元大武，豕曰剛鬣，豚曰腯肥，羊曰柔毛，雞曰翰音，犬曰羹獻，雉曰疏趾，兔曰明視，脯曰尹祭，槁魚曰商祭，鮮魚曰脡祭；水曰清滌，酒曰清酌，黍曰薌合，梁曰薌萁，稷曰明粢，稻曰嘉蔬，韭曰豐本，鹽曰鹹鹾；玉曰嘉玉，幣曰量幣。」〈王制〉：「天子社稷皆大牢。諸侯社稷皆少牢。大夫、士宗廟之祭，有田則祭，無田則薦。」〈禮器〉：「有以少為貴者：天子無介，祭天特牲。」（清）孫希旦，註 28，頁 153–154、352–353、634。《大戴禮記》〈曾子天圓〉：「序五牲之先后貴賤。諸侯之祭牲，牛，曰太牢；大夫之祭牲，羊，曰少牢；士之祭牲，特豕，曰饋食。」〈諸侯釁廟〉：「成廟，釁之以羊……門，以雞。」（清）王聘珍，《大戴禮記解詁》，頁 101、202–203，北京：中華（2008 年重印）；《周禮》〈地官・司徒〉：「牧人掌牧六牲而阜蕃其物，以供祭祀之牲。」（漢）鄭玄註：「六牲謂牛馬羊豕犬雞。」楊家駱，註 50，周禮十三地官司徒，頁 1；又如《尚書》〈召誥〉：「乃社於新邑，牛一，羊一，豕一。」楊家駱，註 2，書 15 頁 28。《國語》〈楚語・觀射父論祀牲〉一篇詳論祭祀用牲的等級制度，各種祭祀牲畜的種類、大小、祭祀規模、規格、供品、形式、祭牲養養時間等，均無人殉人牲在內，可為旁證。（周）左丘明著，黃永堂譯註，《國語》，頁 795–802，臺北：台灣古籍（1997 年）。

❺　《禮記》〈檀弓（下）〉：「陳子車死于衛。其妻與大夫謀以殉葬，定而后，陳子亢至。以告曰：『夫子疾，莫養於下，請以殉葬。』子亢曰：『以殉葬，非禮也。雖然，則彼疾當養者，孰若妻與宰？得已，則吾欲已；不得已，則吾欲以二子者之為之也。』於是弗果用。」又：「陳乾昔寢疾，屬其兄弟，而命其子尊己曰：『如我死，則必大為我棺，使吾二婢子夾我。』陳乾昔死，其子曰：『以殉葬，非禮也，況又同棺乎？』弗果殺。」（清）孫希旦，註 11，頁 278、280。是皆以人殉為非禮的記述。

❺　例如《左傳》僖公 19 年：「夏，宋公使邾，文公用鄫子於次睢之社，欲以屬東夷。司馬子魚曰：『古者六畜不相為用，小事不用大牲，而況敢用人乎。祭祀以為人也，民，神之主也，用人其誰饗之？』」宣公 15 年：「初魏武子有嬖妾，

仁，是孔子學說的核心觀念，以之為人際關係價值規範的公約數；禮也是人際關係的規範，仁與禮的關係，孔子說得明白：「克己復禮為仁」❺❹，仁就是自我約束以踐行人際關係規範之心。有仁才能有禮，不仁即難合禮。君民之間或無有形的禮儀可用，但民之父母就是在描述君民之間應有的仁愛關係。《禮記》〈祭統〉中有云：「祭而不敬，何以為民父母矣！」❺❺為民父母者，祭祀之事不可不敬，此為民之父母進行祭祀活動的基本態度規範。以人俑為祭器，既係不仁而不合於禮；以民為牲，又怎能合於為民父母之身分儀節？自屬祭而不敬之非禮行為。《孟子》以民之父母證成君王的仁民

　　　無子。武子疾，命曰：『必嫁是。』疾病則曰：『必以為殉。』及卒，顆嫁之。曰：『疾病則亂，吾從其治也。』及輔氏之役，顆見老人結草，以亢杜回。杜回躓而顛，故獲之。夜夢之，曰：『余爾所嫁人之父也，爾用先人之治命，余是以報。』」文公6年：「秦伯任好卒，以子車氏之三子奄息仲行鍼虎為殉。皆秦之良也。國人哀之，為之賦黃鳥。君子曰：『秦穆之不為盟主也，宜哉，死而棄民。』先王建世，猶詒之法，而況奪之善乎？詩曰：『人之云亡，邦國殄瘁。』無善人之謂，若之何奪之。」昭公10年：「秋七月，平子伐莒取郠，獻俘，始用人於亳社，臧武仲在齊，聞之曰：『周公其不饗魯祭乎，周公饗義，魯無義，詩曰：「德音孔昭，視民不恌。」恌之謂甚矣，而壹用之，將誰福哉。』」昭公11年：「冬十一月，楚子滅蔡，用隱大子于岡山。申無宇曰：『不祥。五牲不相為用，況用諸侯乎。』」竹添光鴻，註46，頁425、598–600、779、1496–1497、1506。其中臧武仲引據《詩經》〈小雅‧鹿鳴〉「視民不恌」（陳子展，註2，頁515），亦係以愛民的仁德對照牲人的殘忍非禮。《孔子家語》〈曲禮公西赤問〉：「孔子曰：『為芻靈者善矣，為偶者不仁，不殆於用人乎？』」楊朝明，註10，頁573。孔子以為用人不仁而不合於禮，亦已呼之欲出。又《詩經》〈秦風‧黃鳥〉：「交交黃鳥，止于棘，誰從穆公？子車奄息。維此奄息，百夫之特。臨其穴。惴惴其慄。彼蒼者天，殲我良人！如何贖兮，人百其身……。」見陳子展，同書，頁390–393。

❺❹　《論語》〈顏淵〉：「顏淵問仁。子曰：『克己復禮為仁。一日克己復禮，天下歸仁焉。為仁由己，而由乎人哉？』」錢穆，註22，頁413。又如郭店楚簡《六德》：「仁，內也；義，外也；禮，共也。」荊門市博物館，《郭店楚墓竹簡》，頁188，北京：文物（1998年）。

❺❺　（清）孫希旦，註11，頁1250。

義務，用對比的論證非議用俑，及於用人，意思雖然曲折，當然仍是基於祭祀禁止牲人道理的演繹，執孔子之言以視牲人為非禮。唯其基於禁用人牲，人不能成為祭品，以俑代人的思維也就缺乏正當性，而要引發舉重（不能牲人）係在明輕（不能用俑）的說理了。指責為俑者不仁是以不能用人為牲的相同道理責備用俑之心可誅；其也擔心為俑者終有一日要用人牲，則是現實而迫切的顧慮，才要防微杜漸。即使並未明說，舉輕明重或是防微杜漸，也全都建築在人牲「非禮」的觀念之上。

　　商代重大祭祀慣用人牲，盛極而衰，迄於周代漸告沒落❺❻；周代固已產生以人牲為非禮的意識，然則於今內容不全之周禮之中，未見人祭為非禮之明文，是否只因祭禮之用牲固不包括人祭，但用人祭者亦未必以之為「非禮」之故，則乏確考。依學者之研究，歷朝歷代，只在明英宗及清康熙時，始曾出現廢殉之明令❺❼；但是晚至清末，人祭仍在實際政治生活中偶有出現❺❽。民國以來，人牲當然為非法，反映於刑法及成文憲法保障生

---

❺❻　傅斯年先生即認為人殉人祭之沒落，變化關鍵在於「周之代商」，傅斯年，註14，頁140–143。考古證據顯示，商代祭祀使用人牲，以武丁一代最盛，之後更重視奴隸的生產力，到了商代晚期，用奴隸作為人牲的現象已大為減少。王平、（德）顧彬，註27，頁210–212。《尸子》〈廣〉：「夫吳越之國以臣妾為殉，中國聞而非之。」水渭松注譯，《新譯尸子讀本》，頁108，臺北：三民（1997年）。學者以之為吳越率由殷商以人為殉之舊章遭周代中原諸夏非議之證明，邢義田，《秦漢史論稿》，頁25，臺北：東大（1987年）；學者亦有認為周朝廢除了人殉人牲，表示人和牲畜有別，具有重大進步意義；其原因是周代重農，需要人力，故不用人殉者，范文瀾，《中國通史（第一冊）》，頁58、98–99，北京：人民（1978年5版）。

❺❼　黃展岳，註37，頁283、286–287。

❺❽　黃展岳，同上註，頁287；清末革命黨人徐錫麟刺殺了清巡撫恩銘，就擒後經草草審訊後處死，「在恩銘家人的強烈要求之下，挖了徐錫麟的心以祭亡靈。」史景遷 (J. Spence) 著，溫洽溢譯，《天安門——中國的知識份子與革命》(THE GATE OF HEAVENLY PEACE: THE CHINESE AND THEIR REVOLUTION, 1895–1980)，頁84，臺北：時報文化（1981年）。此則近於源自殷商舊制之殺敵以祭告祖靈的儀式。又（清）王士禎，《池北偶談》〈殉葬〉：「八旗舊俗，多

命生存權利的明文規定之中❺❾。尋本溯源,孔孟提出「民之父母」的無體人國之禮既然帶有「不得以人為牲禮」的禮法誡命,自已遠較商代慣常以人為牲的人國之禮,更為接近今日以保障生命權為普世價值之憲政思想的發端了。

　　學者常借用德國的憲法思想,以為憲法的一項主要功能是建立客觀的政治社會秩序❻⓿。君王違禮,儒家稱之為非禮❻❶;在今日則謂為國家領袖

以僕妾殉葬。朱御史小晉斐始建議禁止,得旨允行。」臺北:漢京文化事業(1984 年)。

❺❾ 1967 年聯合國公民與政治權利國際公約第 6 條及第 16 條均強化了生命權的保障,業經我國制定兩人權公約施行條例而納入法治體系;我國憲法第 15 條規定生存權的保障,當然也同時保障了生命權。又刑法禁止謀為同死而教唆或幫助自殺(刑法第 275 條),或可看做禁止自願殉死規定。但時值今日,此種規定更尚有是否符合生命選擇自由的憲法問題。相關討論,參見李念祖,《案例憲法——人權保障之內容(上)》,頁 151–153,臺北:三民(2006 年)。

❻⓿ 另一項重要功能,則為主觀權利之保護。吳庚,〈基本權的三重性質〉,收入《司法院大法官釋憲五十週年紀念論文集》,頁 7–22,臺北:司法院(1998 年)。

❻❶ 如《禮記》〈禮運〉:「孔子曰:『魯之郊禘,非禮也。周公其衰矣!』」(清)孫希旦,註 11,頁 597–598。《左傳》哀公 16 年:「孔丘卒,公誄之,曰旻天不弔,不憖遺一老,俾屏余一人在位……子貢曰:君其不沒於魯乎,夫子之言曰:禮失則昏,名失則愆,失志為昏,失所為愆,生不能用,死而誄之,非禮也,稱一人,非名也。君兩失之。」竹添光鴻,註 46,頁 1988;《孔子家語》〈曲禮子貢問〉:「宣公八年六月辛巳,有事于太廟,而東門襄仲卒,壬午猶繹。子游見其故,以問孔子曰:『禮與?』孔子曰:『非禮也,卿卒不繹。』」楊朝明,註 10,頁 591。有時亦稱「失禮」,如《左傳》定公 10 年:「俘不干盟,兵不偪好,於神為不祥,於德為衍義,於人為失禮,君必不然。」(此孔子之語也。)竹添光鴻,註 46,頁 1843–1844。《左傳》論非禮之事極夥,《左傳》文公 15 年曾直言魯文公非禮:「六月辛丑朔,日有食之。鼓用牲于社,非禮也。日有食之,天子不舉,伐鼓于社;諸侯用幣于社,伐鼓于朝,以昭事神、訓民、事君,示有等威,古之道也。」竹添光鴻,同書,頁 652–653。依學者列舉,至少有 30 餘處。見李宏鋒,《禮崩樂盛》,頁 358,附錄 1,其中尚包括評價周天子非禮者,如《左傳》昭公 21 年:「二十一年,春,天王將鑄無射,伶州鳩曰:『王

違憲。所相同者，當時之禮，既是建構國家權力正當性的依託，亦是客觀的政治社會秩序規範 **❷**；所不同者，禮不是個人（例如遭選定為人牲之奴隸）可以主張的權利規範 **❸**。按「權利」思想，在自西方於清末傳入中國之前，似乎不是中國固有的觀念 **❹**，余英時先生乃強調「義務」觀念之形成，可以取代權利觀念的空白 **❺**。在「刑不上大夫，禮不下庶人」 **❻** 的時

其以心疾死乎！夫樂，天子之職也……今鐘撜矣，王心弗堪，其能久乎！」」竹添光鴻，同書，頁1633–1634。

❷ 學者研究先秦之禮制，以為先秦禮觀念的演變，是從威儀觀的強調，漸被詮釋為政治秩序的整體規範，引述《左傳》隱公11年：「禮，經國家，定社稷，序民人，利後嗣者也」等語，遂知禮已成為「國家政體的根本規範」。甘懷真，註6，頁10–31。並可參見《孔子家語》〈禮運〉：「孔子曰：『……夫禮者，君之柄，所以別嫌明微，儐鬼神，考制度，列仁義，立政教，安君臣上下也。……是故夫政者，君之所以藏身也。必本之天，效之降命。……降于五祀之謂制度。」楊朝明，註10，頁372–374。

❸ 一方面，禮不下庶人，況於隨時成為犧牲的奴隸；另一方面，梁啟超說：「奴隸者，無權利者也。故奴隸即禽獸也。」氏著，〈論權利思想〉（1902年），收入朱榮貴編，《前輩談人權──中國人權文獻選輯（第1冊），人權的肇始》，頁138，臺北：輔仁大學（2001年）；亦有云：「奴隸是權利客體而非權利主體。」胡留元、馮卓慧，註50，頁199。

❹ 梁啟超，同著，朱榮貴，同上註，頁141。

❺ 余英時，〈序〉，朱敬一、李念祖，《基本人權》，頁14–15，臺北：時報（2003年）。

❻ 《禮記》〈曲禮（上）〉，孫希旦，註11，頁81–82；又此二語之意義，參見《孔子家語》〈五刑解〉：「冉有問於孔子曰：『先王制法，使刑不上於大夫，禮不下於庶人。然則大夫犯罪，不可以加刑；庶人之行事，不可以治於禮乎？』孔子曰：『不然。凡治，君子以禮御其心，所以屬之以廉恥之節也。故古之大夫，其有坐不廉汙穢而退放之者，不謂之不廉汙穢而退放，則曰簠簋不飭；有坐淫亂男女無別者，不謂之淫亂男女無別，則曰帷幕不修也；有坐圄上不忠者，不謂之圄上不忠，則曰臣節未著；有坐罷軟不勝任者，不謂之罷軟不勝任，則曰下官不職；有坐干國之紀者，不謂之干國之紀，則曰行事不請。此五者，大夫既自定有罪名矣，而猶不忍斥，然正以呼之也。既而為之諱，所以愧恥之。是

代,禮實為主要施之於貴族之儀節（禮儀）法度（禮制）規範（禮治）,君
王亦有君王應守之禮。孔子非議君王違禮,向來或則代之以靜默不語,或
則出之以含蓄責備❻;孟子運用「民之父母」與「始作俑者」的辭令指責
梁惠王率獸食人,「如之何使民飢而死也」一問,與昔年孔子責備執政者違
禮相較,態度更為直率無隱;亦無遜於後世責備執政者「違憲」的語氣❻。

二、天命觀與統治正當性

憲政思想的一個重要面向,是追問執政者取得政治權力的正當性來源。
民主時代的憲法是以人民選舉與授權作為政治權力的正當性來源,並明文
加以規定;民之父母的提法,背後亦連繫著君王權力正當性的問題。此與
魯人孔子以周公之後所受封的魯國為「父母之國」 ❻,將周代商為天下共

故大夫之罪,其在五刑之域者,聞而譴發,則白冠氂纓,盤水加劍,造乎闕而
自請罪,君不使有司執縛牽掣而加之也;其有大罪者,聞命則北面再拜,跪而
自裁,君不使人捽引而刑殺,曰:子大夫自取之耳,吾遇子有禮矣。以刑不上
大夫,而大夫亦不失其罪者,教使然也。所謂禮不下庶人者,以庶人遽其事而
不能充禮,故不責之以備禮也。』冉有跧然免席曰:『言則美矣,求未之聞。』
退而記之。」楊朝明,註10,頁355–356。

❻ 如註48所引《孔子家語》〈禮運〉的段落,又如《論語》〈八佾〉:「子曰:『禘
自既灌而往者,吾不欲觀之矣!』」錢穆,註22,頁82;《孔子家語》〈禮運〉:
「孔子曰:『……如有不由禮而在位者,則以為殃。』」楊朝明,註10,頁370。
按如前註《禮記》〈曲禮（上）〉之記載,大夫有罪在五刑之域者,使其自裁,
君不使人加刑殺,「子大夫自取之耳,吾遇子有禮矣」,況乎君王違禮?孔子責
君王違禮,出語含蓄,其來有自。

❻ 《論語》〈八佾〉:「孔子謂季氏:『八佾舞于庭,是可忍也,孰不可忍也。』」
錢穆,前註,頁67,均為責備魯之君臣違禮之詞。美國總統 Barack Obama 於
2008 年即位,就職典禮中手按憲法,跟隨最高法院首席大法官複誦總統誓詞有
誤,次日乃於白宮再行其禮,以免違憲,動搖就職之正當性,與春秋時代君主
行祭祀非禮而可受批評,意義相若。

❻ 《詩經》〈魯頌·閟宮〉:「王曰:『叔父,建爾元子,俾侯于魯,大啟爾宇,為
周室輔。』乃命魯公,俾侯于東;錫之山川,土田附庸。周公之孫,莊公之子。

主之後分封王室血緣宗親的「封建」思想❼⓿，以及翦商之後所新提出的「天命」觀念❼❶，提升發揚❼❷，密切相關。

商代將王權神化，以契為商族始祖的商王們或其顯赫的血胤後代，被認做賓配於天帝的神靈，是甲骨文卜辭與許多古籍共同顯示的觀念❼❸。周在武王伐商之前，文王以小邦周服事大邑商帝辛❼❹，帝辛就是《尚書》〈西伯戡黎〉記載自以為「我生不有命在天」的紂王❼❺。武王旋而興師克商，

龍斾承祀，六彎耳耳。春秋匪解，享祀不忒。」陳子展，註 2，頁 1170–1171。《孟子》〈萬章（下）〉：「孟子曰：『……孔子之去齊，接淅而行。去魯，曰：遲遲吾行也，去父母國之道也。』」〈告子（下）〉：「周公之封於魯為方百里也，地非不足，而儉於百里。」李學勤，《孟子注疏》，頁 316、397，臺北：台灣古籍（2001 年）。

❼⓿ 《左傳》僖公 24 年：「太上以德撫民，其次親親以相及也。昔周公弔二叔之不咸，故封建親戚，以藩屏周室。」竹添光鴻，註 46，頁 461；但張光直先生指出，封建制度並非周人的發明，而是商代即已存在的中心制度，張光直，註 13，頁 22。並可參見斯維至，〈封建考原〉，收入氏著，《中國古代社會文化論稿》，頁 76–92，臺北：允晨文化（1997 年）。

❼❶ 許倬雲，《西周史》，頁 95–106，臺北：聯經（2005 年 3 版）；W. T. Chan（陳榮捷） (translated and compiled), A SOURCE BOOK IN CHINESE PHILOSOPHY, 3, Princeton: Princeton University Press, 1963。陳先生於此書中指出，「天命是一獨立自存的道德律令，其性質即為德性」。陳榮捷編著，楊儒賓等譯，《中國哲學文獻選編（上）》，頁 29，臺北：巨流（1993 年）。

❼❷ 許倬雲，註 27，頁 55–63、65–66。

❼❸ 傅斯年，註 14，頁 125–126；胡厚宣、胡振宇，註 25，頁 82–88；許倬雲，註 71，頁 95–97；李學勤編，王宇信等著，註 15，頁 291–293。

❼❹ 《尚書》〈大誥〉：「天休于寧王，興我小邦周。」楊家駱，註 2，書 13 頁 19；《逸周書》〈程典〉：「文王合六州之侯，奉勤于商。」（清）朱右曾，註 46，頁 49；《論語》〈泰伯〉：「三分天下有其二，以服事殷，周之德，其可謂至德也已矣。」錢穆，註 22，頁 296。

❼❺ 《尚書》〈西伯戡黎〉：「王曰：『嗚呼！我生不有命在天？』祖伊反曰：『嗚呼！乃罪多參在上，乃能責命于天？殷之即喪，指乃功，不無戮于爾邦。』」楊家駱，前註，書 10 頁 28。

未因此而推翻商代天命觀中君權神授的假設前提,乃就需要交待其取代商王成為共主的正當性來源。《詩經》〈大雅‧文王〉:「周雖舊邦,其命維新」、「天命靡常」、「宜鑒于殷,駿命不易」⓻、《尚書》〈康誥〉:「惟命不于常」、〈君奭(古文)〉:「弗弔天降喪于殷,殷既墜厥命,我有周既受。……天命不易,天難諶,乃其墜命,弗克經歷。嗣前人,恭明德,在今」、〈蔡仲之命(古文)〉:「皇天無親,惟德是輔;民心無常,惟惠之懷。」⓼均足以佐證周人係提出以民心與道德為依歸的「天命」新觀念,說明為何上帝會放棄原來基於血緣及族群關係對商的庇佑,以致周人能於牧野一戰迅速亡紂;那就是由於商人失德,遂使天命移轉於事商而居德的文王,終致武王克商⓽,「第一次將道德的意義超越人類力量的命運」⓾。許倬雲先生如此詮釋㊀:

⓻ 陳子展,註2,頁856、859、860。

⓼ 楊家駱,註2,書14頁24、書16頁5、書17頁8。再如〈召誥〉中周公說:「我不可不監於有夏,亦不可監於有殷。我不敢知曰,有夏服天命,惟有歷年。我不敢知曰,不其延,惟不敬厥德,乃早墜厥命。我不敢知曰,有殷受天命,惟有歷年。我不敢知曰,不其延,惟不敬厥德,乃早墜厥命。」楊家駱,同書,書15頁30。

⓽ 許倬雲,註71,頁84–99。又《左傳》僖公5年:「公曰:『喜享祀豐絜,神必據我。』對曰:『臣聞之,鬼神非人實親,惟德是依。故周書曰:皇天無親,惟德是輔。」又曰:「黍稷非馨,明德惟馨。」又曰:「民不易物,惟德繄物。」如是則非德民不和,神不享矣。神所馮依,將在德矣。若晉取虞,而明德以荐馨香,神其吐之乎?』」(竹添光鴻,註46,頁353–354)敘理邏輯,完全相同。

⓾ 許倬雲,註27,頁65。顧頡剛先生也以為周代的德治主義取代殷商的鬼治主義,乃是宗教思想上的一大變化。顧頡剛,《古史辨》(第二冊),頁44,臺北:藍燈文化(1993年重印)。陳榮捷先生則指出商代甲骨文中未見「德」字,於周初文獻則成為重要字眼,可見一斑。陳榮捷,註71(譯本),頁30。異說,如游喚民,認為商代甲骨文已有「德」字,《尚書》〈盤庚〉、〈高宗肜日〉等篇中之「德」均為可信,故其內涵係指遵循祖先神與上神上帝之意,周代提出的德增加了理性的內容,大有不同。游喚民,註45,頁307–308。

㊀ 許倬雲,註71,頁317–318。傅斯年先生則說:「周人襲用殷商之文化,則並

　　克商以後，歷武王周公及成康之世的經營，周人的基本策略，
不外乎撫輯殷人，以為我用，再以姬姜與殷商的聯合力量，監督
其他部族集團，並以婚姻關係加強其聯繫，同時進用當地俊民，
承認原有信仰。新創之周實際上是一個諸部族的大聯盟。周人在
這個超越部族範圍的政治力量上，還須建立一個超越部族性質的
至高天神的權威，甚至周王室自己的王權也須在道德性的天命之
前俛首。於是周人的世界，是一個「天下」，不是一個「大邑」；
周人的政治權力，摶鑄了一個文化的共同體。周人克商，又承認
商人曾克夏。這一串歷史性的遞嬗，代表了天命的交接，代表了
一個文化秩序的延續。

　　當代學者研究《尚書》，不乏以為「天命」思想的提出與周代「封建」
制度的首建，均是於周代商之初周公攝政 7 年期間的成就者❽❶。封建政治
是依賴血緣凝聚，天命所歸則是在君權神授（或天授）的前提上，訴之於
「德」的觀念。封建，乃所以確保周王室新得天下的現實；天命，則能賦
予周的封建制度終極的正當性。儒家思想崇尚周公及先王之法而以道德為
政治權力來源，石之瑜一針見血地指出，就是以道德為權力，無道德即無
權力❽❷。西方學者 H. Smith 則曾將「德」字譯為 power，當是以之為具有
政治社會影響力的品質、風格與政治修為；其將道德形容為正當的、良善
的影響力，非無見地，亦甚傳神❽❸。上天究竟是根據什麼標準來決定天命

其宗教亦襲用之，並其宗神系統中之最上一位曰『上帝』者亦襲用之。上帝經
此一番轉移，更失其宗神性，而為普徧之上帝，於是周人以為『無黨無偏』，
以為『其命無常』矣」，傅斯年，註14，頁126。《詩經》〈大雅・文王之什・
皇矣〉：「皇矣上帝，臨下有赫，監觀四方，求民之莫。」（陳子展，註2，頁733）
可見周人襲用上帝觀念之跡。

❽❶　游喚民，註45，頁 160–179、301–305。

❽❷　石之瑜，《後現代的政治知識》，頁 179，臺北：元照（2002 年）。

❽❸　H. Smith, THE WORLD'S RELIGIONS, 177–179, N.Y.: Harper One, revised and
　　updated ed. 1991. 參照《論語》〈顏淵〉：「季康子問政於孔子，曰：『如殺無道
　　以就有道，何如？』孔子對曰：『子為政，焉用殺？子欲善而民善矣。君子之

歸誰呢?能以「德」(正當的影響力)召喚四方人民來歸的就是得到天命的王❽。孟子引用《尚書》〈泰誓(中)(古文)〉:「天視自我民視,天聽自我民聽」❽來證明舜有天下,既非篡位,亦非堯與之,而是「天與之」❽,講的就是這一層正當性來源的道理。

用周代開國君王的德行(或者說是賴以號召來歸的族群傳統或領導風格)說明天命歸屬的指標與統治正當性基礎,是歷史規律的一種描述;根據此種規律描述來預設君王未來應該如何行事,乃至於評價君王行事是否妥當,則是權力規範的設定與提出。後者,正是孟子所為之嘗試。孟子在說到率獸食人與始作俑者的譬喻之前,梁惠王提出的問題是,河內凶則徙民河東,河東凶亦然,「寡人之民不加多何也?」梁王顯然已經同意了君王的正當性來源在於以德為政來民;孟子的回答則是,梁惠王自以為是的德政例證尚不足以成為來民之德政,再直言以其類同率獸食人之所為,不但不能稱為民之父母,還終有喪失其在位正當性之虞。此中的政治權力正當性來源邏輯,在於天命既以德為依歸,失德之君勢必失其天命。失去天命與君位,正就是違反權力規範的效果或制裁;此亦所以呼應《孟子》〈梁惠王(下)〉中齊宣王與孟子的對話❽:

德,風。小人之德,草。草,上之風,必偃。」」錢穆,註22,頁438–439。王健文將古典意義的德字(如《國語》〈晉語〉:「異姓則異德,異德則異類。……同姓則同德,同德則同心,同心則同志。」)解為神聖屬性或族群傳統,其說可以與此互為發引,王健文,《奉天承運──古代中國的「國家」概念及其正當性基礎》,頁68–77,臺北:東大(1995年)。亦有說法類似,指出「德」字原義係為圖騰的性質,引用《左傳》隱公8年:「天子建德,因生以賜姓」,以為建德就是建立姓、氏族與部落者。斯維至,〈說德〉,收入氏著,《中國古代社會文化論稿》,頁365–370,臺北:允晨文化(1997年)。

❽ H. Smith, *ibid.*

❽ 楊家駱,註2,書11頁3。

❽ 《孟子》〈萬章(上)〉:「天與賢,則與賢;天與子,則與子。」(李學勤,註69,頁304);《尚書》〈泰誓(中)(古文)〉另有言:「天矜於民,民之所欲,天必從之。」(楊家駱,同上註,書11頁2)其義更顯。

　　齊宣王問曰：「湯放桀，武王伐紂，有諸？」孟子曰：「于傳有之。」曰：「臣弒其君可乎？」曰：「賊仁者謂之賊。賊義者謂之殘。殘賊之人，謂之一夫。聞誅一夫紂矣，未聞弒君也。」

　　早於孟子之曾子，《禮記》載其所傳〈大學〉之中，亦有如下段落，道理相同❽：

　　《詩》云：「樂只君子，民之父母。」民之所好好之，民之所惡惡之，此之謂民之父母。《詩》云：「節彼南山，維石巖巖。赫赫師尹，民具爾瞻。」有國者不可以不慎；辟則為天下僇矣。《詩》云：「殷之未喪師，克配上帝。儀監于殷，峻命不易。」道得眾則得國，失眾則失國。是故君子先慎乎德；有德此有人，有人此有土，有土此有財，有財此有用。德者本也；財者末也。

　　率獸食人的君王，不能稱為民之父母，久則終恐失眾失國；孟子將失去天命的商紂稱為一夫，就是因為不仁不義的失德之君最後失去了在位執政的正當性。根據文獻記載（孟子則直接告訴齊宣王，湯放桀與武王伐紂，是「傳說」），上古失德君王的終極制裁，非必是誅身的刑戮❾，而是因失

---

❽　李學勤，註69，頁64。孟子此語，原有孔子之言可為支持，《孔子家語》〈六本〉：「子曰：『夏桀、昆吾自滿而極，亢意而不節，斬刈黎民如草芥焉，天下討之如誅匹夫。是以千載而惡著，迄今而不滅。』」楊朝明，註10，頁186。

❽　（宋）朱熹集注，陳戍國標點，《四書集注》，頁13–14，長沙：岳麓書社（2004年）。

❾　《今本竹書紀年》：「商自陑征夏邑……戰于鳴，獲桀于焦門，放之于南巢」，香港中文大學中國文化研究所，《竹書紀年逐字索引》，頁11，香港：商務（1998年）。《尚書》〈仲虺之誥〉：「成湯放桀於南巢。」楊家駱，註8，書8頁14；《逸周書》〈殷祝〉：「湯將放桀于中野，士民聞湯在野，皆委貨扶老攜幼奔，國中虛。桀請湯曰：『國所以為國者以有家，家所以為家者以有人也。今國無家、無人矣，君有人請致國，君之有也。』湯曰：『否！昔大帝作道，明教士民，今君王滅道殘政，士民惑矣。吾為王明之。』士民復致于桀，曰：『以薄之君濟民之殘何必君更？』桀與其屬五百人南徙千里，止于不齊。不齊士民往奔湯於中野，桀復請湯言君之有也。湯曰：『否！我為君王明之。』士民復，重請之。桀與其屬五百人徙于魯。魯士民復奔湯。桀又曰：『國，君之有也，

去正當性而失位的評價,最嚴重的則是失位本身。與孟子所言相呼應者,則是《大戴禮記》〈武王踐阼〉中記載著師尚父於周開國時對周武王的告誡❾⓿:

> 以仁得之,以仁守之,其量百世;以不仁得之,以仁守之,
> 其量十世;以不仁得之,以不仁守之,必及其世。

民之父母,殆亦「以仁守天下」之具體內容,此與今日的憲法規範有別於一般法律的性質,規範違憲行為的制裁無他,就是喪失正當性,甚至去職,乃所以構成終極政治權力掌握者最基本而有效的嚇阻與制裁,道理完全相合。

天命之說,多少仍帶有以天為神靈的神權玄學色彩,從《尚書》記載之周公以降,其基調則是「天與人歸」,用「人歸」證明「天與」,其間的說理聯繫就是「敬德保民」的「德」贏得了天心❾❶;發展到後來,在孔子與孟子來說,則就是用「民之父母」的仁心所建立的德,作為正當性來源的最後依憑,「天命」的內容其實發生了變化。余英時先生指出,天命觀在孔子時代經歷的微妙變化,使得天人之間的直接交通得以重開,也使得個人得到精神上的覺醒與解放❾❷;孔子說「天生德於予」、「知我者其天乎」、「五十而知天命」,個人修德即可與天溝通,破解了從前巫覡的壟斷❾❸,也因為「仁」的觀念提出,而使得天命不只是應運於君王,也可以應用到每個個人的身上❾❹。「天人合一」的觀念,造就了中國版的「神的聲音即人民

吾則外人。有言彼以吾道是邪,我將為之。』湯曰:『此君王之士也,君王之民也,委之何?』湯不能止桀。湯曰:『欲從者從君。』桀與其屬五百人去居南巢。湯放桀而復薄三千諸侯大會。」(清)朱右曾,註46,頁231–232。異說,《韓非子》〈忠孝〉:「湯武為人臣而弒其主,刑其尸,而天下譽之。」(清)王先慎,《韓非子集解》,頁721–722,臺北:藝文印書館(2007年)。

❾⓿ (清)王聘珍,註51,頁104。

❾❶ 范文瀾,註56,頁97–99;游喚民,註45,頁315–319。

❾❷ 余英時著,程嫩生、羅群等譯,《人文與理性的中國》,頁10–12,臺北:聯經(2008年)。

❾❸ 余英時著,同上註,頁10–13。

的聲音」**⑤**。

　　民主時代，用人民選舉證成統治的正當性，表面上看來似乎已與道德天命脫勾，惟究其實質，人民使用選票選出領袖，投票的選民必是根據當時的政治社會道德決定誰有資格擔任領袖。如果不是選民認定為政治道德影響的領路者，不會得到最多的選票當選。選民依據自己的政治道德取向用選票參與決定政府權力的歸屬，則稱之為參政權，屬於基本人權不可或缺的項目**⑥**。西方提出參政權利以成就民主政治正當性，早期藉助天賦人權的說法，宗教神學的色彩亦頗濃厚**⑦**，嗣則從天賦人權的自然權利論，轉為以平等而相互關懷的公民社會成員自主治理作為政治權力正當性的根據，才發展出當代憲政主義的哲學基礎**⑧**。

---

⑭ 余英時著，同上註，頁 15–17。

⑮ 余英時著，同上註，頁 14–15。天人合一，始出於《中庸》：「誠者，天之道也，誠之者，人之道也。」（宋）朱熹，註 88，頁 35；《春秋繁露》〈深察名號〉：「天人之際，合而為一。」（漢）董仲舒，《春秋繁露》，頁 170，長沙：岳麓書社（1997 年）。錢穆先生認為「天人合一」是儒家思想的核心觀念，於此可以互通。錢穆，《人生十論》，頁 55–63、115–119，臺北：東大（2004 年 2 版）。《莊子》〈齊物論〉亦曰：「天地與我並生，而萬物與我為一。」（清）王先謙，《莊子集解》，頁 18，臺北（東大 2004 年 5 版）。

⑯ 美國最高法院於 Wesberry v. Sanders, 376 U.S. 1, 17 (1964) 中曰：「在自由國度中最珍貴的權利就是能在選舉中選擇有權制定好公民所必須據以生活的法律之人。缺乏投票權，其他的權利，即使是最基本的，都將成為虛幻。」(No right is more precious in a free country than that of having a choice in the election of those who make the laws under which, as good citizens, they must live. Other rights, even the most basic, are illusory if the right to vote is undermined.) 並參見 L. Tribe, THE CONSTITUTIONAL PROTECTION OF INDIVIDUAL RIGHTS—LIMITS ON GOVERNMENT AUTHORITY, 737, N.Y.: Foundation Press, 1978.

⑰ A. Dershowitz, RIGHTS FROM WRONGS—A SECULAR THEORY OF THE ORIGINS OF RIGHTS, 23–38, N.Y.: Basic Books, 2004.

⑱ A. Dershowitz, id., 114–115; R. Dworkin, TAKING RIGHTS SERIOUSLY, 131–148, Cambridge: Harvard University Press, 1977; J. Donnelly, UNIVERSAL

當代的自由主義憲法，是將基本人權的保障，設定為最基本的政治道德，也就是要求執政者平等尊重人民中每一個人的個人基本人性尊嚴條件與選擇自由❾❾。以基本人權的平等尊重作為基本道德價值，預設了政治領袖以其特有的政治社會影響力號召選民選票的界限。基本人權的誡命，到了最後關鍵時刻，甚至要被視為民主憲法的修憲界限⓿，用作統治權力道德正當性基礎的根本判斷；謂之為當代人國之禮中的基本德目，亦不為過。道德並未與政治正當性脫鉤，只是不同時代裡道德觀念的內容並不相同而已。

與周代的天命觀相較，植基於公民社會自治與基本人權平等保障的當代憲政主義，君權神授的神權玄學的色彩顯然大幅消褪。惟當孟子開始用原該是民之父母的君王是否具備「民之父母」的行為，去檢驗君王是否符合其當為規範時，也已暗將天命觀的神權玄學隱去⓫，而完全代之以具體

HUMAN RIGHTS─IN THEORY & PRACTICE, 38–53, Ithaca: Cornell University Press, 2003, 2nd edition.

❾❾ 李念祖，《案例憲法──憲法原理與基本人權概論》，頁 233、269，臺北：三民（2007 年 2 版）。

⓿ 司法院大法官釋字第 499 號解釋參照。

⓫ 張光直先生形容東周時代開始在文化與社會各方面的變化，直接表現於宗教與神話之上者，「是祖的世界與神的世界之間的距離更進一步的深刻化，以及對於天的至上權威正面攻擊的嘗試。從東周文明的很多方面來看，當時的時代是一個分化與競爭的時代。從親族的制度上看，這是王室以外的姬姓各宗以及異姓諸國，在新獲得的力量加強之下，互相爭雄的時代。在此之前，宗周倚仗其與上帝與天的密切關係而匡有政治與神話上的至上權威。因此，東周時代爭雄爭霸的事宜在宗教與神話上的表現，便是對神祖之間密切關係的挑戰，並對各自祖先的德功加以標榜與強調。……祖先的世界與神的世界之間的密切關係，到了現在，是整個的切斷了。上帝與諸神至今屬於一個越來越為人跡所不能至的範疇。」並以其觀念可以在《孟子》中找到證明，西周時代將神的世界與祖先的世界分立，再將「德」的觀念作為這兩個不同世界的橋樑，「也許沒有想到，這兩個觀念在後日進一步的發揚使得他們在東周時代的後裔失掉了神話上的權威。」張光直，註 13，頁 349–351。

的人世社會關係（父母子女）來解釋天命所歸的判斷依據❶❷。在此意義上，用是否率獸食人與民之父母以決定君王是民賊還是民王時，不但「天心」與「民心」相等互替，而且「民心」成為「天心」所在之指標，也就成為統治正當性的終極依據，孟子的論證邏輯已經開始與後世的憲政主義邏輯接榫❶❸。

　　天命觀也不只是依賴神權玄學假說的庇蔭。周代的封建制度與商代的宗法制度相彷彿，同樣乞靈於血源的傳承，不同之處則在周代藉用德行取得天命的假說取代商代的祖靈配天的神權神話。如果憑著血源關係建立的封建體制，是在輔助天命說以成就周初君王的執政正當性❶❹，「民之父母」的觀念有助於彌補君王與庶民間血緣之親的不足，道理也甚為相若。以此為言，孔子解說「民之父母」是君王的模範，與孟子用「民之父母」來燭照君王的道德屬性，境界也不相同。論者早已指出❶❺：

❶❷　前引《尚書》〈泰誓（上）（古文）〉：「惟天地萬物父母，惟人萬物之靈，亶聰明作元后，元后作民父母。」則是將「天」的神權玄學色彩與民之父母的道德觀念相結合，可與《孟子》的說法對照而見其不同。

❶❸　孟子以「始作俑者，其無後乎」說梁惠王，若係語帶雙關而以無後為無嗣之意時，將又不免仍有神權玄學假說的色彩。而當孟子提出天命之說，用來解釋何以孔子之德不能有天下，以及如何統一堯舜傳賢、夏禹傳子其間的道理時（《孟子》〈萬章（上）〉：「舜、禹、益相去久遠，其子之賢不肖，皆天也，非人之能所為也。莫之為而為者，天也。莫之致而至者，命也。匹夫而有天下者，德必若舜、禹而又有天子荐之者，故仲尼不有天下。繼世以有天下，天之所廢，必若桀、紂者也，故益、伊尹、周公不有天下。」同篇中孟子並引述孔子的話：「唐虞禪，夏后、殷、周繼，其義一也」，以為支持其說之論據，李學勤，註69，頁304-305，孟子也並未完全離開神權玄學的邏輯。

❶❹　血緣關係亦與嗣君之在位正當性息息相關。受命王係因德而受命於天，嗣王之得天命，則非受之於天而係受之於祖，乃根源於或從屬於受命王之受命於天，再因血緣關係，基於「國君一體」的觀念（亦即君繼其先祖之體，加上君以國為體），長保祖德不衰而維持其正當性。其間道理，詳見王健文，註83，頁97-127。

❶❺　韋卓民著，萬先法譯，《孟子之政治思想》（POLITICAL PRINCEPLES OF

「救民於水火之中」,是孟子之號召。時代需要之意識,使得孟子之尊周室,大不同于孔子。孔子盡力以維護周王權力與尊嚴。迨至孟子時,周室衰微,孟子已放棄先聖所仰慕已久以疆固周室之期望,因而在人民之前,有一共主,給國家以和平與秩序。若諸侯果能善治其國家,孟子固以諸侯可代天子。在孟子,盲目之忠於不顧人民利益,而日益式微之王室,亦無德性可言。

孔子尊周室、夢周公 ❶❶❻,期待後代周天子能承襲文武周公獲得天命的仁德,乃不僅以「民之父母」建立其理想君王模型的道德正當性,亦同時以民之父母的血緣親誼作為比擬,希望君王能以行為證明,其與庶民之間確實具有與血緣親誼相當的關係。孟子則是反過來論證,當君王有如禽獸般的行為,足以證明其與庶民間並無與血緣親誼相當的關係時,就有喪失其道德正當性的危險 ❶❶❼。

作者前文曾經指出,論者有將儒家憧憬的堯舜禹等統治模範,以 Max Weber 所說的魅力型領袖權威歸之者 ❶❶❽,而魅力型領袖若採傳賢式的繼承,是將領袖的魅力制度化;若採世襲式的繼承,則其繼承者權威的正當性來源,往往已非本身的領袖魅力,而是其血緣的優異 ❶❶❾。孔子借用「民之父母」之說接駁血緣政治的正當性,孟子則是使用天命觀念,解釋傳賢與傳子的共同正當性來自於人民事實上的承認 ❶❶❿,「民之父母」的典範,反過來成為孟子否定失德君王在位正當性的終極尺度。孟子遠離孔子因於血緣疆固周室的期望,也就成為必然 ❶❶❶。孟子遠離血緣依賴的立場,自然也較孔

MENCIUS),上海:上海長老會(1916 年),頁 76–77,臺北:華中大學韋卓民紀念館(1981 年)。

❶❶❻　《論語》〈述而〉:「甚矣,吾衰矣,吾不復夢見周公。」錢穆,註 22,頁 231。

❶❶❼　《孟子》〈離婁(上)〉:「暴其民甚,則身弒國亡;不甚,則身危國削。」「天子不仁,不保四海;諸侯不仁,不保社稷。」李學勤,註 69,頁 225、237。

❶❶❽　吳庚,《韋伯的政治理論及其哲學基礎》,頁 77(註 64),臺北:聯經(1993 年)。

❶❶❾　吳庚,同上註,頁 66–67。

❶❶❿　「正當性是指對於統治權力的存在,經過形式上的認可或事實上的承認。」吳庚,同上註,頁 80。

子更為接近當代民主政治將政治正當性建築於「人民的同意」的基本立場。

三、民本主張與神權衰退

如前所述，殷商盛行的人祭，進入周代之後雖然並未絕跡，但已大幅改觀減少，且漸遭視為非禮；加上提出天命隨著民心道德轉移的觀念，以證成周人代殷的正當性，此乃是從殷商至周，人國之禮的兩大發展變化⓬。祭祀不再以人祭為禮儀，乃至天命係隨民心道德而轉移的主張，都意味著民本思想的作用。

民本思想，也就是「以民為本」的「保民」政治思想⓭；《尚書》〈五子之歌（古文）〉之中，即有「民為邦本，本固邦寧」的說法⓮。作者前此論文中曾經述及論者公認「民本」與「民主」仍有重大差異，也指出「民本思想」是「與君共舞」而非取消君王專制職分的思維路徑；「民之父母」的說法裡，乃是帶有民本而非民主的思想⓯。此處則要就孟子引用始作俑者之言闡揚民之父母不可率獸食人的道理，進一步說明其中民本思想之脈絡與民主思想之有無。

《尚書》〈五子之歌（古文）〉之中民本的說法，與《尚書》〈洪範〉、

⓫　李念祖，註5，頁102。

⓬　學者有將祭祀制度改革與天命移轉理論兩者係於周初定制，均歸功於周公者，其主要論據之一在於認為《尚書》〈召誥〉、〈洛誥〉、〈多士〉、〈多方〉等各篇之記載為可信，甚至認為不乏出自周公之手者。游喚民，註45，頁249–252、301–305。

⓭　《孟子》〈梁惠王（上）〉「保民而王，莫之能禦也。」（此為孟子回答梁惠王問：「德何如則可以王矣？」所提供的答案。）李學勤，註69，頁23。

⓮　楊家駱，註2，書7頁10。又如《管子》〈王言〉：「桓公曰：『……仲父不一言致寡人，寡人之有耳，將安聞道而得度哉？』管子對曰：『君若將欲霸王舉大事乎？則必從其本事矣。』桓公變躬遷席，拱手而問曰：『敢問何謂其本？』管子對曰：『齊國百姓，公之本也。』」（唐）尹知章注，（清）戴望校正，《管子校正》，頁139，臺北：世界（1990年13版）。

⓯　李念祖，註4，頁34–37。

〈泰誓(古文)〉裡關於君王「為民父母」的稱謂,看起來原是平行的觀念,兩者之間似乎未必具有當然的思想關聯。然則經過《孟子》的引申,兩者之間的具體連結,已經變成一種必然。

《孟子》〈盡心(下)〉說[116]:

> 民為貴,社稷次之,君為輕。是故得乎丘民為天子,得乎天子為諸侯,得乎諸侯為大夫。諸侯危社稷,則變置。犧牲既成,粢盛既潔,祭祀以時,然而旱乾水溢,則變置社稷。

這是引起後世高度重視的一段話語,被稱為民本思想的典範說詞[117]。一般稱道孟子的民貴君輕說,看重的多是民與君地位輕重的比較[118];不過,孟子還在民與君之外,加入了「社稷」作為衡量輕重序列的第三因素,亦不容忽視。「社稷」,是地祇與穀神祭祀的指稱;地祇是大地的自然神[119],

---

[116]　李學勤,註69,頁456。

[117]　楊慶球,《民主與民本:洛克與黃宗羲的政治及宗教思想》,頁149–150,香港:三聯書店(2005年)。

[118]　黃俊傑,《孟學思想史論(卷一)》,頁162–163,臺北:東大(1991年);李憲堂,《先秦儒家的專制主義精神》,頁286–288,北京:中國人民大學出版社(2003年);異說,如廖名春,《孟子的智慧》,頁150–157,臺北:漢藝色研(1994年),以為民貴君輕說其實不是民本思想,而是一種樸素的民主思想;康有為則以之為「民為主而君為客,民為主而君為僕」之民主發明。(清)康有為,《孟子微》(光緒27年),卷1頁13,臺北:臺灣商務(1987年臺4版)。

[119]　《禮記》〈禮運〉:「孔子曰:『……故先王患禮之不達於下也,故祭帝於郊,所以定天位也;祀社於國,所以列地利也。』」(清)孫希旦,註11,頁651。〈祭法〉:「王為群姓立社,曰大社。王自為立社,曰王社。諸侯為百姓立社,曰國社。諸侯自為立社,曰侯社。大夫以下,成群立社,曰置社。」〈祭義〉:「建國之神位,右社稷而左宗廟。」〈郊特牲〉:「社所以神地之道也。地載萬物,天垂象,取財於地,取法於天,是以尊天而親地也。」(清)孫希旦,同書,頁686。社是祭土地神,稷是祭穀神。《周禮》〈春官‧宗伯〉:「以血祭祭社稷、五祀、五岳。」鄭玄注:「社、稷,土、穀之神,有德者配食焉。共工之子曰句龍,食于社;有厲山之子曰柱,食於稷。」(楊家駱,註50,周禮十八春官宗伯,頁6)《白虎通》〈社稷〉:「王者所以有社稷何?為天下求福報功。人非

孟子事實上是將民、神與君三者之間的比重順位關係加以比較。就社稷與君王之關係言之，社稷神祇是君王舉行祭祀禮贊崇拜的對象，社稷神祇優先於君王的道理，淺顯易見。而當孟子指出人民的位置又優先於社稷的時候，此中就涉及「民為神之主」的民本位概念了 **[120]**；民為神之主，其實是與「天矜於民，民之所欲，天必從之」、「天視自我民視、天聽自我民聽」**[121]** 的周代標竿思維路徑說法一致，而與「殷人尊神，率民以事神」**[122]** 的商代

上不立，非穀不食。土地廣博，不可偏敬也。五穀眾多，不可一一祭也。故封土立社，示有土也，稷五穀之長，故立稷而祭之也。」（清）陳立，《白虎通疏證》，頁 99，臺北：廣文（1987 年）。

[120]　《左傳》桓公 6 年：「公曰：『吾牲牷肥腯，深盛豐備，何則不信？』對曰：『夫民，神之主也。是以聖王先成民，而後致力於神。故奉牲以告曰：「博碩肥腯，謂民力之普存也。」』」（竹添光鴻，註 46，頁 147）；又，《左傳》襄公 14 年，載師曠語：「夫君，神之主而民之望也。若困民之主，匱神乏祀，百姓絕望，社稷無主，將安用之，弗去何為？」（竹添光鴻，同書，頁 1085）其以為匱神乏祀之君，雖為神之主，民去之可也。前提不同，結論同以民為重，可謂殊途而同歸於民本位之思想。再如《荀子》〈大略〉有謂：「天之生民，非為君也；天之生君，以為民也。」（唐）楊倞，註 10，頁 458。金耀基氏以為此係上接孟子民貴君輕之義、「亦且大昌之」的民本思想主張。金耀基，《中國民本思想史》，頁 76，臺北：臺灣商務（1993 年）。

[121]　《尚書》〈泰誓（上）（古文）〉、〈泰誓（中）（古文）〉（楊家駱，註 2，書 11 頁 2-3）。又《尚書》〈皋陶謨〉：「天聰明、自我民聰明；天明畏、自我民明威。」（楊家駱，同書，書 5 頁 25）其意同然。

[122]　《禮記》〈表記〉：「殷人尊神，率民以神，先鬼而後禮，先罰而後賞，尊而不親。其民之敝，蕩而不靜，勝而無恥。周人尊禮尚施，事鬼敬神而遠之，近人而忠焉。其賞罰用爵列，親而不尊。其民之敝，利而巧，文而不慚，賊而蔽。」（清）孫希旦，註 11，頁 1310。又《尚書》〈咸有一德〉：「夏王弗克庸德，慢神虐民。皇天弗保，監于萬方，啟迪有命。眷求一德，俾作神主。惟尹躬暨湯，咸有一德，克享天心，受天明命。」（楊家駱，同上註，書 8 頁 19）此中可看出商湯代夏，係以夏桀慢神及由克享天心的湯作神主，還是以神權作為天命移轉的張本，其說法與謂周武代商的天命決於民心而移轉者，有所不同；而《尚書》〈高宗肜日〉：「乃訓于王。曰：『天監下民，典厥義……』」、〈酒誥〉：「人

尊神文化,顯然有異❶。也就是說,天命隨著民心道德移轉的新觀念在周初出現,「民」的位置無形中提到了前列,而與「神」的位置,起了相對移動的變化,孟子則是參透此理而直言無隱的哲人。準乎此,祭祀制度中以民為神之主,祭祀是為了人,社稷神祇享受了祭祀卻仍不能造福人間時,尚且該被變置,人祭乃必須消失;否則要遭如《左傳》僖公 19 年司馬子魚論之為非禮❷,也就成為必然。以民為本位的民本思想,正是統合貫穿其間的道理所在。

學者認為孟子是民本思想的重要提倡者❸,民本思想,即使論者稱之為民權高於君權的主張❹,也並不能與民主思想畫上等號,孟子亦未真正進入後世西方民主思想的境界。民本思想,並非始自孟子;周初保民思想的盛行,經籍記載甚豐❺,「民之父母」作為保民思想的呼應說法,也在孟子之前。但是,《孟子》將民之父母與民本思想,均帶到了新的端點與高度,而與民主思想更為接近,則不容忽視。

〈五子之歌〉「民為邦本,本固邦寧」的提法,雖曰「民本」,卻是以「民本」觀念作為追求「邦寧」,「邦寧」或「君寧」才是根本目的。孟子將「民」的重要性提升於「君」之前,已然暗暗顛覆了〈五子之歌〉的目的手段順序。孟子是否明知而有意如此,或許需要更進一步的研究。如果真係有意改變此中的「目的」「手段」順序,遽將孟子歸納為民本思想的提倡者,恐還未必適宜。

孟子的民貴君輕說,言明保民的重要性尚在禮神之前,取代神權的民

無于水,當于民監」(楊家駱,同書,書 10 頁 28、書 14 頁 26),從商代的「天監」到周代的「民監」,亦可見其不同。

❶ 陳榮捷,註 71(譯本),頁 30;游喚民,註 45,頁 290–301;陳詠明,註 44,頁 65–69。

❷ 見註 53 所引。

❸ 如金耀基先生以為孟子是民本思想建立時期的奠基人物。金耀基,註 120,頁 57–68。

❹ 易中天,《先秦諸子百家爭鳴》,頁 129,臺北:馥林文化(2009 年)。

❺ 其整理,參見游喚民,註 45,頁 305–310。

權觀念幾將破繭欲出❷。其實，前述孔子個人修德可與天通，不假巫覡的提法，早已在為人神君三者關係的改變鋪路了；當孟子引述仲尼始作俑者之說以言民之父母的職責之際，其背後的價值順序也已同時朝向民貴君輕移動。不僅如此，《孟子》〈梁惠王（下）〉之中，孟子以民之父母說齊宣王的講法，尚有可以相互印證之處❷：

> 國君近賢，如不得已，將使卑踰尊，疏踰戚，可不慎歟？左右皆曰賢，未可也；諸大夫皆曰賢，未可也；國人皆曰賢，然後察之。見賢焉，然後用之。左右皆曰不可，勿聽；諸大夫皆曰不可，勿聽；國人皆曰不可，然後察之。見不可焉，然後去之。左右皆曰可殺，勿聽；諸大夫皆曰可殺，勿聽；國人皆曰可殺，然後察之，見可殺焉，然後殺之，故曰國人殺之也。如此，然後可以為民父母。

這是在說君王為民父母，不可不察知民意民心。《尚書》〈洪範〉中，亦曾出現民意可以左右君王決定的段落❸：

> 七，稽疑。擇建立卜筮人，乃命卜筮。曰雨，曰霽，曰蒙，曰驛，曰克，曰貞，曰悔。凡七。卜五，占用二，衍忒。立時人作卜筮，三人占，則從二人之言。汝則有大疑，謀及乃心，謀及卿士，謀及庶人，謀及卜筮。汝則從，龜從，筮從，庶民從，是之謂大同。身其康彊，子孫其逢吉。汝則從，龜從，筮從，卿士逆，庶民從，吉。卿士從，龜從，筮從，汝則逆，庶民逆，吉。庶民從，龜從，筮從，汝則逆，卿士逆，吉。汝則從，龜從，筮逆，卿士逆，庶民逆，作內吉，作外凶。龜筮共違于人，用靜吉，用作凶。

論者謂此段係言「天子、卿士、庶人、卜、筮五者，其中三可二否便

---

❷　康有為即以孟子謂「得乎丘民為天子」為「立民主之制、太平之法」。（清）康有為，註118，頁13–14。

❷　李學勤，註69，頁62–63。

❸　楊家駱，註2，書12頁11。

可施行。庶民的意見與天子的意見相等，都有五分之一的決策權，可見對民意的尊重。」⓭不過〈洪範〉此段記載的主題是「稽疑」，問卜問筮乃是主軸，周初曾受商代龜卜之風影響之跡於此相當明顯⓭。按此記載箕子以〈洪範〉授武王，卜之於龜甲、筮之於蓍草，是決定重大政策之際兩項仰賴神靈指引的舉動。龜、筮皆言是時，君與卿士與庶民三者任一以為是，二以為否，仍皆以「是」（從）為吉，亦即神意占的比重甚大；即使君與卿士與庶民三者皆意見相同，而龜、筮一起與之相逆者，亦仍視係動係靜而決之，在所占之事為有所動作者，即使總數為二逆三從，也將仍依龜筮之同逆而不從人之相從，神旨仍然蓋過人意。孔子亦曾明言：「昔三代明王，皆事天地之神明，無非卜、筮之用……不違龜、筮。」⓭可是孔子的時代，距離商代尚鬼已甚遙遠，強烈的鬼神不可知論，才是儒家思想的主流⓭。

　　惟至孟子提出其學說之時，卜筮已非決定因素，其論述之重點，轉變成國人之曰賢或可殺乃是君王為判斷前的必經條件。對孟子而言，國人的分量甚至超過左右與卿大夫共同的意見；而且君王做成與國人相同之決定時，要以國人皆曰賢或國人皆曰可殺為名以標榜其決策；神意退位，民意

⓭　楊慶球，註117，頁117。按國人原指國內之貴族，依《孟子》〈萬章（下）〉：「在國曰市井之位，在野曰草莽之臣，皆謂庶人」（李學勤，註69，頁338）的觀念，則已擴大至庶人，但仍與野人有所區別，論者有以孟子是在戰國時代抗拒貴族民主走向君王專制的人物，斯維至，〈說古代王權、革命與民主〉，收入氏著，《中國古代社會文化論稿》，頁148–150，臺北：允晨文化（1997年）。

⓭　周初受殷商文化影響，尚不只此，例如論者從《尚書》〈金縢〉的記載，或是《尚書》〈洛誥〉的記載中，均可看出周初祭祀的行為或觀念，受到商代影響的痕跡。前者，參見陳詠明，註44，頁72–75；後者，參見劉源，註32，頁150–152。

⓭　《禮記》〈表記〉：「子言之：『昔三代明王，皆事天地之神明，無非卜、筮之用，不敢以其私褻事上帝。是故不犯日月，不違卜、筮。卜、筮不相襲也。大事有時日，小事無時日，有筮。外事用剛日，內事用柔日。不違龜、筮。』」（清）孫希旦，註11，頁1318–1319。

⓭　相關討論，參見李念祖，註5，頁88；至於墨子崇天尚鬼，或可視為商代尚鬼思想在周代反撲，縱稱一時顯學，但說服力亦已有限。

的分量大為提高，已非〈洪範〉所言可比 **⑬**。當然，孟子所說的「國人」恐是「野人」之對稱，當時「國人」與「野人」的界限，今天也許不容易完全看得清楚 **⑬**，孟子所稱可殺之人，或亦不以國人為限。但是在孟子心目之中，「民之父母」既然應該重視「國人」的公意，不能僅憑君主一己的喜惡任官或殺人；民本思想在重視民意與不能濫殺的兩重要求中已然同時得到彰顯。

　　「民為貴」與「人為貴」的觀念，或可互通。郭店竹簡中即有「天生百物，人為貴」之語 **⑬**，此與《大戴禮記》〈曾子大孝〉中：「……夫子曰：『天之所生，地之所養，人為大矣……』」 **⑬**，《孔子家語》〈六本〉中：「天生萬物，惟人為貴」 **⑬**，皆有相近之處。此中「人為大為貴」的說法，主

---

⑬　類似的說法，亦曾見之如《左傳》文公 13 年：「邾文公卜遷于繹。史曰：『利於民而不利於君。』邾子曰：『苟利於民，孤之利也。天生民而樹之君，以利之也。民既利矣，孤必與焉。』左右曰：『命可長也，君何弗為？』邾子曰：『命在養民，死生之短長，時也。民為利矣，遷也，吉莫如之。』」（竹添光鴻，註 46，頁 639-640）明知龜筮不利於君，仍以利民而稱吉，不但已開民貴君輕之思路，且可嗅到以人民為目的的政治理念，與今日之民主思想，亦極接近。可惜《左傳》此段記載嗣後邾文公果如龜筮所言不旋踵而卒，讀到此段的後世君王，恐怕均會以為邾文公不智，而更易相信龜筮卜言，拋棄以民為目的的理念如敝屣。論者亦有以孔子是接近無神論，惟與孟子都是貴族民主思想的提倡者。斯維至，《從子產談到孔子》，收入氏著，註 131，頁 242-246。

⑬　論者將西周國人、野人之間的關係，形容為城中政治、經濟上均占主導地位的家族與野中家族或氏族間的對立；從春秋到戰國的社會發展，國與野的生產水平逐漸接近，經濟聯繫日益加強，血緣組織也終被打破，「依文化差異和不同族籍來劃分的國人、野人的界線便理所當然地要趨於泯滅。」遂引《孟子》〈萬章（下）〉之言：「在國曰市井之臣，在野曰草莽之臣，皆謂庶人。」而以為庶人成為對國、野一般人民的通稱。趙世超，《周代國野關係研究》，頁 310，臺北：文津（1993 年）。

⑬　涂宗流、劉祖信，《郭店楚簡──先秦儒家佚書校釋》，頁 222，臺北：萬卷樓（2001 年）。

⑬　（清）王聘珍，註 10，頁 85。

⑬　楊朝明，註 10，頁 192。

要是以人與萬物相比，約略相當於「人為萬物之靈」的主張，或係從《尚書》〈泰誓（上）〉：「惟天地萬物父母，惟人萬物之靈，亶聰明作元后，元后作民之父母」的觀察與觀點發展而來，《尚書》此節，固謂人為萬物之靈，卻又將元后（君）提升到人民父母的位置。到了孟子，君王與社稷神靈都要隨之調整優先順序，其思想既有新的境界，也有其一脈相承的地方。

簡單地說，商代尊神而賤民；周初有所轉變，周公孔子皆倡德以保民❿；孔子則重視君王以仁德臨民，達到愛民如子的民之父母境界，亦即神靈不可忽略，但人民應該優先；到了孟子，觀念又是一變，神靈更形隱退，人民的意志重要性大幅增加，平民已走向神靈與君王兩者之先。孟子首開其例，指明其中順序，既然以民為重，不以民為牲、不得率獸食人，自即成為君王的行為矩限；雖然尚不等於今日的民主人權思想，但是破除神權有力，應該視為神權思想向民權思想轉移的關鍵津樑。在憲政思想的發展過程中，具有重大意義。

四、階級禮法與人道思想

「國人皆曰賢，然後察而用之；國人皆曰可殺，然後察而可殺之。」此說確似已開民意政治之思想肇端❶；然則孟子仍謂達此境界的君王稱為「民之父母」。也就是說，孟子用民之父母的觀念強調、提升「民」的位置重要，但是「父君」與「子民」的定位並未跳出儒家「禮治」觀念之中的基本假設──區分階級等差的社會不平等思想。

以商代用人牲之普遍與頻繁，可知係將可能為奴隸之人牲引為異類而非同類，而與其他為犧牲之豬牛羊同視❷。傅斯年先生曾說：❸

---

❿ 劉翔研究「德」字之意義，即以為「德字產生於西周初年，正德殷周政權交替意識形態由尊『神』向重『人』轉變之際」，語在要害。劉翔，註50，頁161。

❶ 康有為以此係孟子「明升平授民權，開議院之制」，（清）康有為，註128，卷1，頁12；斯維至則以之為貴族民主的思想，斯維至，同註131。

❷ 陳夢家，註35，頁279–280。學者解讀卜辭記載，尚若有以為人牲之價值有時賤於牛牲者，胡厚宣、胡振宇，註25，頁184；論者亦有懷疑可從卜辭推論人

　　古者本無「人」之一個普徧概念，可以兩事徵之。第一，徵之於名號。「人」「黎」「民」在初皆為部族之類名，非人類之達名也。……以上三詞，由部落之類名成為人類之達名者，蓋有同一之經歷焉。其始為廣漠之部族、曰人、曰黎、曰民、似皆為丁口眾多之種類，及其喪師，夷為下賤，新興者口少而居上，舊有者口多而居下，於是人也，黎也，民也，皆成為社會階級之名，即社會中之下層也。最後則黎民二字亦失其階級姓而為廣泛的眾庶之稱，人乃更為溥被，成為圓顱方趾者之達名矣。自部落名變為階級名，自階級名變為達名，此足徵時代之前進矣。……古者並無人之普遍概念，除徵之於名號外，更可據典籍所載古昔論人諸說徵之。蓋古者以為圓顱方趾之輩，非同類同心者，乃異類異心者。下文所引《國語》《左傳》足為證也。

　　根據此說，異類奴隸可為祭祀而犧牲固不必說，即使在同族之人，亦即是周代的「國人」（亦即庶人）之間，也可能視人殉為理所當然。《詩經》〈黃鳥〉惋惜三良從秦穆公殉葬，憫其臨穴之悲，卻猶有「誰從穆公？子車奄息。維此奄息，百夫之特」「如可贖兮，人百其身！」之語，寧可以百人殉死以換取一人之不從殉，不但可見其對三良之珍惜情殷，亦可見社會階級觀念之重。這正是郭沫若稱之為「奴隸時代」 ❹，張光直稱之為「青銅時代」的政治社會環境，也就是財富分配極其不均❹而「平等」的觀念幾不存在❹的政治社會環境。《詩經》〈小雅・北山〉有言：「溥天之下，莫

牲存在者，（日）島邦男著，濮茅左、顧偉良譯，《殷墟卜辭研究（上）》，頁630–644，上海：上海古籍（2006年）。

❹ 傅斯年，註14，頁162、164–165。

❹ 郭沫若，《奴隸制時代》，頁26–48，北京：中國人民大學（2005年）。

❹ 張光直先生以為商代是當時財富分配不均的最好例子，其詳細之描述，參照張光直，註13，頁16–22。

❹ 馬漢寶，〈個人在中國傳統與現代法律之地位〉，收入《法律與中國社會之變遷》，頁47–50，自刊（1999年）。學者尚有以為儒家思想根本排拒自主於社會人倫關係規範之外的獨立個別「我者」者。P. Nosco, *Confucian Perspectives on Civil*

非王土;率土之濱,莫非王臣」,臣,在甲骨卜辭中,多認作奴隸或奴隸頭目解⑭。準此概念,王一人之外,溥天下之人,莫非王奴;王於即位之前,亦曾為王奴,推至極致,論者乃有以「亦主亦奴」的官僚政治心理,貫穿封建社會歷史的說法⑭,也就解釋了一種絕不平等的政治社會基調。

　　漢朝司馬遷著《史記》〈貨殖列傳〉,言子貢「結駟連騎束帛之幣以聘享諸侯,所至國君無不分庭與之抗禮」,與晉儒杜預注《春秋》,用「敵體」二字形容名分相同而無尊卑之分者,可謂異曲而同工⑮;會以「抗」字或「敵」字類比平等的兩造,或許不難索解:在儒家文化思想裡,平等,乃所以勢均力敵,相持不下,不相順服;禮,則所以別差等,分出上下貴賤,才能有確定的順從秩序⑮,《論語》〈學而〉故謂:「禮之用,和為貴,先王

Society and Government, in D. Bell, CONFUCIAN POLITICAL ETHICS, 33–35, Princeton: Princeton University Press, 2008.

⑭　陳子展,註2,頁733。

⑭　傅斯年,〈論所謂五等爵〉,收入《傅斯年全集(第3卷)》,頁45,長沙:湖南教育(2003年);范文瀾,註56,頁47;《禮記》〈禮運〉:「孔子曰:『……故仕於公曰臣,仕於家曰僕……與家僕雜居齊齒,非禮也,是謂臣與君共國……』」(清)孫希旦,註11,頁600。異說,(日)島邦男著,濮茅左、顧偉良譯,《殷墟卜辭研究(下)》,頁1313–1319,上海:上海古籍(2006年);折衷說,認為小臣與眾人即使不是奴隸社會的奴隸勞動者,也是受奴隸主統治者的支配,當兵、納貢、服徭役,他們是王和貴族的工具與財富。張光直,《商文明》,頁217–219,瀋陽:遼寧教育(2002年)。亦有認為臣與小臣不同,惟有小臣用作人牲,臣則為奴隸者,王平、(德)顧彬,註27,頁62–63。

⑭　張分田,《亦主亦奴──中國古代官僚的社會人格》,頁322–348,臺北:星定石文化(2002年)。

⑮　王雲五主編,(漢)司馬遷著,《史記》〈貨殖列傳〉,頁1215,臺北:臺灣商務(2010年2版);竹添光鴻,註46,頁200。以「敵」字形容坫埒相當者,如「匹敵」,用法至今可見;李學勤先生研究殷墟婦好墓銘文,言及「子組卜辭祀典中有后癸、屍后、龍母三人互相對卜,地位相敵」,「敵」意相若。李學勤,《青銅器與古代史》,頁90,臺北:聯經(2005年)。

⑮　《禮記》〈曲禮〉:「禮者,所以定親疏,決嫌疑,別異同,明是非也。」(清)孫希旦,註11,頁6;《荀子》〈王制〉:「故制禮義以分之,使有貧富貴賤之等。」

之道斯為美，小大由之。」❿《禮記》〈禮運〉則謂：

> 大臣法，小臣廉，官職相序，君臣相正，國之肥也。天子以
> 德為車，以樂為御，諸侯以禮相與，大夫以法相序，士以信相考，
> 百姓以睦相守，天下之肥也。是謂大順。大順者，所以養生送死、
> 事鬼神之常也❿。

證之以考古發掘，張光直先生指出，社會演化的階段，夏商周三代文
明之形成，係從村落社會而村群社會，而國家政制。較早的二里頭文化類
型以及緊接的商周，已經進入了國家政制階段；其特徵是❿：

> 聚落與聚落之間形成比較複雜的固定性網狀結合關係（常有
> 兩層或兩層以上的統制關係），其統制的首領地位成為個別宗族的
> 獨占，同時有一個比較永久性的統制機構，包括使用武力壓制（對
> 內和對外）的機構。

武力控制是確保獨占首領地位以壟斷資源的重要手段❿，殷周之統治

（唐）楊倞，註10，頁132；學者以為維護憲法等級制度，調整奴隸主階級內
部關係，是禮的首要任務。胡留元、馮卓慧，註50，頁355。《孔子家語》〈五
刑解〉：「義，所以別貴賤、明尊卑也。貴賤有別，尊卑有序，則民莫不尊上而
敬長。朝聘之禮者，所以明義也。」楊朝明，註10，頁352。

❿　錢穆，註22，頁21。

❿　（清）孫希旦，註11，頁620。各種倫理關係，除了最疏的朋友之外，不論是
君臣、父子、夫婦、兄弟，都要辨別上下主從，在下位的，不論是臣忠、子孝、
女歸、弟恭，都包含著要求順從之義。馬漢寶，註146，頁46–50。

❿　張光直，註13，頁53–55。並參見（澳）劉莉，註20，頁205–219，謝維揚，
《中國早期國家》，頁433–451，臺北：慧明文化（2000年），分別從考古證據
及歷史文獻資料說明類似的觀念。

❿　張光直先生書中引述 K. Flannery 關於國家的說明：「國家是一種非常強大，通
常是高度中央集權的政府，具有一個職業化的統制階級，大致上與較簡單的各
種社會之特徵的親屬紐帶分離開來。它是高度地分層的，與在內部極端分化的，
其居住型態常常基於職業分工而非血緣或姻緣關係。 國家企圖維持武力的獨
占，並以真正的法律為特徵；幾乎任何罪行都可以認為是叛違國家的罪行，其
處罰依典章化的程序由國家執行，而不再像較簡單的社會中那樣是被侵犯者或

首領地位經由血緣宗族宗法而確立傳承❶，再加上武力壓制，自然容易形成階級壓迫的結果；當青銅兵器成為戰爭獲勝的利器時，獨占鑄造技術及原料也就成為獨占首領地位的秘方❶。商王自稱為「予一人」或「余一人」❶，

❶ 他的親屬的責任。國民個人必須放棄用武，但國家則可以打伐，還可以抽兵、徵稅、索貢品。」（張光直，註13，頁60）。

❶ 張光直先生指出宗法制度於商代即已牢牢存在，張光直，註13，頁22-23；傅斯年先生指出：「殷周（指西周下文同）之世，在統治者階級中，家即是國，國即是家。家指人眾，國指土之疆。有人斯有土，實一事耳。然世入春秋，宗法大亂。春秋初年，可稱為列國群公子相殺時代，其結果或則大宗之權，落于庶支，例如宋魯；或則異姓大夫，得而秉政，例如齊晉。晉為軍國社會最先成立之國家，其原因乃由於獻公前後之盡誅公族。桓莊之族死於先，獻惠之子殺於後，故自重耳秉政，執政者盡為異姓之卿。在此情景之下，家國之別，遂判然焉。孟子以為國之本在家者，仍以春秋時代宗法之義言之也。自家國判然為二事，然後一切官私之觀念生，戰國初年，乃中國社會自「家國」入「官國」之時期，顧亭林所謂一大變者也。前此家國非二事也。《詩》曰：「雨我公田，遂及我私。」此謂國君之公，非後世所謂公家之公。戰國人狃於當時官國之見，以為古者之班爵整嚴，殊不知古時家，部落，國家，三者不分者，不能有此也。狃於當時家國之分，殊不知殷周本無是也。狃於當時君臣之義，殊不知古之所謂臣，即奴隸及其他不自由人。金文中時有錫臣若干人之說；《論語》，「子疾病，子路使門人為臣。……子曰，無臣而為有臣，將誰欺？且予死於臣之手也，毋寧死於二三子之手乎？」皆可為證。至春秋而王公之臣幾與君子同列（君子初誼本如公子）。至戰國而君臣之間意不合則去。此類國家之異，公私之分，皆殷周所不能有也。戰國所謂君臣之義，有時即正如殷周時家長與其一家之眾之義耳。」傅斯年，註148，頁44-45。

❶ 張光直，同上註，頁14、17-19、24-25。

❶ 《尚書》〈湯誓〉：「夏德若茲，今朕必往。爾尚輔予一人，致天之罰，予其大賚汝。」〈盤庚（上）〉：「邦之不臧，惟予一人有佚罰。」〈盤庚（下）〉：「爾無共怒，協比讒言予一人。」楊家駱，註2，書8頁13、書9頁23-24。《論語》〈堯曰〉：「堯曰：『咨！爾舜！天之曆數在爾躬。……』舜亦以命禹，曰：『予小子履，敢用玄牡，敢昭告于皇皇后帝。有罪不敢赦。帝臣不蔽，簡在帝心。朕躬有罪，無以萬方。萬方有罪，罪在朕躬。』……『雖有周親，不如仁人。』『百姓有過，在予一人。』」錢穆，註22，頁701-702。《呂氏春秋》〈順民〉：

乃至周代以下奉行《尚書》〈洪範〉：「皇建其有極」❸的指導，都使得統治
首領成為高於人民及奴隸的階級❹。統治領袖為了維持長期或永久統治，
會使用武力以消滅威脅其地位的敵人，外部的敵人固要與之進行戰爭，內
部的敵人，則是以之為叛亂及犯罪加以處決❺，內部外部的敵人都必須消
滅，不能消滅也要進行鎮壓❻，至少要有能力鎮壓已經成為奴隸但又不時

「天大旱，五年不收。湯乃以身禱于桑林，曰：『余一人有罪，罪及萬夫，萬
夫有罪，在余一人。無以一人之不敏，使上帝鬼神傷民之命。』」林品石註譯，
《呂氏春秋今註今譯（上）》，頁 225，臺北：臺灣商務（1985 年）。胡厚宣氏
研究卜辭銘文典籍及考古證據，則以此為奴隸制以社會最高或唯一所有者資格
出現的奴隸主稱號。胡厚宣、胡振宇，註 25，頁 90–98。終則儒家也以之為禮，
如《禮記》〈曲禮（下）〉：「君天下曰『天子』，朝諸侯，分職授政任功，曰『予
一人』。」（清）孫希旦，註 11，頁 126。

❸　楊家駱，註 2，書 12 頁 11。

❹　翦伯贊指出商代社會關係，係由奴隸主（即是以商王為首的統治集團）與奴隸
（稱之為小臣、奚、奴、僕、妾、役等被統治集團）及兩者之間的自由民（即
《尚書》〈盤庚〉所稱「畜民」）所構成，又指出，周代則是繼承了商代的奴隸
制度文明而續向封建制國家發展。翦伯贊，《先秦史》，頁 213–218、269–276，
臺北：雲龍（2003 年）。

❺　《孔子家語》〈五刑解〉：「孔子曰：『大罪有五，而殺人為下，逆天地者罪及五
世，誣文武者罪及四世，逆人倫者罪及三世，謀鬼神者罪及二世，手殺人者罪
及其身。故曰大罪有五，而殺人為下矣。』」楊朝明，註 10，頁 352。「在西周，
王權是國家權力的象徵，反對王權，就是反對奴隸制國家，就能構成最嚴重的
國事犯罪。因此，西周刑律的鋒芒，首先指向侵害奴隸制國家，尤其是侵害周
王權力的行為。」胡留元、馮卓慧，註 50，頁 364–366。《國語》〈周語〉：「日
祭、月祀、時享、歲貢、終王，先王之訓也。有不祭則修意，有不祀則修言，
有不享則修文，有不貢則修名，有不王則修德。序成而有不至則修刑。於是乎
有刑不祭、伐不祀、征不享、讓不貢、告不王。於是乎有刑罰之辟，有攻伐之
兵，有征討之備，有威讓之令，有文告之辭。」〈魯語〉：「臧文仲言於僖公曰：
『刑五而已，無有隱者，隱乃諱也。大刑用甲兵，其次用斧鉞，中刑用刀鋸，
其次用鑽笮，薄刑用鞭扑，以威民也。故大者陳之原野，小者致之市朝，五刑
三次，是無隱也。』」（周）左丘明，註 51，頁 7、203。

反抗逃亡的敵人 ⑯ 。現在的憲法上國家元首享有刑事豁免權,卻於就職誓詞中說:「如違誓言,願受國家最嚴厲之制裁。」關鍵在其刑事豁免權不能及於內亂外患罪,一旦犯了內亂外患罪,就成為敵人,刑罰加身,理所當然。於是,敵人刑法的遺跡猶能於今日之憲法上見之 ⑯ 。

　　不朽的君王離開世間之後,隨著「祭如在」、「事死如事生」的觀念襯托 ⑯ ,自己人追隨於地下是人殉,用敵人獻祭則是人牲。戰場殺戮敵人既是理所當然,將戰場上的俘虜(戰勝者以為可殺該殺而未殺的敵人)帶回告廟獻祭 ⑯ ,誇顯凱旋軍威,也就順理成章。周禮用牲一般不用人牲,但若軍禮之中仍然留有馘俘遺習,於此或亦可解釋其道理。當倖存的戰俘成為具有生產力的奴隸之後,為了誇耀資源並向祖靈顯示致祭之誠,祭祀時獻用為人牲 ⑯ ,也不令人意外,不論其來源是戰爭俘虜或是諸侯納貢或是

---

⑯　在兵刑不分時期,用兵即用刑,兵主要用於外族;以後兵與刑分,則是對外族用兵,對本族開始大量用刑。楊志剛,註23,頁515–516。又從前註《國語》臧文仲之語即可見兵刑遺跡。《逸周書》〈嘗麥〉:「王命大正正刑書。……赤帝大懾,乃說于黃帝,執蚩尤,殺之于中冀,以甲兵釋怒,用大正順天思。」(清)朱古曾,註46,頁722–734,可為旁證。

⑯　商代如何追捕處置反抗逃亡的奴隸,參見胡厚宣、胡振宇,註25,頁198–211。

⑯　中華民國憲法第49條、第52條參照;刑法乃可被形容為敵人的刑法。內亂罪或外患罪可以死刑治之,足見其痕跡。徐育安譯,〈市民刑法與敵人刑法〉,G. Jakobs, Bürgerstrafrecht und Feindstrafrecht,收入許玉秀編,《刑事法之基礎與界限──洪福增教授紀念專輯》,頁23–24,臺北:學林(2003年);1954年中華人民共和國憲法第19條:「中華人民共和國保衛人民民主制度,鎮壓一切叛國的和反革命的活動,懲辦一切賣國賊和反革命分子。」

⑯　《論語》〈八佾〉:「祭如在。祭神如神在。」錢穆,註22,頁86;《禮記》〈中庸〉:「踐其位,行其禮,奏其樂,敬其所尊,愛其所親,事死如事生。」(宋)朱熹,註88,頁31。

⑯　在糧食生產不豐裕的時代,殺死俘虜的敵人以免消耗糧食是必要的手段。傅亞庶,《中國上古祭祀文化》,頁302–303,北京:高等教育(2005年2版)。

⑯　學者考證甲骨卜辭中表達奴隸之字多出,即如「奴」字,乃男女奴僕的統稱,奴主要來源於外邦俘虜,為殷人擒服後從事賤役,並淪為祭牲。詳見朱歧祥,

田獵放牧收穫❿，人牲顯然都是被認作非我族類的異族敵人或畜牲（畜牲的原意當是蓄養的犧牲）❿，或許乃可解釋商代大量使用人牲，政治上仍然心安理得的緣故。由是觀之，人牲，實為古代之人為了保持君權至上而從事殘酷戰爭之副產品。

趙岐註解《孟子》至始作俑者章句時說：「仲尼重人類，謂秦穆公時以三良殉葬，本由有作俑者也」❿，雖不知其說是否合乎孔子原意，但「仲尼重人類」一語，則已道出企圖力挽人祭惡習之狂瀾者，厥為「重人類」之人道思想。安陽殷墟之發掘，揭開了商代人祭之頻之慘，奴隸時代的景況著實駭人，然則後世以為駭人而當時不以為駭人者，曾於有周一代出現的「重人類」人道思想，當為其間之重大轉折。

周以倡德治得天命而代商，至孟子時猶受稱頌的祖先德行事跡是❿：

昔者大王居邠，狄人侵之。事之以皮幣，不得免焉。事之以犬馬，不得免焉。事之以珠玉，不得免焉。乃屬其耆老而告之曰：「狄人之所欲者，吾土地也。吾聞之也：君子不以其所以養人者害人。二三子何患乎無君？我將去之！」去邠，逾梁山，邑于岐山之下居焉。邠人曰：「仁人也，不可失也。」從之者如歸市。或曰：「世守也，非身之所能為也，效死勿去。」

「君子不以其所以養人者害人」，正與「民為神之主」不容人牲的民本價值說理一貫相通。對同一件事，《史記》〈周本紀〉中則記載了古公亶父

註19，頁352-359。

❿ 王平、（德）顧彬，註27，頁69-78；王慎行，註36，頁120-125。

❿ 范文瀾，《中國通史簡編（第一冊）》，頁24，上海：上海書店（1947年版（東吳大學圖書館藏書））；范文瀾，《中國通史（第一冊）》，頁60-62，北京：人民出版社（2008年版）；也有論者指出，商代是以異族人為人牲的主要來源，王平、（德）顧彬，同上註，頁210。

❿ （清）焦循撰，沈文倬點校，《孟子正義（上）》，頁63，北京：中華（1987年）。

❿ 《孟子》〈梁惠王（下）〉，李學勤，註69，頁76；《詩經》〈大雅・綿〉中也有記載：「古公亶父，來朝走馬，率西水滸，至于岐下。爰及姜女，聿來胥宇。」陳子展，註2，頁869-870；張光直，註13，頁94-95。

率眾遷岐,避與狄人一戰的德行:

> 古公曰:「有民立君,將以利之。今戎狄所為攻戰以吾地與民。
> 民之在我,與其在彼,何異。民欲以我故戰,殺人父子而君之,
> 予不忍為。乃與私屬遂去豳。」

這已不僅是民本思想的表述,而是古代君王寧失君位也不願人民受戰爭之苦的罕見例證。孟子以之為周代因仁德獲得天命的遠因❼;固不可知此事是否原為強敵當前的君王避禍說辭,但也不妨看做是在讚揚古公亶父展現的文明人道曙光──不為維持權位而武裝並驅使人民對抗外敵。

然而讚美君王厭戰的德行之餘,孟子仍不否定君王獨尊的制度;在說到為民父母不該率獸食人之後,孟子又說地方百里而可以王,「王如施仁政於民,可使制梃以撻秦楚之堅甲利兵」;「彼陷溺其民,王往而征之,夫誰與王敵?故曰:『仁者無敵』」❼。「無敵於天下者,天吏也。然而不王者,未之有也。」❼仁者既然無敵,而王自亦無與之平等相埒的「敵體」了。

孟子說:「行一不義、殺一不辜而得天下,皆不為也」;又說,「天下定於一」;「不嗜殺人者能一之」;「天下莫不與也」。因為「今夫天下之人牧,未有不嗜殺人者也,如有不嗜殺人者;則天下之民皆引領而望之矣!」❼承認君王為「人牧」,是階級禮法觀念,「不嗜殺人」,則是人道的教導。「民之父母」,不許「率獸食人」之言中,既有階級禮法的主張,同時也經由人

---

❼　(漢)司馬遷,註150,頁66。

❼　《孟子》〈梁惠王(下)〉:「昔者大王居邠,狄人侵之。去之岐山之下居焉,非擇而取之,不得已也。苟為善,后世子孫必有王者矣。君子創業垂統,為可繼也。若夫成功,則天也。」李學勤,註69,頁75。

❼　《孟子》〈梁惠王(上)〉,李學勤,同上註,頁18;孟子並以仁者天下無敵,語源於孔子,〈離婁(上)〉,李學勤,同書,頁230。又《孟子》〈盡心(下)〉:「孟子曰:『《春秋》無義戰,彼善予此,則有之矣。征者上伐下也,敵國不相征也。』」李學勤,同書,頁448。

❼　《孟子》〈公孫丑(上)〉,李學勤,同上註,頁110。

❼　所引諸語各出自《孟子》〈公孫丑(上)〉與〈梁惠王(上)〉,李學勤,同上註,頁21、95。

道觀念形成君王行事的禁忌。一言以蔽之，這是在並未脫離階級禮法的前提下，強調人道觀念作為階級統治的指導思想。

　　無論當時如何不能脫離階級禮法的意識，先秦時期人道觀念的提出，儒家思想畢竟起了重要作用。春秋時代的孔子即曾說：「子為政，焉用殺？」⓭⓱⓱孔子首先將「仁」的觀念，從貴族推向一般庶民⓭⓱⓮；孔子對「仁」的提法，西方學者認為「不論它在何處出現，對人的生命尊嚴都有一種不可分割的意義。」⓭⓱⓯孟子則認為王者為政之道，生民為首，用頗為淺顯的方式解釋人道觀念⓭⓮⓪：

> 人皆有不忍人之心。先王有不忍人之心，斯有不忍人之政矣；以不忍人之心，行不忍人之政，治天下可運之掌上。所以謂人皆有不忍人之心者，今人乍見孺子將入於井，皆有怵惕惻隱之心，非所以內交於孺子之父母也，非所以要譽於鄉黨朋友也，非惡其聲而然也。由是觀之，無惻隱之心，非人也。

　　既已以惻隱之心之具備作為是否為「人」的指標，孟子自可進一步說出：「殺一無罪，非仁也」⓭⓮⓵、「仁也者人也」⓭⓮⓶，對於本諸同理心以尊重生命的觀念，掌握得更為明確。〈梁惠王（下）〉記載孟子之言：「樂民之樂者，民亦樂其樂；憂民之憂者，民亦憂其憂。樂以天下，憂以天下，然而不王者，未之有也。」⓭⓮⓷或也正是「民之父母」之說冀望君王能與人民之憂樂產生同理心的人道思想最佳註腳。

⓭⓱⓱　《論語》〈顏淵〉：「季康子問政於孔子，曰：『如殺無道，以就有道，何如？』孔子對曰：『子為政，焉用殺？……』」錢穆，註22，頁438–439。

⓭⓱⓮　許倬雲，《萬古江河》，註27，頁66–67；李宏鋒，《禮崩樂盛──以春秋戰國為中心的禮樂關係研究》，頁192–193，北京：文化藝術（2009年）。

⓭⓱⓯　H. Smith, *supra* note 83, 172；並參見 W. T. Chan, *supra* note 71, 14–48.

⓭⓮⓪　〈公孫丑（上）〉，李學勤，註69，頁112。

⓭⓮⓵　《孟子》〈盡心（上）〉，李學勤，同上註，頁434。

⓭⓮⓶　《孟子》〈盡心（下）〉：「孟子曰：『仁也者，人也。合而言之，道也。』」李學勤，同上註，頁458。

⓭⓮⓷　李學勤，同上註，頁48–49。

當然,儒家當時所說的人道,是相對於天道為言,指的就是道德的善,而且是「和則同,同則善」的「善」❶❽❹,也是強調集體和諧秩序的自律性道德架構❶❽❺,而與今日深受西方個人主義思想洗禮的人道觀念未盡相同;但看《荀子》〈禮論〉曰:「禮者,人道之極也」❶❽❻,或可略得其義。論者指責儒家孔孟道義禮教是君王專制的幫兇,甚至是進入今日憲政民主的障礙者,論述極多,也均有所見❶❽❼。儒家思想與今日憲政思想異趣之處當於下節推敲,於此則要先就儒家的人道思想對於禮治思想背後的階級不平等必然形成衝擊,略加說明。出仕執政時不能免於殺人而受後世批評的孔子❶❽❽,其經常倡議止殺❶❽❾、厭戰❶❾⓪的態度,確實已為儒家開啟了人道思想

<hr />

❶❽❹　《郭店》〈五行〉:「『仁』,義禮所生也,四行之所和也,和則同,同則善。」
　　　涂宗流、劉祖信,註137,頁411。

❶❽❺　《郭店》〈五行〉:「德之行五,和謂之德;四行和謂之善。善,人道也;德,天道也。」涂宗流、劉祖信,同上註,頁379–380;龐樸先生將郭店楚簡中所出現的「六德」與「四行」與「五行」,分別稱之為人之作為家庭成員所應有的人緣道德、作為社會成員的所應有社會道德,以及於天地之間所應有的天地道德,合稱為三重道德論,組成了完整的儒家道德學說體系,龐樸,〈三重道德論〉,收入氏等著,《郭店楚簡與早期儒學》,頁147–162,臺北:台灣古籍(2002年);論者亦有以為,孔子建立的是以仁為價值核心,以禮為規範表達、仁禮合一的政治哲學系統;並通過仁的追求與實踐,達到內聖外王的「仁道」。趙明,《先秦儒家政治哲學引論》,頁148,北京:北京大學(2004年)。

❶❽❻　(唐) 楊倞,註10,頁329。

❶❽❼　較近期的批評,見如石元康認為儒家先王制禮的傳統完全否定了人民自己立法的權利,與民主背道而馳。石元康,《從中國文化到現代性:典範轉移?》,頁343,臺北:東大(1998年);張分田則認為道義是王權再造的政治文化土壤,註149,頁159–162;李宏鋒,註178,頁235–243、248–257。

❶❽❽　李宏鋒,同上註,頁229。

❶❽❾　如《論語》〈顏淵〉:「季康子問政於孔子,曰:『如殺無道以就有道,何如?』孔子對曰:『子為政,焉用殺?子欲善而民善矣。』」〈子路〉:「子曰:『『善人為邦百年,亦可以勝殘去殺矣。』誠哉是言也。」錢穆,註22,頁438、464。

❶❾⓪　如《論語》〈衛靈公〉:「衛靈公問陳於孔子。孔子對曰:『俎豆之事,則嘗聞之矣。軍旅之事,未之學也。』明日遂行。」錢穆,前註,頁547。

之先河。儒家提倡止殺、止戰❶，既有助於消弭敵族與我族的鴻溝，也必然指向普遍人性的平等觀念萌芽。

　　孟子與當時的顯學墨學，就此曾有激烈論戰，也因性善論而受到同為儒家的荀子的激烈批評❷。墨學主張兼愛，提倡愛無差等❸，孟子指責墨

---

❶　孟子亦倡止戰，《孟子》〈盡心（下）〉「孟子曰：『有人曰：「我善為陳，我善為戰。」大罪也。國君好仁，天下無敵焉。南面而征，北夷怨；東面而征，西夷怨。曰：「奚為後我？」武王之伐殷也，革車三百兩，虎賁三千人。王曰：「無畏，寧爾也，非敵百姓也。」若崩厥角，稽首。征之為言正也，各欲正己也，焉用戰？』」李學勤，註69，頁450。

❷　《荀子》〈性惡〉一篇曾就孟子性善說提出批判與辯駁，（唐）楊倞，註10，頁399–414。

❸　《墨子》〈兼愛〉上中下凡三篇，見李漁叔，《墨子今註今譯》，頁102–130，臺北：臺灣商務（1974年）。《孟子》〈滕文公（下）〉中則曾記載墨者夷之「愛無差等，施由親始」之言。李學勤，註69，頁185。又孟子以君王是否能為民之父母決定天命之歸與不歸，係將「天心」與「民意」互替，墨子與之不同，雖倡無等差之愛，卻言天志而非難天命之說，以義政為天志，乃曰：「且夫義者政也，無從下之政上，必從上政下。是故庶人竭力從事，未得次己而為政，有士政之；士竭力從事，未得次己而為政，有將軍大夫政之；將軍大夫竭力從事，未得次己而為政，有三公諸侯政之；三公諸侯竭力聽治，未得次己而為政，有天子政之；天子未得次己而為政，有天政之。天子為政於三公諸侯士庶人，天下之士君子固明知，天子為政於天子，天下百姓未得之明知也。故昔三代聖王，禹湯文武，欲以天之為政於天子，明說天下之百姓，故莫不犓牛羊，豢犬彘，潔為粢盛酒醴，以祭祀上帝鬼禮，而求祈福於天，我未嘗聞天下之所求祈福於天子者，我所以知天之為政於天子者也。」（語出《墨子》〈天志〉，李漁叔，同書，頁187–188）此則係以天志取代民心，終必以天子為貴於庶人之職位：「故天子者，天下之窮貴也，天下之窮富也，故於富且貴者，當天意而不可不順。順天意者，兼相愛，交相利，必得賞；反天意者，別相惡，交相賊，必得罰。然則是誰順天意而得賞者？誰反天意而得罰者？子墨子言曰：『昔三代聖王，禹湯文武，此順天意而得賞也。昔三代之暴王，桀紂幽厲，此反天意而得罰者也。』」（語出《墨子》〈天志〉，李漁叔，同書，頁188–189），又曰：「國君者，國之仁人也。……察天下之所以治者何也？天子唯能壹同天下之義，是以天下治也。……古者聖王為五刑，請以治其民，譬若織衣之有紀，罔罟之

子兼愛的想法,簡直是無父無君,與禽獸無異❹,恐怕是孟子衛護階級禮法最激烈的發言❺。然則墨子提倡和平非攻,善於守城之技❻,墨子之徒組織紀律嚴明,為了鉅子不惜身殉的濃重階級思想,也早為論者所批評❼。而孟子膾炙人口的「舜,人也,我,亦人也」、「何異於人哉!堯舜與人同耳」❽、「人皆可以為堯、舜」❾、「人皆有不忍人之心」⓴、「仁也者,人

有綱。所以連收天下之百姓,不苟同其上者也。」(語出《墨子》〈尚同〉,李漁叔,同書,頁74-75)論者乃係謂之係以專制行兼愛(易中天,註126,頁121),突顯了一種與孟子不同的平等邏輯矛盾。

❹ 《孟子》〈滕文公(下)〉:「夷子曰:『儒者之道,「古之人若保赤子」,此言何謂也?之則以為愛無差等,施由親始。』徐子以告孟子,孟子曰:『夫夷子信以為人之親其兄之子為若親其鄰之赤子乎?彼有取爾也:赤子匍匐將入井,非赤子之罪也。且天之生物也,使之一本,而夷子二本故也。蓋上世嘗有不葬其親者,其親死,則舉而委之於壑。他日過之,狐狸食之,蠅蚋姑嘬之。其顙有泚,睨而不視。夫泚也,非為人泚,中心達於面目。蓋歸反虆梩而掩之。掩之誠是也,則孝子仁人之掩其親,亦必有道矣。』」、「楊朱、墨翟之言盈天下,天下之言,不歸楊,則歸墨。楊氏為我,是無君也。墨氏兼愛,是無父也,無父無君,是禽獸也。公明義曰:『庖有肥肉,廄有肥馬,民有饑色,野有餓莩,此率獸而食人也。』楊墨之道不息,孔子之道不著,是邪說誣民,充塞仁義也。仁義充塞,則率獸食人,人將相食。吾為此懼。」李學勤,註69,頁185-186、210-211。

❺ 斯維至先生說孟子對於人的概念,凡是「圓顱方趾」者,都包括在內,並不計較民族或血統,卻又非常注重親疏等級之差別,先以「拒楊墨」為己任,斥兩家為禽獸,雖然孟子也有所以如此的理由,但說得如此嚴重,「簡直有些過分了」。說法相若,斯維至,註135,頁385-386。孟子批判墨子如此激烈,應與墨子「非禮」「非樂」,與儒家的核心提倡正面衝突有關。

❻ 《呂氏春秋》〈愛類〉:「於是公輸般設攻宋之械,墨子設守宋之備,公輸般九攻之,墨子九卻之,不能入,故荊輟不攻宋,墨子能以術禦荊,免宋之難者,此之謂也。」林品石註譯,《呂氏春秋今註今譯(下)》,頁708,臺北:臺灣商務(1985年)。

❼ 郭沫若,註144,頁109-112;易中天,註126,頁131,337-338。

❽ 《孟子》〈離婁(下)〉,李學勤,註69,頁275、282。

也」**⑳**、「惻隱之心，人皆有之。羞惡之心，人皆有之。恭敬之心，人皆有之。是非之心，人皆有之」　**⑳**，則均朝向以為人有共性，「圓顱方趾之人生而平等」的現代憲政觀念跨步**⑳**。孟子以為人皆可以為堯舜，更為接近「人

---

⑲　《孟子》〈告子（下）〉：「曹交問曰：『人皆可以為堯舜，有諸？』孟子曰『然。』」李學勤，同上註，頁377。

⑳　《孟子》〈公孫丑（上）〉：「孟子曰：『人皆有不忍人之心。先王有不忍人之心，斯有不忍人之政矣。以不忍人之心，行不忍人之政，治天下可運之掌上。所以謂人皆有不忍人之心者，今人乍見孺子將入于井，皆有怵惕、惻隱之心，非所以內交于孺子之父母也，非所以要譽于鄉黨朋友也，非惡其聲而然也。由是觀之，無惻隱之心，非人也；無羞惡之心，非人也；無辭讓之心，非人也；無是非之心，非人也。惻隱之心，仁之端也；羞惡之心，義之端也；辭讓之心，禮之端也；是非之心，智之端也。人之有四端也，猶其有四體也。』」李學勤，同上註，頁112–113。

⑳　《孟子》〈盡心（下）〉，李學勤，同上註，頁458。龐樸先生指出，郭店楚簡所寫的「仁」字，從心從身，作㒼，「是意味著仁者人也，它本是人類（凡有『心』者）所特有的和所必修的善德，是人之所以異於禽獸的天命之性」之意。龐樸，〈「仁」字臆斷——從出土文獻看仁字古文仁愛思想〉，收入氏等著《郭店楚簡與早期儒學》，頁163–168，臺北：台灣古籍（2002年）。

⑳　《孟子》〈告子（上）〉：「孟子曰：『乃若其情，則可以為善矣，乃所謂善也。若夫為不善，非才之罪也。惻隱之心，人皆有之。羞惡之心，人皆有之。恭敬之心，人皆有之。是非之心，人皆有之。惻隱之心，仁也。羞惡之心，義也。恭敬之心，禮也。是非之心，智也。仁、義、禮、智，非由外鑠我也，我固有之也，弗思耳矣。』」李學勤，同上註，頁354。

⑳　傅斯年先生論孟子人性論發展之由，極為精警，值得引述：「古者本無人之普遍觀念，但有人之類別觀念。至於如何由此階段進為墨子孟子之普徧的人論，必非一蹴而至，其步步形態今已不可知矣。至其助成此一進化者，大體猶有下列三事可說。第一，自周初以來，既以愛民保民為政治口號矣，而所謂民者包括一切雜姓，其種類雖異，其階級為一，積以時日，則同階級者大混合。第二，當時王公貴族既用嚴格之外婚制，則所有母系，皆所謂『異類』也，如是混合，久則不易見其何謂『異類則異心』也。第三，當時負荷文化遺傳者，並非新興之姬姜，此輩乃暴發戶，文化之薰染不深，而應為夏殷之遺士，此輩在當時居中間階級，擔當文物之運行。故孔子曰：『先進於禮樂，野人也，後進於禮樂，

生而平等」的思想前提，其實發展出了荀子❷❹及墨子❷❺所無之道德人格先天平等的新觀念❷❻。看似道不同不相為謀的孟子與墨子，一方面都已顯示出某種人世間平等無差的主張與觀察智慧；另一方面，卻也均難解決又欲同時捍衛階級社會現實所必然存在的矛盾。就如孟子說「生，亦我所欲也。義，亦我所欲也。二者不可得，舍生而取義者也」❷❼，與說「嫂溺不援，是豺狼也，男女授受不親，禮也。嫂溺援之以手者，權也」❷❽之係全其生而捨其禮，一樣亦有矛盾；孟子以「為民父母」責備虛擬的「率獸食人」，

<hr />

君子也。』先進者，謂先進於文化，在當時淪為田夫矣，後進者，謂後進於文化，在當時隆為統治者矣。此輩雖不蔑視王朝，然亦必惡居下流，以為眾民乃先代明德之胤，雖『湮替隸圉，』『皆黃炎之後也。』後來思想之發展，多自此等階級中人出，宜乎其不為上天獨眷之談，而為斯民一類之論矣。中國人道主義之發達，大同思想之展布，在東周為獨盛，其來雖未驟，其進實神速，必有其政治的社會的憑藉，然後墨子之人類一家論，孟子之人性一般解，得以立根，得以舒張。」傅斯年，註14，頁167–168。又關於圓顱方趾之人生而平等的憲政觀念，參見張佛泉，《自由人權》，頁80–81，臺北：臺灣商務（1993年）。

❷❹ 如《荀子》〈禮論〉：「故王者天太祖，諸侯不敢壞，大夫士有常宗。所以別貴始，貴始得之本也。郊止乎天子，而社止於諸侯，道及士大夫，所以別尊者事尊，卑者事卑。宜大者巨，宜小者小也。」（唐）楊倞，註10，頁324–325。

❷❺ 墨子言兼愛，「無窮不害兼」、「不知其數而盡愛之」、「不知其處，不盡愛之，說在喪者。」廣則至廣，論者形容為「盛水不漏」，李漁叔，註193，頁9–10，惟此言其所愛之人不分疆界，但尚非論證兼愛是因為每個人之道德人格先天平等之故，其以天子為貴的觀念，則見註193之舉例。

❷❻ 錢穆先生即以為人格平等是中國人的傳統理想，「此人有人格，便是人，或說是好人。此人無人格，便不是人，或說是壞人。」好人有人格，此事人人能做，是源於孟子「人皆可以為堯舜」之說，亦可從南朝竺道人：「人皆有佛性，故人人皆得成佛。」明儒王陽明：「聖人只爭成色，不爭分量。」中證之。錢穆，《歷史與文化論叢》，頁205–207，臺北：東大（1979年）。惟此中如仍區別好人的人格與壞人的人格，即與現代憲政思想中之無分好人惡人之人格平等，仍有一定之距離。

❷❼ 《孟子》〈告子（上）〉，李學勤，註69，頁363。

❷❽ 《孟子》〈離婁（上）〉，李學勤，同上註，頁241。

計較「始作俑者」之不仁，卻始終諱言「以人為牲」之非禮，或也可以顯現此一矛盾存在。

　　不妨這樣看，道德人格先天平等的哲學設想與階級社會以為階級是生來不同的政治現實根本上是格格不入的；孟子顯明了人道思想之中含有先天平等的觀念元素，它遲早要與區別階級等級的禮治禮教發生衝突；衝突的醞釀期可能很長，蓄積衝決政治權力網羅的力量也可能需時甚久，至少並未在戰國時代完全展現出來，也不可能在七雄爭霸的時代，撥亂反正。

　　簡單地說，人道思想的平等觀念芽苗，在孟子心中，終究未能破除階級禮法的社會根基，就像「民之父母」之說雖可用以抑止君王率獸食人，但與「民貴君輕」的順序，也終有深層矛盾❷⁰⁹。此或可視為斯時政治思想演進的痕跡，固然尚與當代憲政思想的境界有間，但是否就是後代發展憲政思想所無法跨越的障礙，仍不宜遽下結論。

五、權力壟斷與權力制約

　　始作俑者章句背後，隱藏著 4 條人國之禮或是憲政思想的發展路徑：祭祀規範遠離人牲的重大變動呼應著道德政治秩序的要求；天命觀係將統治正當性建築在民之父母的仁德之上；民之父母之說所主張的民本思想逐漸逐退源於商代的濃厚神權思想；所蘊含的人道思想終將與禮法階級觀念形成矛盾。此 4 條發展路徑的共通之處，在於君王的權力之惡開始受到有意識地制約。

　　如前所述，考古證據顯示，從二里頭古代文化發展到商代的國家，統治權力的取得與長期維繫，是統治親族靠著資源壟斷與武力壓制還有神權信仰的支配而來。周人代商提出的天命觀逐漸瓦解了神權信仰，以民為重

---

❷⁰⁹　傅斯年先生則說春秋是矛盾之時代：「括而言之，春秋時代，神鬼天道猶頗為人事之主宰，而純正的人道論亦嶄然出頭。人之生也，猶辨夷夏之種類，上下之差別，而斯民同類說亦勃然以興。此其所以為矛盾時代。生此時代之思想家，如不全仍舊貫，或全作新說，自必以調和為塗徑，所謂集大成者，即調和之別名也。」傅斯年，註14，頁182。

的民本思想解構了神權神話之後,也同時衝擊資源壟斷與武力壓制的極權
手段。如果資源壟斷與武力壓制是君王濫權為惡的兩大淵藪,則《孟子》
始作俑者章句,恰就同時在制約這兩大權力之惡[210]。

孟子責怪梁惠王率獸食人,是以其庖有肥肉,廏有肥馬,而民有饑色,
野有餓莩為由,說的正是資源分配極其不平等、也就是君王壟斷資源而民
間缺乏資源的對比。「始作俑者」的影響所及,孟子也許不及見之,但如以
今日考古所見秦始皇陵用俑規模之大[211]、漢景帝陽陵陶俑之富[212]言之,孔
子對於始作俑者的批判,單從耗費資源的角度思考,亦不能不說其有先見
之明。孟子緊接在「庖有肥肉、野有餓莩」的生動描述之後,引用始作俑
者其無後乎之語,亦可引起質疑君王壟斷資源的聯想。君王如此壟斷資源,
上古之詩人會用「溥天之下,莫非王土;率土之濱,莫非王臣」[213]來形容
資源壟斷到達極致,亦不足為怪。

主張節葬的墨子,也正是以此為出發點。然則,墨子的思考重點與孟
子似還有些不同。墨子的關切在於經濟與人力資源的浪費,孟子則毋寧更

[210] 儒家記載言君之惡而思有所規制較早的篇章,或屬郭店楚簡中發現的先秦佚書
《魯穆公》中子思曰:「恆稱君子惡者,可謂忠臣矣」一節。涂宗流、劉祖信,
註137,頁9–11。此中或亦可見孟子受子思影響之處。相關思想之討論,參見
李念祖,註4,頁17–19。

[211] 秦始皇之墓葬,不僅大量用俑,也有大量之殉人,《史記》〈秦始皇本紀〉等書
均有記載,始皇陵之部分發掘,亦已證實。黃展岳,註27,頁255–257。

[212] 出土之部分隨葬俑器包括大量之兵馬俑、伎樂侍女俑、文官俑、宦官俑、動物
俑,其詳參見如王保平,〈漢陽陵的考古鑽探與發掘〉,收入《微笑彩俑──漢
景帝的地下王國》,頁18–23,臺北:史博館(2009年);晏新志、劉宇生、閆
華軍,〈漢景帝陽陵研究的回顧與展望〉,漢陽陵博物館網站:
http://www.hylae.com/view.asp?id=861,發布時間:2009年4月1日;最後拜訪
日:2009年8月9日。

[213] 《詩經》〈小雅·北山〉,陳子展,註2,頁733,此句原係詩人盛歎為王服勤
勞役不均,他人皆不如自己之辛苦。此16字或許只是一種誇張的形容,然則
此語可證當時有此觀念與說法存在;也唯其王權絕對到無理可說的地步,詩人
乃為斯人獨憔悴的悲慘際遇,感慨不已。

重視節制君王不恤民生的私心慾望殘民以逞❷¹⁴。孟子的經濟思想，或曾引起主張恢復井田制是否合乎時宜的討論❷¹⁵。但其是在不斷鼓吹君王重視裕民厚生的政治經濟責任，則論者並無異辭；《孟子》也一再以「民之父母」貫穿其間，說得盡致而到位，〈公孫丑（上）〉中❷¹⁶：

> 孟子曰：「尊賢使能，俊傑在位，則天下之士皆悅而願立於其朝矣。市，廛而不徵，法而不廛，則天下之商皆悅而願藏於其市矣；關，譏而不徵，則天下之旅皆悅而願出於其路矣；耕者助而不稅，則天下之農皆悅而願耕於其野矣；廛，無夫、里之布，則天下之民皆悅而願為之氓矣。信能行此五者，則鄰國之民仰之若父母矣！」

〈滕文公（上）〉亦有❷¹⁷：

> 滕文公問為國，孟子曰：「民事不可緩也。《詩》曰：『晝爾于茅，宵爾索綯，亟其乘屋，其始播百穀。』民之為道也，有恆產者有恆心，無恆產者無恆心；苟無恆心，放辟邪侈，無不為已，及陷乎罪，然後從而刑之，是罔民也。焉有仁人在位，罔民而可為也！是故賢君必恭儉禮下，取於民有制。陽虎曰：『為富不仁矣，為仁不富矣。』夏后氏五十而貢，殷人七十而助，周人百畝而徹，其實皆什一也。徹者，徹也。助者，藉也。龍子曰：『治地莫善於助，莫不善於貢。貢者，校數歲之中以為常，樂歲粒米狼戾，多取之而不為虐，則寡取之；凶年糞其田而不足，則必取盈焉。』

---

❷¹⁴ 論者言墨子尚儉為其思想之一項特點，「考墨子尚儉，約含三義：一曰節用，二曰節葬，三曰非樂，節用為主旨，節葬非樂則其分論也。」「而實重在免除無益之耗費。」蕭公權，《中國政治思想史（上）》，頁152，臺北：聯經（1982年）；《孟子》〈滕文公（上）〉則有：「孟子曰：『……是否賢君必恭儉，禮下，取於民有制。陽虎曰：「為富不仁矣，為仁不富矣」……』」李學勤，註69，頁160。

❷¹⁵ 梁韋弦，《孟子研究》，頁54–56，臺北：文津（1993年）。

❷¹⁶ 李學勤，註69，頁109–110。

❷¹⁷ 李學勤，同上註，頁160–161。

為民父母,使民盼盼然,將終歲勤動不得以養其父母,又稱貸而
益之,使老稚轉乎溝壑,惡在其為民父母也?」

　　若與《禮記》〈禮運〉:「使老有所終,壯有所用,幼有所長,矜寡孤獨
廢疾者,皆有所養」❷⑱照顧弱勢的政治思想相對照,孟子有意抑制君王強
勢壟斷資源,重視資源分配以扶助資源弱勢之平民的制約權力思想,更為
細膩而躍然紙上❷⑲;他在指責梁惠王率獸食人的章句中,用「民之父母」
簡單數語作結,即已概括交待了君王應將肥肉肥馬用於濟助,免使平民餓
斃荒野的資源分配思想。

　　至於武力壓制,前已言及君王使用武力壓制以獨占權力地位,從商代
作為奴隸時代、青銅時代,以武力進行人牲殺戮之慘的顛峰時期,進入周
代有所轉變,漸知以牲人為非禮,不能說與儒家大力提倡「天命」、「民本」、
「德治」、「止殺」、「止戰」種種觀念交相激蕩,從人文思想上緩和君王使
用武力「生殺予奪」的殘暴權力絕對性無關;也就不能不正視儒家思想,
特別是孟子在當時遏止並轉變極端而絕對王權的努力;自亦不能不承認,
此種影響與日後終將朝向憲政思想行進的方向可以合流,在時間的長河之
中,形成一種過渡的作用。

---

❷⑱　(清)孫希旦,註11,頁592–593;《孔子家語》〈禮運〉:「老有所終,壯有所
　　用,矜寡孤疾,皆有所養。」文字較略。楊朝明,註10,頁368。

❷⑲　《大戴禮記》〈主言〉中記載孔子之言:「夫政之不中,君之過也。……昔者明
　　主關譏而不征,市廛而不稅,稅十取一,使民之力歲不過三日,入山澤以時,
　　有禁而無征;此六者,取財之路也。明主捨其四者而節其二者」(清)王聘珍,
　　註51,頁3,是以效法三代先王之仁政作為君王應盡之責任;《孟子》〈盡心
　　(下)〉:「孟子曰:『有布縷之征,粟米之征,力役之征。君子用其一,緩其二。
　　用其二而民有殍,用其三而父子離。』」(李學勤,註69,頁466–467),則更
　　像是動之以情而如孔子一般的道德勸說;〈梁惠王(下)〉,孟子對鄒穆公曰:
　　「凶年饑歲,君之民,老弱轉乎溝壑,壯者散而之四方者,幾千人矣,而君之
　　倉廩實,府庫充,有司莫以告,是上慢而殘下也。曾子曰:『戒之戒之,出乎
　　爾者,反乎爾者也。』夫民今而後得反之也,君無尤焉。」(李學勤,同書,
　　頁73)戒君之口氣,與不得率獸食人之言相若,制約君王權力之企圖明顯。

　　Edward Corwin 回顧美國制訂一部文書規範替代君王以構建最高的統治權威，背景思想中有一種源遠流長的「較高法」(higher law) 觀念，其主張可以上溯 Aristotle 與 Stoic，或是 Cicero；所謂的較高法，不是後來被引為最高正當性基礎的人民公意，而是內容具有普遍實質正當性且不受情緒移轉的理性原則，亦非聽由人的意志或偏好所創造的原則 ❷❷❶。此種較高法常被稱之為自然法，於中世紀時用來拘束檢驗一切的最高權力者，包括教皇與國王，同時檢驗統治者與主權人民，沒有法律或是實踐或是民意共識可以突破其所加設的限制。較高法包含自然法、習慣法、通用法 (common law) ❷❷❷、理性、社會契約、個人權利諸種規範或思想，終於進入美國獨立宣言，再化身為形式為實體法典的憲法 ❷❷❷。

　　如果憲法與「較高法」的觀念不可分割，先秦儒家思想，有無較高法的意識呢？以禮為治，連君王也不可非禮、失禮，不能說不是「較高法」的觀念胚胎。孔子說禮樂征伐自天子出，固然是在促成天子之統治權力集中，但既曰以德為政，以禮治國，則又已建立君王行使權力的道德觀念與制度軌道，並藉之以衡量君王行為，不容逸脫；來自於天命的較高法意識，自已萌芽而於是乎在。然則孔子論非禮，責備諸侯大夫者多，責備天子者少，藉德、禮以勸勵君王修身，扶天子而抑諸侯的成分較著；惡人牲殺殉之害，寧以俑者不仁之言，保留責備用殉者之含蓄，均不無為尊者諱、以維護先王君主權威儼然之用意在內；孟子則藉孔子之語證成民之父母不可率獸食人的命題，直指君王壟斷資源與武力壓制之非，從諱言到不諱言，以較高法拘束君王如何治國平天下的意識更為濃烈。

　　於此值得討論孔子批評趙鞅鑄刑鼎的問題。《左傳》記載晉趙鞅收取重賦鑄一刑鼎，著以晉國大臣范宣子所為的刑書，孔子以之為晉之將亡之兆 ❷❷❸。楊鴻烈先生以為此事係在爭執成文法律應否公布的問題 ❷❷❹，徐道鄰

---

❷❷❶　E. Corwin, *supra* note 8, 4, 6–17.

❷❷❷　此為馬漢寶先生之譯法，本文從之。馬漢寶，《國際私法：總論各論》，頁 41，自刊（2004 年）。

❷❷❷　E. Corwin, *supra* note 8, 19–20, 33–30, 67–75, 88–89.

先生則以之為春秋之際不看重成文法的間接證明❷❷。然則細繹古籍記載孔子所以反對刑鼎刑書之理由,蓋有兩端,一為刑鼎係由大臣而非君王加以制定公布,「貴賤無序,何以為國?」爭的是制法權力的正當性問題;二是擔心有了刑鼎,晉將亡其原有的禮制法度,亡其禮者亡其國❷❷;為了防止刑法典取代禮法制度,乃加反對❷❷。將之視為儒家主禮治而法家主刑治之爭固可❷❷,然而禮與法雖同有維持社會秩序之作用❷❷,但《中庸》有言:

---

❷❷ 《左傳》昭公 29 年:「冬,晉趙鞅、荀寅帥師城汝濱,遂賦晉國一鼓鐵以鑄刑鼎,著范宣子所為刑書焉,仲尼曰:『晉甚亡乎,失其度矣!』」夫晉國將守唐叔之所受法度,以經緯其民。卿大夫以序守之。民是以能尊其貴,貴是以能守其業,貴賤不愆,所謂度也,文公是以作執秩之官,為被廬之法,以為盟主,今棄是度也,而為刑鼎,民在鼎矣,何以尊貴?貴何業之有?貴賤無序,何以為國?且夫宣子之刑。夷之蒐也,晉國之亂制也。若之何以為法,蔡史墨曰,范氏中行氏其亡乎,中行寅為下卿,而干上令,擅作刑器,以為國法,是法姦也。」竹添光鴻,註 46,頁 1745–1746。

❷❷ 楊鴻烈,《中國法律思想史》,頁 296–300,臺北:臺灣商務 (1964 年)。楊氏將此事與《左傳》昭公 6 年所載鄭國叔向反對子產鑄刑書 (見竹添光鴻,同上註,頁 1440–1444) 之事,並舉為公布法典所生的爭議。

❷❷ 徐道鄰,《中國法制史論略》,頁 3,臺北:正中 (1953 年)。

❷❷ 「晉其亡乎,失其度矣」;度者,學者認為即是「禮」,甘懷真,註 6,頁 21。

❷❷ 論者詮釋孔子的想法,有以為「在孔子心目中,道德充滿美善,不該以法律加以約束。法律會減損道德的美善與微妙,堅持法律等於承認人無法實踐道德」者。金安平著,黃煜文譯,《孔子——喧囂時代的孤獨哲人》,頁 29,臺北:時報文化 (2008 年);孟子之想法與此似有不同,《孟子》〈離婁 (上)〉:「堯舜之道,不以仁政,不能平治天下。今有仁心仁聞而民不被其澤,不可法于后世者,不行先王之道也。故曰:徒善不足以為政,徒法不能以自行。《詩》云:『不愆不忘,率由舊章。』遵先王之法而過者,未之有也。」李學勤,註 69,頁 219–220。並非不能無法,而是應以先王之法為法也。

❷❷ 論者以之為儒家尊德抑刑之例證者,如謝君直,《郭店楚簡儒家哲學研究》,頁 47–48,臺北:萬卷樓 (2008 年)。亦有以為此係以成文法取代貴族階級施行禮儀習慣,即所謂不成文法的重大事件,孔子以為成文法典的公布不利於貴族階級,故加反對者。斯維至,註 83,頁 237。

「非天子不議禮」❷，孔子未嘗不是以禮為較高之上位規範，不容無權而不當之立法破壞其精神，乃正是以較高之禮法制度作為非難實定法刑鼎刑書的尺度，而與西方之習以自然法非難實定法，終竟成就憲政思想之濫觴，可相對照❷。

　　申言之，孔子於此所言晉國之法度，「唐叔之所受法度，以經緯其民者也」❷，而「唐叔所受法度，周天子之所頒也。」❷乃係以先王之禮法為習慣法與較高法，不容現世掌實權者另以當世所頒之實定法侵犯其法權或破壞其法度內容；應不僅是好禮而惡刑而已。而孟子執孔子始作俑者之言非議梁惠王類同於率獸食人之行徑，譴責殘民以逞之非德、人俑人牲之非禮，以為抑制君王窮奢極欲與窮兵黷武兩種權力欲望的道德約束，自亦係以禮法道德規範為較高法來繩治君王；以民之父母作為雛形比擬的人國之禮，即是較高法之所在。所不同者，人國之禮是以經典化而非法典化的路徑建構其規範性；經典，就是依儒家思想治國以約束君王的較高法。周禮之中不見禁用人牲的規範，前引《左傳》之中遇有「用人」之記載，隨處引用時人批評之語；《禮記》記載孔子批評作俑，間以多次「不殆於用人」之設疑之辭，意思明顯而用語含蓄，殆所謂知之者也《春秋》，罪之者也《春秋》也❷。漢代之後，記載禮儀習慣的《春秋》三傳、三禮成為經典❷，

----

❷　林咏榮，《中國法制史》，頁 35–38、47，臺北：自刊（1971 年 5 版）；Wm. T. de Bary, ASIAN VALUES AND HUMAN RIGHTS─A CONFUCIAN COMMUNITARIAN PERSPECTIVE, 30–33, Cambridge: Harvard University Press, 1998。

❷　（宋）朱熹，註88，頁 41。

❷　比及漢代以下之以《春秋》折獄，或以經義效力等於法律，或以經義效力高於法律，亦不能謂毫無禮法經典為較高法之思想發軔，詳下述。

❷　《孔子家語》〈正論〉，楊朝明，註10，頁 492。

❷　竹添光鴻，註46，頁 1745；同頁又謂：「夫子所言，分明《中庸》非天子不議禮制度之旨……杜佑《通典》解刑書及此條，均與《周禮》訝士、布憲二職不相背。」

❷　《孟子》〈滕文公（下）〉：「世衰道微，邪說暴行有作，臣弒其君者有之，子弒

以人牲為非禮的人國之禮觀念,也就透過《左傳》、《禮記》之譴責、《周禮》之不錄,而已有從歷史文獻化身為君王治國之較高法規範的契機存在㉟。

參、民之父母作為人國之禮的再詮釋

於此應作整理,「民之父母」的說法,究竟是否已在人君與庶民之間形成了「人國之禮」?究竟形成了什麼樣的「人國之禮」?以下從歷史的不同階段做一宏觀的描述。

一、人國之禮的觀念成形

《儀禮》〈士相見禮〉謂「庶人見於君,不為容,進退走」,是儒家禮經中僅見的君民之禮㉟,幾乎可以視之為君民之間無禮可用的證明;前引《禮記》〈曲禮(上)〉所言「刑不上大夫,禮不下庶人」,也似乎最易引為證明,身即為國的君王㉟與一般庶民之間並無人國之禮存在。然則《孔子家語》〈五刑解〉中,孔子曾經解釋,禮不下庶人,不是因為階級歧視而是另有原因㉟:

其父者有之,孔子懼,作《春秋》。《春秋》,天子之事也。是故孔子曰:『知我者其惟春秋乎!罪我者其為春秋乎!』」李學勤,註69,頁211。此二語之解釋,參看章太炎,《春秋左傳讀、春秋左傳讀敘錄、駁箴膏肓評》,頁60–61《立素王之法》),臺北:學海(1984年)。

㉟ 《春秋》三傳為《左傳》、《公羊》、《穀梁》,三禮則為《周禮》、《儀禮》與《禮記》,與《詩》、《書》、《易》、《論語》、《孟子》、《爾雅》、《孝經》合稱十三經,李學勤,同上註,序,頁1–3。

㉟ 《左傳》莊公23年:「二十三年,夏,公如齊觀社,非禮也。曹劌諫曰:『不可。夫禮,所以整民也。故會以訓上下之則,制節用之節;朝以正班爵之義,師長幼之序;征伐以討其不然。諸侯有王,王有巡守,以大習之。非是,君不舉矣。君舉必書。書而不法,后嗣何觀。』」竹添光鴻,註46,頁260–261。亦為歷史文獻可以化身法規範的思想描述一例。

㉟ (漢)鄭玄,註39,儀禮7頁2。

㉟ 甘懷真,註6,同頁。

㉟ 楊朝明,註10,頁356。

所謂禮不下庶人者，以庶人遽其事而不能充禮，故不責之備
禮也。

《尚書》〈洪範〉將天子定位為民之父母，置於〈洪範〉九疇之五（曰
建用皇極）之末，屬於箕子為武王畫策——「皇建其有極」的一部分❷⁴⁰：

曰皇極之敷言，是彝是訓，于帝其訓，凡厥庶民，極之敷言，
是訓是行，以近天子光。曰天子作民父母，以為天下王。

其義原較側重於教導君王建立統治權威，以父母之尊領導人民❷⁴¹，不
似禮儀之界定而更近於君民關係的一種描述；與之接軌而出現新意的說法，
則是上博楚簡《民之父母》中孔子使用「無聲之樂、無體之禮、無服之喪」
期許君王擔任民之父母的理想境界，形容君王與庶民之間，看不見相接的
儀式禮節，也就聽不到音樂伴奏，又因不在服喪的親屬範圍之內而無一定
的服制；唯其如此，君王乃須以行為表率取代音樂以和同萬民，無樂政如
有樂政；以威嚴的儀表風範使庶民尊敬，無禮儀如有禮儀；以能體察庶民
喪戚之情來拯救庶民於苦難之中，無喪服如有喪服❷⁴²。《詩經》上所謂凱弟

---

❷⁴⁰　楊家駱，註2，書12頁8-11。

❷⁴¹　依朱廷獻先生之考釋，以「近」天子之光之「近」字，疑為「覲」字之假借，
　　整段之意思為「言以上是關於君權建立的陳詞，是要取法的，是要用來教導民
　　眾的；（如能做到）那就是順從上帝了。凡是民眾們，對於上述的言論，若能
　　服從能實行，那就可以接近天子的光明了，因為天子是人民的父母，是天下的
　　君王。」朱廷獻，《尚書研究》，頁497，臺北：臺灣商務（1987年）。

❷⁴²　其詳細討論，見李念祖，註4，頁7-13。《孔子家語》〈六本〉中，孔子亦曰：
　　「無體之禮，敬也；無服之喪，哀也；無聲之樂，歡也。不言而信，不動而威，
　　不施而仁，志。夫鐘之音，怒而擊之則武，憂而擊之則悲。其志變者，聲亦隨
　　之。故志誠怠之，通於金石，而況人乎？」楊朝明，註10，頁185。論者則謂
　　孔子「三無」之說，無聲之樂是比有聲之樂更高的形式，保留了樂的功能，又
　　擺脫了鐘鼓之樂的物質形式；無體之禮是比有體之禮更高的形式，以內在的堅
　　定表現出自然的威嚴，能起到禮的功能，使上下有序有條不紊，又擺脫了禮的
　　具體儀式；無服之喪是比有服之喪更高的形式，以內心的仁德虔敬對人發生潛
　　移默化的影響，其說法於此可以參照。詳見方旭東，〈上博楚簡《民之父母》
　　篇論析〉，收入朱淵清、廖名春，《上博館藏戰國楚竹書研究（續編）》，頁273，

君子,就是該威嚴如父,慈愛如母;《禮記》〈表記〉的解釋頗為透徹❷⁴³:

> 子言之,「君子所謂仁者,其難乎!《詩》云:『凱弟君子,民之父母。』凱以強教之,弟以悅安之,樂而毋荒,有禮而親,威莊而安,孝慈而敬,使民有父之尊,有母之親。」

君王與庶民之間,既無相接的禮儀,或可謂為並無人國之禮;然而君王應以兼有嚴父慈母的尊嚴、風範、態度、心情對待庶民,進入無規範亦如有規範的境界,既有「無體之禮」,則也不能說了無人國之禮存在。用民之父母來形容君民關係,對於重視人倫關係規範的孔子而言,應非偶然。西方學者曾經如此形容孔子:「對孔子而言,設非有兩個人存在,就將是一個無人的世界。」 ❷⁴⁴ 可謂傳神,也可知關係規範在儒學中的重要性。君民之間固因兩者不是熟識者而無固定之禮儀,但既然有界定君民關係的政治社會需要,自不能不有足以對應的解釋。引用《尚書》〈洪範〉的既有說法,借用父母子女關係來描述並引為君王應該仁民愛民的理論依據,毋寧是順理而成章,逐漸建立了一種「人國之禮」的規範意識,也不令人意外。

本文從《孟子》始作俑者章句,研究其背後依於「民之父母」而形成的人國之禮脈絡。首先,民之父母的觀念足以決定「人國之禮」之中不能以人為牲的政治秩序規範,改變了商代視為理所當然的祭祀習俗,並且可以作為評價君主是否合禮的依據。民之父母不能率獸食人,不能以人為牲,就是人國之禮適用於君民之間的實質誡命。從孔子到孟子,民之父母的說法隨著政治社會環境的變化而發生了若干微細但是重要的改變,「其無後乎」一語從防微杜漸的審慎質疑進入了舉輕以明重的明白義務告誡。與此同時,民之父母也從接駁血緣政治的正當性走到了以民意接駁天命來決定

上海:上海書店出版社(2004 年)。

❷⁴³ (清)孫希旦,註 11,頁 1308–1309。

❷⁴⁴ H. Fingarrette: "For Confucius, unless there are at least two human beings, there are no human beings." As quoted by R. Madsen, *Confucius Conceptions of Civil Society*, in D. Bell, CONFUCIAN POLITICAL ETHICS, 7, 18, note 14, Princeton: Princeton University Press, 2008.

傳子或傳賢的正當性；民之父母的民本堅持指向了民心民意在與神權的觀念競爭中逐漸超前；民之父母所蘊含的人道思想也回過頭來衝擊禮教社會的階級等差；民之父母一旦從為君王畫策轉成約束君王行事的觀念，就開始發展出要求強勢君王將資源分配於弱勢庶民，還有抑制君王藉用武力擴張權力絕對性的具體制約，終究要開展其形成一種「較高法」的路徑方向。

二、人國之禮的發展歧途

必須承認，民之父母作為一種人國之禮加以觀察，先秦時代畢竟只是處於一種初級階段，也就是一種規範內容模糊的發展形塑過程。孔子與孟子所描述的「民之父母」，其共同之處均在強調君王臨民應有以父母對待子女的責任或義務，而未必是在強調庶民有以子女奉侍君王如父母的義務。孟子以為君王盡到父母對待子女的責任與義務時，其庶民乃至他國之庶民自然就會視之如父母般地自動歸順❷❹❺。然而，此種加課君王義務的思想路徑，稍形變化即可能反過來成為強調人民應該順服於君王權威的說詞張本。儒家的道，究竟是拘束君王的道，抑或是服務君王的道，差別甚大，不是本文所能涵蓋，但若要構成一種可以拘束君王的較高法，就正是能否與西方憲政「較高法」思想接軌的關鍵❷❹❻

漢代獨尊儒家乃至引用《春秋》決獄，儒家經典繼續發展成為較高法的軌跡，卻不明顯❷❹❼。加課君王義務的思路發生變化，似也正在此時。《禮

---

❷❹❺　《孟子》〈公孫丑（上）〉：「信能行此五者，則鄰國之民仰之若父母矣！」李學勤，註69，頁110。孔子也曾有類似之語，《大戴禮記》〈主言〉：「孔子曰：『……上之親下也如腹心，則下之親上也如得子之見慈母也。』」（清）王聘珍，註51，頁4–5。

❷❹❻　黃進興氏研究儒家與中國歷代統治正當性的問題，即特別指出「道統」與「治統」的區別，既見於統治者思想（如康熙曾曰：「萬世道統之傳，即萬世治統之所繫。」），也見於學者之論述（如王夫之云：「儒者之統，與帝王之統並行於天下，而互為興替。其合也，天下以道而治，道以天子而明；及其衰，而帝王之統絕。」）詳見黃進興，《優入聖域──權力、信仰與正當性》，頁126–129，臺北：允晨（1994年）。

記》〈緇衣〉的一段話於此可以作為例證[248]：

　　子曰：「民以君為心，君以民為體，心莊則體舒，心肅則容敬。
心好之，身必安之；君好之，民必欲之。心以體全，亦以體傷；
君以民存，亦以民亡。《詩》云：『昔吾有先正，其言明且清，國
家以寧，都邑以成，庶民以生。誰能秉國成？不自為正，卒勞百
姓。』〈君雅〉曰：『夏日暑雨，小民惟曰怨。資冬祁寒，小民亦
惟曰怨。』」

　　於 20 世紀最後 10 年間先後出土問世的郭店楚簡[249]以及上博楚簡之
中，亦均有《緇衣》之篇章（上博版原稱為《紡衣》），簡本與《禮記》本，
不盡相同，列之如下（括號內係郭店簡有之而上博簡無之的簡文）[250]：

---

[247] 春秋折獄，是指漢代依據《春秋》經典中的事例，作為刑事判決的法源根據，
以董仲舒的折獄案例為最有名；深入研究春秋折獄的黃源盛談到論者批判春秋
斷獄是以理殺人，乃是儒學法家化的結果時，以為，「對君主負責的司法者想
守法，但他們卻沒有方法制止君王的不法」，「儒者在君主專制之下，若站在『正
義立場』援引經義以決獄，一以防君主之暴，一以制法吏之酷，自有其不得已
的苦衷，也有其不得不然之勢。」黃源盛，〈春秋折獄的方法論與法理觀〉，收
入氏著，《漢唐法制與儒家傳統》，頁 100，125–126，臺北：元照（2009 年）。
鍾倫納則如此形容漢儒：「他們首先是按下孔孟重民的思想，改治荀韓之道去
迎合君王。……董仲舒既倡仁義，又倚仗刑法和重用酷吏。他也認識到君權失
控的危險，因而採納了陰陽家的觀念，以自然災害為天降的警告，要犯錯的君
王改正過來。董仲舒甚至提出：『屈民而伸君，屈君而伸天。』當然改不改是
君主自己的決定，儒家沒有進一步提出理據和制度來規範王權。」鍾倫納，《華
夏歷史的重構》，頁 124，香港：三聯（2011 年）。

[248] （清）孫希旦，註11，頁 1328。

[249] 1993 年冬出土於湖北省荊門市一個楚墓，其概要見荊門市博物館編，《郭店楚
墓竹簡》，頁 1–2（前言），北京：文物（2005 年重印）。

[250] 郭店簡文，見前註，頁 129；上博簡文，見馬承源主編，《上海博物館藏戰國楚
竹書(一)》，頁 179–181，上海：上海古籍（2001 年）。又參李零，〈上博楚簡校
讀記（之二）：《緇衣》〉，收入氏著，《上博楚簡三篇校讀記》，頁 50–51，臺北：
萬卷樓（2002 年）。

子曰：民以君為心，君以民為體。〔心好則體安之，〕君好則
民欲之，故心以體鷹 ㉛，君以民亡。《詩》云：「誰秉國〔成，不
自為〕正，卒勞百姓。」〈君牙〉云：「日暑雨，小民唯日怨；資
冬祈寒，小民亦唯日怨。」

　　比較其間差異，論者察覺到簡本不是單向地說明上君對下民的重要性，
也在指出「良好的政治運作應有上下回饋的模式纔是」；《禮記》本則隱含
著君心的統御作用，「傾向於保留上對下之間的主從關係。」㉜楚簡為戰國
遺物，《禮記》則成書於漢代；不論《禮記》傳本是因訛傳或是有意加添，
已使先秦儒家拳拳提醒君王人民如何重要，在漢代以後轉為看重君王領導
地位的君主民從意識。

　　論者還注意到《緇衣》此段敘述，是以心與體的和諧比喻君民關係，
更重於以君民互動的結構說明國家如何運作，而不似現代政治慣從執政者
與人民之間權利義務的分配關係為著眼點㉝。換句話說，《緇衣》的內容較
像是君民關係的規律描述而尚非規範的提出。但是，簡本引述《尚書》〈君
牙〉㉞以證明人民均會將其苦痛歸怨於君王，則又已暗示君王誠宜善盡解
民倒懸的責任以成就君民關係，否則即有君以民亡之不測；到了《禮記》
本則生變化，所引《詩》的頭三句出現逸詩，所引《尚書》〈君牙〉，則「日
怨」成為「曰怨」，隱然有責備下民不識君勞之意。尚在形成之中的君民人

㉛　此「鷹」字多解為「廢」，亦有疑為「存」或「全」或「法」字者，參見荊門
　　市博物館編，頁 132，註 27；裴錫圭，《中國出土古文獻十論》，頁 9–12，上
　　海：復旦大學（2004 年）；涂宗流、劉祖信，註 137，頁 343；李旭昇主編，陳
　　霖慶等合撰，《上海博物館藏戰國楚竹書㈠》讀本》，臺北：萬卷樓（2004 年）；
　　馮勝君，《郭店簡與上博簡對比研究》，頁 106–110，北京：線裝，2007 年；虞
　　萬里，〈上博簡、郭店簡《緇衣》與傳本合校拾遺〉，收入朱淵清、廖名春，《上
　　博館藏戰國楚竹書研究》，頁 431–432，上海：上海書店（2002 年）。

㉜　謝君直，註 228，頁 27–29。

㉝　謝君直，前註，頁 27。

㉞　現通行之《尚書》〈君牙〉文本作：「夏暑雨，小民惟日怨咨，冬祈寒，小民亦
　　惟曰怨咨。」楊家駱，註 2，書 19 頁 24。

國之禮,似反朝向距離君王義務規範之更遠處走去❷❺❺。僅僅幾字轉換,為民勸君的警語就已成為為君王權力張目的篇章。

另一個類似的例子是上博楚簡《內禮》的一段話❷❺❻:

故為人君者,言人之君之不能使其臣者;不與言人之臣之不能事其君者。故人之臣者,言人之臣之不能事其君者;不與言人之君不能使其臣者。

此則是言君臣各自應有的對應行為矩限;然則後世所見成書於漢代的《大戴禮記》〈曾子立孝〉中同一段話卻只見:「為人臣而不能事其君者,不敢言人君不能使其臣者也。」❷❺❼諫君之言不之見,諫臣之語也有改動,皆係指向尊君而抑臣,也就是君王義務規範消失的經文變化。在社會中長期留存者,則是可以往利君方向解釋的「民之父母」觀念。

蕭公權先生將中國政治思想依其歷史背景概分為三期,戰國以前為一期,係百家爭鳴之創造期,稱之為封建天下之思想,秦漢以後至明清之二千年,大半為因襲時期,末段為轉變時期,稱之為專制天下思想;清末戊戌維新之後,稱之為近代國家思想;而秦漢之後二千餘年之專制天下,儒

---

❷❺❺ 論者比較郭店《緇衣》與《禮記》〈緇衣〉之文本,看出極大的差異,前者強調君王行仁,後者則有本於君王專制主義改動其文本的明顯痕跡,並不只限於此處所舉之例而已。歐陽禎人,〈郭店楚簡《緇衣》與《禮記‧緇衣》的思想異同〉,收入丁四新,《楚地簡帛思想研究㈡》,頁 208–219,武漢:湖北教育(2004 年)。上博簡文之釋讀者陳佩芬即以為《禮記》本文字應是漢代之人杜撰或按別本移入,不是戰國時代版本原貌,郭店及上博簡本才是。馬承源,註 250,頁 173。

❷❺❻ 馬承源主編,《上海博物館藏戰國楚竹書㈣》,頁 221–222,上海:上海古籍(2004 年)。為此簡譯文考釋之李朝遠先生比較簡文與《大戴禮記》〈曾子立孝〉相類章句,認為:「簡文的『人臣』所涵括的是所有的人臣,文獻中所指僅為『不能事其君』的人臣,文獻所記著重於對未盡子、弟、臣之道者的戒告,簡文所論則是君臣、夫子、兄弟之道的通則。簡文是一種規定,具有法則的意義,文獻中的『不敢』,仍屬於道德的範疇,而且僅限於人子、人弟和人臣,未涉及人君、人父和人兄,頗有『為尊者諱』的意涵。」馬承源,同書,同頁。

❷❺❼ (清)王聘珍,註 51,頁 81。

家思想適應力強而善變，取得獨尊之地位；「儒家思想由擁護封建制度一變而擁護專制政體，成為二千年中之正統學派」**❷**。論者亦嘗以荀子為漢代獨尊儒術首開先河的始作俑者**❷**。荀子恰正是因假設人性皆惡而聖君獨善乃對孟子之性善論而痛加批評者。民之父母作為君民間人國之禮的基調，一旦人民應以愚忠愚孝奉君的要求，蓋過了抑君之惡以保民利民的成分，此後二千年中多為專制思想服務，也就並不令人意外。

三、惡君崩解即重返先秦

在二千年間專制天下思想盛行時期，當然也不是從未出現質疑君王甚或君制之惡的聲音**❷**。宋末元初的鄧牧與明末清初的黃宗羲，則是並不多見而值得注意的例證。鄧牧之《伯牙琴》中，有〈見堯賦〉、〈君道〉、〈吏道〉、〈寶說〉、〈逆旅壁記〉諸文，莫不痛言君之惡，吏之害，恨堯舜之不復見，孔孟之難再得**❷**；黃梨洲之《明夷待訪錄》中，有〈原君〉、〈原臣〉、〈原法〉、〈置相〉、〈學校〉、〈胥吏〉、〈奄宦（上）（下）〉諸篇，亦莫不言君之惡，言吏之害，並思所以防之制之**❷**。鄧牧與梨洲至少有三處相同，

---

❷ 蕭公權，註214，頁8–16。漢代獨尊儒家，得力於董仲舒以天道代替人道改變了先秦以民意為天意的思想，金耀基先生將之歸為民本思想進入停滯期乃至銷沈期的原因。金耀基，註120，頁110–119、125。

❷ 郭沫若，《荀子的批判》，收入氏著，《中國古代社會研究》，頁669，石家庄：河北教育（2004年2版）；李宏鋒，註178，頁265。

❷ 余英時先生即曾指出《後漢書》中漢陰父老之言：「請問天下亂而立天子邪？理而立天子邪？立天子以父天下邪？役天下以奉天子邪？昔聖王宰世，茅茨采椽，而萬人以寧。今子之君，勞人自縱，逸遊無忌。吾為子羞之，子何忍欲人觀之乎？」與《阮籍集》〈大人先生傳〉中說：「蓋無君而庶物定，無臣而萬事理……君立而虐興，臣設而賊生。坐制禮法，束縛下民……竭天地萬物之至，以奉聲色無窮之欲」，都是挑戰君權神授神話的無政府主義宣言。余英時，註92，頁24–26。

❷ （宋）鄧牧，《伯牙琴》，臺北：新文豐，《叢書集選》，頁1–6、9–10，臺北：臺灣商務（1936年），影本藏臺灣大學圖書館文學院圖書分館。

❷ （明）黃宗羲著，李廣柏注譯，《新譯明夷待訪錄》，頁1–54、169–189，臺北：

都與人國之禮有關。第一,他們同樣追復三代賢君之理想,將師法三代先
王的先秦儒學傳統,視為君王與人民關係的應有境界,此則均不失為人國
之禮當有之內容。第二,他們都用「民之父母」評斷君王是否符合理想,
這當然是先秦儒學本色❷。第三,他們都直言秦漢之後的惡君如秦始皇、
漢高祖者流,距離民之父母過遠❷。而鄧牧之以《伯牙琴》待子期,黃梨
洲之以《明夷待訪錄》待箕子之見訪,其同感孤寂蒼涼、尋無知音之意,
猶其餘事。

　　鄧牧於〈名說〉中稱讚「孔孟之所以為孔孟」,梨洲則於〈原君〉中引
孟子視君如寇讎與獨夫之言,稱之為「聖人之言」,並以之諷刺明太祖廢孟
子不使立於孔廟之舉❷。鄧牧與梨洲之後,在思想上徹底檢討君主專制的
就要數清末鼓吹變法的康梁了。康梁是最早開始在中國鼓吹引進西方憲法
以變制者。黃梨洲不但文追鄧牧,而且心儀孟子,作於康熙年間的《孟子
師說》,譽為明清兩代四部以孟子為名的名著之一❷,為梨洲唯一一部完整
哲學之作❷;康有為亦然,著《孟子微》一書,直以民貴君輕之說係以「民
為主而君為客,民為主而君為僕」;「眾民所歸乃舉為民主如憲法之總統然」;
「今法美瑞士及南美各國皆行之,近於大同之世,天下為公,選賢與能也,

　　　三民(1995年)。

❷　鄧牧的〈君道〉中云:「夫懼人奪其位者,甲兵弧矢,以待盜賊,亂世之事也。
　　惡有聖人在位,天下之人,戴之如父母,而日以盜賊為憂,以甲兵弧矢自衛邪?」
　　黃宗羲於〈原君〉中說:「古者天下之人愛戴其君,……比之如父,擬之如天,
　　誠不為過也。」於〈學校〉中說:「天之生斯民也,以教養托之於君,……民
　　蚩蚩而失教,猶勢利以誘之,是亦不仁之甚,而以其實名躋之曰『君父,君父』,
　　則吾誰欺?」

❷　如鄧牧的〈君道〉責秦始皇之壞古封建、黃宗羲的〈原君〉責備漢高祖講「某
　　業所就,孰與仲多」皆是。

❷　其語云:「至廢孟子而不立,非導源於小儒邪?」(明)黃宗羲,註263,頁5。

❷　其他三部是戴震的《孟子字義疏證》,焦循的《孟子正義》,以及康有為的《孟
　　子微》。

❷　朱義祿,《黃宗羲與中國文化》,頁37–40,貴陽:貴州人民(2001年)。

孟子早已發明之。」❷❻❽梁啟超則將《明夷待訪錄》刊印為宣傳民主主義的
工具，而為刺激青年最有力之興奮劑，自稱受其影響最早最深❷❻❾。而清末
革命鼓吹民主立憲的孫文先生亦曾以梨洲的〈原君〉〈原臣〉為興中會的宣
傳品，作為傳播革命思想的載體❷❼⓪；《三民主義》書中，並且引據孔孟以伸
民權❷❼❶。俱可見此中從孟子而至梨洲乃至西方立憲思想走進中國的接榫痕
跡。而康有為既以「民為主而君為客，民為主而君為僕」，而與鄧牧、梨洲
之以「民之父母」看待君王的角色似乎已異其趣，則是值得留意之處。

　　鄧牧、黃宗羲分別在宋末明初與明末清初回顧君之源與君之道，康梁
乃至孫中山在清末民初接引孟子與梨洲思想，均有一種相同之時代背景；
無論其為宋末元初、明末清初抑或清末民初，同為外族入侵，梨洲稱之為
「天崩地解」、中山稱之為「亡國滅種」的時代❷❼❷。從鄧牧回眸省思君惡，
梨洲追復三代先王之明夷待訪，終於走到了康梁力持君主立憲之不果，以
至於孫中山自信本諸道統，建立共和結束帝制。當外來的衝擊使得既有的
君王統治「天崩地解」的時候，知識分子才有痛定思痛，徹底檢討君王制
度弊害的動因與機會，也就遇到了重新思考人民與政府基本關係如何定位
的路口。於是他們不約而同地回到人國之禮在漢代走上歧途之前的先秦思
想，以求重新出發，毋寧是理所當然，而有其脈絡可尋。辛亥武昌之役後，
清廷發布《憲法重大信條十九條》之〈擇期頒布君主立憲重要信條諭〉中，
猶有「資政院奏持用君主立憲主義……以固邦本而維皇室一折」字樣❷❼❸，
則正是共和國到臨前夕，君王仍思與民本思想共舞的餘暉返照。

---

❷❻❽　（清）康有為，註118，卷1頁13。

❷❻❾　梁啟超，《清代學術概論》及《中國近三百年學術史》，轉引自朱義祿，註268，
　　　頁331–333及李廣柏注譯，註262，導讀，頁26。

❷❼⓪　朱義祿，同上註，頁342–345。

❷❼❶　孫文，《三民主義》，頁79，臺北：三民（1965年）。

❷❼❷　李廣柏注譯，註263，導讀，頁1；孫文，同上註，頁26。

❷❼❸　夏新華、胡旭晟，註31，頁148–149。

肆、民之父母與當代憲政思想的距離

至此乃終不能不再尋思民之父母所形成的人國之禮,與當代憲政思想究竟還有何種距離。作者前已為文論及民本思想與民主思想的不同,階級等差與平等思想的矛盾,天命與民意作為權力來源的差別,以及定期改選與君王終生在位的兩不相容❷。於此則再就君主政治與民主政治、奴隸制度與公民社會、血緣社群與平等自由、抽離天命的民主政治,義務思想非權利意識,以及德禮之治與憲法之治等六處之比較入手,思考民之父母的觀念至今並未消散,有無轉接憲政思想的可能或契機。

一、君主政治與民主政治

立憲國家,未必無君王存在;憲政思想,似也未必與君王完全不能相容。然則立憲國家與君主專制是兩不相容的,成熟的憲政思想產生的憲法也許容許世襲的君王存在,但是憲法所設定者必然是民主政治,必然是以人民而非君王作為國家政策的終極立法者,也就是要確認主權在民而非主權在君。

孟子說國人皆曰可而後可的民之父母概念,確實可以視作民主政治的芽苗思想。問題在於民之父母裡的君民關係,孰主孰從,誰才是目的?孟子說民貴君輕,算不算是首先提出了人民才是目的而君王不是的優先順序呢?如前所述,民貴君輕與民主君從似乎仍難畫上等號,「民為邦本,本固邦寧」的民本思想,實也仍是以「邦寧」為目的,民貴君輕若是並未脫離民本思想,就與「民主」還有相當的差距。孟子所引古公亶父之言:「有民立君,特以利之」,還有《左傳》文公 13 年邾文公之言:「天生民而樹之君,以利之也」,已是最接近以人民為目的境界的政治說理,但也只是類似觀念的提出而已。

以「本固邦寧」作為君王應該仁民愛物的理由,或許是民本思想說服君王的方法。就像孟子說梁惠王要與民同憂與民同樂的理由,正是樂民之

樂者，「民亦樂其樂」；憂民之憂者，「民亦憂其憂」。冀使君王為了使得人民憂君之憂、樂君之樂而憂民之憂，樂民之樂。北宋范仲淹顯然深受孟子影響，說出了「先天下之憂而憂、後天下之樂而樂」的千古名言❷，但范仲淹的前提是「處廟堂之高，則憂其君；處江湖之遠，則憂其民。」這位千古名臣的價值順序，於有臣職在身時，仍是君先民後；不能說與「民之父母」之說係以父母為主子女為從的價值順序無關。

　　孔子說：「君非民不治，民犯上則傾。」❷君上民下的觀念牢不可拔。君民之間的關係倫理，若是順著「溥天之下，莫非王土；率土之濱，莫非王臣」的思想，界定為君臣關係，固然會是跟著君為主、臣為從的邏輯而得到「君為主、民為從」的結論。若用「民之父母」的說法加以取代，也就是借用父母子女關係取代君臣關係來理解君民關係時，並不因此使得君主民從的基本道理有所改變。尤其當以「父母官」稱呼官吏時，作為官吏主子的君王，相對於人民，自然更就高高在上了。愛民如子，成為恩惠而非義務時，民本思想當然只能發生若干緩和君主專制的作用，而不能真正成就民主的政治思想。孟子用「民之父母」提倡的君王義務，比不上君王用民之父母加課人民效忠義務的效果。保留統治者對人民負有關照關懷義務的觀念，但是放棄民之父母的身分比喻，才能掌握跨入民主政治的契機。

二、奴隸制度與公民社會

　　當代憲政思想之中，公民社會的建構是個重要的意識。公民社會的公民，英國學者 Keith Faulks 說得簡單明瞭❷：

> 　　不同於奴隸、子民或臣屬等預設階級控制的社會地位，公民是十足正當的社會成員，與其他公民地位平等。

也就是說，公民社會與奴隸制度，不能兩立。民之父母所建構的人國

---

❷　語出所撰〈岳陽樓記〉乙文。

❷　語出《孔子家語》〈六本〉，楊朝明，同註10。

❷　K. Faulks, CITIZENSHIP, 4, London: Routledge, 2000；黃俊龍譯，《公民身份》，頁 5，臺北：巨流（2003 年）。

之禮,從周代開始,以民之父母為尚的君王角色觀念終要消戢以奴隸為人牲的人祭制度,然則人道主義雖然發生作用,卻仍長期與奴隸體制並存。直到滿清末年,宣統二年之現行刑律尚無明文禁止使人為奴,民國 24 年之刑法納入使人為奴隸罪,才在歷史上正式結束區別「人」與「非人」的奴隸制度❷⃝ ❼⃝ ❽⃝ 。

「仁」是「推己及人」❷⃝ ❼⃝ ❾⃝ ,是同理心的表現;然則同理心是建立在人係平等的前提之上。與「人」不平等的「非人」,如奴隸,不在推己及「人」的範圍之內,成為「犧牲」,自屬理所當然。君王既為「予一人」,天下萬民因此無所謂推己及「人」之可言,施以虐待酷刑有如奴隸而不以為意,也是理所當然。

為君民關係發展出人國之禮實質規範的孔子孟子,雖然提倡人道思想,卻未直接挑戰奴隸制度;或可想見,連人牲非禮一條簡單的規則,都要用間接含蓄的語言如「始作俑者」加以表達,當時有識之士企圖扭轉先秦君王牲人陋習的歷史思想環境是如何艱難;從牲人到不再牲人,乃只能是人道思想發展的階段性任務;雖然基於民之父母的觀念,「子其民」是治國九經之一❷⃝ ❽⃝ ⓪ ,但是否定奴隸制度,尚要期諸來日。奴隸設非「人」子,自然

❷⃝⃝⃝ 刑法第 296 條第 1 項:「使人為奴隸或使人居於類似奴隸之不自由地位者,處一年以上七年以下有期徒刑。」韓忠謨氏解釋此條之緣由時謂:「奴隸制度流行於古代,中外皆然。凡居於奴隸地位之人,非祇無身體行動之自由,且其應享之法律上人格亦剝奪殆盡,而淪為權利之客體,與通常貨財無異,實為不自由之最盛者也。現代文明國家尊重人權,明認凡人皆平等享有權利自由,當然不容奴隸制度之復見於今日。」韓忠謨,《刑法各論》,頁 366–367,自刊(1970 年再版)。清末沈家本氏於光緒 32 年有〈刪除奴婢律例議〉謂「律例內奴婢各條與買賣人口事實相因,與頒行憲法之宗旨顯相違背。」可稱卓識。沈家本,《寄簃文存》卷 1,頁 24,臺北:臺灣商務(1976 年)。

❷⃝⃝⃝ 《論語》〈衛靈公〉:「子貢問曰:『有一言而可以終身行之者?』子曰:『其恕乎?己所不欲,勿施於人。』」後之學者,均據此章以言孔子之仁道,在於推己及人。參見如錢穆,註 22,頁 570;(宋)朱熹,註 88,頁 188。

❷⃝⃝⃝ 〈中庸〉:「凡為天下國家有九經,曰:修身也,尊賢也,親親也,敬大臣也,

不是「子」其民的對象；到了晉代陶潛在家書中以「此亦人子也」告誡兒子善遇家僕時❷⑥①，或許才在階級禮法社會中出現了預告奴隸制度消亡的第一道智慧曙光。

從世界人權宣言第 4 條到聯合國公民與政治權利國際公約第 8 條禁止奴隸制度作為保障人權的普世保證❷⑧②，是 20 世紀下半葉的人權觀念紀錄。若以西方首開成文憲法先河之美國為例，其於 18 世紀制憲時亦曾保留奴隸制度，未即以之為違憲；聯邦最高法院乃尚曾於 1857 年以判決謂非經修憲不能以法律廢除奴隸制度云云❷⑧③。卒有 19 世紀 60 年代之 4 年內戰，終則付之修憲而以憲法增修條文第 13 條禁止一切奴隸制度；猶仍有待 20 世紀 1954 年聯邦法院以判決改變先例而宣告黑白種族隔離施行教育之制為違憲扭轉社會積習❷⑧④，美國乃終在 2008 年由非裔之 Barack Obama 膺選總統，徹底告別奴隸制度之遺害。是亦先有憲法與憲政思想而後，歷經 200 餘年始從奴隸社會躋登公民社會之例證。

徹底告別奴隸制度的公民社會，是否就是人類平等的終極境界？問題其實至今尚未平息；公民社會裡的公民固然是身分平等的社會成員，但是誰才具有公民身分，卻又可能正是能否取得社會成員平等地位的前提條件❷⑧⑤。公民社會的公民，如果乃是不能離開「國族主義」的公民❷⑧⑥，或是

體群臣也，子庶民也，來百工也，柔遠人也，懷諸侯也。」（宋）朱熹，註88，頁 34。

❷⑥① 事見蕭統〈陶淵明傳〉，引自（清）陶澍注，楊家駱主編，《陶靖節集注》，頁 17，臺北：世界書局（1999 年 2 版）。

❷⑧② 世界人權宣言第 4 條：「任何人不得使為奴隸或奴役；一切形式的奴隸制度和奴隸買賣，均應予以禁止。」聯合國公民與政治權利國際公約第 8 條首 2 項：「一、任何人不得使充奴隸；奴隸制度及奴隸販賣，不論出於何種方式，悉應禁止。二、任何人不得使充奴工。」

❷⑧③ Dred Scott v. Sandford, 60 U.S. (19 How.) (1857).

❷⑧④ Brown v. Board of Education, 347 U.S. 483 (1954).

❷⑧⑤ Fulks, *supra* note 277, 7–8.

❷⑧⑥ Fulks, *supra* note 277, 9–10, 83–84.

不能從「生而平等」的前提出發，建立先天平等的人格觀念，而是訴諸任何與生俱來、非人為力量所能改變的因素決定公民社會的成員資格，使得「公民」與「非公民」作為「人」的基本地位依舊有別，實與孟子說「國人皆曰不可」的「國人」也是異曲而同工。在這個意義上，因出生於皇室而賦予「君王」身分的制度，即使不許君王專制，恐也終與人類生而平等的社會觀念難以並存。如何從國族的「公民」跨越至普世的「圓顱方趾之人」，人類平等社會與憲政主義遇到的挑戰仍然方興未艾。

三、血緣社群與平等自由

民之父母，是先秦宗法封建社會的觀念產物。周代的宗法封建制度與商代或許有異，但是透過血緣社群控制政治權力，則是有增無已❷⓭⓻；一方面借用父母愛子之仁心來呼應君王統治正當性的道德天命；另一方面則將父母子女的血緣之親擬制移轉於君王與百姓之間以強固統治者地位。在孟子用民之父母作為評價失德君王的規範時，仁德的講究蓋過了血緣的連繫；尤其當重視民意成為為民父母的行為要求時，民的地位上升，君的地位下降，再若與人道思想中的平等觀念因子遭遇，血緣宗法論述的重要性自然面臨邊緣化的命運。朱元璋深嫉孟子之說，曾經將之逐出孔廟配享之列，不為無因❷⓭⓼。

de Bary 將儒家與西方社群主義相提並論的嘗試，引人思考儒家與現代憲政主義的差距❷⓭⓽。他曾指出孟子說的「先王之法」，就是聖王的典制，亦正是當代「憲法」一詞的文字涵義❷⓷⓪；又再引用《左傳》襄公 14 年的段落❷⓷⓵，

---

❷⓭⓻ 許倬雲，註71，頁173；《禮記》〈大傳〉：「禮，不王不禘。王者禘其祖之所自出，以其祖配之。諸侯及其大祖。士大夫有大事，省於其君，干祫及其高祖。」「祖親故尊祖，尊祖故敬宗，敬宗故牧族，牧族故宗廟嚴，宗廟嚴故重社稷，重社稷故愛百姓……。」孫希旦，註 11，頁 902、917。

❷⓭⓼ 明太祖曾罷孟子配享孔廟，其事之討論，見詹海雲校注，《全祖望《鮚埼亭集》校注──《鮚埼亭集》內編》，頁 827–828（〈辨錢尚書爭孟子事〉），臺北：國立編譯館（2003 年）。

❷⓭⓽ de Bary, *supra* note 229, 90–93.

藉以證明早期儒家注重自由的政治討論與對當權者公開的批評之益處❷：

　　《左傳》將這一功能刻畫為社會所有層級（包括庶人也明顯包括弱勢人群）去做的事情。人們同時或可注意到，有教養的儒家精英理應在政府中，特別是在學校中，為此擔負起主動的責任。

　　這不是民主，但它卻允許自由言論與集會，並提供了在中國一個公民社會如何被設想的某些端倪。在中國歷史中，我們可以援引其他個案來證明自由的儒家傳統，支援並保護某種人道價值，在教育、學校主流會社 (ruling councils) 方面尤其如此，這些價值通常是以共許的禮儀，而不是法律的強制界定的。

　　此項論述或是在強調社群主義與憲政思想並非兩不相容，但與自由主義憲政思想強調個人基本權利之平等保障❷，畢竟有別。先秦思想之中，拒政府而遠之，主張心靈思想遁世自由的莊子，或許更較孟子接近西方憲政精神所植基的平等個人自由主義❷。但儒家思想，畢竟是中國歷朝歷代

---

❷⁹⁰　de Bary, id., 92.

❷⁹¹　《左傳》襄公 14 年：「師曠侍於晉侯。晉侯曰：『衛人出其君，不亦甚乎？』對曰：『或者其君實甚。良君將賞善而刑淫，養民如子，蓋之如天，容之如地。民戴其君，愛之如父母，仰之如日月，敬之如神明，畏之如雷霆。其可出乎？夫君神之主。而民之望也。若困民之主匱神乏祀，百姓絕望社稷無主，將安用之？弗去何為？天生民而立之君，使司牧之，勿使失性。有君而為之貳，使師保之，勿使過度。是故天子有公，諸侯有卿，置側室。大夫有貳宗，士有朋友，庶人工商皁隸牧圉，皆有親暱，以相輔佐也。善則賞之，過則匡之，患則救之，失則革之。自王以下，各有父兄子弟以補察其政。史為書，瞽為詩，工誦箴諫，大夫規誨。士傳言，庶人謗，商旅于市，百工獻藝。故夏書曰：遒人以木鐸徇於路，工執藝事以諫。正月孟春，於是乎有諫失常也。豈其使一人肆於民上，以從其淫。而棄天地之性？必不然矣。』」竹添光鴻，註 46，頁 1084–1087。

❷⁹²　de Bary, *supra* note 229, 152–155. 譯文引自陳立勝譯本，《亞洲價值與人權——從儒學社群主義立論》，頁 168–169，臺北：正中（2003 年）。

❷⁹³　J. Donnelly, *supra* note 98, 23–27.

❷⁹⁴　《莊子》〈逍遙遊〉：「故夫知效一官，行比一鄉，德合一君，而徵一國者，其自視也若此矣，而宋榮子猶然笑之。」「至人無己，神人無功，聖人無名。」

施政的主流傳統,若與戰國時代各領風騷的墨家、法家或荀子相比,孟子無疑仍是質疑君王權力體制思想較著而絕非護衛最力的先秦思想家❷。主張性善論的孟子乃或許也是先秦儒家中比較容易與西方個人自由主義思想接軌的人物。

在 21 世紀中試圖整理基本人權觀念的西方學者,亦曾提出辯護,以為基本人權的概念主要是為政府正當性理論提供基礎,不是非社會的 (non-social);「權利係衍生自控制人類關係的規範,權利乃必然是社會的」;「權利觀念要求尊重個人成為道德的代理人,並且關切他們容易受到傷害,因此既非自我中心的也非反社會的 (anti-social),既不否定個人責任,也不否定社群的價值」;「它在尊重個人自主之餘,也承認人群結合的重要」;「基本人權不是道德與政治的全部,它必須與其他的價值,例如社會秩序取得平衡。」 ❷ 凡此說法,都可感覺得到孟子彷彿也在不遠處。

只是孟子人性本善與民貴君輕的提法,當時雖已逐漸淡化了血緣關係的支配,一方面並未離開社群關係的強調,而另一方面確也尚未進入實現個人正義的權利意識。民之父母的觀念運用,由於始終不離血緣社群關係的依附,始終不能以個人作為主體對象來觀照並審視君王為惡而人民受害之普遍社會現象中的君民關係,自將減緩其向自由主義憲政思想擺渡的步幅與速度。於是孫中山先生受到孟子影響而提倡的革命民權,也就只是偏

〈齊物論〉:「天地與我並生,而萬物與我為一。」大宗師:「天無私覆,地無私載。天地豈私貪我哉,求其為之者而不得也。然而至此極者,命也夫!」(清)王先謙,《莊子集解》,註 95,頁 3–4、18、68。

❷ 蔡英文舉孟子以為讓人民據有私產,「有恆產」、「樂歲終身飽、凶年免於死亡」,是王道仁政的開端,復用「行一不義,殺一不辜而得天下,皆不為也」等語為例,以為孟子是在一人之治的政治體制下以追求統治者的正當關係為出發點,蔡英文,《韓非的法治思想及其歷史意義》,頁 68、80–81,臺北:文史哲 (1986 年)。

❷ M. Freeman, HUMAN RIGHTS, 73–75, UK: Polity Press, 2002。論者並且指出,以個人為權利主體的基本人權,不是為孤立的個人所享有,而是一種社會實踐 (social practice),參見 J. Donnelly, *supra* note 98, 25–26.

限於以權能區分辨別政府與集體人民的政治支配順序，而仍未完全體會以個人作為憲政權利主體的重要性❷⁹⁷。

抑有進者，民主政治也許願意信任人民，卻仍不信任代議政府❷⁹⁸；封建社會則是信任親族血緣關係甚於一切。「民之父母」的說法，一旦借用親子血緣關係解釋君民關係，就立即使得君王成為最值得信賴的對象，而與民主政治並不信任政府的基礎前提有間。孟子始終執「民之父母」以說服君王，無意間已然跳過了君王是否值得信任的重要問題，乃終與「民主」之間存在著尚待跨越的鴻溝。強調血緣關係的另一層副作用，就是依附於血緣而劃分人群的暗示，不利於「平等」觀念的建立。所幸識者對於儒家文化的深層認識，也已指出古代中國「非我族類」的文化偏見，主要是以「文化」而非種族、血統作為劃分的標準❷⁹⁹。果然如此，則東方一旦能與西方在思想上接軌，建立起相互融合的憲政文化，也不會毫無接納「平等」觀念的空間。

余英時先生又指出，雖然孔子、孟子與莊子都已經為個人追求內在超越的哲思奠基鋪路，在禮教文化中發現個人的位置，是漢末儒家禮教遭到廢弛後進入魏晉時期才出現的變化❸⁰⁰。在民之父母的論述裡，孔子與孟子

---

❷⁹⁷ 中山先生講三民主義之民權主義，只重人民之選舉、罷免、創制、複決四權，又曾謂「民權之實情與民權之實行，當待選舉法、罷免法、創制法和複決法規定之後，乃能詳悉其真相與底蘊。」並建議讀者參考廖仲愷之《全民政治》一書，孫文，註271，頁171；而廖著之中，言及複決權是否可施於司法判決時，則全然未考慮司法判決為違憲審查之係保障個別人民基本權利之重要性，即可見其餘。廖仲愷譯，威爾確斯著，《全民政治》，頁96-98，臺北：帕米爾（1957年）。

❷⁹⁸ J. Ely, DEMOCRACY AND DISTRUST, 181–183, Cambridge: Harvard University Press, 1980.

❷⁹⁹ 余英時，《文化評論與中國情懷》，頁23，臺北：允晨（2011年增訂版）。

❸⁰⁰ 余英時，註92，頁4-17、30-36。余先生還曾指出明儒王陽明的儒學觀點首先向個體化與多文化過渡，導致了新儒家個人主義的崛起。余英時，同書，頁431-432。關於魏晉以前，「個人」在中國古代社會難以形成的經過及原因，尚

看到的都是一君對萬民,不是一民或個人與君王個人關係的描述。憲政主義的思想,發軔但未成形,乃只能俟諸來日了。

四、抽離天命的民主政治

周代提出天命說以建立君王統治的正當性,影響深遠。上天與下民的關係是從天在上、人在下的自然現象演繹出天子高於萬民的上下尊卑觀念。上引《尚書》〈泰誓〉的段落清楚揭示了這條思考推論脈絡。孟子用民之父母應該重視民心向背的道理作為補充,雖有以民意連結天心的傾向,但是孟子使用民心的向背印證傳子或傳賢的天心,他說的民意終究並未完全取代天命思想中的天意天心,也無法根本改變上天下民,君上民下的基本定位。在神權退位的民本主張之中,儒家存而不論的鬼神不可知論只是將天命觀推向一種神秘的境界,卻不否定天命存在的假設。天命觀固然賦予君王仁民的道德義務,但同時也讓獨獲神秘天命的君王取得了高於一切臣民的「予一人」位置;天命觀正是證成君王與臣民具有階級等差的觀念本源,亦就構成統治者與被統治者人格平等的思想障礙。天命觀建立了統治君王地位高人一等的命題,與歐陸法系憲政思想中仍依「統治高權」或「高權行政」假設政府具有支配性地位的理論❸❶,約略近之;也與君主立憲國家(如日本)憲法中皇室成員與一般個人並非處於平等地位的規定❸❷,道理相通。

然而當代自由主義憲政思想卻不是倚賴所謂或類似的天命觀支撐民主政治的正當性。抽離天命觀帶來的政治正當性之後,民主政治的正當性得

可參看如馬小虎,《魏晉以前個體「自我」的演變》,北京:中國人民大學(2004年)。

❸❶ 亦即國家得居於統治主體之地位,由行政機關適用公法以命令、禁止等具有強制力之手段對人民或地方自治團體為各種行政行為之意,吳庚,《行政法之理論與實用》,頁10–11、17,自刊(1992年)。

❸❷ 例如日本帝國憲法基於君權神授的理論,於第1條規定君王主權即是。今日之日本國憲法第1條則曰:「天皇乃日本國之象徵,亦為日本國民統合之象徵,其地位是基於主權存在之日本國民之總意。」第3條規定:「皇位為世襲。」

自於多數決的多數、被統治者的同意❸或是審議民主中經過充分討論反覆
思辯之後取得的社會共識❸。無論何者,其實質正當性都是以平等正義為
基礎;平等正義乃就是當代憲政思想的道德基礎。統治者產生於民間,統
治者個人與任何一個被統治者的人格都是平等的,取得統治權的統治者並
不取得高人一等的人格。多數決的正當性建築在票票等值的參政平等之上,
被治者的同意與審議民主的社會共識則均不能離開平等的人性尊嚴作為立
論前提。民主的正當性既非仰賴統治者的德行與仁慈,也已打破了統治者
唯我獨尊的地位。

　　論者指出,政治哲學家 John Rawls 在 20 世紀下半葉,即係以平等自由
主義 (egalitarian liberalism),引平等為最重要的根本價值,為自由主義憲政
理論重奠哲學根基❸。Rawls 用「相互認同、地位平等而得同享最大程度
之同等自由之社會成員,在無知之幕之後經過深思熟慮的討論而做成關於
平等照顧弱勢的自治社會共識」仗為民主憲法的終極正當性根據❸。在法
學界相與呼應並且進一步著書立說的 Ronald Dworkin 則曾討論政府照顧
弱勢人民需要的角色問題;Dworkin 說:「政府雖然不是民之父母」,但是
也有徵稅以照顧弱勢者最基本經濟需要以實現其平等關懷個別人民的義

---

❸　美國獨立革命提出反抗英國統治的口號即是「統治須得到被治者同意」(語出
　　獨立宣言)、「不出代議士不納稅」(no taxation without representation),制憲後
　　即由各州人民直接選出聯邦國會之議員。A. Amar, AMERICA'S
　　CONSTITUTION─A BIOGRAPHY, 64–65, N.Y.: Random House, 2005.

❸　關於審議民主 (deliberative democracy) 的意義,參見如 W. Kymlicka,
　　CONTEMPORARY　POLITICAL　PHILOSOPHY─AN　INTRODUCTION,
　　291–293, N.Y.: Oxford University Press, 2002;謝崇學、鄭惠文譯,A. Gutmann
　　& D. Thompson,《商議民主》(WHY DELIBERATIVE DEMOCRACY, 2004,
　　Princeton: Princeton University Press),頁 3–12,臺北:智勝 (2006 年)。

❸　R. Dworkin, *supra* note 98, 179–183.

❸　J. Rawls, A THEORY OF JUSTICE, 52–56, 172–174, Cambridge: The Belknap
　　Press of Harvard University Press, 1999 (revised edition);朱敬一,李念祖,註65,
　　頁 8–23。

務 ❼ 。也就是說,政府並不具有民之父母的身分,卻必須具備提供照顧人民、關懷人民的功能與責任意識,才能善盡其憲政義務。此中確有與「天命觀」中以道德為權力正當性來源的思想相通之處。不過,民之父母之說的觀念,是朝身分關係發展還是朝功能關係發展,會出現不同的意義。可是,簡單易曉的民之父母 4 個字,很難只是發展出功能價值的規範意義卻不帶有任何身分關係的鞏固作用。這正是秦漢之後,歷代從並未抽離天命觀的「民之父母」發展出「父母官」說法 ❽ 背後的文化趨勢意涵。宋末的鄧牧、明末的黃宗羲似也都未能完全擺脫天命說的封建思想框架 ❾ ;清末的孫中山提出四萬萬中國人都做皇帝的革命民權概念 ❿ ,與孟子「人皆可以為堯舜」的想法其實異曲而同工,或許才是開始脫離天命觀身分關係規範窠臼的新穎態度 ⓫ 。周人提出天命說以取代殷商,陳榮捷先生認為是人文思想史上的一大突破 ⓬ ,孫中山以民國替代專制,作為天命觀的再突破,已是近三千年後的事;又像是陳榮捷先生也曾經指明,天命原可看做是個

---

❼ R. Dworkin, IS DEMOCRACY POSSIBLE HERE? PRINCIPLES FOR A NEW POLITICAL DEBATE, 99–102, Princeton: Princeton University Press, 2006.

❽ 有謂清代鄉官稱州縣官為父母官,係沿明世之舊者,可為一例證,(清)王士禎,《池北偶談》〈談異七·曾祖父母〉,頁 627,臺北:漢京文化(1984 年)。

❾ (宋)鄧牧之〈君道〉有言:「天生民而立之君,非為君也。……不幸而天下為秦,壞古封建,六合為一。」((宋)鄧牧,註 261,頁 3);黃宗羲之〈原君〉則曰:「古者天下之人愛戴其君,比之如父,擬之如天,誠不為過也。……是故武王,聖人也。」((明)黃宗羲,註 262,頁 5),〈封建〉:「古之有天下者,日用其精神於禮樂刑政,故能致治隆平。後之有天下者,其精神日用之疆場,故其為治出於苟且,然則廢封建之害至於如此,而或者猶以謂諸侯之強盛,使天子徒建空名於上。」〈史〉:「堯舜相傳之統,至元而絕,高皇帝驅氈裘之屬,還衣裳之舊,是百王之嫡嗣也。」引自(明)黃宗羲著,吳光輯校,《黃梨洲詩文補遺》,頁 9、16,臺北:聯經(1995 年)。

❿ 孫文,註 272,頁 87。

⓫ 孫文先生說到承繼堯舜禹湯文武周公的道統,則仍係以天命觀背後的德治傳統為尚,又不待言。

⓬ W. T. Chan, supra note 71, 3–4.

獨立的道德律令，「其性質即為德性」，人的命運並不依賴生前或死後的靈魂，而是取決於其自身的懿行❸。此說未始不可與西方當代憲政主義將「人的平等尊重」作為社會懿行道德基礎的政治正當性理論並觀，亦不失為某種可能的接榫點。是則儒家社會真正走出天命觀的政治思想，脫離統治者享有天命的玄學成分，或者也已不必很長的時間。

五、義務思想非權利意識

余英時先生認為《孟子》〈梁惠王〉之中開列了君王的義務清單，義務為權利之對，君王義務清單與人民權利清單，異曲而同工❸。此在今日看來，確實言之成理。然而孟子的時代，並未發展出權利思想，值得進一步釐清當時的義務觀念與今日的權利觀念，是否可以看成一事之兩面。

今日一般所熟悉之「權利」一詞，依論者之考據，首先出現於清代美籍傳教師丁韙良的著作《萬國公法》，作為英文 Right（名詞）之翻譯❸。始於「權衡」之「權」與「利便」之「利」連用，如果是在表達權利主體「具有自主權衡的優勢地位」者，該事項即屬於「權利」事項；如此，所傳達的 "Right" 原意也不失準確。但是由於「權利」用字的選擇，容易引起「爭權奪利」之負面感受，遂與源自拉丁文 jus 而意義互通之 Right（英文）、Recht（德文）以及 droit（法文）等字之語意大相逕庭。Right 在英文中表

---

❸　W. T. Chan, *ibid.*

❸　余英時，同註65。余氏所引之段落為：「五畝之宅，樹之以桑，五十者可以衣帛矣。雞豚狗彘之畜，無失其時，七十者可以食肉矣。百畝之田，勿奪其時，八口之家無飢矣。謹庠序之教，申之以孝悌之義，頒白者不負戴於道路矣。老者衣帛食肉，黎民不飢不寒，然而不王者，未之有也。」此應視為義務清單抑或孟子之建議，容有可議。惟此一段落之前，尚有「苟無恆心，放辟邪侈，無不為已。及陷於罪，然後從而刑之，是罔民也。焉有仁人在位，罔民而可為也？是故明君制民之產，必使仰足以事父母，俯足以畜妻子；樂歲終身飽，凶年免於死亡。」其視此為君王得民最起碼之道德義務，其理甚明。李學勤，註69，頁 28–29。

❸　參見趙明，《先秦儒家政治哲學引論》，頁 185–191，北京：北京大學（2004 年）。

述者為正當的、對的主張;Recht 與 droit 在德文與法文中,則均同時與「法律」為同一字。唯因其詞極富表達「正當性」的文化涵義,才會有德國法學名家 Jehrin 於 19 世紀寫下膾炙人口之《為權利而奮鬥》(Der Kampf ums Recht) 一文[316];美國的 Ronald Dworkin 於 20 世紀寫下《認真對待權利》(Taking Rights Seriously)[317]之成名著作。然而此等著作背後具有正當性的伸張帶有道德正確的意涵,用「權利」二字不但無法表達,而且其中之義理完全消失;暗藏於「權利」辭彙的漢語文化疏離感,恐是華人普遍缺乏權利意識,視主張權利為畏途之重要語言文化原因之一。嚴復先生責備以「權利」一詞翻譯 "Right" 一字,乃是「以霸譯王」[318],可謂真知灼見。

其實即便古籍中並無適合表達 Right 之現成詞彙,較為準確之對應語辭應是「正義」二字[319]。Right 必是在人際關係中始具有意義,「義」字正是「合宜的關係」之意,而 Right 的正當性道德意涵,亦適合以「正氣」之「正」字加以表達,「為權利而奮鬥」或是「認真對待權利」,如果改用「為正義而奮鬥」或是「認真對待正義」加以表述,文化意涵其實更為準確,原不應該存在的疏離感也將自然消失。

「正義」作為「義務」之對,也遠比「權利」作為「義務」之對,更為理所當然。至於什麼是正義,也就是什麼是權利的問題,亦有論者以為權利源於惡行應受抑制 (Rights come from wrongs)[320],此亦何以權利思想始終變動不居,一代兩代三代人權不斷發展[321]的道理所在。此處的重點不在

[316] 梁啟超將之譯為「權利競爭論」,梁啟超,同註63;王澤鑑從薩孟武之譯法譯為「法律的鬥爭」,王澤鑑,《民法總則》,頁 1,自刊 (2000 年);林文雄譯為「為權利而抗爭」,林文雄譯,《為權利而抗爭》,臺北:協志工業叢書 (1996 年)。

[317] R. Dworkin, *supra* note 98.

[318] 嚴復認為 Right 一字,應譯為「直」,始能免以霸譯王之失。嚴復,〈與梁啟超書 (1902)〉,收入朱榮貴,註63,頁 152。

[319] 林語堂譯《墨子》〈非攻〉時,將「義」與「不義」譯為 right and wrong,得其正鵠之作也。林語堂,《林語堂中英對照西湖七月半》,頁 146–147,臺北:正中 (2009 年 2 版)。

[320] A. Dershowitz, *supra* note 97, 8–9.

談論「權利」一詞的替代辭彙，而是要指出，一旦對「權利」缺乏普遍的正當性認識，也就難以產生正確的權利意識，直到今天，如果人權仍然不易為儒家社會認識乃至接受，此或許是主要原因之一；而另一項主要原因，則或許是孟子只是產生了義務思想，但也缺乏權利意識，所以只是回到孟子，還未必真能瞭解什麼是憲政主義人權。

義務思想直指人心，要求權力領袖從省悟自身誠正修齊治國平天下的道德責任做起是一回事；義務思想何時成為權利觀念之對，其實是另一回事；孟子說君君臣臣、父父子子，講的完全是君臣父子各自的義務，沒有君臣父子相對的權利意識，父慈子孝是要父親懂得慈愛，兒子懂得孝順，這與說兒子可以有主張父親慈愛的權利或是父親有主張兒子孝順的權利，並不一樣；甚至由第三人從旁指點父親應該慈愛、兒子應該孝順，也與父子相互要求對方慈愛孝順，不能畫上等號。西方學者乃有認為社會成員看待關係之中對方應盡的義務時，不能以純然權利 (right *per se*) 的意識加以理解，充其量只能說是合理期待 (reasonable expectations) 而已❷，其說可謂準確。

民之父母，建立了君王愛民如子的道德義務，但是還未能建立人民，特別是任何一位個別的社會成員，要求統治者愛民如子的權利意識；也就更談不到建立一套可以讓社會成員主張掌權者愛民如子的有效機制或方法；從義務思想，走到權利意識，也就還有一段差距。然則差距存在，並不意味著差距不能跨越，誰能說民之父母的思想，不能有下一步朝向權利意識發展的能動性？

六、德禮之治與憲法之治

以「人國之禮」描述當代憲法中的基本規範，用的是「禮治」或「德治」的觀念語言，此與憲法之治中的「法治」(rule of law) 觀念，也不是毫

---

❸　李念祖，〈新興人權入憲的取捨〉，《憲政時代》，頁 201–204，32 卷 3 期（1997 年 1 月）。

❷　P. Nosco, *supra* note 146, 35–36.

無差距。儒家與法家之間關於「人治」與「法治」(或是「治人」與「治法」)的傳統辯論❸中,「治法」指的是「刑治」,而與憲政國家所言的「法治」,必須嚴格辨別,並不能將傳統的辯論想當然耳的類比為德禮之治與憲法之治的討論。其中的道理,在於以刑罰為主的「法」觀念,約略與西方將「法」視為統治工具(而非統治者應受拘束的規範)的觀念相當 (to rule by law),而為以法治國 (the rule of law) 強調統治者必須守法(特別是憲法之法)的觀念所欲加破除的威權思想,其中道理論者多言之已著,於此不必贅論❸。其實,儒家思想在漢代從要求君王轉向為君王服務,漸朝法家思想移動❸。郭店出土之先秦楚簡《六德》有「為父絕君,不為君絕父」之語,其義為奔父喪應先於奔君喪❸,可證先秦素有父子關係先於君臣關係的觀念。法家的《韓非子》〈忠孝〉則以:「臣事君、子事父、妻事夫,三者順則天下治,三者逆則天下亂」❸,係將君臣置於父子之先;而董仲舒之《春秋繁露》〈基義〉曰:「君臣父子夫婦之義,皆與諸陰陽之道。君為陽,臣為陰;父為陽,子為陰;夫為陽,妻為陰。」❸至《白虎通》〈三綱六紀〉:「三綱

---

❸ 《荀子》〈君道〉:「有治人,無治法」,(唐) 楊倞,註 10,頁 29;《明夷待訪錄》〈原法〉:「使先王之法而在,莫不有法外之意存乎其間。其人是也,則可以無不行之意,其人非也,亦不至深刻羅網,以害天下。故曰有治法而後有治人。」李廣柏,註 262,頁 23。此則儒者間之論辯一例也,《韓非子》〈制分〉:「夫治法之至明者,任數不任人,是以有術之國不用譽則母過。境內必治,任數也。亡國使兵公行乎其地而弗能圍禁者,任人而無數也。自攻者,人也;攻人者,數也。」(清) 王先慎,《韓非子集解》,頁 740,臺北:藝文 (2007 年)。此則法家之論據也。所言之法治,皆刑也。

❸ 如薩孟武,《政治學》,頁 182,自刊 (1973 年增補 4 版)。

❸ 漢代儒家思想入法、儒者入仕、儒家與利祿相連的過程,以及先秦與漢後的儒可相區別,參見如陳惠馨,〈儒家、法家思想在中國傳統法制的融合過程〉,收入中國法制史學會編,《中國法制現代化之回顧與前瞻》,頁 8–16,臺北:臺大法學院 (1993 年)。

❸ 彭林,〈再論郭店簡《六德》「為父絕君」及相關問題〉,收入龐樸等著,《古墓新知》,頁 274–280,臺北:台灣古籍 (2002 年)。

❸ (清) 王先慎,註 323,頁 722。

者，何謂也，謂君臣父子夫婦也。」❷而諸葛亮之〈便宜十六策‧君臣〉
則有：「是以三綱六紀有上中下，上者為君臣，中者為父子，下者為夫婦」
之說❸，是漢終之世，君臣關係已然先於父子關係。加上漢朝儒學將君臣
關係「父子化」之後❸，欲以「較高法」範君制君，戛戛乎其難矣！

　　回到先秦，民之父母的背後，隱藏著德禮之治的政治思想。「出禮入刑」
「刑不上大夫」固然將「法」的觀念與「刑」相連結而僅僅指向規範庶人❷，
「德」、「禮」觀念的提出其實蘊含著統治權掌握者受到約束，孔子孟子提
倡民之父母，用意本在藉用嚴父慈母的形象喚起君主愛民仁民的情懷，作
為統治權力的內在約束，可是「天子應為聖人」之假設❸，一旦遇到君上
違禮，則只能出之以極其溫婉含蓄之規勸，希冀其能內在自發地循德禮治
天下，未免過於理想而一廂情願。「民之父母」作為一種不夠具體的「人國
之禮」（無體之禮），不惟對於君主的約束力極其有限，反而還極易遭到君
王藉之樹立與父母權威足相比擬甚或有過之而無不及的絕對地位❸，要求
子民順服。

　　「民之父母」並不在為君王提供刑罰作為統治工具，其中約束君王行
事的用意，與當代「法治國」思想強調政府應該同樣受到「法」的規範制
約，有其互通之處。但是，「民之父母」的「無體之禮」畢竟與具有強制效

---

❷　（漢）董仲舒，註95，頁213。

❸　（清）陳立，註119，頁442。

❸　（清）張澍撰輯，《新校諸葛亮全集》，頁61，臺北：世界（2009年）。

❸　漢朝君臣關係「父子化」的發展，詳見甘懷真，註6，頁279-296。

❷　《韓非子》〈有度〉：「刑過不避大臣，賞善不遺匹夫」，（清）王先慎，註320，
　　頁81。則獨將天子立於法之外，「予一人」的絕對權威，更是牢不可拔。

❸　《尚書》〈洪範〉：「睿作聖。」楊家駱，註2，書12頁9；《莊子》〈天地〉：「天
　　地雖大，其化物也。萬物雖多，其治一也。人卒雖眾，其主君也。君原於德，
　　而成於天。……堯觀乎華，華封人曰：請祝聖人，使聖人壽……使聖人富……
　　使聖人多男子。」（清）王先謙，註95，頁98、102。

❸　《論語》〈為政〉：「導之以政，齊之以刑，民免而無恥。道之以德，齊之以禮，
　　有恥且格。」錢穆，註22，頁32。

力的法規範,不可同日而語。

孔子建立的儒家思想,重視的是「禮治」的內在拘束作用,期待君主自覺地體悟仁民愛物。制定成文法典,形成外在的行為拘束,孔子從來都以為最多只是禮治的輔助辦法,有時且基於其他理由加以反對。至少可以說,孔子對於制頒帶有外部強制性制裁規範的法典,深不以為然,批判晉鑄刑鼎的故事,就是明白的例子。

再以人殉人牲人祭為例,人殉人牲人祭均為殷商舊俗,謂之為殷商之「禮」,恐亦不為過;周代以人牲為非禮,固可從牲禮之中已無人牲反推而得,亦可自前述種種《左傳》《禮記》之記載段落偵知;惟即使在中原齊魯晉系地區,考古均有周代殉人之墓葬發掘;而以馘敵俘祭告祖廟之禮儀,又是自周初即已存在之軍禮,以敵非我族之故也。此皆「禮」因缺乏定式之強制性制裁規範,遇君非禮,亦無可奈何;又刑既不上大夫,大夫非禮亦無有效之外部制裁。凡此皆與成文憲法典所欲樹立之法治異趣。

於清末自西方輸入而逐漸於東土萌芽的立憲思想,是欲以實證的成文憲法作為規範政府權力的根本,而且用「違憲無效」的方法否定政府違憲舉措的正當性,來樹立憲法的強制性權威。憲政思想 (constitutionalism) 所體現的成文憲法與「無體之禮」間的形式差異,毋寧甚為明顯。梁啟超先生固嘗云❸❸❺:

> 《春秋》者,孔子所立憲法案也,所以導中國脫野蠻之域,
>
> 而進于文明也,故曰《春秋》天子之事也。

然而「憲法」法典畢竟是傳統中國所未曾出現的事物,乃只能試圖在傳統政治不具體的「人國之禮」中尋求接近憲政思想的一鱗半爪。所幸明治維新時期由日本翻譯而採用的「憲法」一詞,比之於《周禮》〈秋官・司寇〉及《管子》〈立政〉中「布憲」詞意,而有懸之於國以期共守的涵義❸❸❻,

❸❸❺ 梁啟超,〈南海康先生傳〉,收入康有為著、姜文華、張榮華編校,《我史》,附錄,頁119,北京:中國人民大學 (2011 年)。

❸❸❻ 布憲為官名,《周禮》〈秋官・司寇 (下)〉:「布憲,掌憲邦之刑。」(漢) 鄭玄注:「憲,表也,謂縣之也。」楊家駱,註50,周禮三十六秋官司寇下,頁16;

藉古名新，亦頗貼切。從德禮之治的文化邁入憲法之治的文化，證諸過去一甲子的臺灣經驗，雖然間有障礙，謂其並非儒家文化社會所不可克服的困難，或非過言**337**。

伍、結　語

從孔子到孟子，界定君民關係的民之父母觀念從對君王道德責任的期許，進入了君王善盡道德義務的要求。告誡始作俑者身為民之父母，不可率獸食人，寓藏著民之父母舉行祭祀不得牲人的禮法思想；民之父母思想也漸從接駁血緣政治的正當性轉向以民意接駁天命正當性的可能；內在於民之父母觀念的民本思想並將民權推向神權之先的位置；民之父母所蘊含的人道觀念，也不可避免地撞擊並動搖牢不可破的禮教階級堅持；種種約束君王濫用武力戕害人民、善用資源為民興利的較高法意識，也在先秦踱向漢代的歷史經驗中出現，無體的人國之禮於是乎在。

以其探及憲政思想的進度言之，從孔子到孟子的民之父母說，漸漸彰顯了人牲非禮的祭祀政治秩序規範；用合乎天命的仁義道德而非血緣關係來證成統治正當性；據於民本思想提升人民的位置，並淡化了神權的政治作用；人牲非禮思想背後隱然連結平等的人道觀，埋下挑戰禮教階級不平等的種籽；凡此皆聯立指向樹立約束君王的義務規範，無形中形成了規範君王權力的較高法，也與當代憲法為較高法的憲政思想可以相通。

然則無體的人國之禮在漢代走入了歧途，成為專制政體的裝飾。以後

《管子》〈主政·首憲〉：「正月之朔，百吏在朝，君乃出令布憲……太史既布憲，入籍于太府。……首憲既布，然後可以行憲。」（唐）尹知章注、（清）戴望校正，《管子校正》，頁11，臺北：世界（1990年13版）。

337 李念祖，〈逆水行舟的憲政──臺灣解嚴二十年回顧憲法來時路〉，《思與言》，頁1–92，46卷3期（2008年9月）。本書收入於頁315–377。儒家文化是否為憲政人權思想發展的障礙，最近的辯論，如但昭偉、蔡逸佩，〈中國傳統思想、西方教育哲學與台灣人權教育的經驗〉，黃默、雷敦龢、林正弘、謝正民，諸氏之評論文及但、蔡二氏之回應文，均見《台灣人權學刊》，頁107–170，第1卷第1期（2011年12月）。

到了外患難已,存亡絕續的關頭,儒家的知識分子似乎總會在不同的時代中回眸先秦,特別是孟子的思想,以溯問君制之原理與弊端。從宋末明末到清末,終於與業已發軔於西方的憲政思想相遇。

民之父母不能率獸食人的君民關係規範,與當代的平等自由主義憲政思想,畢竟還有差距。民之父母的提出,雖然提升了人民應受看重的地位,但是尚未完全確定人民才是目的的政治認識,其所擁護的君主政治即與確認人民才是目的的民主政治有間。此為其差距之一。民之父母強調愛護人民,並不強調愛護人民必須施以平等的對待,凡是圓顱方趾之民都該平等關懷的重要性。此為其差距之二。民之父母強調社群關係,但未注意到個別意義而非集體意義的個人應該具備的主體地位。此為其差距之三。民之父母注意到民意政治的價值,卻未能抽離天命以尋找民意政治的道德正當性,也就尚未進入訴諸公民自治、公民參與的個別自主同意作為政治正當性依據的境界。此為其差距之四。民之父母建立了君王義務思想,但未產生與政府義務成為對向的個人權利意識,也就是充其量只知政府與人民各有義務,而不理解人民權利就是正義之所在的真諦。此為其差距之五。「民之父母」透過「無體之禮」的說法,雖然隱約產生了相當於以禮約束君王行事的規範意識,但與通過成文的憲法典來約束政府的立憲思想,究竟不能畫上等號,此為其差距之六。凡此均可視為先秦憲政思想的限度所在。

差距的存在非謂差距的不可跨越;兩千年前的孟子已經走得接近,後人駐足回眸之餘,也不妨再向未來注目。今日憲法之中,仍然不乏深受傳統影響的語言辭彙,像「共和」 ❸❸❽、「國家」 ❸❸❾、「元首」 ❸❹⓪、「義務」,乃

---

❸❸❽ 史傳周厲王失政14年,由召公周公共執國政,迄宣王立,號曰「共和」。《史記》〈周本紀〉:「召公周公二相行政號曰共和。」(漢)司馬遷,註150,頁76;《竹書紀年》:「周定公、召穆公立太子靖為王。共伯和歸其國,遂大雨。」香港中文大學中國文化研究所,註89,頁30。

❸❸❾ 中文「國家」一詞的文化淵源,見如薩孟武,註324,頁7–9。張佛泉先生認為更恰當的詞語為「邦國」,張佛泉,註203,凡例頁11。

❸❹⓪ 《尚書》〈虞書‧益稷〉:「元首明哉,股肱良哉,庶事康哉!」楊家駱,註2,書5頁29。

至於規定國家元首的就職誓詞，均是；也都有繼續存在於憲法之中的理由。憲政思想是不斷延續發展的過程；人世間的憲政主義思潮，從美國首創成文憲法之後仍然不斷發展，方興未艾，傳統儒家社會重新思索政府公權力與人民之間的基本關係規則，應該在㈠牢記並矯正「權力」容易使人陷溺於忘記人民就是目的的錯誤；㈡基於元首及政府官吏與人民之間道德身分與人格平等，政府關懷人民必須一視同仁而無種族階級意識之分；㈢個別人民均具有個性面貌各異、應該同受政府尊重的主體位置；㈣政府權力的正當性不是來自掌握政權的事實所驗證的道德天命，而是每一位社會成員平等參與公共事務決定的自主同意；㈤每一位社會成員在其作為「人」的身分上均有自主權衡正義而不可侵犯的地位；㈥以憲法將「人國之禮」明文寫入成文法典而提供足以強制權力遵守的較高法依據等六處，同時轉身，迴旋出新的思想發展空間；也就是說，「民之父母」早已建立了政府必須愛護、保護人民才能具有政治正當性的基本社會意識，於此基礎上，如能重新調整投射——

「人民就是目的」

「人性並無階級」

「個別受到尊重」

「正當性在民主」

「權利就是正義」

「實證的較高法」

六種思維目光；那麼，或許可以這樣問：民之父母，豈無後乎？

二、國界的踤越

移民身分與基本人權*

壹、慢找答案，先列問題——代前言

　　自有人類以來，人類為求生存、營生活而四處遷徙，事屬尋常，固不僅逐水草而居的遊牧民族居無定所而已。考古人類學研究者有興趣的主題之一，乃是人類萬千年不斷移民以至今日散布全球的現象❶。不論人類是否發源相同❷，其散居世界各處，均不免有移民之遷徙。即令是各種戰爭攻伐，亦不能不受移民遷徙的需要與影響❸。及至今日科技發達，交通便

* 本文原係參加臺灣大學政治學系 2003 年 12 月 26 日舉辦之「全球化與基本人權」研討會而撰寫之短文，口頭發表初稿之後，極感不足，重加寫作成此，謹以之表達祝賀　長文恩師六秩嵩慶之微忱。本文承駱冀耕、林欣苑、廖書賢、王博恆諸學棣協助整理資料及註釋，並此致謝。

本文原收入於《超國界法律論集——陳長文教授六秩華誕祝壽論文集》，頁217–243，臺北：三民（2004 年），內文中部分引述條文內容亦配合該法規修正。

❶　考古人類學家指出，在世界各地都存在著向外擴張的許多重要蹤跡，現代人的歷史就是帶有幾分共同性的一次次移民；技術的進步能夠傳給孩子，使人口成長加快到必須要移民來舒壓。Luca Cavalli-Sforza, Francesco Cavalli-Sforza 合著，樂俊河譯，《人類大遷徙：我們來自於非洲嗎？》，頁 197–198，臺北：遠流（2000 年）。

❷　現代人的起源是單一起源或是多元起源，為人類學上的長期爭論，參閱 Martin Harris 著，蕭秀玲等譯，《人類學導論》，頁 69–72，臺北：五南（1998 年）。

❸　論者指出，隱藏在遷移背後的各項原因包括戰勝的帝國橫掃萬軍，定居於新的領土上。David Held 等著，沈宗瑞等譯，《全球化大轉變：全球化對政治、經濟與文化的衝擊》，頁 353，臺北：韋伯文化（2001 年）；也有人認為，歷史上某些最大的人口移動情形發生在 20 世紀的前半世紀，其特別的原因亦係源於

捷，人類移動能力迅速，成為全球化的現象之一❹，或不過是重演人類祖先從無間斷的行為模式而已。

　　然則「移民」成為一種受到壓迫的身分，自古已然❺，於今猶烈❻；遷徙自由是人權清單上重要的項目❼，但「移民」因遷徙而生的身分，是否為一種應受國家主權尊重的基本人權，即使在世界人權宣言之中，似乎亦非無疑❽。移民身分與人權保障，乃為值得探討之題目。惟因本文題旨牽涉廣泛而篇幅有限，為免率爾操觚有所不周，以下僅以羅列移民各種身

戰爭和國家主義的激烈化。ENCYCLOPEDIA AMERICANA，《大美百科全書14》，頁 470，臺北：光復書局（1990 年）。

❹　論者討論全球化的現象，認為人類的遷移是全球化中最普遍的一種形式。David Held 等，同上註。

❺　如 19 世紀末開始移民至美國之中國人，受到歧視性的法律排斥，或是禁止其擁有財產或歸化為國民。1882 年美國國會更進一步通過驅逐華人移民的法令。ENCYCLOPEDIA AMERICANA，《大美百科全書 14、10》，頁 470、342，臺北：光復書局（1990 年）。

❻　最近的事例，為內政部一度決定對於申請來臺定居的大陸配偶要求，提供財力證明或擔保而受到輿論強烈的批評，參閱陳長文，〈大陸痴與人權盲〉，《中國時報》（2004 年 3 月 6 日），15 版；社論，〈人權政府施政的負面模範教材〉，《中國時報》（2004 年 3 月 4 日），2 版。

❼　憲法第 10 條：「人民有居住及遷徙之自由。」另如日本憲法第 22 條：「任何人在不違反公共福祉之範圍內，均享有居住遷徙及選擇職業之自由。不得侵犯任何人遷住國外或脫離國籍之自由。」義大利憲法第 16 條：「一切人民，除受因健康或安全所設置之一般法律限制外，在國家領土內之任何地方，得自由遷徙及居住，不得因政治理由設定任何限制。一切人民，除受法律所課義務外，得自由自共和國領土出境，並再入境於其領土。」林紀東，《中華民國憲法逐條釋義㈠》，頁 137，臺北：三民（1970 年）。中華人民共和國憲法，則並未規定遷徙自由，參閱《新編世界各國憲法大全㈠》，頁 993–995，臺北：國民大會秘書處（1996 年）。

❽　世界人權宣言第 13 條規定：「人人在一國境內有自由遷徙及擇居之權。人人有權離去任何國家，連其本國在內，並有權歸返其本國。」並未包括進入其他國家的權利。

分所引發的人權議題、而非提供解答的方式，進行論述，並藉此拋磚引玉，是為前言。

貳、移民與非移民之定義——地緣 v. 血緣 v. 主權

　　大體而言，「移民」之身分，在法律上多半不會為當事人帶來更多的權利，而常只是其權利被限制（甚或被剝奪）的原因。本文則要探討法律對移民設限或為差別待遇時，其基本人權是否受到侵犯；「移民」的定義，於此頗為關鍵。

　　移民一詞，一般性的理解與法律上的理解，有無明顯的差異？《辭海》中關於移民一詞，共有三條（即「移民」、「移民政策」與「移民保護法」）❾，似均指向「異地（國）移居」之人。此一定義，似與我國憲法上出現之「移民」之詞義相合❿。於民國 88 年制定、嗣已幾度修正的入出國及移民法中，雖然設有定義條文界定了許多詞彙，卻並未對「移民」一詞給予明確定義⓫。

---

❾　這三條是：

　　【移民】一國人民，因宗教上、政治上、經濟上之種種原因，而移居於遠省異邦，謂之移民。有強制移民、自由移民、團體移民、單獨移民之別。參閱移民政策條。

　　【移民政策】國家對於移民之設施方針也。廣義包括移出民政策及移入民政策，狹義專指移出民政策而言。可分三種：一、移民禁止主義，以法律禁止人民移出；二、移民強制主義，如犯人之流放，貧民奴隸之強制移出；三、移民自由主義，國家對於人民之移住任其自由，不加干涉。移民自由主義又分移民放任主義、移民獎勵主義、移民保護主義三種。在從前各國多取移民禁止主義，今則大都採移民自由主義。

　　【移民保護法】(The Law of Emigrant Protection) 泛指國家為保護移出人民及移入人民而頒布之法律與命令。自 19 世紀後，各國鑑於移民於新大陸者日增，有加強保護之必要，遂於領事官以外，再設移民官。瑞士首開端，德國繼踵於後，於是各國移民保護法，儼然俱法律形式。綜其要點不外：㈠保護移住國外之本國人民。㈡不得輸送於制止移民之國。㈢禁止無正當理由之移民等。

❿　憲法第 108 條規定，移民及墾殖，是中央立法執行或交由省縣執行之事項之一。此一規定所稱之移民，可以包括僅在國境之內長途跋涉移民之人。

與之相涉的名詞或概念，則包括國民、外國人、戶籍、過境、停留、居留、定居等等。綜觀該法規定，「移民」一詞取決於國籍之有無❷與居住之事實❸；其因移民之身分而取得或喪失權利，則又取決於主管機關之裁量❹

❶ 入出國及移民法第 3 條參照。

❷ 入出國及移民法第 3 條第 1 款規定：「國民：指具有中華民國（以下簡稱我國）國籍之居住臺灣地區設有戶籍國民或臺灣地區無戶籍國民。」同法根據「國民」與「外國人」作為區分章節規定之基本標準──第二章國民入出國，第四章外國人入出國。

❸ 入出國及移民法第 10 條第 1 項：「臺灣地區無戶籍國民有下列情形之一者，得向入出國及移民署申請在臺灣地區定居：一、前條第一項第一款至第十一款之申請人及其隨同申請之配偶及未成年子女，經依前條規定許可居留者，在臺灣地區連續居留或居留滿一定期間，仍具備原居留條件。但依前條第一項第二款或第八款規定許可居留者，不受連續居留或居留滿一定期間之限制。二、居住臺灣地區設有戶籍國民在國外出生之子女，未滿二十歲。」第 25 條第 1 項：「外國人在我國合法連續居留五年，每年居住超過一百八十三日，或居住臺灣地區設有戶籍國民，其外國籍之配偶、子女在我國合法居留十年以上，其中有五年每年居留超過一百八十三日，並符合下列要件者，得向入出國及移民署申請永久居留。但以就學或經中央勞工主管機關許可在我國從事就業服務法第四十六條第一項第八款至第十款工作之原因許可居留者及以其為依親對象許可居留者，在我國居留（住）之期間，不予計入：一、二十歲以上。二、品行端正。三、有相當之財產或技能，足以自立。四、符合我國國家利益。」

❹ 入出國及移民法第 9 條第 8 項：「主管機關得衡酌國家利益，依不同國家或地區擬訂臺灣地區無戶籍國民每年申請在臺灣地區居留之配額，報請行政院核定後公告之。但有未成年子女在臺灣地區設有戶籍，或結婚滿四年，其配偶在臺灣地區設有戶籍者，不受配額限制。」第 11 條第 1 項：「臺灣地區無戶籍國民申請在臺灣地區居留或定居，有下列情形之一者，入出國及移民署得不予許可：
一、有事實足認有妨害國家安全或社會安定之重大嫌疑。
二、曾受有期徒刑以上刑之宣告。
三、未經許可而入國。
四、冒用身分或以不法取得、偽造、變造之證件申請。
五、曾經協助他人非法入出國或身分證件提供他人持以非法入出國。
六、有事實足認其係通謀而為虛偽之結婚。

與個人之選擇❶。與入出國及移民法極有關連的法律至少尚有兩部：國籍法及臺灣地區與大陸地區人民關係條例。其他法律之中，規定移民的權利異於非移民的例子還有許多❶；所謂的「移民三法」，也先後由立法院制定及修正公布❶。

總的來說，「移民」的法律定義中，有兩個重要且相互作用的因素：「地緣」與「血緣」。移民與非移民在權利上的差別，總不免受此兩項因素左右。如果沒有移出或移入某地長居的事實，根本不會有「移民」的身分存在，這是「地緣」，也就是地域觀念在「移民」定義上的作用。地域觀念與「移民」身分的連繫因素有二，一為出生地，一為定居地。通常在當地出生的人不會被視為移民（移民的後代則是慣見的例外），不在當地出生卻從外地

　七、親屬關係因收養而發生，被收養者入國後與收養者無在臺灣地區共同居住之事實。

　八、中央衛生主管機關指定健康檢查項目不合格。但申請人未滿二十歲，不在此限。

　九、曾經從事與許可原因不符之活動或工作。

　十、曾經逾期停留。

　十一、經合法通知，無正當理由拒絕到場面談。

　十二、無正當理由規避、妨礙或拒絕接受第七十條之查察。

　十三、其他經主管機關認定公告者。」

❶　入出國及移民法第 10 條第 1 項：「臺灣地區無戶籍國民有下列情形之一者，得向入出國及移民署申請在臺灣地區定居：一、前條第一項第一款至第十一款之申請人及其隨同申請之配偶及未成年子女，經依前條規定許可居留者，在臺灣地區連續居留或居留滿一定期間，仍具備原居留條件。但依前條第一項第二款或第八款規定許可居留者，不受連續居留或居留滿一定期間之限制。二、居住臺灣地區設有戶籍國民在國外出生之子女，未滿二十歲。」

❶　例如就業服務法第 43 條：「除本法另有規定外，外國人未經雇主申請許可，不得在中華民國境內工作。」第 52 條第 1 項：「聘僱外國人從事第四十六條第一項第一款至第七款及第十一款規定之工作，許可期間最長為三年，期滿有繼續聘僱之需要者，雇主得申請展延。」

❶　移民三法，即內政部入出國及移民署組織法、國籍法、入出國及移民法。

來此落戶的人則被視為移民；這是出生地對移民身分的影響。至於定居地與移民身分的關係，則在於定居地的改變或重新確定可能是產生或消除移民身分的因素。

有時移民所以受到差別待遇，不僅來自移出移入的關係，同時還因為血統上的差異而造成。例如僑民自國外回移，與移入之外國人相比，雖屬同向移動，卻可能因為血緣不同而異其待遇❶。血緣關係最直接的表現，就是種族的區分。在人類學上，種族的定義其實也脫離不了地緣關係❶。由於我國憲法第 7 條明文禁止種族的歧視，立法者有時不知不覺地藉著別的概念來達到種族區隔的類似目的。例如「國籍」，即為影響「移民」身分與權利義務的重要概念；關於國籍的立法，亦同時要考慮地緣與血緣兩項因素而有「出生地主義」與「血統主義」的選擇❷。無論採取出生地主義、血統主義、或兼採兩者的國家，都係基於增廣其國民數量的考量而來❷，也都隱含著種族的概念在內；我國國籍法修正後，將認定國籍的基本連繫

---

❶　例如華僑須服役，外國人不用；華僑可以投票選舉總統、副總統，外國人不可。參見歸化我國國籍者及歸國僑民服役辦法第 3 條第 1 項、第 2 項：「原有戶籍國民具僑民身分之役齡男子，自返回國內之翌日起，屆滿一年時，依法辦理徵兵處理。」「無戶籍國民具僑民身分之役齡男子，自返回國內初設戶籍登記之翌日起，屆滿一年時，依法辦理徵兵處理。」總統副總統選舉罷免法第 12 條第 1 項：「前條有選舉權人具下列條件之一者，為選舉人：一、現在中華民國自由地區繼續居住六個月以上者。二、曾在中華民國自由地區繼續居住六個月以上，現在國外，持有效中華民國護照，並在規定期間內向其最後遷出國外時之原戶籍地戶政機關辦理選舉人登記者。」在國外之中華民國自由地區人民申請返國行使總統副總統選舉權登記查核辦法第 2 條：「在國外之中華民國自由地區人民，年滿二十歲，除受禁治產宣告尚未撤銷者外，有選舉權。」

❶　人類學上給予種族 (race) 的定義是，「地理環境孤立的大型人口群，在同一個品種內，長久以來，很少或沒有與其他人口群進行基因漂流。」Martin Harris，註 2，頁 75。

❷　關於國籍的立法中，論及出生地主義及血統主義者，參閱丘宏達，《現代國際法》，頁 391–392，臺北：三民（2002 年）。

❷　丘宏達，同上註，頁 102。

因素，自「父為中國人」改為「父或母為中華民國國民」❷，大幅縮小了國民的範圍，但仍係基於臺灣乃係人民外移的社會而採取血統主義以避免國民流失的考量。

然而，國家無論基於何種標準決定「誰是國民、誰不是國民」，都是用來區別人而帶有排他性的舉措❷。同理，國家無論基於何種標準決定「誰是移民、誰不是移民」，也具有高度的排他性，而與「主權」觀念中的排他性❷相互吻合而根源相同。直到今天，世界人權宣言與聯合國公民及政治權利國際盟約中，尚只承認人人有權離開自己或別人的國家，以及返回自己國家的基本人權，而未指明人人有遷徙至任何國家或地區的基本人權❷。如果不是因為受制於主權思想，難有他種解釋。與「人權」思想常相衝突的「主權」概念❷，正是「移民」身分不該受到歧視的思想大敵；就此點而言，「外國人」受到歧視的原因，與移民相比，其實大同而小異。

從基本人權之核心義理而言，無論將基本人權定義為應受國家權力尊重之人性尊嚴基本條件或是人之所以為人所應享受的自主選擇❷，主權者基於血緣或地緣而排斥移民，都有扞格之處。根據一個人的出生（無論是

---

❷ 國籍法第 2 條參照。

❷ 參閱賴來焜，《國際（私）法之國籍問題——以新國籍法為中心》，頁 35，自刊（2000 年）。

❷ 李念祖，《憲法原理與基本人權概論》，頁 244，臺北：三民（2002 年）。

❷ 世界人權宣言第 13 條規定：「一、人人在一國境內有自由遷徙及擇居之權。二、人人有權離去任何國家，連其本國在內，並有權歸返其本國。」聯合國公民及政治權利國際盟約第 12 條規定：「一、在一國領土內合法居留之人，在該國領土內有遷徙往來之自由及擇居之自由。二、人人應有自由離去任何國家，連其本國在內。三、上列權利不得限制，但法律所規定、保護國家安全、公共秩序、公共衛生或風化、或他人權利與自由所必要，且與本盟約所確認之其他權利不牴觸之限制，不在此限制。四、人人進入其本國之權，不得無理褫奪。」

❷ 相關討論，參閱如陳弘毅，〈關於主張私人權的歷史和法理學反思〉，收入氏著，《法理學的世界》，頁 1–23，北京：中國政法大學（2003 年）。

❷ 李念祖，註 24，頁 259–340。

父母還是出生地點）來決定其權利義務，都是在用個人所不能決定的因素區別個人的權利義務，以血緣關係決定移民的權利，註定要發生是否違反憲法平等原則的問題。而依據地緣關係之深淺或有無來決定移民的權利義務，則必然涉及遷徙決定的自主選擇，即使移民的遷徙有時是迫於無奈的決定，但移或不移、移往何處仍不失為人性尊嚴所繫的自主選擇。依照血緣關係或地緣關係決定移民的權利義務，本質上必然涉及基本人權的保障無疑。

❋ 參、移民之身分與相關人權論述

移民作為一種身分，在社會乃至法律上的觀念，常因所處狀況不同而遭到切割，此時「移民」一詞會被其他的描述取代，「洋女婿」或「大陸妹」就是這樣的例子。不同的描述可能招致不同的社會印象，也會引發不同的人權關切。以下，即分從描述「移民」的各種方式，分別討論其中涉及的人權意涵。

一、同胞、僑民 v. 異族、異類

同胞與僑民通常都是有血統關係的人，異族與異類則屬反是。向外移民的同胞，變成僑民，仍然是同胞，顯示族群力量的延伸。我國憲法原已設有特別獎助僑民興辦教育之規定 [28]。僑民回到國內，與其他的同胞待遇是否相同？憲法增修條文即特別規定國家對於僑居國外國民之政治參與，應予保障。早年並有獎勵華僑投資的立法，提供較國民投資更為優惠的待遇 [29]，都以僑民的血緣關係作為考量基礎。不過，獎勵投資，是一種特惠

---

[28] 憲法第 167 條規定：「國家對於左列事業或個人，予以獎勵或補助：一、國內私人經營之教育事業成績優良者。二、僑居國外國民之教育事業成績優良者。三、於學術或技術有發明者。四、從事教育久於其職而成績優良者。」

[29] 華僑回國投資條例第 16 條第 1 項規定：「投資事業依公司法組設公司者，投資人不受同法第九十八條第一項、第一〇八條第二項、第一二八條第一項、第二〇八條第五項及第二一六條第一項關於國內住所及出資額之限制。」第 2 項規

(privilege)；政治參與，則是基本人權。

　　和向外移出的僑民不同者，自外移入的移民，則可能遭當地以異族、異類視之❸。我國法律上雖然從來不曾出現過「異族」、「異類」這樣的字眼，但不能說完全未受到類似觀念的支配。在法律上甚至未必假設異族或異類具有基本人權保障的適格，尤以法律使用「國民」與「外國人」的概念區別「同胞」與「異族」（或異類）時為然。不過，一旦循異族、異類的路徑思考移民的權利義務時，必然觸及以出生來定法律上差別待遇的種族歧視問題，而難避免違反種族平等原則的指責❸。

二、國民 v. 外國人

　　中華民國憲法第 7 條規定「中華民國人民無分男女、種族、階級、黨派、宗教，在法律上一律平等」，其中「中華民國」四字如何解釋，出入甚大。如係指國籍而言❸，豈非以為「非中華民國國民」均缺乏基本人權保障的適格性？如從當代自由主義「無平等即無自由」的角度來看❸，這幾乎等於憲法明文否定了「非中華民國國民」可以主張任何基本人權的保障。

　　定：「投資人對所投資事業之投資，占該事業資本總額百分之四十五以上者，得不適用公司法第一五六條第四項關於股票須公開發行及第二六七條關於投資人以現金增資原投資事業，應保留一定比例股份，由公司員、工承購之規定。」第 3 項規定：「前項規定，於投資人與依外國人投資條例投資之外國人共同投資，合計占該投資事業資本總額百分之四十五以上時，準用之。」

❸　如 19 世紀華人移民在美國社會的悲慘遭遇，即為一頁值得世人警惕的血淚史。其具體情況之描述，參閱吳劍雄，《海外移民與華人社會》，臺北：允晨（1993 年）。

❸　此應已違反消弭種族歧視公約第 1 條界定之種族歧視。

❸　許宗力，〈關於主張私人權的歷史和法理學反思〉，《月旦法學雜誌》，頁 81，4 期（2003 年 2 月）。

❸　自由必須是「平等的自由」，對自由的規範也應該是「平等的規範」，是以當代之自由主義，被稱之為「平等的自由主義」。參閱朱敬一、李念祖，《基本人權》，頁 42–45，臺北：時報文化（2003 年）。

此不啻在說，只要立法者決定誰不是「中華民國國民」，誰就不能取得主張基本人權的平等地位？問題何其嚴重！

然而，如果憲法第 7 條「中華民國」四字，如憲法第 5 條「中華民國各民族一律平等」裡的「中華民國」一樣，指的是「中華民國境內」而言，問題即呈現出完全不同的面貌，如此不但足以顯示對任何「人」都應給予的基本尊重，透過法秩序樹立的排他性也降低許多；對移民，尤其是對內移之移民而言，意義自然大不相同。可惜，這個問題迄今只有學界討論❸，法制上並未獲得有效解決。

三、投資人 v. 打工人

移民可能是基於經濟目的而出現的現象。基於經濟目的而來的移民，即使業已進入國境，也可能受到法律限制而根本不能達到移民的目的，但不該因此即將之劃在「移民」的定義之外而不予討論。同樣帶有經濟目的之移民，可能因為身分不同而受到完全不同的待遇。通常投資移民均會因為攜入資金、提供就業機會而受到各國歡迎；為了打工謀生的移民則常遭到嚴格的限制與歧視。我國過去制定外國人投資條例給予投資的移民較本國人更佳的優惠❸，相對於外勞所受到的限制性待遇❸，更有天壤之別。換言之，被看成是投資者的移民，因被認為帶進資源而受到歡迎；被看成是打工人的移民，則因被認為競爭工作機會而受到限制。勞工保險條例規定，強制為臺灣帶來技術的合法外國技術人員參加勞工保險，大法官卻對就業服務法加設的歧視性限制不以為意❸；因此引發討論的議題，甚至是

---

❸ 李震山，〈論外國人之憲法權利〉，《憲政時代》，頁 104–132，25 卷 1 期（1999 年 7 月）；李念祖，〈論我國憲法上外國人基本人權之平等保障適格〉，《憲政時代》，頁 85，27 卷 1 期（2001 年 7 月）。本書收入於頁 215–241。

❸ 例如外國人投資條例第 15 條給予外國人投資企業一定期間不予徵收之保障。

❸ 如行政院勞委會依就業服務法制定有雇主聘僱外國人許可及管理辦法，外國人從事就業服務法第 46 條第 1 項第 8 款至第 11 款工作資格及審查標準等行政命令。

❸ 聲請人魏曉安為德國籍人士，依據勞工保險條例第 6 條規定由拜耳遠東聚優股

為了限制外勞非法打工，應否限制外來學生就學的年限❸，都是限制外勞觀念的產物。此中不但涉及平等權，也涉及工作權與勞動權的限制。

投資移民與勞工移民的差別待遇，是不是階級歧視？在臺灣，外勞受到雇主凌虐之事件，時有所聞❸。外勞所以受凌虐，其實都與其身分有關。

份有限公司申報加入勞工保險，按月繳交勞保費用，與勞工保險局成立勞工保險契約關係。嗣其母親民國（下同）87年元月25日於德國過世，聲請人乃依據勞工保險條例第62條第1款之勞保事故規定請求給付家屬死亡之喪葬津貼，詎勞工保險局及勞工保險監理委員會援引就業服務法第43條第5項之規定，以聲請人係德國人為由，拒絕聲請人所請，循序提請訴願及再訴願，進而提起行政訴訟均遭駁回。魏曉安認就業服務法第43條第5項之規定，僅以國籍為判斷準據，對於依據勞工保險條例參加勞工保險，依法繳交勞保費，並依法繳納所得稅等稅捐，與中華民國國民履行相同義務之外國人，竟於保險事故發生時限制其請領保險給付之權利，顯係無正當理由而為差別待遇，侵害其憲法第7條之平等權及第15條所保障之財產權而提請大法官解釋。大法官做成釋字第560號解釋認為：「勞工保險乃立法機關本於憲法保護勞工、實施社會保險之基本國策所建立之社會福利制度，旨在保障勞工生活安定、促進社會安全。勞工保險制度設置之保險基金，除由被保險人繳納之保險費、雇主分擔額所構成外，另有各級政府按一定比例之補助在內。依勞工保險條例規定，其給付主要係基於被保險人本身發生之事由而提供之醫療、傷殘、退休及死亡等之給付。同條例第六十二條就被保險人之父母、配偶、子女死亡可請領喪葬津貼之規定，乃為減輕被保險人因至親遭逢變故所增加財務負擔而設，自有別於一般以被保險人本人發生保險事故之給付，兼具社會扶助之性質，應視發生保險事故者是否屬社會安全制度所欲保障之範圍決定之。中華民國81年5月8日制定公布之就業服務法第四十三條第五項，就外國人眷屬在勞工保險條例實施區域以外發生死亡事故者，限制其不得請領喪葬津貼，係為社會安全之考量所為之特別規定，屬立法裁量範圍，與憲法第七條、第十五條規定意旨尚無違背。」

❸ 外交部於2003年底函文教育部，外籍生來臺學習中文不得超過2年，有學者認此將把國際人才逼向大陸，且與國際接軌目標牴觸，不如建立管理機制。相關討論，見《聯合報》（2003年12月16日），A6版。

❸ 目前臺灣的外勞有30餘萬人，負責家庭照護的外傭則有11萬人。調查顯示，10通求救電話就有3通是雇主性騷擾或性侵害，更有些雇主幾近於奴役外傭，讓外傭身心受創。見李燕平，〈讓外傭的雇主去上課〉，《民生報》（2004年1月

主要歧視原因在「外」，也在「勞」。雇主對待外勞近似奴隸時，除了違法之外，是否應依準國家行為理論而以之為違憲，是個值得思索的憲法問題❹。

在全球化與反全球化的論辯中，對於「外資」與「外勞」訂出截然相異的移民政策，其實是頗為諷刺的一種現象。跨國資本可能形成國別分殊化，卻仍受到政策上的歡迎；跨國勞工沖淡國家的疆界卻處處受到限制，都顯示著主權思想在全球化聲中的頑強力量。

四、親人 v. 陌路

移民是「親人」還是「陌路」❹？通常外移的是原有的「親人」，內移的是新來的「陌路」。但也未必盡然如此。姑不論外移的移民最後是否變成陌路，外來的移民也可能就是親人，或是變成親人。

外來的移民就是親人，至少有兩種例子，一是原來即是親人，例如探親政策開放後自大陸來臺團聚的親人；二是新生的親屬關係，例如臺灣人

27 日），A2 版。

❹　世界人權宣言第 4 條：「任何人不容使為奴役；奴隸制度及奴隸販賣，不論出於何種方式，悉應予以禁止。」私人蓄奴行為若被認為違憲，則是將蓄奴視為準國家行為的結果。學者說明準國家行為時，指出：「準國家行為理論修正傳統上僅認國家所屬機關之行為，始為國家行為之看法，而改採較具彈性之立場；視行為之本質，以及其與國家間之關係為斷。」法治斌，《人權保障與釋憲法制：憲法專論(一)》，頁 8，臺北：月旦（1993 年再版）。

❹　傅仰止教授於引述社會學大師 Georg Simmel 名著《陌生人》(THE STRANGER) 一文時說道，「由於陌生人意識到彼此的共通實在平淡無奇，便難免特別在意其相異處。於是在陌生與親近兩極感受之間，引發了特有的敏感和緊張情緒。以移民為例，由於他們大多和移居地的固有成員原屬不同的社群或文化背景，後者對於這些經常在周遭出沒的陌生人，也就特別注意其團體屬性的差異，並予以簡單的分類（如『外地人』）而忽略了個人特徵上的變異性……過程群體差異經客觀條件與主觀認定互為強化，逐漸成為固定的模式，在『人性』基礎的親近之外，塑造了『群性』的距離，而加深陌生人的二元性格。」傅仰止，〈邊際人的理論傳承〉，《中國社會學刊》，頁 125–126，9 期（1985 年 9 月）。

在臺灣域外的婚姻嫁娶而出現的新移民（如外籍新娘、大陸新娘）。外來的移民，也可能在移入之後因婚姻嫁娶而成為親人，臺灣的外籍女婿發生長期不能安家落戶的問題❷，直到通過入出國及移民法，才告解決。

移民政策的制定者，通常不肯將外來的移民當做成親人看待。兩岸人民關係條例中對於大陸配偶來臺探親、停留、定居，設下嚴格的年限限制❸，

---

❷　在「入出國及移民法」公布施行前，媒體曾經報導並且質疑，外國人想達到臺灣長期居留權門檻，幾乎不可能，因為政府發給外籍人士的居留簽證只有半年，每半年就要離境一次，每次在臺只有半年的居留期，根本無法累積來申請長期居留。見黃慧芬，〈新「入出國及移民法」九月實施外籍配偶更融入台灣社會〉，《投資中國》，頁 126，66 期（1999 年 8 月）。

❸　臺灣地區與大陸地區人民關係條例第 17 條規定：「大陸地區人民為臺灣地區人民配偶，得依法令申請進入臺灣地區團聚，經許可入境後，得申請在臺灣地區依親居留。

前項以外之大陸地區人民，得依法令申請在臺灣地區停留；有下列情形之一者，得申請在臺灣地區商務或工作居留，居留期間最長為三年，期滿得申請延期：一、符合第十一條受僱在臺灣地區工作之大陸地區人民。二、符合第十條或第十六條第一項來臺從事商務相關活動之大陸地區人民。

經依第一項規定許可在臺灣地區依親居留滿四年，且每年在臺灣地區合法居留期間逾一百八十三日，得申請長期居留。

內政部得基於政治、經濟、社會、教育、科技或文化之考量，專案許可大陸地區人民在臺灣地區長期居留，申請居留之類別及數額，得予限制；其類別及數額，由內政部擬訂，報請行政院核定後公告之。

經依前二項規定許可在臺灣地區長期居留者，居留期間無限制；長期居留符合下列規定者，得申請在臺灣地區定居：一、在臺灣地區合法居留連續二年且每年居住逾一百八十三日。二、品行端正，無犯罪紀錄。三、提出喪失原籍證明。四、符合國家利益。

內政部得訂定依親居留、長期居留及定居之數額及類別，報請行政院核定後公告之。

第一項人員經許可依親居留、長期居留或定居，有事實足認係通謀而為虛偽結婚者，撤銷其依親居留、長期居留、定居許可及戶籍登記，並強制出境。

大陸地區人民在臺灣地區逾期停留、居留或未經許可入境者，在臺灣地區停留、

遲誤一天離境亦可能受到嚴厲的處罰**❹**。這樣將親人當做陌路加以對待的政策，同時傷害了移民以及移民所屬家庭中的家人。當其他的家庭都能共同居住生活，移民的家庭則須長年嘗受離別之苦，來自大陸移民臺灣的配偶，甚至須比來自他國的外國配偶忍受加倍的等待期間，此中謂無歧視政策在內，其誰能信？令人不解的是，有權解釋憲法保障人權的大法官，卻曾對此類歧視政策的存在，冷漠以對，不以為忤**❺**。

居留期間，不適用前條及第一項至第四項規定。

前條及第一項至第五項有關居留、長期居留、或定居條件、程序、方式、限制、撤銷或廢止許可及其他應遵行事項之辦法，由內政部會同有關機關擬訂，報請行政院核定之。

本條例中華民國九十八年六月九日修正之條文施行前，經許可在臺團聚者，其每年在臺合法團聚期間逾一百八十三日者，得轉換為依親居留期間；其已在臺依親居留或長期居留者，每年在臺合法團聚期間逾一百八十三日者，其團聚期間得分別轉換併計為依親居留或長期居留期間；經轉換併計後，在臺依親居留滿四年，符合第三項規定，得申請轉換為長期居留期間；經轉換併計後，在臺連續長期居留滿二年，並符合第五項規定，得申請定居。」

❹ 就以釋字第 497 號之原因事實為例，聲請人林榮喜於民國 83 年 12 月 2 日代大陸配偶范偉貞女士檢具居留申請書、保證書及相關資料文件，請中國災胞救助總會函轉內政部警政署入出境管理局辦理來臺居留。嗣大陸配偶於民國 84 年 7 月 17 日來臺探親，因旅行社遲誤，於民國 84 年 10 月 17 日始離境，致遭內政部境管局「85 年不予許可入境」及「原居留申請案不予許可」之雙重制裁性行政處分。

❺ 釋字第 497 號解釋認為：中華民國 81 年 7 月 31 日公布之臺灣地區與大陸地區人民關係條例係依據 80 年 5 月 1 日公布之憲法增修條文第 10 條（現行增修條文改列為第 11 條）「自由地區與大陸地區間人民權利義務關係及其他事務之處理，得以法律為特別之規定」所制定，為國家統一前規範臺灣地區與大陸地區間人民權利義務之特別立法。內政部依該條例第 10 條及第 17 條之授權分別訂定「大陸地區人民進入臺灣地區許可辦法」及「大陸地區人民在臺灣地區定居或居留許可辦法」，明文規定大陸地區人民進入臺灣地區之資格要件、許可程序及停留期限，係在確保臺灣地區安全與民眾福祉，符合該條例之立法意旨，尚未逾越母法之授權範圍，為維持社會秩序或增進公共利益所必要，與上揭憲

《中國時報》2003 年 9 月 26 日談到大陸配偶人權問題的社論❹中，提出了批判性的觀點：

> 為社會大眾、特別是執政者所忽略的是，每個受到歧視的大陸配偶背後，都有一個希望經營正常幸福生活的家庭。這些家庭，和其他的家庭一樣，都是組成臺灣社會的礎石。這些家庭裡生長的孩子們，也和其他家庭裡的孩子一樣，將來要成為臺灣公民社會的成員。兩岸婚姻不是法律可以禁止的社會自發現象，婚姻裡的一造不論是在生活或就業上受到歧視，另一造也必不能倖免。他們的孩子，也就要在成長的階段，開始承受因法律而加深的社會歧視包袱。這種現象涉及的社會人口，並不是一個小的數目。有意或無意形成的歧視以及被歧視者的感受，凡有人權同理心的人都不難加以體會；然而這樣的歧視正悄悄地溶蝕臺灣社會的和諧根基，加深族群的矛盾。

換而言之，移民的親人身分受到法律侵犯，除了涉及平等權之外，也涉及家庭權、婚姻權的保障。民國 93 年內政部一度決定要求大陸配偶入境居停需要財力證明或繳納新臺幣 5 百萬元的保證金，也受到輿論強烈抨擊構成階級歧視與財產權的侵害❹，類似的攻策，源自於國籍法及兩岸人民關係條例的相關規定❹，都不免產生此類規定是否合憲的質疑。

法增修條文無違，於憲法第 23 條之規定亦無牴觸。

❹ 社論，〈回到人權的基本面解決大陸配偶身分爭議〉，《中國時報》（2003 年 9 月 26 日），A2 版。

❹ 同註 6。

❹ 國籍法第 3 條規定：「外國人或無國籍人，現於中華民國領域內有住所，並具備下列各款要件者，得申請歸化：一、於中華民國領域內，每年合計有一百八十三日以上合法居留之事實繼續五年以上。二、年滿二十歲並依中華民國法律及其本國法均有行為能力。三、品行端正，無犯罪紀錄。四、有相當之財產或專業技能，足以自立，或生活保障無虞。五、具備我國基本語言能力及國民權利義務基本常識。

前項第五款所定我國基本語言能力及國民權利義務基本常識，其認定、測試、

五、順民 v. 敵人 v. 背離者

　　看待移民，若與其政治立場相連結，「移民」身分就可能立即轉換為不同的法律或政治身分。外來的移民彼此之間的政治立場，其實未必相同。但是移民的政治立場確會引發關切。當年使用「反共義士」的名詞，是用一種極端的方法來稱呼政治的歸順者。多半的時候，當移民來自一個政治上對立的國度時，不論其真正的政治立場為何（雖然移民的動機可能就是政治不滿），就會受到敵視。美國二次大戰期間，將日裔僑民關入集中營而最高法院仍然給予背書❹，即為著名的惡例。移居在外的移民，一旦引發政治忠誠的負面設想，則會被視為背離者而產生差別待遇。例如教育部曾經不顧法律的規定❺，遲遲不肯積極正面採認臺灣留學生於中國大陸取得的學歷，不能謂無政治考量於內❺。又如國家安全法限制人民非經許可不得入境，雖曾遭解釋為違憲，但大法官不只一次解釋得以法律限制離國而於國內無住所之國民入境❺，此中豈無任何政治聯想的影響存在？

　　免試、收費及其他應遵行事項之標準，由內政部定之。」臺灣地區與大陸地區人民關係條例第 17 條參照。

❹　See Korematsu v. U.S. 323 U.S. 214, (1944).

❺　臺灣地區與大陸地區人民關係條例第 22 條參照。

❺　教育部曾表示，由於兩岸敵對氣氛仍然濃厚，且中共不斷挖我外交牆角，造成其不可避免地以政治來考量教育事務。見楊蕙菁，〈大陸學歷採認暫不施行〉，《聯合報》（1998 年 6 月 12 日），4 版。

❺　釋字第 265 號解釋：「動員戡亂時期國家安全法第三條第二項第二款關於入境限制之規定，乃為維持社會秩序所必要，與憲法並無牴觸。至該法施行細則第十二條第六款前段，關於未在自甲地區居住一定期間，得不予許可入境之規定，係對主管機關執行上述法律時，提供認定事實之準則，以為行使裁量權之參考，與該法確保國家安全、維護社會安定之立法意旨尚屬相符。惟上述細則應斟酌該法第三條第二項第二款規定之意旨，隨情勢發展之需要，檢討修正。」第 558 號解釋：「憲法第十條規定人民有居住、遷徙之自由，旨在保障人民有自由設定住居所、遷徙、旅行，包括入出國境之權利。人民為構成國家要素之一，從而國家不得將國民排斥於國家疆域之外。於臺灣地區設有住所而有戶籍之國民

移民產生的政治聯想，可能興起國家安全的顧慮，也可能發生國家效忠上的質疑。雖然所有國民都被假設對國家具有忠誠，效忠甚至不是國民對國家的憲法基本義務❸。兩岸人民關係條例限制來自對岸的移民設定戶籍後 10 年內不得擔任公職，並一概禁止擔任國家安全及機密科研職務❹。這樣的規定是否符合憲法上的比例原則，並非不曾受到質疑❺。

得隨時返回本國，無待許可，惟為維護國家安全及社會秩序，人民入出境之權利，並非不得限制，但須符合憲法第二十三條之比例原則，並以法律定之。……中華民國 81 年修正後之國家安全法第三條第一項仍泛指人民入出境均應經主管機關之許可，未區分國民是否於臺灣地區設有住所而有戶籍，一律非經許可不得入境，並對未經許可入境者，予以刑罰制裁（參照該法第六條），違反憲法第二十三條規定之比例原則，侵害國民得隨時返回本國之自由。國家安全法上揭規定，與首開解釋意旨不符部分，應自立法機關基於裁量權限，專就入出境所制定之法律相關規定施行時起，不予適用。」

❸ 國民對國家具有效忠關係，原是「國籍」觀念裡的一種假設，因為在現實憲政生活中，並沒有任何具體、常設的機制檢驗效忠關係果然存在於每一個國民與國家之間。我國憲法並未課人民以效忠國家的義務，事實上也無理由設立檢驗國民具備效忠關係之機制。見李念祖，同註 34。臺灣地區與大陸地區人民關係條例第 21 條規定同此參照。

❹ 臺灣地區與大陸地區人民關係條例第 21 條規定：「大陸地區人民經許可進入臺灣地區者，除法律另有規定外，非在臺灣地區設有戶籍滿十年，不得登記為公職候選人、擔任公教或公營事業機關（構）人員及組織政黨；非在臺灣地區設有戶籍滿二十年，不得擔任情報機關（構）人員，或國防機關（構）之下列人員：
一、志願役軍官、士官及士兵。
二、義務役軍官及士官。
三、文職、教職及國軍聘雇人員。
大陸地區人民經許可進入臺灣地區設有戶籍者，得依法令規定擔任大學教職、學術研究機構研究人員或社會教育機構專業人員，不受前項在臺灣地區設有戶籍滿十年之限制。
前項人員，不得擔任涉及國家安全或機密科技研究之職務。」

❺ 參陳靜慧，〈限制原大陸地區人民出任公務人員合憲性之研究——以平等權為

上引同一篇《中國時報》社論，就此也有可以引述的批判性觀點：

　　一種為歧視外人開脫的便宜主張，是說外國人對於我們國家缺乏忠誠，所以不該給予平等的尊重。這種主張不能見容於人權立國的國策，因為每個個體應該享受平等尊重的基本人權，不是因為他或她對於國家忠誠，而只是因為他或她是該受到「人」般尊重待遇的「人」而已。如果還不只是假設外國人對國家不夠忠誠，而是一概以為每個外國人，都必然構成危害國家安全的潛在威脅，對於人權立國的追求，將是不可承受之重。在保障人權的價值體系中，這叫做公權力自行設定的斷言式非行預設 (irrebuttable assumption)，在缺乏證據的前提下，只是因為恐懼而將每一個人都假設為圖謀不軌或是作姦犯科的罪犯，並且根據這樣的假設，先天地在法令之中剝奪限制個人應該受到平等尊重的權利，並且歧視他們。這正是走上街頭遊行的大陸配偶所受到的待遇。真正的問題，不在於這些大陸配偶是外國人、大陸人還是本國人，而是在於她們受到了「人」所不該受到的歧視。歧視，其實早已普遍存在「大陸妹」的社會稱呼以及業已形成的刻板印象之中，而關於兩岸人民關係的立法，則正使用國家的力量，為歧視的固化推波助瀾，也將實際的痛苦與不便，加在她們的身上。

用忠誠或不忠誠作為差別待遇的基礎，不免涉及移民思想自由的侵犯；以此為由限制擔任公職，也同時涉及移民服公職權、工作權還有參政權的限制問題，都有在憲法保障基本人權的法理思考上，受到違憲質疑的理由。

六、異鄉人 v. 原鄉人 v. 原住民 v. 過客

移民，常以異鄉人的身分出現。「異鄉人」，不僅是將移民對照於現實生活的物理環境所產生的身分，毋寧更是某種精神層面的、具有文化意義的一種身分。薩依德 (Edward W. Said) 的名著 OUT OF PLACE，還有它的中譯名《鄉關何處》❺⑥，充分反映了移民離開熟悉的故鄉流亡所產生的流

中心的觀察〉，政大法研所碩士論文，頁 131–137（2003 年）。

離情境❺❼。其實，也不只是移民才會具備離鄉背井的感受。與薩依德相比，可能較無理由被稱為移民的余秋雨❺❽，在《山居筆記》中，撰文反思什麼是「家鄉」，幾覺「家鄉」是個不可辨識的概念，使用的題目恰恰也是《鄉關何處》❺❾。諾貝爾文學獎得主卡繆 (Albert Camus) 的名著《異鄉人》❻⓿，所描述的卻也不是移民，而只是精神層次的「異鄉人」❻❶。但是，卡繆筆

❺❻ 參閱彭淮棟譯，《鄉關何處》，立緒 (2000 年)。作者薩依德 (Edward W. Said) 是具有世界影響力的文學兼文化批評家，哥倫比亞大學英國文學與比較文學教授，有《東方主義》(ORIENTIALISM)、《文化與帝國主義》(CULTURE AND IMPERIALISM)、《開始》(BEGINNINGS) 等 17 部著作，薩依德 1935 年出生於耶路撒冷，但少年歲月大多在開羅與黎巴嫩度過。如該書及其譯者之描述，《鄉關何處》是一部動人的回憶錄，記敘一段基本上已不可復返的過去——巴勒斯坦如今是以色列；黎巴嫩 20 年內戰，面目全非；殖民地、君主制度的埃及在 1952 年消失。薩依德以阿拉伯人而為基督徒，身為巴勒斯坦人卻持美國護照，自始即自感為「局外人」，加上始終拿不定自己的第一語是阿拉伯或英語，以及阿拉伯姓上架了一個莫名所以的英國名字，在在令他無論置身何處，都有格格不入之感。薩依德健康惡化，想到自己可能不久人世，因而尋根溯始，追憶他要求嚴格，給他「維多利亞式」教養的父親，和他仰慕、給他鼓舞，但對他依違曖昧的母親，寫成這本情辭感人的回憶錄。《鄉關何處》是一個離鄉背井和流亡的故事，而歸結於身分認同是多元而流動不居的。薩依德的阿拉伯人與美國人身分各占一半，有如不諧和音；由此體悟，這不諧遂獲得安頓。

❺❼ 關於薩依德的流亡經驗與其思想論述的介紹分析，參閱如宋國誠，《後殖民論述，從法農到薩依德》，頁 459–473，臺北：擎松出版 (2003 年)。

❺❽ 余秋雨，大陸著名美學專家。1946 年生，浙江餘姚人。曾任上海戲劇學院院長、交通大學、中國科技大學教授，兼任上海市委諮詢策劃專家、上海寫作學會會長。著有《戲劇理論史稿》、《戲劇審美心理學》、《中國戲劇文化史述》、《藝術創造工程》、《文化苦旅》、《山居筆記》等書，為當代中國傑出文化史學者、散文作家。1987 年獲頒「國家級突出貢獻專家」榮譽稱號。1993 年，獲「上海文學藝術大獎」，以余秋雨的背景而言，在中國當然不能算是異鄉人，卻有鄉關何處之感歎，可見異鄉與原鄉的分野，也可能只是心靈層次的認同問題。

❺❾ 余秋雨，《山居筆記》，頁 183–218，臺北：爾雅 (2000 年)。

❻⓿ 卡繆 (Albert Camus) 著，莫渝譯，《異鄉人》，臺北：桂冠 (2001 年)。

下精神上的「異鄉人」，卻遭到法律程序上的迫害。而此一撼人的小說情節，可不可能在移民身上真正發生呢？那種因為「不能融入」而帶來的法律上歧視，不正是「異鄉人」常有的困境？

不能融入，常常是因為遭到拒絕。就移民而言，當他回到故鄉時，可能要以「原鄉人」相稱，但是，「少小離家老大回」的原鄉人，遇到「笑問客從何處來」❷的情景時，「原鄉人」與「異鄉人」又有何區別？1950 年代流落泰北的中華民國孤軍後裔，投奔在臺灣的中華民國時，似是異鄉人，又似原鄉人，也似乎兩者皆非❸，但他們卻已成為被歧視的移民，直到大法官做成釋字第 454 號解釋❹，才得到接納。他們表面上是被「戶籍」卡

---

❶　書中主角莫梭原本像芸芸眾生裡平凡小人物一樣，過著上班下班的生活，單調平淡，仍具有普通的「人性」，奔喪守靈、結交異性、打抱不平、與鄰人熱心招呼等。在時空錯置的偶然下，無意識地槍殺一位阿拉伯人，因而「敲開了厄運之門」。人們說他在母親葬禮當天的冷靜令人十分驚訝──說他不想看母親的最後一面，說他抽了菸，睡著了，還喝了牛奶咖啡，一滴眼淚也沒掉，葬禮一結束馬上離去。甚至還答不出母親的實際年齡。葬禮的第二天，他和新識女友游完泳，還看了一部喜劇片……。所有這一切都成了呈堂供證，這回卻是他必須面對死亡。莫梭錯手殺死一名阿拉伯人，然而到案之後，莫梭遭指控及責備的，卻是他在母親喪禮上的冷漠態度，莫梭對這些指控坦承不諱，甚至拒絕矯飾辯辭來獲得赦免。在掌權的眾人指責下，認定他的行為悖逆現實社會，最後的選擇是以「死」結束社會的荒謬。異鄉人是誰？誰是異鄉人？現實令莫梭絕望，唯因如此，冷漠與疏離遂成為抵抗「生之荒謬」的積極意志，存在的真諦即在於此。

❷　（唐）賀知章，〈回鄉偶書〉（七言絕句）：「少小離家老大回，鄉音無改鬢毛衰，兒童相見不相識，笑問客從何處來？」

❸　關於泰北孤軍的遭遇，參閱柏楊，《異域》，臺北：遠流（2000 年）；江元慶，《滿星疊悲歌》，臺北：新新聞（2001 年）。

❹　釋字第 454 號解釋：「憲法第十條規定人民有居住及遷徙之自由，旨在保障人民有自由設定住居所、遷徙、旅行，包括出境或入境之權利。對人民上述自由或權利加以限制，必須符合憲法第二十三條所定必要之程度，並以法律定之。中華民國 83 年 4 月 20 日行政院台內字第 13557 號函修正核定之『國人入境短期停留長期居留及戶籍登記作業要點』第七點規定（即原 82 年 6 月 18 日行政

住了 ❻，但真正讓他們陷入困境的則是排他的態度 ❻。同樣的態度也可能在看到外來移民過多而不惜移往郊區居住的倫敦市民 ❻，或是藉用區域規劃達到排斥異色人種移入社區的美國白人公民 ❻ 的身上，找到蹤跡。拒絕接納移民融入當地社會，通常是多數原住民對待少數移民的態度，也正是只有外國人才可能受到「驅逐出境」待遇 ❻ 的緣故。

院臺內字第 20077 號函修正核定之同作業要點第六點），關於在臺灣地區無戶籍人民申請在臺灣地區長期居留得不予許可、撤銷其許可、撤銷或註銷其戶籍，並限期離境之規定，係對人民居住及遷徙自由之重大限制，應有法律或法律明確授權之依據。除其中第一項第三款及第二項之相關規定，係為執行國家安全法等特別法所必要者外，其餘各款及第二項戶籍登記之相關規定、第三項關於限期離境之規定，均與前開憲法意旨不符，應自本解釋公布之日起，至遲於屆滿一年時失其效力。關於居住大陸及港澳地區未曾在臺灣地區設籍之人民申請在臺灣地區居留及設定戶籍，各該相關法律設有規定者，依其規定，併予指明。」

❻　因為無法取得身分證，所以沒有戶籍。

❻　此可參閱註 63，江元慶《滿星疊悲歌》一書所敘述的故事。泰北孤軍因為複雜的時空背景與歷史因素，讓孤軍後裔，在泰國被視為難民，在臺灣被誤認為是泰國人，最終成了「無國籍難民」。沒有合法身分的保障，孤軍後裔無論在求學、工作、婚姻上，都受到許多阻撓，數十年來，悲劇不斷上演。孤軍後裔多年來奔走於各政府機關，卻苦無結果，最終由監察院出面糾舉，終讓這群來自泰北的孤軍第二代、第三代，能在臺灣安居。

❻　根據報導，倫敦的英國白人愈來愈少，因為許多英國白人決定搬到郊區或倫敦外的村莊。倫敦市似乎成了移民者的天下。在公車上或地鐵裡經常可以同時聽到五種以上不同語言，或面對面交談，或透過行動電話，但是，這麼多語言中，就是沒有英文。而這只是反映當前倫敦社會形態的縮影之一而已。根據英國官方最新出爐統計，2002 年時英國人口平均成長 7%。可是，超過 4% 以上是外國來的移民，或以難民身分進入英國，進而取得英國居留權。見江靜玲，〈在倫敦街頭，聽不到有人說英語〉，《中國時報》（2004 年 1 月 11 日），A14 版。

❻　美國最高法院討論相關行為是否構成種族歧視的案例，如 Arlington Heights v. Metropolitan Housing Dev. Corp. 429 U.S. 252 (1977)。

❻　刑法第 95 條：「外國人受有期徒刑以上刑期之宣告者，得於刑之執行完畢或赦免後，驅逐出境。」

　　與此相對的反差現象則是，大量的移民卻也可能形成一種反向的歧視。臺灣的原住民就是大量外來移民（包括清代以前的荷蘭人及以後的漢民族，還有日本人）進入島內而形成的少數族群❼⓪；其長期受到排斥、歧視、乃至迫害的結果❼①，則是需要在憲法增修條文中加入優惠待遇條款給予特殊的人權保障❼②。

　　如果移民會因為不能融入當地社會而遭到歧視，對於不願融入的移民而言，所引起的可能就是敵視了。鄭愁予的詩〈錯誤〉❼③，不知是否就在表達移民的過客❼④情結：

　　　　我達達的馬蹄是美麗的錯誤，

　　　　我不是歸人，是個過客……

　　懷念家鄉而不願融入的移民所產生的過客情結❼⑤，在臺灣就曾經招惹了各種政治上的攻擊與譴責，久久難以化解❼⑥。然而，即使只是過客，就不該享有遷徙自由或旅行自由嗎？應該因為選擇了遷徙或旅行暫住而受到歧視甚或攻擊嗎？而移民的後代，若只是因為上一代的過客心態遭到責難，則完全是基於血緣以致受到歧視。

---

❼⓪　王甫昌，《當代台灣社會的族群想像》，頁 101–104，臺北：群學（2003 年）。

❼①　王甫昌，同上註，頁 104–112。

❼②　憲法增修條文第 10 條第 12 項規定：「國家應依民族意願，保障原住民族之地位及政治參與，並對其教育文化、交通水利、衛生醫療、經濟土地及社會福利事業予以保障扶助並促其發展，其辦法另以法律定之。對於澎湖、金門及馬祖地區人民亦同。」

❼③　鄭愁予，《鄭愁予詩集Ⅰ，1951～1968》，頁 8，臺北：洪範（2003 年）。

❼④　傅仰止指出，「過客」一詞係由「陌生人」和「邊際人」等概念發展修正而得，意指一群特定的移民，其適應困境類似「邊際人」，卻抱持一特殊的「暫居」心態，在行為上不同於「陌生人」移民和「邊際人」移民。傅仰止，註41，頁 134–135。

❼⑤　在臺灣這指的是 1949 年因國共內戰而避逃臺灣的約近百萬「外省人」。他們及其後代，多半將中國大陸看作原鄉，具有特定的我群意識，在 1990 年代後，形成一種弱勢族群。參閱王甫昌，註70，頁 147–157。

❼⑥　王甫昌，同上註，頁 150–151。

七、弱勢族群與社會邊緣人

移民，其實還有一種被忽視的身分：移民通常是弱勢族群，甚至可能成為社會邊緣人 **⑦**。之所以會成為弱勢族群，從民主制度的概念上可以找到答案。初期的移民，絕大多數長期不能享有投票權 **⑧**，也就是在民主社會中，缺乏政治上的代言人，卻可能仍是須要納稅的弱勢族群。這簡直與美國獨立前 13 州殖民地居民與英國的關係相似了。移民位處於社會邊緣，在陌生的環境中討生活，無論是印傭、菲傭、大陸妹，都是社會邊緣人。移民的下一代也可能同樣遭到歧視而構成新的弱勢族群。他們的社會地位低落，甚至受教育的機會也可能被剝奪。像美國最高法院那樣使用判決確認非法移民的下一代也有受教育權的高尚思想 **⑨**，其實並不多見。此中移民的受教育權作為一種應受保障的基本人權加以保障，固然是移民應該平等享受的權利，對於促進移民融入當地社會，還有避免當地社會因為移民或其子女之教育程度不一而形成社會問題，對於當地社會也有明顯的益處。

移民若是爭取在當地受基本教育的權利，那是一種融入當地社會的努力。相對地，許多移民碰到的問題是：如何在新而陌生的環境中，仍能保存他們自移出地帶來的、通常是透過語言、傳統習俗及社會生活方式所構建而成的文化 **⑩**？社會多數容許不同的族群發展不同的次文化，是比不拒絕移民融入當地更為寬容的高尚情操。移民的接受地，必須要有接納多元

---

⑦ 社會學家亦將之稱為「邊際人」(marginal man)，以之通指生活在兩個文化團體之間，而其認同危機的人群，並認為遷移是邊際人形成的主要誘因。詳細討論，參見如傅仰止，註 41，頁 123–130。瞿海源認為社會變遷是促成邊緣性格的原因，所舉的例子包括從高山到平地的原住民，從鄉村到城市的都市遊民，從大陸到臺灣的退伍軍人等。參見瞿海源口述，林麗雲整理，〈漂泊的靈魂——邊緣人〉，《張老師月刊》，頁 236–237（1984 年 9 月）。

⑧ 由國籍法第 3 條至第 7 條可知，移民大多須居留相當年限後，方可申請歸化，取得國籍後方有投票權。

⑨ Plyler v. Doe, 457 U.S. 202 (1982).

⑩ Will Kymlicka, MULTICULTURAL CITIZENSHIP, 76–80, N.Y.: Oxford, 1995.

文化發展的思想準備，才可能發展出支持移民保存自有少數文化的移民政策。相反地，移民政策若是強迫移民使用當地的通行語言，或是不許移民在其子女接受當地教育之外興辦移民母國的語言教育，就會扼殺移民原來的傳統文化。從保障思想自由與表現自由的基本人權概念來看，不能尊重多元文化的移民政策，對於身為弱勢族群的移民而言，業已侵犯了他們的語言人權與文化人權。

八、待遣返的「囚犯」？

受到的待遇更為等而下之的，則是被查獲而待遣返的非法移民。他們可能被送入類似軍營的場所集中管理，如果恰巧是懷孕婦女，則也可能產下胎兒後一起等待被遣返；她們的胎兒，如果是與本地人的結晶，即使在充滿歧視的法律上，也該被認為是本國人。然而，母親與嬰兒們，受到名為「收容」的實質監禁，卻連尋求司法救濟的權利也在法律上正式受剝奪❽，其地位與囚犯何異？他們成為囚犯，卻連符合正當程序的司法審判也完全付之闕如。他們不但是弱勢族群與社會邊緣人，而且是失去自由的弱勢族群與社會邊緣人。他們為什麼連權利救濟請求權的基本人權也不能主張？是個難以回答的問題。

九、彼亦人子也——是「移民」也還是「人」

其實，移民本身就是一種身分，這種身分取代了最被忽視的另一種身分，那就是「人」。陶淵明說：「彼亦人子也。」這句話用來關切移民的身分，甚為恰當。一旦被稱做「移民」，就可能不時變換身分。如前所述，絕大多數的情形，移民或是替代的身分，都帶來歧視與差別待遇。而移民若能回到移民前的身分，其實是最應受到當權者尊重、也最簡單的身分——人，許多問題，就可迎刃而解。

---

❽　臺灣地區與大陸地區人民關係條例第 18 條。

肆、誰來決定移民的身分？

　　移民的身分由誰決定，對移民而言，是個困擾的問題，也可能就是遭到歧視待遇的源頭。歧視移民的社會觀念，會透過民主程序反映在立法之中，立法者往往授權行政機關決定移民的身分。由於移民是弱勢的外來者，面對強大的行政機關權力，通常任其予取予求，而無力對抗。移民尋求司法救濟其基本人權的機會，往往渺不可得。像美國 INS v. Chadha [82] 一案中得到最高法院庇蔭力抗國會立法的移民，真是享受到萬中無一的機緣（該案中最高法院論辯的焦點，卻是權力分立，而非人權保障的問題[83]）。在絕大多數的情形裡，傳統立法、行政、司法的權力分立制度，對移民而言，根本不能如對待國民一樣地一體適用。如果連權力分立的保障機制都成為殘缺不全，這是何等的不利益？然而，正是這種殘缺不全，決定著移民身分。權力分立本為廣義的正當法律程序概念所涵蓋[84]，移民應該當受何種程度的正當法律程序保障？有待思考回答。

伍、誰無地緣、誰無血緣、誰非移民？
——代結語

　　移民是為了長期性目的而移出或移入某地的人。人移入一地，即生地緣關係；也可能締結婚姻而產生血緣關係。同時，也可能形成多數與少數的外觀性區別，還有多數拒絕接納少數或少數拒絕與多數融合的種種問題。在全球化聲中的地球村裡，據說地球上任何 2 位陌生人相遇而相互攀援人際關係時，皆可在 6 次的攀援之內找到互相熟識之人。不論科學上能否證

---

[82]　462 U.S. 919 (1983).

[83]　關於該案的評論，參閱如湯德宗，〈三權憲法、四權政府與立法否決權——美國最高法院 INS v. Chadha 案評釋〉，收入氏著，《權力分立新論》，頁 533–608，自刊（2000 年）。

[84]　J.Rawls, A THEORY OF JUSTICE, 208–210, Cambridge, MA: Harvard University Press, 1999, revised edition.

明這樣的說法；依照常識，這樣的說法如果聽起來非無可能，似乎已可偵知世界快速進入全球化的程度。臺灣被部分學者認做南島民族的原鄉❽，也就是以為遍布於南太平洋的南島民族，都曾是在沒有主權觀念的年代從臺灣移出的海洋移民。臺灣原住民既係不斷地遷徙的民族❾，新住民也是不斷地移出移入，臺灣若以此感到自豪，又有什麼理由歧視移民？

　　在全球化聲中的地球村裡，誰不需要移動？誰不需要找個地方定居？誰無地緣？誰無血緣？誰是多數？誰是少數？誰是先來？誰屬後到？融合還是不融合？接納還是不接納？誰不是移民？誰才是原住民？誰該因為具備或不具備移民的身分而受到歧視？我坦承，我只能提出問題，在人類世界中，似還難以找到滿意的答案。

---

❽　簡後聰，《臺灣史》，頁 69–70，臺北：五南（2003 年 11 月）。

❾　黃應貴，《人類學的評論》，頁 209，臺北：允晨（2002 年）。

論我國憲法上外國人基本人權之平等保障適格*

✸ 壹、前　言

　　本文所欲討論的主題，正如文題所示，乃是我國憲法在解釋上，所稱基本人權之保障，是否僅以本國人為對象，還是外國人（及無國籍人）亦同為保障之對象？外國人基本人權之平等保障有無憲法適格性，不是個新的學術問題，林紀東教授在他的重要著作《中華民國憲法逐條釋義㈠》中，即認為問題的答案「應視各種權利性質而不同」❶。更重要的是，林教授認為，從憲法第 7 條關於平等權的規定來看，不妨將基本人權的保障對象，解為以中華民國人民為限，「如因國際關係上之必要，由國家制定法律，賦與在華外國人，與國民相同的某種法律地位，並不違憲……不必在本條解釋上，先認在華居住之外國人，亦為平等權保障之主體，以致發生流弊也」❷。

　　林教授的見解，代表了我國學者的通說意見，不僅早期的憲法論著，多持相同的觀點❸，當代的憲法學者，在此一問題上，雖然均在理論上主張基本人權的主體是「人」，不應有外國人、本國人之分，然或者認為在憲

---

* 本文原刊載於《憲政時代》，頁 80–100，27 卷 1 期（2001 年 7 月）。

❶ 林紀東，《中華民國憲法逐條釋義㈠》，頁 88，臺北：三民（1970 年）。

❷ 林紀東，同上註，頁 89–90。

❸ 如劉慶瑞，《中華民國憲法要義》，頁 50，臺北：三民（1960 年）；曾繁康，《中華民國憲法概要》，頁 59，臺北：三民（1963 年）。其中劉慶瑞氏雖亦主張解釋上可以在不妨害國家利益的範圍內，將平等權適用於外國人，然因其認定「中華民國人民」是指「中華民國國民」，本文仍將其列為適格否定論之主張，詳後。

法解釋上，仍應將外國人排除在外，而由國際法或法律加以保護❹，或者認為應將基本權利分為「人權」與「國民權」，外國人只享受人權，原則上不享受本國人始享受之「國民權」❺，至於人權、國民權的範圍孰屬，則多以為不能一概而論。學者中認為在憲法解釋上，不能以辭害義，應將「外國人」與「本國人」原則上為相同處理者，檢視手邊資料，似乎僅得陳新民氏一家而已❻，惟並未深入交代憲法上應為如此解釋之理由。

　　本文所欲辨明者，則為在我國憲法解釋上是否採取基本人權之保障主體適格性，應取決於外國人與本國人並無差別的觀點，而不應只是讓諸國際法或國內立法加以保護而已；抑有進者，本文不欲在法律限制個別的基本人權之各種項目上研究本國人與外國人之區分有無實益，而是要探究「本國人與外國人是否同樣具有享受立足點一致之憲法平等保障」適格性的基礎問題，以及在我國憲法解釋上，採取肯定說與否定說之差異究竟何在。這是一項範圍極其有限而焦點集中的討論，但因涉及憲政主義的基本價值理念取捨，恐不容在學術態度上，輕易地迴避或有所游移。

✵ 貳、憲法相關規定及疑問之所在

　　與本文主題有關之憲法條文，散見於憲法各章，主要的是第一章「總綱」、第二章「人民之權利義務」以及第十三章「基本國策」的部分條文，較為次要的尚有第三章「國民大會」、第六章「立法」、第十二章「選舉、罷免、創制、複決」等相關規定。最直接相關的條文，當然是憲法第 7 條「中華民國人民，無分男女、宗教、種族、階級、黨派，在法律上一律平

---

❹ 如姜皇池，《國際法與臺灣──歷史考察與法律評估》，頁 544–545，臺北：學林（2000 年）；李震山，《人性尊嚴與人權保障》，頁 389，臺北：元照（2000 年）；蔡宗珍，〈基本權主體〉，《月旦法學雜誌》，頁 107–108，46 期（1999 年 3 月）。

❺ 如法治斌、董保城，《中華民國憲法》，頁 98–100，臺北：空中大學（1996 年），蔡茂寅，〈平等權〉，《月旦法學雜誌》，頁 113，46 期（1999 年 3 月）；蔡庭榕、刁仁國，〈論外國人人權──以一般外國人之出入境管理為中心〉，《憲政時代》，頁 162–163，25 卷 1 期（1998 年 7 月）；前註李震山、蔡宗珍同頁。

❻ 陳新民，《中華民國憲法釋論》，頁 139，臺北：五南（1997 年）。

等」的規定。學者關於本項問題的討論，無不係從憲法第 7 條規定的平等權或平等原則出發，即可見一斑。

凡是認為外國人不在我國憲法基本人權保障範圍的學者，恐都是受到了憲法第 7 條規定中載有「中華民國」四字的影響，從茲推論我國憲法上平等權只為我國國民始得享有之權利，似乎也極為自然，至少在文義解釋上，乍看之下，似乎不易別作他解。然則，如果細讀憲法其他條文的規定，不難發現，若將「中華民國人民」即解做「本國國民」，似嫌速斷。因為憲法第 3 條規定「具有中華民國國籍者，為中華民國國民」，如果憲法第 7 條規定係在將外國人或無國籍者排除在平等權的基本保障之外，何不逕行規定「國民無分……在法律上一律平等」？況且憲法第二章規定的是「人民」之權利義務，並非「國民」之權利義務，除第 7 條在「中華民國」四字之下，使用了「人民」一詞之外，自第 8 條以迄第 24 條（包括第 17 條之規定參政權），使用的均是「人民」而非「國民」二字，憲法第二章中只有第 21 條規定「國民教育」的部分，有「國民」的字眼出現。再者憲法其餘各章的規定，第 25 條規定國民大會代表「國民」行使行政權，第 62 條則規定立法院由「人民」選舉立法委員組織之，代表「人民」行使立法權；第 130 條規定「中華民國國民」行使選舉權與被選舉權之年齡，第 135 條規定「國民代表」之名額。第十三章關於「基本國策」之規定，特別是在「國民經濟」一節，第 143 條至第 145 條規定土地政策、獨立性企業之經營與私人資本之扶助等，以及第 159 條、第 160 條及第 165 條關於教育之規定，均以「國民」為規範保障之對象，另外，憲法第 26 條、第 64 條、第 151 條，亦均使用「僑居國外之國民」之字眼。憲法使用「人民」與「國民」兩個不同的詞彙，究竟有無區別意義的用意與道理存在？

從憲法第 141 條規定使用「僑民」一詞觀察，似乎難與「僑居國外之國民」，為任何有意義的區別，後者顯為不夠簡潔的用語。然則若僅因此而推論憲法中「國民」與「人民」並無區別，亦未免過於簡單。尤其就憲法第二章而言，基本人權之保障只限於「國民」始有適用，顯然令人感到不安；即令在涉及參政權的事項上，包括國民大會與立法院之組成，以及選

舉與被選舉資格年齡等節，將「國民」與「人民」當做同義詞交互使用，並非難於理解，但若從參政權限於國民行使之假設一點，遽行推論出基本人權的保障即在「人民」與「國民」之間應該截然二分的憲法解釋者，實須追問此種憲法解釋是否符合憲法的基本義理，而再思考為不同解釋的理由是否存在。嚴格言之，將參政權限於國民始得享受行使，與將平等權限於國民始得享受行使，乃是截然不同之命題，並不能從前者推出後者。我國憲法第 17 條規定四種參政權之保障，係以「人民」為對象，相對於第 130 條規定選舉與被選舉資格年齡而言，至少亦可發生在罷免、創制、複決三權是否只限於國民行使的文義解釋上疑問；況乎憲法第 17 條既無「中華民國」字樣，第 7 條規定則見出現，益可知不能只從文義解釋，想當然耳地主張唯有國民始具享受平等保障之適格性。

　　以下，即進一步分析若就外國人享受平等保障採取適格否定論的解釋，除了在憲法文義解釋上並不安穩之外，尚可能發生那些憲法基本義理上的瑕疵，而必須放棄這樣的解釋。

❀ 參、適格否定論的基本理論缺陷

　　否定外國人得享受憲法上之平等保障的觀點，可稱之為適格否定論，至少具有四種難以接受的義理缺陷：勢必使用「國籍」為憲法上基本人權保障之主體立下定義，為缺陷之一；易陷入「善盡忠誠、納稅、服兵役等義務為給予人權保障之前提」的錯誤，為缺陷之二；難以解釋參政權是否為基本人權之必要項目的問題，為缺陷之三；易陷入「主權重於人權」、錯置憲法基本目的的誤謬，為缺陷之四。以下試分別論之。

一、以「國籍」為「人」下定義

　　憲法所保障的人權，是屬於「人」的，張佛泉先生說得簡單明瞭：「這裏所謂『人』，主要係與『公民』對比而言。意即權利原屬於『圓頂方趾』之人，並非只屬於政府所指定之『公民』。」❼研究憲法，最艱難的一個問

---

❼　張佛泉，《自由與人權》，頁 80，臺北：商務（1993 年）。同書頁 55 說法相若。

題，可能即是如何瞭解憲法上指稱的「人」為何意。任何一個定義，稍有不慎，均可能帶來否定某種「人」為「人」，從而否定其為憲法上人權主體的重大危險。人類的憲政史中，犯錯的例證不勝枚舉。張佛泉先生引為標本的美國人權觀念❽，雖然開創現代人權普世價值的先河，其憲政實踐卻也曾有慘不忍聞的歷史。最著的例子，或許是 1857 年美國最高法院 Dred Scott v. Sandford 一案的判決❾，該判決認為即使是自由的黑人也並非「公民」(citizen)，即非美國憲法原文中享受基本人權保障的主體，導致美國南北戰爭之後必須通過 3 條修憲條文 （美國憲法增修條文第 13 條至第 15 條），始得糾正其非❿；更有甚者，1859 年 Mississippi 州上訴法院在 Mitchell v. Wells⓫一案中，拒絕承認在 Ohio 州法院認定享有財產繼承權之自由黑人，亦得在 Mississippi 州主張權利，其判詞中說：「如 Ohio 州進一步執著於其特有的慈悲，決定再次降低其所獨持之人道標準，而賦黑猩猩或猴子部族中最受尊敬者以公民權，莫非未如是瘋狂之其餘各州如本州者，亦要基於『禮讓』之精神，忽略自身之政策與自尊，降低各自認定公民及人類譜系的標準，而滿足雜種之需要，許其進入聯邦的大家庭？」⓬即係一種企圖將黑人定義為「非人」的惡劣例證。

　　美國憲政經驗顯示了使用「種族」或「公民」定義何者為「人」，何者「非人」的嚴重後果；有的憲法則嘗試明文區別「公民」與「非公民」，1982

---

❽　張佛泉，同上註，頁 79。

❾　16 How. 393 (1857). 本案為繼 1803 年 Marbury v. Madison, 1 Cranch 137 (1803) 之後，美國最高法院第二次宣告國會立法為違憲而拒絕加以適用的案例，卻與 Marbury 案之為美國憲法史上最具盛名的案例，適成明顯的對比，而經美國學者評為美國憲法判決中最不堪數的案例。參見 B. Schwartz, A BOOK OF LEGAL LISTS, 171–172 (N.Y: Oxford 1997).

❿　關於美國南北戰爭之後修憲的結果，對於外國人平等原則適格性的憲法歷史解釋辯論，參見 A. R. Amar, THE BILL OF RIGHTS, 174, 364–365 (New Haven: Yale, 1998).

⓫　37 Miss. 235 (1859).

⓬　Ibid.

年的中華人民共和國憲法 ❸ 即在第 28 條規定了應受制裁的反革命「犯罪分子」❹，再在第 33 條規定享受憲法權利、在法律面前一律平等的是具有中華人民共和國國籍的「中華人民共和國公民」。張佛泉先生提到的「人」與「公民」的對比，於此呼之欲出。

　　本文無意也不敢擅為憲法上作為人權主體的「人」，賦予任何積極、確切的定義。將「人」泛稱如張佛泉先生所指「圓頂方趾」之民，是否足夠周延，仍非無可疑，張氏顯亦無以此四字為作為人權主體的「人」立下確切定義的用意。吾人亦不願隨意藉用人類學或生物學上「人」的定義作為憲法上認定人權主體的指標。碰觸此一憲法上最嚴肅課題時所應有的態度，毋寧在於認知不穩妥而具有危險的定義，或尚不如不加定義。寧缺勿濫，殆此之謂歟？

　　否定憲法上人權主體包含外國人的觀點，無可避免地要使用「國籍」的概念來區別「本國人」與「外國人」，以作為認定基本人權主體孰屬的標準。此與憲法上基本人權的原初概念，甚為牴牾。因為基本人權既為「人」所有，而被認為是一種不可割離的或不可讓渡的 (inalienable) 權利 ❺，亦即為人之所以為人的條件，或者「人之所以為人所不能少的基本需求」❻，如果以「國籍」作為人權主體的定義指標，不啻在說具備某國的國籍是享受人權的條件，那麼「國籍」的欠缺恐怕不但不能成為否定人權的根據，反而要成為國家必須給予國籍的理由，「國籍」也要成為基本人權的一個項目，而為人之所以為人所不能少的基本需求 ❼。如果尚不願意接受用國籍

---

❸　姜士林、陳瑋主編，《世界憲法大全（上卷）》，頁 85–103，北京：中國廣播電視出版社（1989 年）。

❹　1999 年 3 月，中華人民共和國憲法第 28 條已見修正，「反革命」三字已由「危害國家安全的犯罪」取代。見〈中華人民共和國全國人民代表大會公告〉，《人民日報》（1999 年 3 月 17 日），第 1 版。

❺　此語原出自 1776 年由 Thomas Jefferson 所撰寫之美國獨立宣言 (The Declaration of Independence)。M. Peterson (ed.), THE PORTABLE THOMAS JEFFERSON (N.Y.: Penguin, 1975)；張佛泉，註 7，頁 81–82。

❻　林子儀序文中語，載李念祖，《司法者的憲法》，頁 1，臺北：五南（2000 年）。

為人下定義的前提可以導出國家必須給予欠缺其國籍之人國籍以便其享受基本人權的結論，最好的方法即是放棄使用國籍定義人權主體。換言之，基本人權是凡是為人「均不可或缺的」，「所不能須臾離的，所以這些權利必具有一種固定性與普遍性」⓲，認定基本人權的主體標準必須是「人」，而不能是「本國人」、「國民」、「公民」或「非外國人」，否則即無異在憲法上賦予有權力決定是否給予個人國籍者，選擇是否肯定或否定個人基本人權的一種位置。賦予掌權者這樣的憲法位置，代價恐怕過高，而非憲法所能負荷、識者所能接受者。

二、有條件的人權保障觀

否定論的主張者，當然亦可能不純然係基於憲法文義或者是否具備我國國籍的純形式主義觀立論，而是憂慮肯定外國人為憲法上人權保障主體所可能招致之種種顧忌。此中最明顯的因素，厥為國民義務、國籍背後所假設存在的效忠關係，以及國家經濟資源之維持與分享的問題。

㈠國民義務

一項看來頗為自然的推論似可循著下述的理路進行：凡是國民均應善盡其憲法上的國民義務，外國人（或無國籍人）無須負擔國民義務，自亦不能主張憲法基本權利之保障，可是，這項看似自然的推論，背後卻存在著高度的盲點。

首先應該檢視的是國民義務的內容，一種想當然耳也幾乎很少受到質疑的論點⓳，是我國憲法規定的國民義務共有三種，亦即納稅義務、服兵役義務以及受國民教育義務。但細繹我國憲法第 19 條至第 21 條的文字，

⓱ 世界人權宣言第 15 條規定：「人人有權享有國籍。任何人之國籍不容無理褫奪，其更改國籍之權利不容否認。」國籍可否當作一種「受益權」加以主張，為憲法上可以研究的一個問題。

⓲ 張佛泉，註 7，頁 87。

⓳ 採通說者，如林紀東，註 1，頁 82–84。葛克昌則認為人民不直接因憲法規定而免義務，葛克昌，《稅法基本問題》，頁 63，臺北：元照（1996 年）。

應知憲法規定的國民義務，其實只有受教育的義務，納稅及服兵役的義務似以之為均是法律層次的義務，不是憲法層次的義務較為妥適，此從憲法第 19 條、第 20 條均有「人民有『依法律』……之義務」的明文，而第 21條則無此規定，即可看出。易言之，是否要求人民納稅或服兵役，其實應是讓諸立法者裁量的事務，憲法並無預設立場的必要。就服兵役的義務而言，如果屬於憲法層次的義務，無疑係謂徵兵制度是憲法的要求，立法者一旦決定採取募兵制（甚或決定不設軍隊），豈不發生違憲問題？此則顯然不是憲法第 20 條規定之本意；同理，吾人亦難假設憲法第 19 條不許立法者決定人民在某一期間無須負擔任何租稅義務。憲法第 19 條及第 20 條既均非意在憲法層次上課加人民義務而讓諸法律的規定，其真正的意義乃在規定人民服兵役與納稅義務之課加，必須經由代表人民之立法者為之，亦即係在規定「租稅法律主義」或「法律保留原則」❷。憲法第 19 條及第 20條之規定其實是權利保障而非義務之課加，蓋深知政府徵兵課稅，世所恆見，乃特就法律保留原則三致其意，以彰顯政府此等決定應經立法院通過法律制定以得被治者同意之道理❷，設非如此，憲法原無越俎代庖、規定納稅與兵役義務之必要，儘聽由政府法令行之可也。至於受教育之義務，則或係憲法層次之義務❷。殆因國民教育之施與，本與思想自由有其扞格之處，惟國民智識之開啟，足以提升監督政府免受濫權侵犯之能力，較之滿國愚民任憑權力恣意施為更為可欲，憲法乃因以權利及義務視之。自其

❷ 關於「租稅法律主義」及「法律保留」之意義及我國憲法解釋所建立之相關體系，參見葛克昌，同上註，頁 64–66，及氏著，《所得稅與憲法》，頁 23–29，自刊（1999 年）。學者並有認為既有憲法第 23 條規定法律保留原則，憲法第 19條已為贅文者，黃俊杰，〈憲法稅概念初探〉，《中原財經法學》，頁 43，1 期（1995 年 4 月）。

❷ 學理上有所謂「不出代議士不納租稅」或「無代表無稅」之理論，在外國人之租稅義務上，顯然出現例外。見張君勱，《中華民國憲法十講》，頁 8，臺北：商務(1971 年)；黃俊杰，〈減稅憲法意旨之探討〉，《月旦法學雜誌》，頁 124–125，68 期（2001 年 1 月）。

❷ 異說，葛克昌，註 19，頁 63。

義務一面言之，雖尚賴立法者以法律定其具體之行為規範，但立法者不可任意解除此種國民義務，其性質即與納稅及服兵役二者，顯見不同。

大法官釋字第 490 號解釋，雖謂兵役法之規定中華民國男子依法皆有服兵役之義務，「係為實踐國家目的及憲法上人民之基本義務之規定」**❷**，而係採憲法義務說之看法，然則憲法第 20 條亦係規定「人民」有依法律服兵役之義務，立法者欲以法律加課外國人服兵役之義務，亦非憲法所不許。服兵役義務為國民之義務，乃係出於立法者之決定，謂為憲法之當然解釋，恐尚有商榷餘地。

抑有進者，從國民義務之存在為由以否定外國人享受憲法上平等原則保障，最大的盲點還不在於納稅、服兵役是否果為憲法層次的義務，而在於兩個更基本的問題：一是納稅與服兵役原本均非所有國民均應負擔之義務，就不須付稅、不須服兵役的國民而言，與不付稅、不服兵役的外國人並無不同。誠難從不付稅、不服兵役推導出不得享受基本人權之結論。二是憲法保障基本人權，其前提在於其為「人」之所以為人之所必需，而不在於其為已盡國民義務之「人」，國民義務與基本權利原無一種憲法上的對價關係，基本人權所對應者不是國民義務，而是政府對於「人」將以最基本之尊重之義務。若不察此，無異否定任何未盡納稅、服兵役（或未受國民教育）之人之基本人權保障，可乎？

退步言之，是否加課外國人納稅或服兵役之義務，其實出乎執政者之裁量與決定。繳納中華民國稅捐之外國人所在多有，較之許多國民之貢獻或許更勝；設若立法院立法要求境內之外國人同負國防義務，恐亦非其所能拒絕**❷**。國民義務與基本權利得享與否無甚關連，其理甚明。必以國民義務為享受基本權利之前提條件，不僅於理不通，其害殊甚，豈可輕忽？

---

❷ 《司法院大法官解釋續編(土)》，頁 383，臺北：司法院秘書處（2000 年）。

❷ 外國人逃避兵役之道，或惟離境而已，然則本國國民亦非無選擇離境去國之權利，司法院大法官釋字第 443 號解釋否定禁止役男出境命令之合憲性，亦可思過半矣！另外關於徵召外國人服兵役之國際法問題，參見姜皇池，註4，頁 531-533。

㈡效忠關係

國民對於國家具有效忠關係，原是「國籍」觀念裡的一種假設，但也往往成為區別本國人與外國人之一種根據❷。基於外國人對於我國並無效忠關係的理由，否定外國人享受基本權利之地位，亦不免可能構成否定論之一種思想脈絡。本文的疑問則是，效忠關係的假設果然可以成為否定外國人享受憲法基本權利保障的理由？之所以將效忠關係說成一種假設，是因為在現實的憲政生活中，並沒有任何具體、常設的機制檢驗效忠關係果然存在於每一個國民與國家之間。我國憲法並未課人民以效忠國家的義務❷，事實上也無理由設立檢驗國民具備效忠關係之機制。在憲法保障思想自由、言論自由的前提下，基於愛國思想之前提而普遍課加人民效忠義務之法律，恐怕還會受到嚴格之違憲審查。美國最高法院在 1980 年代之後兩度宣告禁止焚燒國旗的聯邦法律及州法違憲而拒絕加以適用❷，即為著例。憲法當然不會鼓勵人民不愛國家、不效忠國家，但愛國情操、效忠思想，總要出之於自然，不能訴諸法的強制，則應為憲法之基本義理所在。

效忠關係如果只是一種假設，又不是一種法義務，如何能夠以之作為根本否定外國人享受憲法基本人權保障的理由？憲法既不因為某一國民無意效忠國家而否定其為享受憲法基本人權保障的主體，即可知效忠關係亦非享受基本人權保障的前提條件。

當然，正如美國最高法院 1976 年在 Hampton v. Mow Sun Wong ❷一案中指出者，就某些高級政府職位而言，不容分裂的忠誠可能是決定能否擔任公職的重要因素❷，效忠關係確實可能構成法律限制某種特定人權項目

---

❷　丘宏達，《現代國際法》，頁 388–391，臺北：三民（1995 年）。

❷　如果憲法真的如此規定，將可能抵銷憲法對於思想自由之保障。我國在民國 80 年代的修憲經驗中，亦有類似的修憲提案，但並未獲得通過，可以認為是人權保障的一種正面經驗，參見第二屆國民大會臨時會修憲提案（第 11155 號）（修憲提案第 65，傅代表崑成等 111 人提：人民有對國家忠誠之義務），頁 227，臺北：國民大會秘書處（1992 年）。

❷　Texas v. Johnson, 491 U.S. 397 (1989); U.S. v. Eichman, 496 U.S. 310 (1990).

❷　426 U.S. 88 (1976).

（如服公職權）的理由，但是，此與將效忠關係作為全面否定外國人為基本人權保障主體的理由，為兩種層次的問題，不可不加區別。如前所述，憲法或法律課加之國民義務並不能成為決定基本人權保障適格與否的理由，效忠關係即使構成國民義務的一種，也不具有否定基本人權保障適格的分量，何況效忠關係尚不構成一種憲法上的國民義務，以之作為否定基本人權保障適格的理由，只怕會為人權帶來更多、更難令人接受的威脅與風險。

(三)經濟資源之分配與分享

適格否定論的一種不言可喻的支持，可能存在於經濟資源之分配與分享應由國民優先的觀念。此所稱經濟資源，可能指稱土地、可能指稱市場的支配地位、可能指稱社會福利資源、也可能指稱工作機會。我國就業服務法的規定，或許最能凸顯這種國民優先的觀念。從該法第 1 條起，即充斥著保障「國民」就業、歧視外國人的規定與措置。表現此種排外主義最著的條文應屬第 5 條：「為保障國民就業機會平等，雇主對求職人或所僱用員工，不得以種族、階級、語言、思想、宗教、黨派、籍貫、性別、容貌、五官、殘障或以往工會會員身分為由，予以歧視」。總共列舉了 12 項構成歧視作用的「可疑分類」❸，卻根本地否定了外國人（或是「國籍」）不受歧視的前提，不免構成一種極為明顯、甚至可能帶有諷刺性的對比。有趣的是，我國憲法第 152 條規定促進充分就業的基本國策：「人民具有工作能力者，國家應予以適當之工作機會。」使用的卻是「人民」而非「國民」一詞。

在基本人權的歸類上，經濟資源的分配與分享主張，往往屬於受益權的範疇。依學者通行之見解，受益權在旅華之外國人，並非必享之權利，其理由在於此等權利為「各人所屬國家之責任」，與國家之任務，有不可分

---

❷　Id. at 104.

❸　此為美國最高法院關於平等保障原則的判決中，經常使用的一種概念。參見法治斌，〈司法審查中之平等權：建構雙重基準之研究〉，《國家科學委員會研究彙刊：人文及社會科學》，頁 38–40，6 卷 1 期（1996 年 1 月）。

離之關係，他國並無責任 **㉛**；且「此等權利之落實，涉及國家積極作為，此如優惠性差別待遇，以及有限社會資源之分配，是以我國並無義務將之賦予外國人」**㉜**。

　　然則，姑不論世界貿易組織（World Trade Organization，簡稱 WTO）**㉝** 透過國際貿易法規範要求各國開放市場、掃除貿易障礙的趨勢，就憲法所保障之受益權而言，所可能涉及者，亦為人之所以為人之基本需求，不因其為生存權、財產權或工作權（憲法第 15 條）而異其性質。國家根據憲法之要求，提供受益權之保障，以免凍餓時，究竟是基於國民愛、同胞愛、抑或是人類愛？實為不可不思考之問題 **㉞**。人性尊嚴或人的基本需要，究竟取決於「人」，還是「國民」或「同胞」而已？經濟資源與人性需求，究竟誰主誰從？

三、不完整的基本人權觀

　　適格否定論的難題，存在於明明認知外國人亦是「人」，但仍不願接受外國人具有基本人權的憲法適格性；其論理的盡頭，則在於無法提供「基本人權」一個完整的定義或具備說服力的概念。

　　如前所述，基本人權被認為是足以表彰人性尊嚴的、人之所以為人的基本需求之總稱 **㉟**，傳統的分類，將之區別為自由權、平等權、受益權與

㉛　林紀東，註1，頁 66；薩孟武，《中國憲法新論》，頁 78，臺北：三民（1974 年）。

㉜　姜皇池，註4，頁 547–548。

㉝　其介紹，參見丘宏達，註 25，頁 943–945。

㉞　1982 年作者負笈美國麻州時，曾因每月獎學金數量不多，而能享受該州對於低收入貧民冬季燃料補助之社會福利。申請前唯恐手持外國護照，不夠資格以致誤領，曾經再三詢問受理申請之社會工作人員，外國人是否可以請領。後者一再確認外國人亦可請領之後，以反問相答：「外國人難道無需過冬？」語為之塞，茅塞也為之一開。

㉟　基本人權可能具有另一種與此相異的定義，亦即將人性尊嚴的表現植基於「人」對其基本需求的「自由選擇」之上。這兩種定義的差別，可以表現在安樂死、娼妓工作權、安全帽強制配戴規範、吸毒防制方式、同性婚姻等等問題的討論

參政權等，並有認為平等權為其他三種人權之前提者❸。如將人權與國民權兩相區別，以前者為個人以人的資格所享受的權利，後者為具有本國國民身分之人民始得享有之權利❸，則必須將人權與國民權合起來才能得到「基本權利」之完整定義，亦即形成基本「人權」的內容並不必然包括國民權（如參政權、受益權或平等權任一部分或全部）在內，然則缺乏參政權、受益權或平等權的「人權」，又如何可以是人之所以為人（或以人為資格）所享受之人權？僅具自由權的人，如何享有完整之人性尊嚴？若謂參政權與受益權必須附麗於國家，只能向本國有所主張，是亦將發生三個基本疑難：一是無國籍人士勢將難以被認做是可以具備完整人格、享受完整人性尊嚴之自然人，二是任何人均只能在本國享受完整之人格與人性尊嚴之對待，三是平等權為何要取決於國家的歸屬？簡言之，任何人都只在本國享受完整人格，卻不能在外國享受完整人格而要命定地被視為不完整的人（或非人）的理由何在？如果平等權是其他人權的前提，失去了平等權的外國人豈非失去了一切人權？

申言之，任何一項基本權利都是人之所以為人所不可或缺的要素，失去了任何一項基本權利保障適格的人，都不能被認為是享有完整基本人權的人。如果中華民國憲法第二章係要提供基本人權的完整保障，很難找到足夠的實質理由，支持吾人將憲法第 7 條的前六個字「中華民國人民」解釋為「中華民國國民」，而使得外國人失去享受平等原則保障的適格性。否定了外國人基本權利平等保障的憲法適格性，無異認定平等保障不是外國人的基本人性需求，也就否定了外國人的「人」格。憲法果真寓有此義，恐將不成其為憲法。

之上，因與本文主題並不直接相關，暫不置論。

❸　司法院釋字第 442 號解釋林永謀大法官協同意見書。《司法院大法官解釋續編（士）》，頁 190，臺北：司法院秘書處（1999 年）。

❸　法治斌、董保城，註 5，頁 98-100。

四、「主權重於人權」違反憲政主義

　　無可諱言，適格否定論的思考之中，雖然不願否定外國人的「人」之屬性，但每不免具有國家主權重於人權的傾向與假設，以至不能釋然於「本國人」、「外國人」詞彙中共同具有的「國」字，畢竟在文字的排列上，無論是「本國人」或「外國人」的詞彙中，「國」字都在「人」字之前，定義著「國」字之下的「人」。不過，文學文字語意可以如此，憲法難道亦當如此設定價值順位？

　　無論是劉慶瑞氏所說的「在不妨害國家利益的範圍內，吾人當可解釋憲法第七條所保障的平等權，對外國人亦可適用」❸，抑或林紀東氏所說的「由於目前國際關係，尚未臻於世界大同四海一家之境界，我國國勢又甚為衰弱，為保障國家利益，防止舊日備受列強侵略之流弊計，故宜解為本條保護之對象，即在法律上享受平等權者，以中華民國人民為限」❹，均可讀出處理此一問題時將國家主權優於人權保障的某種意味。所成疑問者，此種說法與憲法存在的目的有無扞格？劉慶瑞氏民國 46 年出版的《中華民國憲法要義》中已經說明：「憲法可謂是近代立憲主義的產物，其目的乃在限制政府的權力而保障人民的權利與自由」❺，此項源自於立憲主義或憲政主義的說明，揭櫫了憲法的目的在於限制權力以保障人權，此不僅在西方早經普遍接受，在我國憲法學界，實亦少有異辭。然則，如果憲法存在的目的是要防止權力的濫用以保障每個個人的基本權利，是否還能夠

❸　劉慶瑞，註3，頁 50。張君勱氏則說，「憲法乃是一張文書，所以規定政府權力如何分配於各機關，以達到保護人民安全與人民自由的目的」，張氏尤其強調人權的基本觀念，「是人與人之平等，不論是皇帝是貴族是平民，他們既是人，應該是平等的，換句話說，就是人格尊重」、「各個人有他不可拋棄的權利」，在這位被譽為中華民國憲法之父的哲人心中，憲法的目的，似乎並無絲毫藉用「主權」限制「人權」觀念活動的餘地。張氏，註21，頁 3–8、23–25。

❹　林紀東，註1，頁 89。李震山、姜皇池二氏亦均承認外國人權利保障在今日仍然受制於主權的觀念甚深。二氏註 4 參照。

❺　劉慶瑞，註3，頁 9。

得出國家主權優位以界定人權的結論，即值得商榷。

　　申言之，憲政主義是要將政治權力置於憲法的規範之下，以踐行統治應依被統治者的意思、亦即民意政治的精神❹。外國人在一國之內，如果已無投票選舉代表參與政治的權利，即是政治上不被代表的少數族群，他們可能是政府徵稅的對象，卻是無從對統治表達同意與否而被孤立的弱勢團體。如果不是囿於「主權重於人權」的思想，無論如何也不能反而得出外國人不具憲法平等保障適格的結論，使得不能在代議政治程序中護衛自身利益的外國人，連在行政程序或司法程序中尋求平等保障的機會也要失去。特別是國家對於是否允許外國人入境，原已在國際法對於主權的尊重之下，享有近乎絕對的權力❷，若是尚要否定入境之後成為少數、缺乏政治發言能力的外國人平等保障的適格，人權觀念受制於主權至上思想的困境，不僅十分顯然，其與憲法賴以存立之憲政主義有所牴觸，也已不可否認。

　　綜上所述，適格否定論在憲法基本義理上，具有重大缺陷，令人難安。但吾人之討論尚不能到此為止，適格肯定論雖然可以避免否定論的缺陷，是否能在憲法解釋上立足，還需要進一步之研究。以下即說明何以適格肯定論能在我國憲法解釋上具有堅實依據的道理。

肆、適格肯定論的憲法依據

　　適格肯定論在我國憲法規定中主要的依據，就是憲法第 7 條；補強的依據，則是憲法第 141 條，茲分別述之。

一、憲法第 7 條的解釋

　　何以言憲法第 7 條是適格肯定論的主要依據？關鍵在於該條首四字「中華民國」一詞究竟何意。前已言及，參照憲法第 3 條業已規定「國民」之定義，第 7 條之「中華民國」四字若係在界定「人民的國籍」，不免成為贅文，而有啟人疑竇之理由。實有從制憲歷史中尋求解答之必要❸。

---

❹　劉慶瑞，同上註，頁 1。

❷　姜皇池，註 4，頁 528–529。

(一)納入憲法之過程

顧我國憲法之制定，先係有私人發表之憲法草案，以次才有政府、政黨的正式起草。依繆全吉氏所輯，進入訓政時期之後，最早提出之私人草案有二，一為薛毓津氏提出❹，一為吳經熊氏所提出❺。日後之中華民國憲法，取材於此二氏之草稿者，均非淺顯❻。其中關於人民基本權利之保障，薛氏草案採取法律保障主義，吳氏草案則直採憲法直接保障主義，現今憲法第 23 條，亦顯以吳氏版本為濫觴❼，吳氏草案，可謂首開憲法保障人權正確態度先河的擬議。其草案係於民國 22 年 6 月 8 日起發表，其中第 4 條規定「中華民國人民無男女、種族、宗教、出生、階級、職業之區別，在法律上一律平等」，顯亦為現行憲法第 7 條之前身。吳氏之草案，係將該條列為第一篇「總則」中之一條，吳氏寫入「總則」之條文凡 8 條，每一條文均有「中華民國」字樣。嗣後立法院主稿人會議於同年 11 月 16 日通過之「中華民國憲法草案初稿」中，將吳氏之第 4 條，改列為第 7 條，並納為第二章「人民之權利義務」之首條，次年 3 月 1 日，國民政府立法院正式發表之憲法草案初稿第 7 條，以及民國 23 年 7 月 9 日立法院發表之憲法草案初稿審查修正案第 8 條，均仍續採用之❽，民國 23 年之審查修正

---

❸ 司法院大法官審理案件法第 13 條即規定「歷史解釋」是解釋憲法所唯一不能缺少之解釋方法。

❹ 繆全吉，《中國制憲史資料彙編》，頁 379–409，臺北：國史館（1992 年 3 版）。

❺ 謬全吉，同上註，頁 410–437。吳氏時為立法院憲法起草委員會之初稿起草人，曾將所擬初稿以私人名義發表，以徵取各方意見。

❻ 薛氏草案之前言中「永矢咸遵」即載入日後憲法前言之末尾，此四字實為憲政主義對政府服膺憲法之具體要求。另現行憲法第一章章名「總綱」二字亦係出自薛氏憲草，又為一例。至於吳氏之憲草中，成為憲法張本之條文更夥，尤以人民權利之各條文為最。

❼ 吳氏草案第 38 條規定：「本章前列各條，所稱限制人民自由或權利之法律，非為維護公共利益或避免緊急危難所必要者，不得制定之，其超過必要之程度者亦同。」顯已開啟比例原則入憲的契機。

❽ 繆全吉，註 44，頁 460、482、504。

稿第 3 條，則開始使用「國民」之定義（第 3 條），當時列為第 8 條之平等權規定，則仍使用「中華民國人民」字樣，此後歷經民國 23 年 10 月 16 日立法院三讀通過之憲法草案❹謬全吉，同上註，民國 25 年 5 月 5 日之五五憲草❺，民國 29 年 4 月 2 日國民參政會通過之國民參政會憲政期成會五五憲草修正案❺，民國 35 年 11 月 23 日之政治協商會議提出之憲法草案❺，以迄制憲國民大會通過之現行憲法，均未再改變。由此可知，「中華民國」四字無非係吳經熊憲草列為總則條文體系文字安排所致，應無排除外國人之意思。而且在憲法第 3 條「國民」定義條文成形之際，亦未嘗改動，也可見「國民」與「人民」應該各有意義，不能遽作同義詞理解。

(二)「中華民國」應做「中華民國境內」解釋

最值得參照以理解憲法第 7 條「中華民國」一詞含義之條文，或許為憲法第 5 條「中華民國各民族，一律平等」之規定。此處之「中華民國」，顯非指稱國籍之語，蓋民族並無「國籍」之可言，唯一可能之解釋，當係指「中華民國境內」之意，亦即憲法第 5 條係規定「中華民國境內各民族，一律平等」之意❺。憲法第 5 條之「中華民國」既做「中華民國境內」解，憲法第 7 條之「中華民國」，何獨不能亦做「中華民國境內」解之？

吾人所以將第 7 條與第 5 條之「中華民國」四字為相同理解，當然不是因為兩條文位置接近的緣故。實以兩條皆在規定「平等」的問題，學者尚有以為既有第 7 條之規定，第 5 條似無存在必要者❺。殊無將兩條強為不同解釋之理由。其實，國境本為國家行使管轄的場域，憲法第 7 條規定國家應對可以行使管轄的「人」，給予平等保障的尊重，也極為合理。如此

❹ 謬全吉，同上註，頁 528。

❺ 謬全吉，同上註，頁 548。

❺ 謬全吉，同上註，頁 566。

❺ 謬全吉，同上註，頁 598。

❺ 林紀東，註 1，頁 42。吳經熊氏憲草初稿中，第 9 條之原文即為「國內各民族……在政治上一律平等」，可資參照。謬全吉，同上註，頁 412。

❺ 林紀東，註 1，頁 44。

全然可以避免適格否定論之理論缺陷，而將外國人權利限制（例如對於參政權之限制），讓諸立法者循憲法第 23 條規定意旨以適當之立法為之，自屬妥當。

　　至於境外之外國人，雖然本亦應是憲法人權保障之主體，但於此已受到憲法第 7 條明文之例外排除；從憲法之立法政策上言固尚有可以討論之餘地，惟外國人主張入境的基本人權，在現今國際社會中仍是一種有待推行的概念，若逕將憲法第 7 條所稱之「中華民國」四字視做無任何限制意義之詞彙，似尚有待來日解釋學上之努力。此外，將該條所曰之「中華民國」做「中華民國境內」解釋，應注意避免為不當反面解釋之誤謬，亦即不可得出該條有意排除境外人民之平等保障之結論。正如憲法第 5 條亦不能為反面解釋認定境外之民族不能視為平等之理，並無不同。

㈢「國籍」為可疑的分類

　　憲法第 7 條規定法律應對人民為平等對待，主要的意思，在於排除「不合理的差別待遇」❺❺，蓋任何法律，均在區別權利義務，亦均在規定差別待遇，憲法無從禁止法律為差別待遇，所能限制者，只為不合理之差別待遇而已。然則法律為差別待遇，必先有區別分類之標準，依憲法所評價者，亦往往即為法律為差別待遇的分類標準。吳經熊氏憲草中，規定平等權的條文中，本有人民應無「出生」之區別，在法律上一律平等之構想❺❻，此後「出生」二字見遭刪去，其故已不可考，不知是否因為「男女」、「種族」、「階級」之不平等，皆自「出生」即已定之，「出生」二字恐成重覆之故。然則憲法第 7 條列出「男女」、「種族」、「階級」三種應經平等原則嚴格檢視之分類，其共同之特徵，皆為與生俱來，難以人力改變者❺❼。而憲法所

---

❺❺　司法院釋字第 455 號解釋翁岳生大法官協同意見書，《司法院大法官解釋續編㈢》，頁 680，臺北：司法院秘書處（1999 年）；李惠宗，《憲法要義》，頁 95，臺北：敦煌（1998 年）。

❺❻　繆全吉，註 44，頁 411。

❺❼　憲法第 7 條所稱「階級」二字，應包括世襲之「貴族」、「奴隸」、「封爵」在內，自與「出生」極相關連。

以拒斥此等分類標準，實係因為此等因素既屬與生俱來，而非人力所能改變或挽回，則以之區別權利義務，即有先天的不公平存在，而應受憲法平等原則之優先適用與嚴格檢驗。憲法明文規定排斥此等區分標準界定人民法律上之權利義務，其用意亦不殊於美國最高法院在許多案例中所建立「可疑的分類」之觀念 ❺❽，亦即凡是先天不合理之分類標準，即受假設為可疑的分類。而我國學者通說，均認為憲法第 7 條所標舉之五種可疑分類標準，只是例示而非列舉之性質 ❺❾，是則因拒絕法律根據「出生」而來之特徵作為區別權利義務關係之憲法意旨，自亦不應限於「男女」、「種族」、「階級」等項目。實則各國關於「國籍」之原始取得的決定因素，不論係採取「血統主義」或「出生地主義」（詳後），均與「出生」之事實難脫關連，用「國籍」作為區別法律權利義務之標準，自也帶著先天的不公平，而有將之看作一種「可疑的分類」之理由 ❻❾。亦即「國籍」不但不是憲法第 7 條當然接受之區分標準，而且是憲法第 7 條所特意排斥之可疑的分類，始為符合憲法第 7 條規定精神之解釋。

(四)憲法第 23 條之解釋

將「國籍」視為可疑的分類標準，非謂法律一概不得以「國籍」作為區別權利義務之標準，而是當法律使用「國籍」作為區別權利義務之標準

---

❺❽ 在美國，可疑的分類包括性別、種族、國籍、非婚生子女、身心障礙等，相關案例極夥。參見 G. Gunther & K. M. Sullivan, CONSTIUTIONAL LAW, 662–840 (N.Y. Foundation, 1997) 及法治斌，同註 30。

❺❾ 林紀東，註 1，頁 91–93。

❻❾ 美國最高法院將「外國人籍」(alienage) 列為可疑的分類，是因為對於外國人形成的歷史偏見只與由出生決定卻無法改變的特徵有關，而此種基於出生特徵而建立分類標準往往正是政府所以歧視少數族群的理由，但如此作為無法構成正當的施政目的，乃必須施以嚴格的司法審查。參見 L. Tribe, THE CONSTITUTIONAL PROTECTION OF INDIVIDUAL RIGHTS, 1052–1053 (N.Y. Foundation, 1978). 又取得國籍尚有「歸化」之途徑，雖然係本於個人意願，但歸化畢竟不是取得國籍的主要原因，一如現代醫學亦可依個人意願使用手術改變性別，然此等特例不該影響性別或國籍之應成為可疑的分類的理由。

時，即應有憲法第 23 條之適用。按憲法第 23 條所規定者，為「以上各條列舉之自由權利」受到法律限制時法律所應遵守之憲法限制（亦即比例原則之限制）❻❶。其惟採取適格肯定論，先行認定外國人具有憲法平等權之適格性，始有適用憲法第 23 條審查相關法律合憲性之餘地；在適格否定論言之，外國人不具平等權之適格性，外國人之平等權並非憲法第 7 條所列舉者，即非憲法第 23 條適用之範圍，其結果，不啻承認法律對於外國人基本權利之平等保障，可以予取予奪，而且連憲法第 23 條所寓含之「法律保留原則」，恐亦無適用之餘地，外國人基本權利之平等保障，甚至還可能遭受行政命令任意剝奪或限制而無從否定其合憲性，其不妥甚明。

㈤憲法第 3 條（及第 17 條）之解釋

憲法第 3 條規定具有中華民國國籍者為中華民國國民，但未具體規定如何始具備取得中華民國國籍之條件，顯係讓諸法律之規定。各國立法例，關於國籍之原始取得，或採血統主義，亦即以個人之父母之國籍定其國籍，或採出生地主義，亦即依個人出生地之國家定其國籍，或採折衷主義，各有不同❻❷，類皆以增益國民人口為其主要決定指標。惟無論如何，立法者一旦立法規定國籍取得方式，即行決定國民之範圍歸屬，若竟因此而決定誰是享有憲法平等保障之主體，則我國憲法第二章關於基本人權所採取之憲法直接保障主義，豈不反又取決於法律而盡遭破壞？蓋法律一旦確定誰是外國人，亦同時決定了誰是本國人，瓜剖豆分，並無不同，若在憲法上否定，並讓諸國籍法決定外國人的平等保障適格性，也就等於同時交由國籍法賦予本國人的平等保障適格性，毫無閃躲餘地。

如以選舉權之行使為例，雖然惟有國民始得行使選舉權的觀念似乎不可破，但是立法者制定的國籍法，選擇採取血統主義或出生地主義或折衷主義均可能使得其國民的範圍大不相同，也就可能使得行使選擇權的主權大不相同。依血統主義認定為境內外國人的人，依出生地主義或折衷主義

---

❻❶ 所謂比例原則，參見行政程序法第 7 條之規定，以及司法院釋字第 476 號解釋，《司法院大法官解釋續編㈩》，頁 1，臺北：司法院秘書處（1999 年）。

❻❷ 丘宏達，註 25，頁 391–393。

可能被認定為境內的本國人，決定其是否有選舉權者，其實不在選罷法，而在國籍法。同一個人，立法院採甲主義則不許其行使選舉權，依乙主義則不介意其行使選舉權，不需要在憲法的層次就決定誰可以行使選舉權，不亦顯然？憲法第 17 條曰「人民」有選舉權而非「國民」有選舉權，亦屬無妨。

憲法第 3 條既未規定如何在憲法上決定國籍，而將「國籍」的定義交由立法者決定。自亦不必再將憲法第 7 條之人民當然視為與「國民」同義，以至根本否定基本權利保障之適格性，使得憲法直接保障主義保障基本人權的目的落空。此外，對於外國人權利的限制，亦不必解釋為憲法層次的政策決定，將之交由立法者循正當立法程序為之即可。

㈥憲法第 130 條之解釋

憲法第 130 條規定了國民行使選舉權及被選舉權之年齡，相對於憲法第 17 條規定行使參政權之主體為「人民」而言，本條是否應當然採取反面解釋，亦即以本條係在限制外國人行使選舉權或被選舉權❻，尚非無疑。蓋誰為本國人、誰為外國人，既係由法律加以規定，則法律規定外國人得行使選舉權與被選舉權，自無不可。況於法律承認雙重國籍之情形，更無從僅以某人為外國人即否定其得行使選舉權。要言之，憲法第 130 條之規定，不能成為採取適格否定論以理解憲法第 7 條之理由。

二、憲法第 141 條的解釋

我國憲法第 141 條規定：「中華民國之外交，應本獨立自主之精神，平等互惠之原則，敦睦邦交，尊重條約及聯合國憲章，以保護僑民權益，促進國際合作，提倡國際正義，確保世界和平。」就外國人基本人權之平等保障適格問題，除了憲法第 7 條作為依據之外，憲法第 141 條規定亦具重要性，蓋若外國人權利之平等保障適格性已形成國際法規範，有無透過憲法第 141 條之規定，轉化為我國立法者必須遵守之規範？即成為不可規避的課題。

---

❻ 採反面解釋者，如林紀東，《中華民國憲法逐條釋義㈣》，頁 216，臺北：三民（1981 年）。

(一)國際法是否為憲法法源？

　　一個人權保障的先決問題，是國際法與憲法之間的關係。如果將地球上的人類看做一個整體社會，理想狀態的國際法應該是地球人類共同接受的規範，足以平等保障地球人類每一個「人」的基本權利。在此一種理想的意義上，國際法不啻為世界憲法，其與各國憲法關於人權之保障，本不該生有牴觸；而即使互有出入，兩者之適用，國際法或尚有優先之理由，蓋一旦建立了完整理想的超國際人權保障法秩序，復容各國憲法恆為優先適用，國際法秩序終恐不免仍成空談。1990 年代，歐盟構建，即係在歐洲架構起超越各國憲法之國際法架構，未始不可為全球人類提供將來追求某種世界憲法秩序的想像空間；而 18 世紀美國 13 個主權州 (Sovereign State) 締造聯邦憲法的舉動，亦不妨視為當時美利堅各主權州間的國際法，各州憲法終要向之讓步。現實的世界，當然距離此種境界，也就是「一元論」的理想，頗稱遙遠[64]，乃只能退而求其次，研究國際法是否可以構成內國憲法法源的問題。

　　此一問題，在我國憲法解釋上，似乎已經初步得到印證與解答。司法院大法官釋字第 428 號解釋，曾引用我國並未簽署，於 1996 年生效之萬國郵政公約最後議定書 (Universal Postal Convention, Final Protocol)，作為憲法解釋之依據[65]，即似已有將國際法引為憲法法源之意[66]。從憲法第 141 條明文規定條約及聯合國憲章應受尊重的意思加以觀察，亦可認為條約及聯合國憲章可以構成憲法之法源，而具有拘束國內一般法令之效力（詳後）。

[64]　認為國際法效力優於國內法之觀點，學理上習稱為一元論，其理論基礎及內容，參見湯武，《中國與國際法》，頁 133–134，臺北：中央文物供應社 (1957 年)；杜蘅之，《國際法大綱 (上冊)》，頁 62–64，臺北：商務 (1971 年)；丘宏達，註 25，頁 107。

[65]　《司法院大法官解釋續編(十)》，頁 515–516，臺北：司法院秘書處 (1997 年)。

[66]　該號解釋之中，大法官審查郵政法及郵政規則之規定有無違憲，乃引據萬國郵政公約最後議定書，認為系爭法令合於該公約之規定，「與國際公約相符」，而與憲法尚無牴觸，如果國際法不是憲法之法源，只為法律階層之規範，勢無據之支持內國法令合憲性之餘地。

㈡國際法與國內法之優先適用順序

如果國際法構成我國憲法之法源，則構成憲法法源之國際法自為法律所不得牴觸。然則，學界在探討國際法在國內法中之地位時，多集中在國際法與內國法律之一般性效力孰為優先的問題之上。此一問題，各國憲法規定不一[67]，在我國則要依照憲法第 141 條之規定尋求解答。惟從該條規定之文字看來，此一問題似乎可有兩解：一解係以條約為優先，我國學者通說採之[68]；另一解則可以認為條文中既有「平等互惠之原則」字樣，當可視條約締結相對國的立場而後決定[69]。本文從通說見解，蓋以國際法與國內法即使不採「一元論」之立場，亦不該增加國際法在國內秩序中之適用障礙，以致治絲益棼。又我國憲法第 141 條規定應「尊重」條約與聯合國憲章，「尊重」一詞與「遵守」有無差異？學者間雖有不同看法[70]，似無望文生義，強作不同解釋之理由。

㈢國際人權法在我國憲政秩序中的拘束力

學者有認為我國不是任何國際人權公約之簽約國，因此不受國際人權公約拘束者[71]，然則當代國際人權法，已不僅止於以人權公約或條約為其

---

[67] 如德國基本法第 25 條規定國際法之效力在法律之上（《世界各國憲法大全㈡》，頁 726，臺北：國民大會（1996 年））；法國憲法第 55 條則規定國際條約經簽約國對方同加適用者，具有優於法律之效力（《世界各國憲法大全㈡》，頁 287，臺北：國民大會（1996 年））；菲律賓憲法第 2 條第 2 項則只將被普遍接受的國際法則看作是本國法律的一部分（《世界各國憲法大全㈠》，頁 865，臺北：國民大會（1996 年））；美國在憲法上並無明文規定，最高法院則認為條約與法律同為國會所制定，故處於同一位階，其適用應採後法優於前法之原則，Reid v. Convert, 354 U.S. 1 (1957).

[68] 湯武，註 64，頁 142–143；林紀東，註 63，頁 267–268；丘宏達，〈國際法在我國國內法上的地位〉，《憲政時代》，頁 85，19 卷 4 期（1994 年 4 月）。

[69] 註 67 法國憲法之規定參照。

[70] 認為二詞同義者，如湯氏註 64；認為意義不同者，如林紀東，註 63 氏著參照。

[71] 黃昭元，〈台灣與國際人權公約〉，《新世紀智庫論壇》，頁 42–45，4 期（1988 年 11 月）；轉引自姜皇池，註 4，頁 536。

內容。例如聯合國大會於 1948 年 12 月 10 日通過之世界人權宣言 (Universal Declaration of Human Rights) ⓻，其中第 2 條規定「人人皆得享受本宣言所載一切權利與自由，不分……國籍……出生或他種身分」，即已為外國人享受平等保障之適格提供基礎。學者中雖亦有認為此處所稱「國籍」係自 "national origin" 一詞迻譯而來，其辭原係指民族或種族源流而非「國籍」者⓽，其說確非無見，然則同條中既又有「出生」(birth) 之規定，而「國籍」之認定方法，無論血統主義或出生地主義，原則上均與「出生」的事實難脫干係，世界人權宣言自已為外國人享受平等保障之適格提供了基礎，並無疑義。而世界人權宣言經半世紀以上之理念宣揚，透過各種人權公約納為內容⓾，無論將之視做國際習慣法甚或國際法一般法律原則，均屬信而有徵⓫。所成問題者，憲法第 141 條能否更進一步地，為國際人權法在我國之內國法秩序中發生拘束力提供基礎？事實上聯合國憲章第 1 條規定聯合國之宗旨，即已明文揭示，聯合國之宗旨為「發展國際間以尊重人民平等權利……為根據之友好關係，並採取其他適當辦法，以增強普遍和平」、「不分種族、性別、語言或宗教，增進並激勵對於全體人類之人權及基本自由尊重」⓬，則若將世界人權宣言關於外國人享受平等保障之適格，作為詮釋聯合國憲章該條內容之文件，自亦不妨經由憲法第 141 條要求尊重聯合國憲章之規定，援引為具有拘束效力之規範。況聯合國憲章第 55 條規定聯合國應促進「全體人類之人權及基本自由之普遍尊重與遵守，不分種族、性別、語言、宗教」，第 56 條則規定「各會員國擔允採取共同及分別行動……以達成第五十五條所載之宗旨」⓭，而依前述方式解

⓻ 張佛泉認應譯為「普遍人權宣言」較為妥當，氏著，註 7，頁〔凡例一五〕。

⓽ 姜皇池，註 4，頁 537。

⓾ 丘宏達，註 25，頁 448–449。

⓫ 丘宏達，同上註，頁 446。

⓬ 丘宏達編，陳純一助編，《現代國際法參考文件》，頁 23–24，臺北：三民 (1996 年)。

⓭ 丘宏達編，陳純一助編，同上註，頁 34。

釋我國憲法第 141 條之規定，即不失為一種符合聯合國憲章保障人權之「適當辦法」，也可看做是符合聯合國憲章要求之保障普世人權的一種行動。畢竟將世界人權宣言之內容化為憲法上具有拘束力之規範，從任何一個角度說，都無不符憲法第 141 條意旨或精神之顧慮；以憲法第 141 條作為外國人享受平等保障適格之補強性憲法依據，亦與當代國際人權法之發展趨勢，若合符節。

㈣憲法第 2 條之解釋

憲法第 2 條規定，「中華民國之主權屬於國民全體」。則將憲法第 141 條作為輸入國際人權法之媒介規定，與憲法第 2 條有無扞格之處？前已言之，「主權重於人權」的觀念可能會是採取適格肯定論的障礙。於此，應該討論憲法第 2 條的適當解釋。

「主權」一詞，有其歷史淵源，簡賅言之，「具有對外對內兩種意義，對外為獨立的，對內為最高的」❼❽。憲法第 2 條既曰「國民全體」，有無拒斥國際人權法、不使轉化為國內憲政規範之作用存在？此則仍應回到憲法存立的目的予以理解。就主權的對內意義而言，所謂最高的，應是要將國民置於統治者之上之謂，亦即主權不能屬於任何個人，不屬於執政者，而係主權在民，以國民全體的利益為最高，不是以執政者的利益，亦非以政治權力的利益為最高的意思。此條中「國民全體」的對稱，不是外國人，而是政府或政治權力之掌握者。易言之，「國民主權」之真義在於「主權在民」，如果認為此二詞不能等義，其間作梗者，其惟「國乎」？然則主權在「民」不在「國」，又何能以為「國民主權」不是「主權在民」之同義詞？

就主權的對外意義而言，所謂主權獨立，應指憲政運作悉以國民自主的意思為指南，不受外國強權之影響與指揮，但非謂即此不能將國際人權法的觀念內化為憲政規範。蓋吾人尋求憲法第 141 條之適當解釋，不必出自外國的威逼，而可以是我國憲政程序自主運作的結果。乃應該只問適格

---

❼❽ 林紀東，註 1，頁 31。此一觀念，在 19 世紀中國出現之第一本國際公法的書籍中，即已出現。見丁韙良譯，《萬國公法》，頁 74–76（京都崇實館，同治 3 年），中國國際法學會（1998 年重印）。

肯定論的內容究竟為是為非，不應只因適格肯定論涉及外國人的權利保障，即不問是非，概行否定以證明主權的獨立性。

於此一個可以相與參照的概念乃是「禮讓原則」(comity)。禮讓原則在國際社會中，恒見應用，譬如外國判決之承認，或國際私法之立法，多可援用禮讓原則之理論❼，並不致因此妨害主權之獨立性。惟本文開始時曾經引述之 Mitchell v. Wells 一案中，Mississippi 法院說明拒絕認可 Ohio 州接受自由黑人繼承財產之決定的理由，曾有如下的語句：「禮讓原則應該臣屬於主權，故不能與本州之公共政策，或是本州或州民之權利、利益或安全相互牴觸」 ❽。正如深入研究本案之美國學者所言，Mississippi 法院所以會認為本案若要適用禮讓原則、認可 Ohio 州決定即係侵犯 Mississippi 州之主權者，實在於 Mississippi 州當時確實堅信該州係以建立奴隸社會採納種族主義為其存續之基礎❾，自會將此種關係存續基礎問題上的「禮讓」視為喪失獨立主權的投降行為。就外國人享受平等保障適格問題而言，引進國際人權法思想作為支持適格肯定論的基礎，並不會根本牴觸中華民國的立國思想，也不會威脅中華民國的國民主權之存續或獨立性，又無憲法上不應為如此解釋之實質理由。如竟執憲法第 2 條規定之國民主權原則作為否定論之靠山，即恐有陷入循環論證或概念窠臼之虞。內國法秩序根據禮讓原則接納外國法制概念，尚且未必有害及主權之顧慮，況乎適格肯定論並不是基於禮讓原則立論，而是因為具有我國憲法上人權保障實質的正當性的緣故，「主權」並不能成為否定適格肯定論的理由。

簡言之，憲法第 2 條的規定，應從有利於人權保障的方向加以理解，不能從有利於主權的方向加以解釋，反而構成人權保障的障礙。失之毫釐，差以千里，不可不慎！

---

❼ 關於國際禮讓之意義，參見丘宏達，註 25，頁 8、64。

❽ 37 Miss. 235, 248–249 (1859).

❾ P. Finkelman, AN IMPERFECT UNION: SLAVERY, FEDERALISM, AND COMITY, 292 (Chapel Hill, Univ. of N. Press, 1981).

❁ 伍、結　語

　　主張適格否定論的學者，有引陶淵明語：「彼亦人子也」，作為道德訴求，以呼籲國家應該立法善待外國人者 ❷；其仁善如此，可見否定論者之始意與用心，與肯定論者未必有殊。然則，憲法解釋上既有採取適格肯定論之空間與理由，又何必外求於道德之說服，佇企立法者之善心？本文認為，適格否定論的憲法解釋方法，具有四種基本缺陷：必須使用「國籍」概念以決定誰能作為憲法上「人權」主體的「人」，即有捨本逐末的誤失；極易將人權保障與否繫於是否效忠國家、是否善盡國民義務等前提條件，而有因果倒置的誤失；很難避免不完整的基本人權觀，而有得魚忘筌的缺點；顯有接受「主權重於人權」觀念的傾向，而有主從易位的誤失。適格肯定論則可以憲法第 7 條作為主要依據，亦即將該條所稱「中華民國人民」理解為「中華民國境內之人民」，既符憲法保障基本人權之意旨，也與憲法其他條文的規定（包括第 3 條及第 130 條等）並無衝突難解之處。同時，憲法第 141 條亦可作為適格肯定論的補強依據，尚可透過該條引進國際人權法，將之轉化為國內法秩序中具有拘束力的規範，此且與憲法第 2 條關於主權在民的規定，亦無所扞格。

　　一言以蔽之，適格肯定論之基礎無他，端在認定憲法人權保障之主體，在於「人」——圓顱方趾之人——的基本觀念而已。此不僅為憲法所應有的解釋，也是國際人權法發展上不可逆轉之趨勢 ❸。只要接受此一簡單的前提而不生動搖，並拒絕主權觀念暗自侵襲「保障人權才是憲法唯一、終極的目的」之概念基礎，即無拒絕採用適格肯定論以解釋我國憲法的理由。

---

❷　姜皇池，註4，頁 519。

❸　關於憲政主義在國際人權法的發展過程中具有的意義，以及「主權」觀念不能見容於國際人權法發展趨勢所賦予的憲政主義意義，參見 L. Henkin, "*A New Birth Of Constitutionalism*" at M. Rosenfeld (ed.), CONSTITUTIONALISM, INDENTITY, DIFFERENCE, AND LEGITIMACY, 39–53 (Durham, Duke, 1994)。該文中，對於憲法規定「主權在民」的意義在於以民為主，而非為主權服務的討論，尤其深具參考價值。

兩岸關係中的人性價值
——從普世人權作為兩岸間的共同追求談起*

壹

　　民國 91 年 6 月 4 日，臺北市長馬英九在《中國時報》發表了一篇題為〈六四事件與兩岸民主進程〉的文章❶，內中有這樣一段文字：

　　　六四事件發生十三年後，台北市政府特別在二二八紀念館舉辦「普世人權——六四事件與兩岸民主進程」特展，目的不在重視歷史事件，更在於清楚表明，人權共有一個標準，它是不分黨派、顏色的。人權也不是舶來品，它無非是要讓每一個人活得像人，讓每一個不論出身、地位、膚色、階級多麼不同的人，都具有存在的最起碼尊嚴，這難道不是中國文化中民胞物與、人溺己溺的精神？人權紀念活動的目的不是豎起另一個烈士紀念碑，更不是為任何個人或政黨尋找權力正當性的來源。人權教育在於傳播尊重生命、追求自由、包容異見和擔負責任等基本價值，就如同我們也紀念二二八事件並且對白色恐怖時期做出沉痛的反思一樣，目的都在反覆確認人權不可侵犯的觀念。只有我們在犯錯之後認錯與改錯，才能提升中國人的政治競逐的文明準則，並呼籲所有的政治團體，以同樣的標準，正面處理他們自己所踩過的歷史。

---

* 本文原收入於石之瑜主編，《家國之間：開展兩岸關係的能動機緣》，頁 91–123，臺北：財團法人新台灣人文教基金會（2003 年）。
  註解中引用司法院大法官（會議）解釋彙編及其續編時，不一一註明出處，簡稱彙頁（年）或續（數）頁（年）。

❶ 馬英九，〈六四事件與兩岸民主進程〉，《中國時報》（2002 年 6 月 4 日），14 版。

　　馬英九在文章中做出如下的結論：六四事件再次印證了「提升人權意識以及推動民主政治，才是民族永續經營的正途」。他鼓吹人性尊嚴的普世價值成為兩岸共同的追求；由於兩岸都在這個問題上曾經犯下嚴重的錯誤，乃應該記取教訓，策勵未來。

　　將人權思想中的人性價值指述為「普世價值」，能不能以之為想當然耳的道理？這項「普世價值」在兩岸之間，是否已達「普世價值」的程度？兩岸在過去均曾在人權紀錄上犯下嚴重的錯誤，而且錯誤的平反遭遇困難，恐怕恰是「普世價值」尚未在兩岸之間普遍存立的證明。

　　不過，兩岸間尚未普遍存立的人權思想，在世界上蔚成潮流，則是事實。例如 1948 年被當作政治性宣示的世界人權宣言，半世紀內已然化入各種各樣的國際人權規範，對於並未普遍接受人權思想，但又各自簽署了若干人權性質公約❷的兩岸而言，構成一種不容擺脫的國際環境與形勢。馬市長的鼓吹，不是無病呻吟之語。

貳

　　本文要討論的問題則是，人權思想中所蘊含的人性尊嚴價值，成為兩岸關係邁向統合的共同基礎語言，有沒有尚待克服的觀念障礙存在？探討人權思想或人性尊嚴能否成為兩岸關係統合的基礎語言，要先設定討論的範圍。本文的假設是，無人可以要求社會全員進行思想改造。如果人權的普世價值在兩岸的現實社會中並不普遍存在，不能強迫社會全員進行思想改造以接受這項普世價值。讓社會自由地從事思辯與討論以決定是否接受或消納人權思想成為普世價值，毋寧是人權思想不可自我逆反的核心認知。源自西方自由主義的人權思想，與深深影響兩岸的儒家思想，乃至於法家思想及馬克斯主義思想之間，在哲學價值基礎都存有需要深入對話溝通的差距，短期之間恐難完全化除。此處的討論，其實只是聚焦在政府的角色上，也就是說，人權思想要求政治權力尊重人性尊嚴，可不可能成為兩岸

❷　關於兩岸所簽署的人權公約以及當今重要的國際人權規範，參閱中國人權協會編，《人權法典》，臺北：遠流（2001 年 8 月）。

重建關係所共同接受的基礎追求？

　　從表面上看，這項問題的發展，在兩岸間似乎進程不一。臺灣在 1987 年解嚴，到了 1998 年已被某些西方學者稱為「中國第一個民主體系」❸，政黨輪替之後的主政者陳水扁總統提出以人權立國的願景，並於 2002 年提出第一本人權政策白皮書❹，人權保障成為主政者標舉的一面鮮明旗幟。中國大陸則在 20 世紀末最後幾年改法修憲，將對反革命分子的鎮壓與制裁，從刑法及憲法中刪除，但這是否意味著基本人權保障的對象已擴及「人」而不再僅以「公民」為限❺？主政者所提倡的「以法治國」，與人權思想之間是否已無觀念差距❻？似乎還有些疑問。可以觀察的是，兩岸的政策目標，似均已朝向尊重人權或人性尊嚴的大方向移動，只是進度出現落差而已。若是「方向一致、進度參差」，兩岸借用人權思想中的人性價值作為重建長期穩定關係的對話基礎，是否可以期待？有無不容一味樂觀的文化因素存在？

　　從實質上說，要政府尊重人性價值的人權思想，與其是否具體反映在憲政制度之中，極有關係；而具體反映人權思想的憲法能夠發生多少實效，也就是它被實踐的程度，則取決於憲政文化的普及性。中華人民共和國憲法剛剛脫離明文規定制裁反革命分子的氛圍，若說它和自由主義憲法尚有相當距離，或是人權思想尚未真正具體反映在憲法制度之中，恐不會引起太多的爭辯❼。中華民國憲法是否為自由主義思想的產物，雖然也有不同的觀點；但並無不能依循自由主義加以理解的重大困難，實為學界的通論。不過，政治權力尊重人性價值的憲政文化是否已在臺灣紮根，卻非無可資懷疑之處。

❸　蔡玲、馬若孟，《中國第一個民主體系》，臺北：三民（1998 年）。

❹　《2002 年國家人權政策白皮書》，臺北：行政院研考會（2002 年）。

❺　關於「人」與「公民」在人權保障效果上的區別，參閱張佛泉，《自由與人權》，頁 80，臺北：臺灣商務（1995 年）。

❻　參閱如程燎原，《從法制到法治》，頁 175–207，北京：法律出版社（1999 年）。

❼　相關討論，參閱如莫紀宏，《現代憲法的邏輯基礎》，頁 182–210，北京：法律出版社（2001 年）。

參

　　自由主義的憲政文化與深受儒家傳統思想影響的東方社會似乎格格不入，不是新鮮的話題。自由主義憲法假設必然存在而欲解決的問題是，權力的掌握者會濫用權力，使得無辜百姓受到迫害；這項問題，在東方與西方、在古代與現代的政治生活經驗中，同樣地存在。自由主義憲法提供了解決這項問題的方法，雖然未為儒學所採用，但是並非不能依循儒學觀點加以理解。

　　憲政主義所要規範的是政治權力掌握者與個別人民的關係，這其實是儒家基本人倫秩序中欠缺具體規範的部分。因為在儒家父子、君臣、兄弟、夫妻、朋友的五倫關係中，並沒有直接對應於君民關係的君民之禮，也沒有對應於官民關係的官民之禮存在。數千年來，以儒家為主流的政治思想都在借用親子關係來建立君民之禮或官民之禮，這種支借血緣之親的禮法來規範君民或官民關係的思維邏輯，有一項重大盲點：它會強化並鞏固權力、增加權力濫用的機會。中國歷史上，封建社會所以與專制制度形影相隨，亦不難從此角度加以解釋。憲政主義使用權力分立、司法獨立、人權保障等等觀念來解決權力與個人之間支配關係所造成的問題，實不妨借用儒家的語言而以「人國之禮」稱之；人國之禮的觀念提出，或可為儒家的倫理秩序填補一層空白❽。換句話說，自由主義背後的個人主義哲學，能不能與中國傳統文化相互完全吸納融合是一回事；期待憲政主義樹立的人國之禮逐步發揮制約政府權力的作用，則是另一回事。

　　中國從滿清末年的立憲運動開始，迄今已有逾百年的歷史。憲政主義一直是個去而復來的理想，但在中國的試驗還說不上成功。兩岸各自引進憲政主義，已屬可欲；是否可以成功，則應進一步推敲。現在仍在臺灣運作施行的中華民國憲法，不但是中國歷史上最受自由主義影響的憲法，其

❽　關於「人國之禮」的意義，參閱石之瑜、李念祖，《當代臺灣憲政文化省思》，頁 1–13，臺北：五南（2002 年）。關於個人在中國傳統與現代法律上地位之關係，參閱馬漢寶，《法律與中國社會之變遷》，頁 41–57，自刊（1999 年）。

實施的經驗，也頗能觀照自由主義憲政思想在東方社會中可能受到的挫折。這些受挫的經驗，以下可分幾點來加以觀察與說明。

肆

首先，是權力及於終身的觀念是否持續不退的問題。很多學者都認為，憲政主義提出權力制衡觀念，以之建構權力分立的制度，乃是立足於權力性惡論的假設之上❾，其間對於權力可以為善的不信任，實與東方政治思想中的性善論，存有深層的齟齬。權力性惡論導出權力不能及於終身，應有固定任期以確保和平移轉可能性的制度要求，與儒家期待聖君賢相作為道德領袖以德治國的憧憬，顯不相同。同時，在儒家思想中，人倫秩序的各種關係都是一旦建立便及於終身的關係。此中具有血緣的親子、長幼關係，乃有基於血緣事實不容否認的道理，但藉用血緣關係推論建立的君民關係或官民關係，如果也要終身存在，不但必須另外建立如「天命」、「天子」的玄學說法來填補社會事實基礎不足的問題，還使得權力及於終身成為牢不可破的社會觀念，支配中國政治倫理數千年。

依中華民國憲法實施的經驗，權力不及於終身❿，是一個建立制度不難、切實履踐不易的命題。1947 年之憲法規定總統與立法委員均有固定任期，總統並有連任屆次限制，到了 1954 年起即經大法官解釋以不能於中國大陸舉辦選舉為由而容許立法委員無限期繼續在位⓫，1960 年則以臨時條款修改憲法來容許國家元首不斷連任。此種現象直至 1990 年由大法官解釋定期改選是民主憲法的核心規範⓬、1991 年重新修憲回復元首連任限制，

---

❾ 張灝，〈幽暗意識與民主傳統〉，收入《近代中國的變遷與發展》，頁 96–133，臺北：時報文教基金會（2002 年）。

❿ 民主憲法上權力不及於終身的禁制，在司法系統為了確保司法獨立而構成例外。法官為終身職，雖然亦有憲法明文規定，但司法中身繫釋憲重責的大法官，卻又採取任期制度而未予終身職之保障，是否亦係受到傳統文化缺乏司法獨立觀念的影響，亦值思索。

⓫ 釋字第 31 號解釋，彙 55 (43)。

⓬ 釋字第 261 號解釋，續 (5) 97 (79)。

權力不能及於終身的制度要求才獲得改善，讓權力不及於終身的制度能夠初步付諸實現。時至今日，卸任元首仍然在臺灣的政黨政治現實之中操控政黨、左右政策、頤指氣使、權傾一時；如此是否顯示：權力及於終身雖然已不見容於制度機制，卻仍是普遍的社會觀念或行為模式？相對於中國大陸在制度上仍然由單一政黨絕對執政、卸任的政治領袖亦仍然繼續可為政治實務上精神導師的現象而言，兩岸在受到「權力及於終身」傳統文化的影響上，還有在扭轉政治文化的過程中，進境上的差異或許也只是程度問題而已。

　　關鍵的問題是，如果建立人國之禮的制度還不能徹底摒除權力及於終身的觀念與政治習性，就無從樹立任何人皆是人格平等、不因身分有異的基本人性價值，也就難以期待憲政主義充分發揮控制權力的功能。

伍

　　自由主義憲法人格平等的哲學假設，與西方學者梅因提出「從身分到契約」法制思想變化的關係，在海峽兩岸的法學界，都已受到注意❸，權力及於終身的觀念遭到揚棄，未始不可看做「從身分到契約」的另一種形式；但是，此項觀念的摒除，只是開始建立「人國之禮」的一小步，並不保證統治者與被統治者之間應有的行為規範能夠確切建立；現代法治國原則能否受到普遍接受，其實是進一步的挑戰。就此而言，儒家文化形成的思想障礙恐怕還不是最嚴重的部分。與要求政府優先受到法律規制的當代法治觀念發生牴觸的，其實是中國傳統法家所大力提倡的人治思想❹。從商鞅建議秦孝公不必拘泥成法以變法❺開始，法家思想就在鼓吹君王以法

---

❸　參閱如李錫鶴，《民法哲學論稿》，頁 88–98，上海：復旦大學出版社（2000 年）。

❹　瞿同祖認為「儒家法家都以維持社會秩序為目的，其分別只在他們對於社會秩序的看法和達到這種理想的方法。」在這個意義上，儒家的「禮」與法家的「法」將都只是統治的工具，相關討論，參閱瞿同祖，《中國法律與中國社會》，頁 361–436，自刊（1994 年）。

❺　賀凌虛註譯，《商君書》，〈更法〉第一，頁 5–6：「故知者作法，而愚者制焉；

律為統治工具、君王卻不必受制於法的人治觀念。以「法」家為名的哲學思想竟是法治國原則的大敵，無疑是件弔詭的事；在兩岸之間，是否已獲得普遍的認識⑯？「法治」思想一旦被誤認為「法家」的餘緒，不啻已在無意之間遭到污名化，推行法治自然難度升高。

人君以法制人，本身卻不受制於法的思想揮之不去，主張統治者與被統治者的人格平等，無異緣木求魚。在民主政治中，統治者是多數的代表；多數與少數之人格平等，其實也是「人國之禮」非常緊要的堅持。少數，可能被稱之為弱勢、也可能被視為異端，甚至「非我族類」。在民主政治中，代表多數的執政者有無人格平等的認識，直接決定「人性價值」實現的程度。占多數優勢的執政者如果利用民族主義遂行統治，人格平等的哲學假設，處境自然更為艱難。此點不僅繫於執政者的觀念提倡，也取決於執政者的具體措施實踐。

在臺灣，倡導人權立國政策以求與國際接軌的執政者，如果只是將人權政策視為在國際間伸張主權的工具，在內部則加強強調血緣、地域關係的忠誠查核、深化情治機關以國家安全為名的監聽活動、進一步實施異化大陸新娘成為二等居民的措施……，自不能不引起質疑：所謂「人權政策」，究竟是法治國思想的產物、還是法家人治傳統的遺緒⑰？

❀ 陸

自由主義憲法提倡人權，不僅是從制度上建立觀念，也需要在實踐上透過審判獨立的法官，確切發揮在個案中保護每一個人基本人權的作用。

賢者更禮，而不肖者拘焉……前世不同教，何古之法？帝王不相復，何禮之循？」臺北：臺灣商務（1992 年）。

⑯ 相關問題的討論，參閱如汪太賢、艾明，《法治的理念與方略》，頁 69–92，北京：中國檢察出版社（2001 年）。

⑰ 關於臺灣人在傳統思想與西方憲政觀念中游移掙扎的描述，參閱如王泰升，〈變遷中的台灣人民法律觀〉，收入《台灣法的斷裂與連續》，頁 199–203，臺北：元照（2002 年）；林端教授的社會學觀察，則傳達了不同的信息，參閱氏著，《儒家倫理與法律文化》，頁 117–150，自刊（1994 年）。

有無法官在審判中兌現憲法保障個人基本人權的承諾，毋寧是自由主義憲法人性價值付諸實現的試金石，這一點對於兩岸的人權追求也構成考驗。

　　在中國傳統政治中，司法並不獨立於行政之外運作，從來都是統治的工具，而不是保障人權的天使。民間所認識的司法，包青天是個僅有的例外，也代表著一種現實中難以存在的正義幻影❶。問題是，社會對於包青天的憧憬並不足以撐起「人國之禮」背後的法治國理想；建立符合法治國人權保障需要的司法制度與司法文化，都非一朝一夕之功。過去幾年間，兩岸不約而同地推行司法改革，不為無故。在臺灣提出的 10 年司法改革計畫，以「司法為民」為中心思想，從司法系統整體定位的調整，到訴訟制度的大幅修正，到法官人事及養成過程的根本改變❶，顯示問題確實嚴重；在中國大陸則是由主政者提出「從制度上保證司法關係法獨立公正地行使審判權與檢察權」的司法改革目標❷，兩岸可謂相互輝映，但都還不完全脫離制度層面的完善，至於司法文化尚有待整體重新塑造，自也距離理想尚遠。單從兩岸法院運用死刑作為社會控制的手段，一向習以為常，在臺灣透過司法解釋憲法保障人權的制度功能，始終停留在抽象說理的層次，排斥個案審判直接適用憲法保障人權等等現象之中❷，即可知道要將人權

---

❶　相關討論，參閱周天瑋，《蘇格拉底與孟子的虛擬對話》，頁 28–31，臺北：天下文化（1998 年）。在民間的認知之中，「青天」的原始形象當然落在宋朝包龍圖的身上。包青天行政與司法不分、動輒使用刑求方法辦案、集審判權與執行權於一身，在在都不合乎現代的法治觀念，甚至可能是在民間普遍推行法治文化的重大障礙。然而，值得一問的是，為什麼中國人對於包青天的眷戀超逾千年而不改變？一個可能的答案在於，包青天的形象，是審判官不畏權勢、敢於追求公平正義、為弱勢者伸冤的民間憧憬投射；他也是審判獨立於皇權之外、甚至超乎皇權之上的唯一象徵。如果人們對於包青天的期待可以用渴盼司法獨立、保障弱勢的憧憬來加以解釋，似乎沒有理由對於中國人將因司法保障人權而變得普遍信任法官，感到悲觀。

❶　司法院編，《司法改革全貌》（2002 年）。

❷　此為江澤民在中共十五大的報告中語。相關問題之討論，參見如王利明，《司法改革研究》，北京：法律出版社（2001 年）。

理論中的人性價值藉用法律機制具體實現，在臺灣其實也是路途漫漫，甚或可說是困難重重。

在理想的司法改革完成之前，普世人權思想裡的人性價值如何受到政治權力的尊重，事實上還欠缺保證，這在兩岸之間，似乎並無不同。

柒

除了儒家、法家等傳統思想以及社會文化因素對於保障人權之法律制度以及相關實踐可能形成抵銷影響之外，中國大陸於 1949 年之後所引進之社會主義法制，與自由主義之憲法制度之齟齬，亦不容忽視。像階級專政乃至特定政黨專政的思維，即與權力濫用需要制衡機制的觀念，嚴重衝突。臺灣方面對於社會主義法制頗為陌生，是否可能形成兩岸基於法治主義從事對話的另一層困難，難以預估，也不容小覷。

這種種可能的障礙，並不足以否定兩岸以人權思想中的人性價值觀作為統合對話基礎的正當性、可欲性或應然性。無論從儒家、法家或是社會主義哲學來看，其實都有與自由主義憲政思想可資接軌之處。

儒家思想中，「禮法社會」是否與自由主義的人性價值相互呼應，學界久有討論，但彼此之間並無價值衝突，應屬無爭 ㉒。在儒家的宇宙觀之中，人倫秩序依據「關係」建構之禮法，其實絕未否定個人的存在，儒學普遍引為核心理念的「天人合一」主張，就是以個人的人性價值為基礎而提出的應然命題 ㉓。以「人國之禮」取代被借用的親子關係，在兩岸間應尚不致因為儒學影響深遠而形成不可跨越的鴻溝。

法家思想容易引起人們對於「法治」觀念的誤解，最嚴重的效應或許是人們對「法」或「司法」產生的憎惡或畏懼甚於向之親近求助的意識。

㉑　釋字第 371 號解釋，續 (9) 1 (84) 參照。

㉒　相關討論，參閱如杜維明，〈先秦儒家思想中的人的價值〉，收入《儒家思想》，頁 69-83，臺北：東大 (1997 年)。

㉓　相關討論，參閱如錢穆，〈中國人的思想總綱〉，收入《從中國歷史來看中國民族性及中國文化》，頁 88-98，香港：香港中文大學出版 (1979 年)。

但是，因法家傳統而對於法或司法產生疏離，或不足以妨礙掌權者應該受到拘束並接受民意考驗的觀念慢慢深入人心。畢竟法家在傳統思想中，從來不是主流，其為權力、權術張目的論述，在文化體系中，本來就像馬基維利一樣受到拒斥。

兩岸以追求人性價值的伸揚作為統合、對話基礎，社會主義思想的影響可能是一項較大的變數。在政治安定勝於一切的社會中，縱能體會階級或一黨專政的弊害，但也不願輕拋一面旗幟，此中凸顯了社會對於權力失控風險的忍受程度，也是在堅持人性價值及與權力妥協之間的某種選擇。社會主義觀點能否回歸馬克斯思想中悲天憫人、同情弱勢的人道主義出發原點❷❹，從而與自由憲政主義的人性價值觀順利接榫？社會主義市場經濟的發展前景中，有無法治主義的發展空間❷❺？對於兩岸之間是否基於人性價值從事對話，都將構成試煉。

馬英九的文章，陳述著兩岸之間藉著普世人權互通聲息的高遠願景。在 21 世紀中，這樣的願景，能否實現？兩岸土地上的人民，能否同步與國際社會價值體系順利接軌？在人性價值議題上，考驗著兩岸文化發展、融合能力的品質與高度。

---

❷❹ 相關討論，參閱如張偉，《人道主義馬克斯主義辨析》，上海：上海社科院（1995年）。需予指明者，悲天憫人的馬克斯對「人」的界定，與自由主義並不相同。馬克斯說：「人的本質並不是單個人所固有的抽象物。在其現實性上，它是一切社會關係的總和。」《馬克斯思想選集》第 1 卷，頁 18，轉引自李錫鶴，《民法哲學論稿》，頁 24，上海：復旦大學出版社（2000 年）。

❷❺ 相關討論，參閱如楊海坤，〈中國社會主義法治論綱〉，收入《中國法治之路》，頁 1–20，北京：北京大學出版社（2000 年）。

超國界法律研究裡憲法的位置*

壹、前　言

「超國界法律」(transnational law)，依提倡者❶之定義，「包括了規範超越國境的活動、行為的所有法律，即不僅包括國際公法和國際私法，還包括不屬於上述兩法的其他法律在內。」❷此項定義可能包括規範跨越國境活動的國內法在內，也可能包括既不屬於國際法亦不屬於國內法的規範❸在內；其概念相當廣泛，主要是以超越國界的事務作為定義的範圍。

乍思之，憲法似乎不會包括於超國界法律之內，因為憲法本是界定國家疆界以及內國法秩序的基本規範，憲法如何可能成為超國界法律？縱屬可能，或也只是涉及憲法有無域外效力的問題❹而已。但是，為此設想者，不妨思考一個問題：聯合國憲章，是國際公法、超國界法還是憲法？都是？

* 本文曾蒙兩位匿名審查者提出指正，並由理律法律事務所劉昌坪律師及東吳大學李劍非同學協助蒐尋資料及整理註解，均此致謝。

本文原收入於《中國國際法與國際事務年報》，頁 68–87，17 卷，臺北：臺灣商務（2003 年）。

❶ 超國界法律之觀念，為美國法學家 Phillip C. Jessup 所提倡，臺灣則為陳長文先生率先介紹鼓吹。參見陳長文、馬英九主編，《認識超國界法律專文集》，頁 6，臺北：中國國際法學會（2004 年）。

❷ 參見 Phillip C. Jessup, TRANSNATIONAL LAW, 2, New Haven: Yale University Press, 1956.

❸ 既不屬於國際法亦不屬於國內法之規範，例如各種國際仲裁機構之章程。

❹ 美國最高法院探討憲法域外效力的案例，如 Fong Yue Ting v. United States, 149 U.S. 698 (1893).

或者都不是？

　　對地球上各主權國家而言，聯合國憲章算是真正的國際公法❺嗎？還是只是一項超級跨國（或國際）組織的組織章程❻呢？對中華民國而言，這可是一個嚴肅的憲法問題。中華民國憲法第 141 條說中華民國應該尊重聯合國憲章❼，此為中華民國還是安理會常任理事國時代寫進憲法的條文，現在中華民國已經不能算是聯合國的會員國❽，但憲法的規定並未改變，中華民國就仍有憲法義務尊重聯合國憲章❾。對中華民國而言，聯合國憲章（特別是如第 2 條所揭櫫的「主權平等原則」、「以和平方法解決爭端原則」❿等）仍是具有拘束力的國際法或超國界法。對於其他那些未曾加入

❺　關於國際公法定義，丘宏達先生引述 Stark 簡明的定義：「國際法大部分是包括國家在其相互交往關係中，認為應該遵守的原則與規則的法律總體，並包括：1. 有關國際組織運作以及國際組織相互間關係的法律規則；2. 某些國際社會關切的非國家的個體及個人的權利義務的法律規則。」詳參丘宏達，《現代國際法》，頁 5，臺北：三民書局（2004 年）。

❻　聯合國憲章係於 1945 年 4 月 25 日至 6 月 26 日，在舊金山所舉行的聯合國國際組織會議上，由 50 個國家所起草。參見聯合國網站：http://www.un.org/chinese/，上網檢視日期：2005 年 3 月 24 日。

❼　中華民國憲法第 141 條規定：「中華民國之外交，應本獨立自主之精神，平等互惠之原則，敦睦邦交，尊重條約及聯合國憲章，以保護僑民權益，促進國際合作，提倡國際正義，確保世界和平。」

❽　1945 年 6 月 26 日舊金山會議通過聯合國憲章，我國簽字，到了 10 月 24 日，中、美、英、蘇、法五大國及過半數的舊金山會議的參加國均已批准憲章，聯合國自此成立。在 1971 年 10 月 26 日聯合國大會投票表決第 2758 號排除我國代表權而由中共取代我國之議案前，我國發布退會聲明，自此退出聯合國。丘宏達，註 5，頁 861–865、878。

❾　參見林紀東，《中華民國憲法逐條釋義㈣》，頁 257–268，臺北：三民書局（1993 年）。

❿　聯合國憲章第 2 條規定：「為求實現第一條所述各宗旨起見，本組織及其會員國應遵行下列原則：一、本組織係基於各會員國主權平等之原則。……三、各會員國應以和平方法解決其爭端，俾免危及國際和平、安全、及正義。」其中關於「主權平等原則」、「以和平方法解決原則」之意義，參見丘宏達，註 5，

聯合國為會員國的國家而言，聯合國憲章只是一個與它無關的國際組織的組織章程而已，當然構成足以拘束它的國際公法❶嗎？恐怕未必。但是，如果我們主張說世界上所有的國家，不論是否為聯合國會員國，都應該遵守聯合國憲章所載的「主權平等原則」、「以和平方法解決爭端原則」等等，聯合國憲章其實就已成為一項國際法或超國界法，而不只是某個國際組織的章程而已。

　　從地球村居民的觀點來說，聯合國憲章能算是地球村的憲法嗎？概念上或許可以如此比擬，但最後得到否定答案的可能性居多。從制定者說，聯合國憲章並不能涵蓋地球上所有的國家❷，更不能涵蓋地球村內所有的居民❸；從內容上說，聯合國憲章規定，「本憲章不得認為授權聯合國干涉在本質上屬於任何國家國內管轄之事件，且並不要求會員國將該項事件依本憲章提請解決」❹。依據聯合國憲章而設置、作為聯合國主要司法機關的國際法院，對於會員國並不具備強制管轄權，其原因就是受制於「主權平等原則」、「主權行為不受干涉」的概念而來❺。於是像美國在 1980 年代

　　頁 267–270、868、961–1023。

❶　違反聯合國憲章的國家可能會面臨國際間的制裁，丘宏達，同上註，頁 37–42。

❷　依聯合國網站統計，現有 191 個會員國，參見
http://www.un.org/chinese/members/unmember.htm，上網檢視日期：2005 年 3 月 24 日。惟世界上現有的國家，則超過比數，茲以國際標準化組織 (International Organization for Standardization) 為例，其已將 240 個國家之名稱編予代碼，參見
http://www.iso.org/iso/en/prods-services/iso3166ma/02iso-3166-code-lists/list-en1.html，上網檢視日期：2005 年 3 月 24 日。

❸　聯合國係以國家為會員，依聯合國憲章第 4 條規定，申請入會者必須是「愛好和平之國家」，參見陳榮傑，〈中華民國（臺灣）之國際地位〉，收入於丘宏達教授六秩晉五華誕祝壽論文集編輯委員會，《國際法論集》，頁 463，臺北：三民 (2001 年)。

❹　聯合國憲章第 2 條第 7 款規定：「本憲章不得認為授權聯合國干涉在本質上屬於任何國家國內管轄之事件，且並不要求會員國將該項事件依本憲章提請解決；但此項原則不妨礙第七章內執行辦法之適用。」

出兵攻擊格瑞納達❶，可能要被評價為國際侵略行為，卻因美國不肯接受國際法院管轄，地球村內的居民們（即使他們是聯合國會員國的國民），似均無可奈何❶。將聯合國憲章稱為地球村的憲法，理由並不充分。憲法，本是用來拘束權力以保障人民權利的規範，地球村如果要有一部憲法存在，就是要用之拘束地球村裡政治權力的掌握者，以確保地球村村民的權利。譬如說擁有強大核子武力而可以維持世界秩序的國際警察，也應受到完全的拘束❶。在這個問題上，聯合國憲章發揮的作用有限，自不能說是地球村的憲法。

　　不過，在全球化思潮開始發展而沛然莫之能禦的 21 世紀中❶，只要地

---

❶ 國際法院規約第 38 條規定：「一、法院對於陳訴各項爭端，應依國際法裁判時應適用：（子）不論普通或特別國際協約，確立訴訟當事國明白承認之條規者。（丑）國際習慣，作為通例之證明而經接受為法律者。（寅）一般法律原則為文明各國所承認者。（卯）在第五十九條規定之下，司法判例及各國權威最高之公法學家學說，作為確定法律原則之補助資料者。二、前項規定不妨礙法院經當事國同意本公允及善良原則裁判案件之權。」

❶ 1983 年格瑞納達發生軍事流血政變，美國藉口保護在該國求學的美國醫學院學生及受東加勒比海組織之請託，遂派軍入侵格瑞納達，並在 3 天內擊潰兵力薄弱的格瑞納達政府軍及派駐當地的古巴武裝工人。關於美國攻擊格瑞納達之介紹，參見蘇耿輝，〈一九八三年美國入侵格瑞納達之研析〉，《軍事史評論》，頁 89-106，10 期（2003 年 8 月）。

❶ 美國主張出兵攻打格林納達之理由係護僑及應東加勒比海國家組織之要求，惟國際上對此一軍事行動之批評甚為嚴厲，聯合國並以 108 票贊成，9 票反對，27 票棄權通過決議，對於此一事件表示遺憾，參見《聯合報》（1993 年 11 月 4 日），4 版。

❶ 美國未經聯合國安理會授權攻打伊拉克之合法性問題，參見 http://www.epochtimes.com/b5/3/3/21/n289685.htm，上網檢視日期：2005 年 3 月 24 日。關於各國譴責美國意見之報導，參見 http://www.people.com.cn/BIG5/guoji/209/10482/10487/20030416/973466.html，上網檢視日期：2005 年 3 月 24 日。

❶ 關於「全球化」之解釋，參見如廖元豪，〈全球化憲法與行政法〉，收入於陳長文、馬英九主編，註 1，頁 158-159；張文貞，〈面對全球化──台灣行政法發

球村憲法的概念能夠成立，學者批評憲法所具有的傳統公法的侷限性或封閉性 **❷**，或許可望逐漸消退。憲法與超國界法律也就不會是當然互斥而無交集的概念。本文則欲從超國界法律研究裡憲法的位置作為討論起點，嘗試探討憲法與超國界法律概念的關係。

貳、憲法與超國界法的接榫點

在超國界法的研究上談論憲法的位置問題，首先應思考憲法與超國界法在何處接榫接壤。具體的接榫之處，從陳長文、李永芬編訂的《超國界法律彙編》中亦曾羅列若干憲法條文 **❷**，不難看出端倪。以下就之分 5 點加以說明：

一、憲法界定國民（人的範圍規定）

我國憲法第 3 條規定：「具有中華民國國籍者為中華民國國民。」是為界定國民的規定 **❷**。此條規定的反面解釋是，不具有中華民國國籍者，為外國人。一種可能存在的誤會是以為憲法所以界定國民，乃因並不保障外國人的基本權利之故，但此並非憲法的正確解釋。外國人的公民權 **❷** 可能受到法律較多的限制，但基本人權應受憲法保障 **❷**。憲法與超國界法之間

展的契機與挑戰〉，收入於《當代公法新論（中）》，頁 3–15，臺北：元照（2002年）。

❷ 廖元豪，註 19，頁 156–158。

❷ 陳長文、李永芬主編，《超國界法律彙編》，頁 3–9，臺北：三民（2002 年）。

❷ 學者均認有中華民國國籍者為我國國民，參見法治斌、董保城，《憲法新論》，頁 148，臺北：元照（2004 年）；陳新民，《中華民國憲法釋論》，頁 84–92，臺北：三民（2001 年）；林紀東，《中華民國憲法逐條釋義㈠》，頁 36–39，臺北：三民（1982 年）。

❷ 一般將基本權利分為人權、國民權及公民權，人權不分本國人或外國人皆享有之，法治斌、董保城，註 22，頁 148–149；陳新民，註 22，頁 133–135。

❷ 參見李念祖，〈論我國憲法上外國人基本人權之平等保障適格〉，《憲政時代》，頁 80–100，27 卷 1 期（2001 年 7 月）。本書收入於頁 215–241。

並不能從適用的主體為本國人或外國人作為兩相區別的判準。其實，憲法第 3 條對於「國民」一詞採取了開放性的定義，亦即並未定義「國民」的實質涵義，而容許立法者以法律（如國籍法）加以規定。憲法可以接納雙重國籍的國民[25]，容許雙重國籍也是長期的立法政策[26]，而與中華民國向來是移民移出國的歷史事實相呼應[27]。換句話說，中華民國國民旅居或是移民國外，仍然可以維持國民之身分；外國人也可以同時是中華民國國民。憲法界定的國民既仍可具有其他超國界的身分，即不能認為憲法與超國界法的概念毫無重疊之處。

二、憲法界定領土（地的範圍規定）

我國憲法第 4 條為界定領土範圍的規定[28]；憲法，也因使用「固有疆域」一詞而對領土採取了開放性的定義[29]。「固有疆域」或不至於上溯漢唐[30]，甚至回到《詩經》所說「溥天之下，莫非王土」的「天下」概念[31]以至於涵蓋整個地球村，但是，制憲者有意賦予該語若干彈性，則無可爭議。彈性定義領土的憲法，與不受國界侷限的超國界法，自非涇渭分明的兩種法領域。而分裂國家隔海分治的政治現實，以及憲法增修條文於前言中加入「國家統一前」一詞與之對應[32]，領土的概念似已需要進一步詮釋[33]，

---

[25] 陳新民，註 22，頁 85–86。

[26] 陳新民，同註 22。

[27] 陳新民，註 22，頁 220。

[28] 陳新民，註 22，頁 39–44。

[29] 陳新民，註 22，頁 42。

[30] 我國固有疆域之討論，參見黃昭元，〈固有疆域之範圍〉，《月旦法學雜誌》，頁 8–9，64 期（2000 年 9 月）；李惠宗，《憲法要義》，頁 66–67，臺北：元照（2004 年）；陳新民，註 22，頁 95–96。

[31] 《詩經‧小雅‧北山》，參見陳子展撰，《詩經直解》，頁 732–733，臺北：書林（1992 年）。

[32] 憲法增修條文前言規定：「為因應國家統一前之需要，依照憲法第二十七條第一項第三款及第一百七十四條第一款之規定，增修本憲法條文如左：」

更使得兩岸法律問題，可能同時涵攝於憲法與超國界法研究的覆蓋範圍之內 ❸ 。

三、憲法規定戰爭與涉外事務之權力分配（權力分配的規定）

民主憲法莫不為規定權力分立機制的規範，我國憲法對於戰爭與特定外交事務之處理，則有較一般權力分立架構更為詳細之規定。此處所指者為宣戰、媾和與條約之簽署，均需經由三個憲法機關，亦即總統、行政院、立法院之是認始得為之 ❸ 。又條約案涉及領土變更者，依憲法第 4 條及憲法增修條文第 1 條尚須經過國民大會之議決 ❸ 。憲政實踐上，領海疆域的變更程序，又有不同 ❸ 。此外，國際協定之簽署，如涉及人民權利義務或國家重要事項之決定，依釋字第 329 號解釋亦應以條約視之 ❸ 。此項解釋

❸ 憲法增修條文制定後，關於領土範圍之不同論點，參見許宗力，〈兩岸關係的法律定位〉，收入於氏著，《憲法與法治國行政》，頁 469–478，臺北：元照（1999年）；蘇永欽，〈自我表白重於外交突破〉，收入於氏著，《走向憲政主義》，頁412–413，臺北：聯經（1994 年）。

❸ 參見蘇永欽，〈分裂國家的主權和公投問題〉，《法令月刊》，頁 4–15，55 卷 1期（2004 年 1 月）。

❸ 憲法第 38 條規定：「總統依本憲法之規定，行使締結條約及宣戰、媾和之權」、第 58 條第 2 項規定：「行政院院長、各部會首長，須將應行提出於立法院之法律案、預算案、戒嚴案、大赦案、宣戰案、媾和案、條約案及其他重要事項，或涉及各部會共同關係之事項，提出於行政院會議議決」、第 63 條規定：「立法院有議決法律案、預算案、戒嚴案、大赦案、宣戰案、媾和案、條約案及國家其他重要事項之權。」

❸ 法治斌、董保城，註 22，頁 309。

❸ 參見李念祖，〈動員戡亂時期臨時條款在我國憲法上之地位〉，《憲政時代》，頁39–40，6 卷 4 期（1981 年 4 月）。

❸ 釋字第 329 號解釋：「憲法所稱之條約係指中華民國與其他國家或國際組織所締約之國際書面協定，包括用條約或公約之名稱，或用協定等名稱而其內容直接涉及國家重要事項或人民之權利義務且具有法律上效力者而言。」參見《司法院大法官解釋續編（七）》，頁 265，臺北：司法院秘書處（1994 年）。

並已顯示,釋憲者並不認為凡是外交事務均屬司法所不過問之政治問題❸,司法審查因此可能成為外交事務權力分配架構裡重要的環節。權力分立乃是研究超國界的外交法律事務所必須處理的題目。同理,憲法保障人權未必以國境為其範圍❹,權力分立本為確保人權的程序機制安排,超越國界的人權保障,自然也與權力分立的機制息息相關。

四、憲法規定涉外政策(事務的規定)

憲法除了規定外交事務上權力分立運作之機制外,又於第 141 條中規定中華民國的外交政策應該遵循的實體原則❹,特別提及應「尊重聯合國憲章與條約」。此中發生至少兩個憲法解釋上的問題:㈠「尊重」與「遵守」是否為同義詞❹?㈡聯合國憲章、條約與憲法、國內一般法律的效力相比,孰更優先或優越地加以適用❹?這兩個問題的答案,都可能決定憲法與超國界法的相對位置,將於後文參部分再行討論。憲法同時也規定了其他若干涉外事務政策的內容,維持世界和平的國防政策❹即為其例。

五、憲法的域外效力規定(效力的規定)

❸　李鐘聲大法官在不同意見書中表示,本件聲請案在程序上應不予受理,因其係屬政治問題,司法不應過問。由此可知,多數意見並不認為外交條約事務為政治問題,同上註,頁 275–279。

❹　參見李念祖,〈移民身分與基本人權〉,收入於《超國界法律論集——陳長文教授六秩華誕祝壽論文集》,頁 219–243,臺北:三民(2004 年)。本書收入於頁 189–214。

❹　憲法第 141 條規定:「中華民國之外交,應本獨立自主之精神,平等互惠之原則,敦睦邦交,尊重條約及聯合國憲章,以保護僑民權益,促進國際合作,提倡國際正義,確保世界和平。」

❹　認為兩詞同義者,參見湯武,《中國與國際法》,頁 133–134,臺北:中華文化出版事業委員會(1957 年);認為意義不同者,林紀東,註9,頁 216。

❹　林紀東,同上註,頁 261–268。

❹　憲法第 137 條規定:「中華民國之國防,以保衛國家安全,維護世界和平為目的。」

我國憲法規定具有域外效力之處不一，較為明顯的部分是有關僑務政策的條文，例如立法院特設僑民代表的規定**㊺**、對於僑民教育事業之補助**㊻**、旅外人民返國投票選舉總統**㊼**、將「保護僑民權益」懸為外交政策**㊽**……等等均是。其實，關於外交事務之權力分配與實質內容之憲法規定，多必發生域外之效力，實不待言。再如憲法第 10 條保障遷徙自由，大法官歷來做成相關解釋多項**㊾**，也都在一定程度上形成憲法效力的域外延伸。

以上五點，均為憲法與超國界法具體接榫之所在。憲法應為超國界法律研究範圍所及，應無疑義。反過來說，超國界法的研究也可能刺激憲法研究對於超國界法產生特殊關切。蘇永欽教授提倡部門憲法的概念，頗受重視**㊿**，超國界憲法研究是否可能成為部門憲法研究裡的另一個部門，似乎也是值得思索的方向。

㊺ 憲法第 64 條第 1 項及增修條文第 4 條第 1 項均規定，一定名額之立法委員應由僑居國外之國民選出。

㊻ 依憲法第 167 條規定，國家對於僑居國外國民之教育事業成績優良者，予以獎勵或補助。

㊼ 憲法增修條文第 2 條第 1 項規定：「總統、副總統由中華民國自由地區全體人民直接選舉之……在國外之中華民國自由地區人民返國行使選舉權，以法律訂之。」

㊽ 憲法第 141 條規定：「中華民國之外交，應本獨立自主之精神，平等互惠之原則，敦睦邦交，尊重條約及聯合國憲章，以保護僑民權益，促進國際合作，提倡國際正義，確保世界和平。」

㊾ 依司法院大法官釋字第 558 號解釋：「憲法第十條規定人民有居住、遷徙之自由，旨在保障人民有自由設定住居所、遷徙、旅行，包括入出國境之權利。」《司法院大法官解釋續編(㊃)》，頁 237–249，臺北：司法院秘書處（2003 年）。其他如釋字第 454 號解釋亦採相同見解，《司法院大法官解釋續編(㊁)》，頁 47–64，臺北：司法院秘書處（1999 年）。

㊿ 參見蘇永欽，〈部門憲法──憲法釋義學的新路徑？〉，收入於《當代公法新論（上）──翁岳生教授七秩誕辰祝壽論文集》，頁 740–772，臺北：元照（2002 年）。

參、憲法在超國界法之外？之內？之上？之下？

憲法與超國界法之相對位置如何？這個問題可以從兩個不同的角度加以討論。首先，憲法是否完全位在超國界法涵蓋範圍以內、還是也有位在超國界法涵蓋範圍以外的部分？其次，則為憲法是超國界法之上位規範抑或下位規範？以下分別述之。

一、之內與之外的問題

在傳統國際法的討論中，之內與之外的問題有時是以一元論與二元論的辯論形式出現的。依照一元論的觀點，國際法與國內法屬於同一個法秩序整體[51]，國際法的效力且應優於國內法的效力[52]。二元論則與此相對，認為國際法與國內法屬於不相隸屬的法秩序，非經內國立法程序將之轉化為國內法之前，國際法無從於內國之內都直接適用，也就不存在國際法效力優於國內法的問題[53]。

從國際法與國內法的制定權源來看，傳統國際法是國家與國家間權利義務關係的規範，與民主國家內國法之係由個別人民為主體（通過代表）加以制定的規範，似乎並不相同。不過，就民主國家而言，凡是基於同意性質而建立的國際法[54]，例如經由國會或立法機關批准而簽署的條約，既如內國法律一樣是經由民意機關加以通過者，似也無法區別國際法與內國法具有截然不同之性質。此中國際法的同意主體是國家，而內國法的同意主體是人民，可能成為相互區別的理由。但是，超國界法或國際法也可能

---

[51]　參見王鐵崖等編著，《國際法》，頁 50–52，臺北：五南（1992 年）；丘宏達，註 5，頁 107。

[52]　王鐵崖，同上註，頁 51；丘宏達，同註 5。

[53]　王鐵崖，同註 51；丘宏達，同註 5。異說，黃異，《國際法在國內法領域中的效力》，頁 12–15，臺北：元照（2006 年）。

[54]　有學者認為國際法對於國家產生拘束力之基礎，正在於同意之性質，丘宏達，同上註，頁 35。

建立在跨國的公民同意之上，歐盟法律即多具有此種特徵之超國界法❺。至於國際習慣法與國際法一般原理原則❻，與內國之習慣法或是法理均構成法源，似乎也有共通之處，此則未必屬於基於同意而建立之規範。再若將國際法與憲法兩相比較，傳統國際法恆以國家而非以個人為國際法主體，即與憲法同時以國家、政府、政黨及個人為規範對象，似乎顯有不同。然而晚近國際人權法發達，已逐漸打破個人不做國際法主體的觀念障礙，也很難說國際法與憲法在性質上存有不可跨越的概念鴻溝。只不過在用語上，國際法與內國法之稱呼仍然內外有別而已。

就超國界法之研究而言，超國界法之研究不限於國際公法，並且強調其研究範圍不受國界之侷限，而係環繞著因國界之存在而出發的各種法律問題發展。從此角度立論，縱然基於二元論的立場認為國際法與憲法尚屬內外有別，相同的區別也未必在超國界法研究與憲法研究相對照的場合出現。尤其若是將全球化法律議題視為超國界法研究的一個代名詞，此一議題當然會將憲法的研究包括其內，而且會對任何憲法議題對於全球化趨勢形成任何正面負面的影響，加以注意❼。例如某一國家內部嚴重侵犯人權的政治實踐，可能是該國的憲法問題，也很可能是超國界法研究關心之所在。某一國家的環境保護政策，可能是該國的憲政議題，也可能是超國界法研究同樣重視的範圍。若謂超國界法律研究，可能對於憲法任何部分（乃至於憲法研究的任何部分）所形成的內國法秩序外部效應，發生興趣，以至於當然包括憲法研究在內，實不為過。

---

❺ 歐盟憲法草案即須經各會員國之國會或公民投票通過，始能生效。歐盟憲法草案，參見 http://european-convention.eu.int，上網檢視日期：2004 年 10 月 28 日。

❻ 國際法上所謂習慣，係指「一種明確而繼續的從事某種行為的習性；而這種習性源於堅信根據國際法有義務或權利來這樣做。」丘宏達，同上註，頁 63–79；國際法一般法律原則，依國際法院規約第 38 條規定，係指「一般法律原則為文明各國所承認者。」

❼ 廖元豪，註 19，頁 160–164。

二、之上與之下的問題

　　超國界法與憲法的效力孰高孰低？也是一個有趣的問題。以超國界法的組成成分包括國際法及國內法而言，規範超國界事務的國內法構成憲法的下位規範，並無疑義；但是國際法與憲法效力的高低，答案就不是那麼明確了。

　　此項問題，在國際法研究中早已存在，卻常以「條約與法律的效力孰為優先」的形式被提出❺⑧。其實，在國內法秩序裡，法律為憲法的下位規範。「條約與法律的效力孰為優先」問題本身，暗示著憲法的效力當然高於條約或是國際法。

　　這個問題的解答，可能以四種方式呈現：

　　甲說，條約優先❺⑨；

　　乙說，法律優先❻⓪；

　　丙說，後法優於前法❻①；

　　丁說，依平等互惠原則解決❻②。

　　從後三說來看，條約都可能處於與法律相同位階或較次的位置，也就當然成為憲法的下位規範。我國大法官在釋字第 329 號解釋中說：依憲法規定所締結之條約，「其位階同於法律」❻③。似係採取丙說的立場，但在其

---

❺⑧　林紀東，註9，頁267。

❺⑨　如德國基本法第25條規定國際法之效力在法律之上，參見《世界各國憲法大全(二)》，頁726，臺北：國民大會（1996年）。

❻⓪　如郵政法第13條規定：「關於各類郵件或其事務，如國際郵政公約或協定有規定者，依其規定。但其規定如與本法相牴觸時，除國際郵件事務外，適用本法之規定。」

❻①　美國依憲法第6條第2款規定，聯邦法律與條約，在美國法統中居同等地位，有同樣效力，兩者如有衝突，法院常適用新法優於舊法原則以求解決，湯武，註42，頁139。

❻②　參見丘宏達，〈國際法在我國國內法上的地位〉，《憲政時代》，頁85，19卷4期（1994年4月）。

他的憲法解釋中，大法官的態度卻又有不同。

最為明顯的例子當屬釋字第 549 號解釋❻。該案中大法官解釋勞工保險條例若干規定應於 2 年內予以修正，以貫徹國家負生存照顧義務之憲法意旨；解釋理由書中要求立法者「參酌有關國際勞工公約」通盤檢討相關立法設計。此項解釋既然明確宣告法律修正之猶豫期間，已非單純的規範適用選擇問題。蓋如只是認為國際法應該優先適用，何至於要求立法者修法？大法官顯然已將相關的國際勞工公約❻視為憲法的法源❻，始命立法者參酌其內容修正以伸揚憲法之意旨。相關國際勞工公約，已非與法律之位階相同，而係立於優於法律，也就是相當於憲法規範的位階。特別值得一提者，該案中所言及之國際勞工公約❻，我國不是締約國，大法官是否將之視為國際習慣法或國際法一般原理原則加以援用？似可推敲，但已與釋字第 329 號解釋之說法不同，則不容諱言。釋字第 428 號解釋引述我國不是締約國的萬國郵政公約最後議定書用以解釋國內法並不違憲❻，情形亦屬類似；在有意無意之間，大法官已不只一次地將國際法看做憲法法源，可以據之支持或否定國內立法的合憲性❻。循此推論，如果我國並未簽署

❻ 《司法院大法官解釋續編(七)》，頁 265–266，臺北：司法院秘書處（1994 年）。

❻ 《司法院大法官解釋續編(圭)》，頁 353–377，臺北：司法院秘書處（2002 年）。

❻ 本件解釋雖未具體說明相關國際勞工公約究何所指，惟黃越欽大法官於協同意見書中表示，自 1952 年社會安全最低基準公約通過後，國際勞工組織已陸續通過 7 種有關完整建立社會安全制度之公約，影響所及已為世界各國所普遍接納，上開公約分別是 1946 年職災給付公約；1967 年殘障、老年與遺屬給付公約；1969 年醫療照顧與傷病給付公約；1988 年就業促進與失業保護公約；1962 年母性保護給付公約；1962 年平等待遇社會安全公約；1982 年社會安全權利維持公約，註 64，頁 359–361。

❻ 黃越欽大法官於協同意見書中表示，本件解釋能以公約作為法源，對於我國釋憲制度之成長，乃極為可喜之現象，註 64，頁 358–359。

❻ 註 64，頁 359–361。

❻ 《司法院大法官解釋續編(十)》，頁 514–516，臺北：司法院秘書處（1997 年）。

❻ 以司法院大法官釋字第 329 號解釋為例，在該號解釋中，大法官審查郵政法及郵政規則之規定有無違憲，乃引據萬國郵政公約最後議定書，認為系爭法令合

的條約、公約尚且構成憲法法源，是則見諸憲法明文之聯合國憲章及我國簽署之條約，自更應該構成憲法之法源。也就沒有再說憲法第 141 條中「尊重」一詞與「遵守」一詞意義不同之餘地。

作為超國界法的一部分，並足以構成憲法法源的國際法，可不可能具有勝於憲法的效力呢？在一元論而言，當會採取肯定說。若謂我國憲法並不拒斥一元論並已加以接受，就憲法第 141 條之規定言之，實亦有相當之理由。

肆、憲法與超國界法的異同

從聯合國憲章是否為憲法的問題中，我們還可以看到另一個更為根本的題目，那就是在某些場合，憲法的概念與超國界法的概念，可能是一而二、二而一，根本無從截然劃分。

憲法與超國界法無從區別，並非無的放矢之言，此處舉出兩個例子來證明。一個例子是在 1789 年，當時業已獨立於英國之外的北美 13 州，曾各自派遣代表在費城聚合，起草並通過了一部世界上聞所未聞的聯邦成文憲法❼。在此之前，在這 13 個獨立主權州之間，業已簽有邦聯約款 (articles of confederation)，它是一份更像契約而比較不像憲法的文件❼。13 個主權州的代表們決定起草一部稱為美利堅合眾國憲法的文件取代邦聯約款，如

於該公約之約定，與「國際公約相符」，而與憲法尚無牴觸，如果國際法不是憲法之法源，只為法律階層之規範，勢無據之支持國內法令合憲性之餘地，註 68，頁 516。

❼ 但 Rhode Island 並無代表參加費城會議，嗣於 1791 年通過人權條款時始行批准簽署。C. D. Bowen, MIRACLE AT PHILADELPHIA—THE STORY OF THE CONSTITUTIONAL CONVENTION, MAY TO SEPTEMBER 1787, 13, Book-of-the-Month Club, Inc., 1986; L · Levy, ORIGINAL INTENT AND THE FRAMERS' CONSTITUTION, 177–178, N. Y.: Macmillan Publishing Company, 1988.

❼ 邦聯約款係於 1777 年 11 月 15 日通過，自 1781 年 3 月 1 日生效，參見陸潤康，《美國聯邦憲法論》，頁 35，臺北：凱侖出版社（1993 年）。

果邦聯約款是條約，是 13 個獨立主權主體之間的超國界法，那取代它的聯邦憲法是什麼呢？難道就只是憲法而不具備超國界法的性質了嗎？也許有人會說，13 州只是州，不是 13 國，美國憲法並不能算是超國界法。可是，如果當年沒有制定美國憲法，13 州可能就會被認為是 13 國；直到今天，美國已有 50 個州，50 個州都仍然擁有州主權，各有各的州憲法，只不過它們各自得主張的只是部分的主權，因為它們各自放棄了部分的主權，由全美人民組織聯邦政府加以行使❼❷。在此意義上，美國憲法仍不過是某種超國界法的化身而已。但是，如果有人一定不能接受「州」與「國」可以互相比擬，那就讓我們來看另外一個例子。

　　2005 年 10 月 59 日，25 個歐洲國家的領袖們，在羅馬簽署了一份看起來像是條約或公約卻稱之為憲法草案的文件，也就是歐盟憲法草案❼❸。這部因未獲得足夠成員國投票通過而胎死腹中的歐盟憲法，如果當時它能獲得 25 個歐盟會員國各自依據其國內法秩序的批准程序(可能有些國家會進行公民投票)批准這份條約（或憲法），預計要在 2006 年生效。當年 13 州的代表在費城擬就了憲法草案，也是送交 13 州議會及人民加以批准或通過，然後生效，而被稱為世界上第一部成文憲法。正就是在憲草交由各州認可的這段期間內，Alexander Hamilton, John Jay 與 James Madison 三人曾於紐約報紙上以共同的筆名連續發表 85 篇文章，撰就了傳頌後世的《聯邦論》(*Federalist Papers*)❼❹，成為詮釋美國憲法的權威依據之一。現在提出的歐盟憲草，共有 448 個條文，單是索引，即達 30 餘頁❼❺，對於這樣一部憲草，恐怕不易期待出現歐洲版的《聯邦論》，此時此刻，歐盟會員國人民

---

❼❷ 美國憲法增修條文第 9 條及第 10 條分別規定：「本憲法列舉各種權利，不得解釋為否認或取消人民保有之其他權利。」「本憲法所未受予美國政府或未禁止各州行使之權利，皆保留由各州或人民。」參見司法院編印，《美國聯邦最高法院憲法判決選譯》，頁 21–22，臺北：司法院（2001 年）。

❼❸ 參見歐盟憲草全文，同註 55。

❼❹ 參見謝淑斐譯，《聯邦論》，臺北：貓頭鷹出版社（2000 年）。

❼❺ 參見歐盟憲草全文，同註 55。

若是聽到當年美國開國元勳 Benjamin Franklin 在簽署費城憲草後望著一幅旭日初升之壁畫所說的名言:「在大家討論憲法草案的時候,就像不辨畫中太陽的方位一樣,我不知道這一部憲法將是旭日初升 (rising sun) 抑或只是落日餘暉 (setting sun)」**⑯**,可能也會有同樣的感受。歐盟憲草是否將會獲得各會員國國內民意的支持,確實命運未卜**⑰**。歐盟憲草的內容與結構,與美國聯邦憲法並不完全相同。然而假設在 2006 年之後它是被順利獲得批准而生效的,它將被稱為歐盟憲法,但是它難道不同時也是一個條約、一項超國界法規範嗎?它將是歐洲 25 個主權國家、4 億 5 千萬人民之間的一項超國界法規範;憲法與超國界法規範,其實難以區別,也將得到證明。歐盟憲草尚未通過,資深媒體人 T. R. Reid 的著作 THE UNITED STATES OF EUROPE 已經問世**⑱**,不難嗅出此中消息。

也許還是有人會說,歐盟憲法生效之後,歐盟會員國都不再算是完整的主權國家,因此歐盟憲法將只是憲法而非條約,也非超國界法;反過來看,如果歐盟會員國仍然算是完整的主權國家,那麼歐盟憲法就算是以憲法為名,它仍然只是一項條約,它是超國界法,卻不是真正的憲法。我們或許並不需要在此從事名詞的爭辯,此中真正的問題,可能就是出在「主權」的概念。「主權」,恰巧是傳統憲法與傳統國際法教科書上同時必須討論處理的概念**⑲**。在兩個領域內都接受的主權概念是,主權也者,對內為最高、對外為獨立的一種權威**⑳**;因此,歐盟憲法如果在會員國間具有最

---

⑯ C. D. Bowen, *supra* note 70, 263.

⑰ 截至 2005 年 6 月底為止,共計有 10 國(立陶宛、匈牙利、斯洛伐尼亞、義大利、希臘、比利時、斯洛伐克、德國、奧地利、西班牙)經由國內的民主程序,通過批准歐盟憲草;在法國、荷蘭則遭到公民投票否決。

⑱ T. R. Reid, THE UNITED STATES OF EUROPE, New York: Penguin, 2004.

⑲ 憲法學者對於主權問題的探討,參見陳新民,註22,頁 67-83;國際法學者對於主權問題的探討,參見丘宏達,註5,頁 261-265。

⑳ 學者認為主權概念有國內法與國際法之區隔,就國內法而言,主權是國家最高、無限制與獨立之權力;就國際法而言,主權是國家擁有獨立自主之權力,可資摒除外國之干涉。陳新民,註22,頁 67-68。

高的權威地位（歐盟憲草第 6 條即係如此規定❽，美國憲法恰巧也是在第
6 條有相同的規定❽），它就表彰著歐盟會員國間最高的主權，各歐盟會員
國就已經在其各自的主權立場上做出讓步。但我們會因此不肯再將法國憲
法或是德國基本法稱為憲法❽了嗎？或是不再承認歐盟憲法是超國界法或
是國際條約了嗎？似乎不會。

　　另一個憲法與超國界法都必然關切的是人權問題。國際人權法是超國
界法裡一個重要的領域，而且正在發展人權必須超越主權拘束的重要觀
念❽。在憲法的領域中，用人權拘束權力，恰巧就是與憲法不可分割分離
的一種思想，歐盟憲草裡的基本人權章，含有幾十個條文，鉅細靡遺❽，
深怕歐洲人民的基本權利受到權力的侵犯，它是憲法還是超國界的國際人
權法？只能說，都是！此際，憲法與超國界法，實質內容上遂已變得難以
區別起來❽。

---

❽　歐盟憲草第 6 條規定："The Constitution and law adopt by the institutions of the
　　Union in exercising competences conferred on it shall have primacy over the law of
　　the Member States."，同註 55。

❽　美國憲法第 6 條第 2 項規定：「本憲法與依據本憲法所制訂之美國法律，以及
　　美國之權力所締結或將締結之條約，均為全國之最高法律，縱與任何州之憲法
　　或法律有所牴觸，各州法院之法官，均應遵守而受其拘束。」註 72，頁 18–19。

❽　德國基本法雖未以憲法為名，但學者仍將之視為憲法，參見陳新民，註 22，頁
　　27。

❽　參見 David P. Forsythe 著，高德源譯，《人權與國際關係》，頁 87，臺北：弘智
　　文化（2002 年）。

❽　歐盟憲草有關於基本人權之規定，同註 55。歐盟憲草將歐洲公民的權利分為六
　　大類，分別為尊嚴、自由、平等、團結、公民與司法正義。當時設想歐洲公民
　　將擁有 50 項權利與原則，內容含括歐洲人權憲章的所有內容，並且加強了個
　　人資料保護權、兒童權、環境保護權、消費者權等。

❽　比較憲法的教科書上，有將此類問題視作超越國家疆界之聯邦主義與憲政主義
　　(federalism and constitutionalism beyond national borders) 問題加以討論者；參見
　　Vicki C. Jackson & Mark Tushnet, COMPARATIVE CONSTITUTIONAL LAW,
　　886–888, New York: Foundation Press, 1999.

　　或許只能這樣說，憲法與超國界法關心的議題，也許並不完全相同，超國界法律所關心的議題比憲法所關心的議題也許更廣泛一些，憲法所關心的議題比超國界法律所關心的議題也許更集中一些，但是它們相互重疊的部分，其實遠遠超過人們依據常識所認知的範圍。

伍、憲法與超國界法的衝突與協調

　　憲法與超國界法，特別是國際公法、國際組織法之間，有無可能發生衝突？如果發生了衝突，如何協調？均值得探究。此處所謂衝突，乃是存在於超國界法與憲法對於某種事項競合規範而規範內容不一的情況之下發生。按憲法係由權力分立與人權保障的規範構成其主要部分，以下即依此二部份為例分別說明：

一、權力分立

　　憲法規定權力分立的制衡關係，與規範外交事務的超國界法之間，注定會發生規範衝突。茲舉一例，民國 83 年，李登輝總統訪問尼加拉瓜期間，與尼國總統簽署「中尼聯合公報」，免除我對尼國之貸款債權 **❽❼**，此舉是否應經立法院預算程序通過之債權處分行為，以致違反國有財產法規定而逾越了法律保留原則 **❽❽**？值得一問。換言之，在憲法的解釋上，憲法第 35 條規定總統對外代表中華民國，其對外代表權是否受到權力分立之制衡關係（如法律保留原則）的限制，從而認定本件總統無權擅為國際債務之免除？從超國界法的觀點，中華民國可以主張總統違憲以致債之免除無效嗎？這是一個可能動搖總統所為國際債務免除行為效力的憲法問題，也是一個可能超越憲法、使得總統不受憲法制衡規定拘束的超國界法律問題。憲法業已與超國界法發生衝突。

　　我國憲法解釋實務上，並未出現相關案例。美國憲法案例則不乏可資

---

❽❼　《總統府公報》，第 5871 號，頁 1–2，1994 年 5 月 18 日。

❽❽　國有財產法第 1 條規定：「國有財產之取得、保管、使用收益及處分，依本法之規定；本法未規定者，適用其他法律。」

引述者。1979 年 Goldwater v. Carter 案❽中，美國最高法院並未接受
Brennen 大法官以為 Carter 總統單獨終止國際條約（中美共同防禦條約）為
合憲的見解，但是寧可以之為司法不應過問的政治問題，也不願宣告總統
違憲而否定其與北京建交、中止中美共同防禦條約的外交決定❾。這可被
形容為「不同的政治部門若是做成結論不一的決定，即有引起難堪之虞的
問題」❿，其實也就是超國界法的觀點制約了憲法制衡關係的判斷。1981 年
Dames & Moore v. Regan 案中⓬，美國最高法院在缺乏國會立法明文規定
的授權下，寧可解釋國會立法已有對總統的默示授權存在，寧可不使該案
發生先例拘束力，也要支持 Carter 總統以國際行政協定移轉眾多業已繫屬
美國法院之案件之司法管轄為合憲之舉，以免動搖美國對於伊朗做出之國
際承諾⓭。未始不是另外一次超國界法觀點拘束憲法制衡關係判斷的司法
實例。類似的案例，其實尚不僅此⓮。與之適成對比者，在不涉及國際承
諾、亦無牴觸超國界法律之場合，如在 1952 年 Youngstown Sheet & Tube
Co. v. Sawyer 案中⓯，美國最高法院不許總統為了從事國際戰爭（韓戰）
而違反憲法權力分立之制衡原則，即顯得毫不猶豫⓰。

❽ 397 U.S. 486 (1979).
❾ 參見李念祖，《司法者的憲法》，頁 166，臺北：五南（2000 年）。
❿ 369 U.S. 186 (1962).
⓬ 453 U.S. 654 (1981).
⓭ 1979 年 11 月發生伊朗挾持美國使館人員事件後，美國即凍結屬於伊朗政府及
其相關機構在美國財產之移轉，嗣美國政府與伊朗政府達成協議，伊朗釋放人
質，美國則歸還屬於伊朗之財產，且美國境內涉及伊朗政府財產訴訟之案件亦
移轉予國際法院管轄，不再於美國境內進行訴訟，參見 Kathleen M. Sullivan &
Gerald Gunther, CONSTITUTIONAL LAW, 345, N.Y.: Foundation, 14th ed.,
2001.
⓮ 在 United States v. Belmont, 301 U.S. 324 (1937) 一案中，最高法院認為在國際
上對於特定國家之存在是否予以承認，係屬總統之權限。
⓯ 343 U.S. 579 (1952).
⓰ 1951 年末期，時值韓戰期間，美國鋼鐵業與工人就勞動契約之條件有所爭執，
工會擬於 1952 年 4 月 9 日發動全國性大罷工，惟美國總統認為此時罷工將使

如此看來，在超國界法律問題出現的時候，憲法上內部制衡規範對於國家外部義務有所讓步，不足為異。其實，如果不是因為涉及國家之議題場域常易招致主權觀念遮蔽人心，民法上法人內部對於法人代表之代表權所設限制不具外部拘束力的基本原則 **❾**，在超國界法與憲法內部制衡原則衝突時，本來即該基於相同法理而為適用才對。

二、基本人權

前面提到超國界人權法已經朝向普世價值規範發展，而與憲法將保障人權懸為首務，正相呼應。如果一國的憲法因為人權保障規定高度不足以致竟與超國界人權法發生衝突，該國憲法應向超國界人權法讓步，而無執主權觀念以否定人權之餘地 **❾**。如果超國界人權法的概念發展遠較某國憲法保障人權的概念迅速時，憲法也有向超國界人權法看齊的理由 **❾**。此處可舉一例加以說明，以地球村為範圍的人權觀念，他日也許會發展出地球村民於地球內自由遷徙定居的自由，各國憲法所未保障的入境權，即可能成為超國界的普世價值規範，各國不該以其憲法並未明文保障入境權為由否定以超國界法為基礎所肯認之地球村民的遷徙自由。所以如此設論，原因在於憲法存立的原始目的是用來保障人權的規範，不是用來防禦國家或

戰爭時期之重要物資短缺，進而嚴重影響國家安全，故在罷工開始前幾個小時，未經國會同意即命令商業部長逕行接管美國境內之大部分鋼鐵工廠，參見 Sullivan & Gunther, *supra* note 93, 334.

❾ 民法第 27 條第 3 項規定：「對於董事代表權所加之限制，不得對抗善意第三人。」其目的係為維護交易安全，參見王澤鑑，《民法總則》，頁 125–127，自刊（1995 年）。

❾ 參見 Louis Henkin, "*A New Birth of Constitutionalism: Genetic Influences and Genetic Defects*", in CONSTITUTIONALISM, IDENTITY, DIFFERENCE, AND LEGITIMACY, 39–53 (Michael Rosenfeld ed., Durham: Duke University Press, 1994).

❾ 釋字第 549 號解釋參照，《司法院大法官解釋續編㈩五》，頁 353–355，臺北：司法院秘書處（2002 年）。

是對抗外部政治勢力的工具⑩。對於民主國家而言，此點尤為明顯，因此，超國界人權法與憲法應該只有互補、相互協調，由超國界人權法構成憲法法源以充實憲法人權保障，如我國曾經出現的憲法解釋然，始屬常態。在人權保障上，憲法與超國界法之間，相互協調的調性遠大過相互衝突。

陸、結　語

　　假設有一天，而且這一天的到來似乎並非不可想像，地球村的居民們，透過他們各自所屬國家的領袖們，為地球通過了一部類似於歐盟憲草或美國聯邦憲法的地球村章程，事後也得到地球村各地村民們認可，而這份地球村章程，和聯合國憲章不一樣的地方是，它有能力、也找到了好的方法（例如像歐盟憲草中採取權力分立的架構）來拘束控制地球村裡的政治權力或軍事核武勢力，地球村章程對地球村居民而言，就將是足以保障地球村民基本權益的最高權威，也就是對內（地球內）成為最高的規範；對外呢，在外星人出現以前，地球似乎並無所謂對外獨立不獨立的問題，屆時主權的觀念仍然重要嗎？我們還會不會因為受到主權觀念的影響而爭辯憲法與超國界法存在著不可泯滅的界限呢？到了那一天，拘束世界各國政府的地球村章程，究竟是憲法、還是超國界法呢？依作者看來，其實都是。

---

⑩　論者向來以為，憲政主義的主要精神乃是以憲法限制政府權力而保障人民的自由與權利，參見劉慶瑞，《中華民國憲法要義》，頁50，臺北：三民（1960年）；張明貴，《中華民國憲法新論》，頁4，臺北：商鼎（2002年）。

三、權力的跨越

憲政發展中我國總統權力的演變*

壹、總統的憲法上權力及其界限

憲法規範的權力，是一種制度化的影響力❶。依據我國現行憲法，總統具有下列的權力，也都具有一定的憲法界限：

一、國家元首的光環（憲法第 35 條、憲法增修條文第 4 條第 3 項）

依憲法第 35 條規定總統為國家元首。國家元首看來只是作為國家代表之一種身分或地位；但憲法一旦賦予這樣的身分地位，就自然生出社會影響力與政治影響力。即便是在民主時代，元首的冠冕本身即是絕大的權力。入座為尊，出門先行，一人巡遊，百姓擁簇；公開露面則扈從如雲，諮商國政則策士如林。地位顯隆，身分尊崇，足以懾人於未至，服眾於無形。思想言談，媒體傳誦，一語可為天下法，舉足可為萬民師。元首的光環，事實上就是一種權力！歐西如此，東方尤然。而立法院於每年集會時聽取總統的國情報告❷，仍是基於國家元首的身分。元首對於國會的影響力，亦於是乎在！不過，國家元首的光環固然耀眼，但仍應受到憲法的限制。其最基本的界限在於，憲法規定屬於其他憲政機關之權力，國家元首不能

---

* 本文原收入於高朗、隋杜卿主編，《憲政體制與總統權力》，頁 396–421，臺北：財團法人國家政策研究基金會（2002 年）。

❶ R. Neustast, PRESIDENTIAL POWER — THE POLITICS OF LEADERSHIP FROM FDR TO CARTER, 4 (1980, 2nd ed.).

❷ 此為民國 88 年修正之憲法增修條文第 4 條第 3 項所規定者，至今尚無憲政上加以實踐之經驗。

利用元首的光環加以侵奪。

二、外交權（憲法第 35 條、第 38 條等）

　　國家元首對外代表國家，最具體的權力作為即是代表國家為國際承諾。憲法規定總統行使締結條約與媾和權，均為國際承諾的方式，程序上均應經過行政院向立法院提案，並經立法院通過❸，從而構成總統行使外交權力的制衡限制。然則總統對外為國際承諾的方式很多，不僅以締結條約為限，例如國際債務的舉措或免除，亦是一種國際承諾，元首對外為類似之國際承諾，立法院或行政院可否、如何憑藉預算權或條約權加以制衡❹？總統若未經國內適法之程序即為承諾❺，是否當然有效或無效？依憲法應如何解釋？應循何種程序獲致有效之憲法解釋❻？皆不失為值得研究的問題。

三、統帥權（憲法第 36 條等）

　　憲法規定總統為三軍統帥，戰時具有指揮調度軍隊作戰的權力❼。不過，元首的三軍統帥權應與憲法關於宣戰、媾和以及國際和平之基本國策

---

❸　參外交部訂定之「條約及協定處理準則」第 9 條及第 11 條。

❹　例如 1999 年 6 月，李總統宣布金援科索夫 3 億美元。在李總統宣布之數小時前，外交部長胡志強還對立法委員強調，我國所提供金額不會超過 1 千萬美元，結果卻出現了鉅額差距，參總統府 1999 年 6 月 7 日新聞稿；《中國時報》（1999 年 6 月 8 日），國際版。

❺　例如李總統曾於民國 83 年 5 月間出訪尼加拉瓜時，於宴會中答應免除該國積欠我國 1 千 7 百萬美元舊債（《聯合報》（1994 年 5 月 7 日），2 版），是否適法，非無探討餘地。

❻　亦即若真發生爭議，是否可聲請大法官解釋？此種情形是否屬於政治問題？

❼　林紀東氏認為，依軍事權的性質區別為軍令權與軍政權，總統依憲法第 36 條所享有之權力僅為軍令權，而不包括軍政權。就此言之，不僅戰時，總統承平時期也應該有完整的軍令權，參林紀東，《中華民國憲法逐條釋義㈡》，頁 15 以下，臺北：三民（1988 年）。

一併理解，亦即總統對外發動戰爭，若無緊急狀態存在，應經行政院與立法院先行通過宣戰案加以節制， 憲法解釋上三軍統帥應無不宣而戰的權力❽；遇到緊急狀態而必須發動防衛甚或攻擊戰爭，則屬動用緊急命令權或戒嚴權的問題，而應適用憲法上關於緊急命令及戒嚴的相關規定。對內使用軍隊作戰時，不僅應為同一解釋，且應受憲法第 138 條❾及第 139 條❿規定之限制。調動軍隊作戰，乃是一項絕大的權力，若是毫無程序上之節制，將是民主憲政的夢魘。另外，憲法第 140 條規定「現役軍人不得兼任文官」，依釋字第 250 號解釋，係指「正在服役之現役軍人不得同時擔任文官職務，以防止軍人干政，而維民主憲政之正常運作」；循此解釋意旨理解總統擔任三軍統帥的憲法規定，當是要求「文人領軍」的意思，自亦構成對於總統之一種限制。簡言之，現役軍人不得擔任總統；必須卸除軍職，始得擔任。

四、法令公布權（憲法第 37 條、第 72 條等）

總統的法令公布權，乃是基於國家元首的地位，作為國家布告欄，雖然此是法令公布程序、生效要件的必要環節，但性質上也是一種儀式性的權力，總統不因憲法第 37 條而有主動發布法令或不予公布法令的裁量權。行政院欲行使覆議權時，總統固無須於收到立法院通過的法律案 10 日內予以公布，但總統並無固有的覆議權，不能自行拒絕公布法律案⓫。

---

❽ 美國憲政發展歷史上，總統一向也是不宣而戰，迭引起憲政爭議，見李念祖譯，〈外交事務與憲法〉，收入於所著，《司法者的憲法》，頁 226 以下，臺北：五南（2000 年初版）。我國國防法中對宣戰程序亦付之闕如，誠屬立法之缺陷。

❾ 憲法第 138 條規定：「全國陸海空軍，須超出個人、地域及黨派關係以外，效忠國家，愛護人民。」

❿ 憲法第 139 條規定：「任何黨派及個人不得以武裝力量為政爭之工具。」

⓫ 其理由，參見李念祖，〈臨時條款與總統之法令公布權〉，《憲政時代》，頁 20–22，8 卷 3 期（1983 年 1 月）；異說，林紀東，註 7，頁 424–431。

五、人事權（憲法第 41 條、第 56 條、第 104 條、憲法增修條文第 2 條第 2 項、第 3 條第 1 項、第 5 條第 1 項、第 6 條第 2 項、第 7 條第 2 項等）

憲法規定總統依法任免文武官員，也是基於國家元首具有國家布告欄的功能❶❷。元首發布文武職人員的任免命令，仍然要依據法律的規定程序，並不因此當然取得任何人事任免的裁量權。憲法賦予總統的人事權，可分幾方面言之。一是總統基於國家元首的憲法權力直接指揮人員的人事決定權，如基於統帥權對武職人員的任免權、基於設置國安會、局對於國安會、局人員的人事權，乃至於總統府人員的人事權等。二是總統基於憲法授權元首的人事提名權，如司法、監察、考試三院重要人事如院長、副院長、大法官、考試委員、監察委員、審計長等。三是總統基於憲法授權元首於行政院重要人事的任命權，其中行政院院長由總統任命，是民國 86 年修憲的內容，行政院副院長、部會首長及政務委員之任命，則應經行政院院長之提議。對於行政院的人事，總統或可表示意見，仍應對行政院院長的意思有所尊重，不能悉聽己意決定。因為憲法規定是行政院院長為行政院的首長，不是總統，如果行政院院長在人事上沒有決定性的影響力，將無從依據憲法執行行政權，因此，總統任命行政院院長的權力並不即等於「組閣權」（後詳）。憲法增修條文第 2 條第 2 項規定，行政院院長與依憲法經立法院同意任何人員之任免命令之發布，「無須行政院院長之副署」，乃是憲法之當然法理，不能誤解為總統對於此等人員因此享有任意免除職務的權力，此點是總統與行政院間維持權力界限的關鍵，不可不察❶❸。也正因為行政院院長對於總統的人事命令，除了憲法增修條文規定的部分之外，仍然有副署的必要，總統必須對行政院院長對人事上的意見有所尊重，否則行政院院長若不副署，總統亦不能獨斷獨行。

---

❶❷　林紀東，同上註，頁 95。

❶❸　若總統可以任意免職行政院長，後者即難以維持最高行政首長之地位，最終將淪為總統之幕僚長，然而，總統的幕僚長應該是總統府秘書長，而不應該是行政院院長。

六、赦免權（憲法第 40 條）

赦免權是君權的現代殘餘，甚至帶有後司法的權力性質。為總統可以主動行使的權力，但應受立法的程序規範限制。

七、緊急命令與戒嚴權（憲法第 39 條、憲法增修條文第 2 條第 3 項、第 4 條第 5 項）

緊急命令與戒嚴都是依法行政原則的例外，用以應付緊急發生而立法院應變不及的狀態。憲法的規定，基本上都賦予立法院事後節制的權力；對於緊急命令，則更規定在事前尚須經行政院院會的通過。當然，立法院如能立法設定緊急權力的行使條件，即通過緊急命令法加以規制，將更為周延。我國歷任總統在臺灣運用緊急命令權的經驗❿，尚無重大爭議，使用戒嚴權的經驗⓯，則極可非難。主要的原因在於當時不僅缺乏憲政主義的薰陶，也缺乏政黨政治的正常節制作用，嗣後國家能從長期的戒嚴統治回復常態憲政⓰，確為憲政之幸，也必須歸功於強人領袖的自省能力。

❿ 歷任總統運用緊急命令權的主要例子：民國 48 年發生八七水災，總統於 8 月 31 日發布緊急處分令；民國 67 年 12 月美國宣布與中國大陸建交，總統發布緊急處分令，暫停中央民意代表之競選活動；68 年 1 月 18 日總統發布補充事項令，解決中央民意代表之任期問題；民國 77 年 1 月，蔣經國總統逝世，繼任之李登輝總統亦隨即發布緊急處分令；民國 88 年 9 月發生九二一大地震，李總統於 9 月 25 日發布九二五緊急命令，見李念祖，〈動員戡亂時期臨時條款在我國憲法上之地位〉，《憲政時代》，頁 38 以下，6 卷 4 期（1981 年 4 月）；黃俊杰，《法治國家之國家緊急權》，頁 74，臺北：元照（2001 年初版）；陳新民，《中華民國憲法釋論》，頁 465 以下，自刊（1999 年 3 版）。

⓯ 民國 37 年 12 月 10 日總統依據臨時條款發布全國戒嚴令：「……全國各省市，除新疆、西康、青海、臺灣四省及西藏外，均宣告戒嚴。……」民國 38 年 7 月 7 日代總統李宗仁再依臨時條款發布戒嚴令：「……茲復經行政院會議議決，將蘇南、皖南、鄂南各縣及湘、贛、浙、閩、粵、桂六省全部，一併劃作接戰地域。……」見黃俊杰，註 14，頁 74。值得注意的是，迄此臺灣雖為接戰地區，卻還不是戒嚴省份，適用於臺灣的戒嚴令，則根本缺乏適法依據。

八、院際調解權（憲法第 44 條）

　　總統的院際調解權所及之事務，為院與院間的爭執，且屬不能依循憲法規定之其他途徑解決者❶。總統的院際調解權乃是基於國家元首的超然地位與實際影響力而來。如果總統被認為涉入政黨政治或行政指揮系統過多，院際調解權發揮的作用必然有限。憲政制度上總統並沒有直接指揮任何一院的權力，院際爭執出現時，總統雖然可以主動從事調解，但是否受到爭議中各方的尊重，仍然繫於國家元首的個人聲望與政治手腕❶。

九、國家安全大政方針決策權（憲法增修條文第 2 條第 4 項）

　　此為憲法增修條文的規定，本屬源自動員戡亂時期臨時條款（以下簡稱「臨時條款」）的設計❶。國家安全會議所為之決議只是總統決策的參考，總統決策並不當然拘束行政院❷，更不能取代立法院的法律。國家安全會議的機制，其實只是提高國家元首在國家安全事務上的能見度與政治上的影響力，並不能得出總統因此可以指揮行政院的結論。

十、覆議核可權（憲法增修條文第 3 條第 2 項第 2 款）

　　行政院對於立法院通過的法律案、預算案、條約案，得經總統核可，

---

❶　臺灣地區一直到民國 76 年 7 月 16 日始宣告解嚴。

❶　如若發生某一憲政機關之舉措是否違憲的問題，恐不能聽由總統調解而置憲法之正確解釋與適用於不顧。

❶　2000 年 10 月行政院宣布核四不再續建時，發生政治上之風暴，陳水扁總統即邀集行政、司法、考試、監察四院院長共同會商，見總統府 2000 年 10 月 30 日新聞稿。

❶　民國 55 年總統依據臨時條款設置動員戡亂時期處理大政方針之機構──國家安全會議及國家安全局，見李念祖，〈動員戡亂時期臨時條款在我國憲法上之地位〉，臺灣大學法學研究所碩士論文，頁 38 以下（1980 年）。

❷　無論從憲法增修條文第 2 條或國家安全會議組織法第 5 條之規定，均看不出總統權力當然可以拘束行政院院長。

移請立法院覆議，由於行政院院長並非民選的職位，對於國會多數決所以可加覆議，其民主正當性必須借助於總統的核可，如無總統的背書同意，不免引起非民選機關何能否決民選代議機關意志的法理懷疑。因此，總統的覆議核可權自為一種實質的權力，總統可以同意行政院移請覆議，也可不同意行政院移請覆議。換而言之，一旦得到民選總統的支持，非民選的行政院即有運用覆議制度與國會抗衡的法理基礎。總統不同意覆議，行政院當然即須執行立法院的多數決定，依法行政。民國 86 年修憲後，將覆議成功之門檻提高，行政院必須設法爭取立法院多數委員的支持，亦即不再只由立法院三分之一的少數支持即可否定國會多數的決定，此時將總統的覆議核可權在法理上解釋為實權的理由似乎不如修憲之前明顯。不過，非民選的行政院可對代表民意的國會任意表示異議，如無民選總統的背書亦可阻擋國會立法、發動國會自我否定，從民意政治的法理上言，終嫌勉強，總統的覆議核可權，仍應認為實權，不是虛權。

十一、解散國會權（憲法增修條文第 2 條第 5 項、第 3 條第 2 項第 3 款）

憲法增修條文規定總統解散國會之權，只在國會以不信任案倒閣後、經行政院院長請求時，始能被動行使，總統不能主動解散國會。行政院院長呈請總統解散國會時，總統尚有不予解散的裁量空間，在此一意義上，總統的解散國會權，亦是實權[21]。又憲法規定立法院對行政院院長通過不信任案時，行政院院長於辭職之同時，「得」呈請總統解散國會，行政院院長亦「得不」呈請總統解散國會，自不待言。至於總統決定解散國會時，行政院院長已然辭職，總統解散國會之命令，即無須行政院院長副署。

---

[21] 蘇永欽採同說，周育仁採異說，其相關討論參見蘇永欽撰，〈總統〉，收入蔡政文編，《中華民國增修條文釋義——第四次修憲之研究》，頁 91–99，未出版（2000 年）；周育仁，〈憲政體制何去何從？——建構總統制與內閣制換軌機制〉，收入明居正、高朗編，《憲政體制新走向》，頁 1、18，臺北：新台灣人文教基金會（2001 年）。

十二、其他儀式性權力（憲法第 42 條、憲法增修條文第 4 條第 3 項）

例如授與榮典、從事國際外交拜訪、接待國內外訪客以及參與各種公共事務等等。

綜以言之，總統不是最高行政首長，並不掌握整體的行政權，但自身的權力，並非稀薄。而且甚多的權力，例如覆議核可權、國會解散權、閣揆任命權、三軍統帥權、緊急命令權等，均為足以左右政局的實質權力[22]，加上元首光環的自然影響力，謂為大權在握，並不為過。任何總統權力不足的說法，均不免過甚其詞，也就不能以之作為支持總統攫取行政權的理由。總統染指行政權，不僅於憲法不合，亦不是政治上的當然之理。

貳、憲法上總統權力規範的變化及其影響

憲法上總統權力規範的變化，可分兩方面觀察，一是憲法條文修正所形成的變化，一是憲法解釋所形成的變化。以下分別論述之。

一、憲法條文修正所形成的變化

歷來的修憲都採取附加條款的形式，只是名稱上有「動員戡亂時期臨時條款」與「憲法增修條文」之不同而已[23]，本文討論憲法條文修正所形成總統權力的變化，均從修憲條文與憲法原典加以比較入手。修憲對於總統權力規範的變化，較重要的有以下幾類。

(一)總統任期之變化

總統的任期因修憲而改變，首見於民國 49 年臨時條款凍結[24]憲法第

---

[22] 同說，陳新民，《行政法學總論》，頁 4，自刊（1995 年 5 版）。

[23] 司法院大法官釋字第 499 號解釋計算我國修憲次數，將臨時條款與憲法增修條文均行計算在內。參見《司法院大法官解釋彙編續編(三)》，頁 685 以下，臺北：司法院祕書處（2009 年）。

[24] 臨時條款凍結憲法條文，為修憲之一種形式，其產生之修憲實證效果，參見李

47 條關於總統「連選得連任一次」之規定。此項修正之直接受益人為蔣介石總統，將之稱為「蔣介石條款」，或不為過。總統連任不以一次為限，並不當然違反憲法原理，憲法上總統的權力項目也並未因此增加，但蔣介石總統終身擔任總統，成為政治強人的事實，使得憲政主義長期受到挫敗❷⑤，則不容忽視。

　　蔣經國總統於其第 2 任任期身故之後，繼任之李登輝總統則曾提出臨時條款容許總統連任之條款應予修改的意見。臨時條款隨後於民國 80 年 5 月 1 日為國民大會依修憲程序廢止，同時並訂定憲法增修條文，恢復了憲法第 47 條連任一次之限制❷⑥，此亦促使李登輝總統於民國 89 年任期屆滿交卸總統職務。李登輝總統在位 12 年，如果可以無屆期限制續任總統，是否會使憲政主義再受挫敗，是個假設性的問題，或許不需要認真加以回答。但是，單是為此設想，已可令人慶幸：憲法限制總統連任次數之規定，確實寓含防阻強人政治成形的憲政智慧於內。

　　憲法增修條文的規定，亦就總統任期有所改變。民國 81 年修憲時，憲法增修條文第 12 條第 3 項❷⑦規定將總統任期自第 9 任起改變為 4 年❷⑧。此一規定表面上似與總統權力項目之增減無關，但實際上卻對總統之權力形成至少兩層影響。第一，總統任期的縮短，事實上收減了總統政治影響力的存續期間，也具有某種節制權力的作用。第二，總統的任期自 6 年改為 4 年，使得總統之任期與立法委員每 3 年一任的任期，完全錯開，每隔

念祖，〈大法官釋憲功能的立法化抑或審判化？──從憲法增修條文第四條第二項看政治民主化的一個基本問題〉，收入於《法律與當代社會──馬漢寶教授七秩榮慶論文集》，頁 358，臺北：思上書屋（1996 年）。

❷⑤ 李念祖，〈憲政主義在臺灣的發展與政治影響──憲法取代國王權威的半世紀回顧〉，《法令月刊》，頁 162 以下，51 卷第 10 期（2000 年 10 月）。本書收入於頁 297–313。

❷⑥ 憲法增修條文第 2 條第 6 項參照。

❷⑦ 當時憲法增修條文第 12 條第 3 項規定：「總統、副總統之任期，自第九任總統、副總統起為四年，連選得連任一次，不適用憲法第四十七條之規定。」

❷⑧ 憲法原文第 47 條規定，總統之任期為 6 年。

12 年始有同一年進行改選的機會。其影響所及，行政院院長應於立委改選時或總統改選時辭職，乃成為高度重要的憲政問題。司法院大法官曾先後兩次應立法委員之聲請而做成釋字第 387 號、第 419 號解釋，界定我國中央政府體制之定位（後詳），關係重大。

㈡總統選舉方式之變化

憲法增修條文於民國 83 年將總統之選舉方式改為直接民選❷❾。此一規定，使得總統從憲法原規定由國民大會代表選舉改為由人民直接選舉之❸❶。在修正當時，憲法上總統權力之項目，並未隨之增加❸❶。然則此一修改所形成之實質影響，堪稱鉅大，至少可從兩方面加以描述。

第一，總統由國民大會抑或由人民直接選出，選舉方式改變可能形成憲政結構之改變，所帶來民主形貌與制度體質的變化❸❷，均非淺顯，例如「本土化」之政治議題躍上政治舞臺，即為其間形成的影響。此點與本文之主題較乏直接關係，於此暫予略過。

第二，總統由人民直接選出，雖然憲法賦予之權力項目未必增加，但其政治影響力之民主正當性隨之增強，則無異議❸❸。李登輝總統在民國 85 年之首次總統普選中高票當選連任之後，藉勢主導次年之精省修憲，並同時改變憲法上行政院院長的任命方式，都與總統選舉方式的改變增加了其政治影響力的民主正當性，顯然具有直接關係❸❹。不過，從憲法之規定言之，總統民選形成國家元首無形影響力之擴大，並不能導致憲法上總統之有形權力必須增加的結論。尤其憲法增修條文規定之總統選舉方式為相對多數制而非絕對多數制，總統政治影響力的民主正當性，憲政理論上也不

---

❷❾ 此一修正，歷經兩次國民大會之修憲程序始告完成，參閱陳滄海，《憲政改革與政治權力──九七憲改的例證》，頁 253–255，臺北：五南（1999 年初版）。

❸❶ 憲法增修條文第 2 條第 1 項。

❸❶ 陳滄海，註 29，頁 254。

❸❷ 參閱如王業立，〈總統直選對憲政運作之影響〉，收入陳健民、周育仁主編，《九七修憲與憲政發展》，頁 152–181，臺北：國家政策研究基金會（2001 年）。

❸❸ 陳滄海，註 29，頁 255。

❸❹ 陳滄海，同上註，頁 255–257。

足以當然轉化為憲法上有形的權力 ❸ 。

㈢行政院院長任免方式之變化

我國憲法第 55 條規定「行政院院長由總統提名，經立法院同意任命」，乃是制憲過程中一項關鍵性的決定 ❸ ，寓含著節制總統權力之作用 ❸ ，也配合著行政院院長係向立法院而非向總統負責的憲法設計，也因此而與其他憲法條文在解釋上無所扞格 ❸ 。此點實為總統能否掌握行政權的關鍵環節之一。民國 86 年修憲，憲法增修條文第 3 條第 1 項規定，則將蔣介石在制憲前未能實現的願望——行政院院長由總統任命——予以實現，或可謂為歷史弄人。但是，憲法增修條文之規定與當年國民黨所倡議提出的五五憲草規定，畢竟有異。五五憲草規定行政院得向總統負責 ❸ ，民國 86 年通過之憲法增修條文則再一次規定行政院應依憲法規定對立法院負責，而憲法第 53 條「行政院為國家最高行政機關」、第 56 條「行政院副院長、各部會首長及不管部會之政務委員，由行政院院長提請總統任命之」及憲法增修條文第 2 條第 3 項關於緊急命令應經行政院院長決議 ❹ 等規定，又均維

---

❸ 憲法增修條文第 2 條第 1 項後段之規定：「總統、副總統候選人應聯名登記，在選票上同列一組圈選，以得票最多之一組為當選。……」其利弊分析，參閱如蘇永欽，〈總統選舉後的憲政展望〉，收入氏著，《違憲審查》，頁 323–325，臺北：學林（1999 年）。

❸ 李念祖，註 25，頁 162 以下。

❸ 張君勱，《中華民國民主憲法十講》，頁 78，臺北：臺灣商務（1971 年）。

❸ 憲法第 53 條規定：「行政院為國家最高行政機關。」行政院之院長既為行政院之首長，且依憲法第 56 條規定副院長以下之任命方式；再依憲法第 58 條行政院會議由行政院院長、副院長及各政務委員組成，以院長為主席，通說均認行政院會議為首長制而非合議制，故可推得行政院長應為國家最高行政首長之結論。另參林紀東，註 7，頁 255。

❸ 李念祖，註 25，頁 162 以下。

❹ 憲法增修條文第 2 條第 3 項規定：總統為避免國家或人民遭遇緊急危難或應付財政經濟上重大變故，得經行政院會議之決議發布緊急命令，為必要之處置，不受憲法第 43 條之限制。但須於發布命令後 10 日內提交立法院追認，如立法院不同意時，該緊急命令立即失效。

持原狀而未改變。是故行政院院長任命方式的修改，並不能導出總統因此掌握行政權或是總統即得主動或單獨決定行政院人事❹之結論；所顯現者，只是總統圖藉修憲途徑染指行政權、一次半生不熟的憲政操作而已。如欲依此規定將應由行政院掌握之行政權（亦即執行立法院通過之規範之權），引渡給總統掌控❷，使得行政院院長變成總統之幕僚長，則不但在憲法規定上缺乏明文依據，亦將使憲法條文陷入自我衝突的解釋矛盾之中，不符憲法解釋學上應該遵守的方法規範❸。

憲法增修條文規定總統任命行政院院長的意義，其實乃在賦予總統決定率領行政院向立法院負責執行立法院所通過規範的閣揆人選；所以不使立法院就此人選行使同意權，避免立法院與總統之間因閣揆人選直接形成政治角力，對於政局安定的維持，非無某種的正面影響。

㈣國家安全決策程序之變化

民國 80 年廢止之臨時條款第 5 項曾經授權總統設置動員戡亂機構、決定動員戡亂大政方針❹，而為憲法增修條文第 2 條第 4 項「總統為決定國家安全有關大政方針，得設國家安全會議及所屬國家安全局，其組織以法律定之」規定之濫觴。此一規定，並曾形成政黨間之強烈衝突，而在司法院大法官釋字第 342 號解釋之聲請及解釋內容中，可以一覽無遺❺。憲法增修條文此一規定，究竟給了總統什麼權力、多少權力，似乎始終構成一個憲政迷團。所可確知者，總統決定國家安全之大政方針，與依憲法第 170 條定義之法律有間。而行政院之職責，即在負責執行立法院所通過之法律案、預算案、條約案❻，任何國家安全大政方針之決定，在未於立法院通

---

❹ 總統透過政黨之運作影響行政院人事，則為政黨政治運作範圍，不能視為憲法所賦予之權力。

❷ 黃昭元，〈九七修憲後我國中央政府體制的評估〉，《臺大法學論叢》，頁 199–200，27 卷 2 期（1998 年 1 月）。

❸ 吳庚，〈論憲法解釋〉，《法令月刊》，頁 3 以下，41 卷 8 期（1990 年 8 月）。

❹ 蔣介石總統即根據此次授權，設置了國家安全會議，參閱李念祖，註 19，頁 39。

❺ 《司法院大法官解釋彙編續編㈧》，頁 17 以下，臺北：司法院秘書處（1997 年）。

❻ 行政院應執行立法院通過之規範的憲法依據，在於憲法第 37 條（副署）、第 171

過形成法律案、預算案或條約案之前，行政院亦無負責加以執行的餘地；至多只能構成行政院依憲法第 58 條向立法院提出法律案、預算案或條約案之參考而已。總統參考國家安全會議決議後所為之國家安全大政方針決定，尚非行政院必須執行之法律或命令，行政院院長亦無依憲法第 37 條規定加以副署之餘地。憲法增修條文第 2 條第 4 項之規定，其實只是增加了一種總統參與國家安全規範形成之程序機制，不能因此建構正常立法程序 **❹** 以外之他種規範形成體系，此為憲法應有之正確解釋。

(五)解散國會機制之增設

憲法增修條文第 2 條第 5 項及第 3 條第 2 項第 3 款規定，於立法院通過對行政院院長之不信任案、行政院院長呈請解散立法院、且諮詢立法院院長後，總統得解散立法院。此一規定，增加了總統憲法上的權力項目。惟此一規定為民國 86 年修憲強化行政院對立法院負責之整體設計中的一個環節，不能單獨抽離觀察而只以為係在增加總統之權力。又由於總統此項權力只能被動行使，不能主動行使，其權力增加的幅度，其實有限。

民國 86 年修憲時，一方面刪除了立法院對任命行政院院長的同意權；另一方面則納入了立法院對於行政院院長提出不信任案的制度，不信任案一旦通過，行政院院長即必須辭職。相對於立法院提出不信任案，行政院的防禦之道，則可呈請總統解散立法院，雖然行政院院長在辭職之前，可以呈請、也可以不呈請總統解散立法院。又雖然總統於接獲呈請後可以解散，也可以不解散立法院，但此一解散國會之機制存在，已足以使得立法委員們慎重行使不信任案之提出權。易言之，呈請與否、解散與否，乃至於是否提出不信任案，常將視政黨政治之運作互動而定 **❹** 。而不信任案與解散國會並立的設計，其實會形成相互抵銷的結果；亦即立法院不會輕易提出不信任案，以免給予行政院發動、總統解散國會的機會。於此應注意

條（法律優位）、憲法增修條文第 3 條第 2 項（依法行政、覆議制度）及第 4 項（依法組織機關）。

❹ 總統如欲行使緊急權，則應依發布緊急命令程序為之。

❹ 蘇永欽，同註 21。

者，民國 86 年修憲時，已將立法院在行政院提出覆議後所需維持原案的可決人數，將憲法第 57 條規定的三分之二降低為立法委員總數之二分之一；行政院藉用覆議以拒絕執行立法院通過之規範的機會，即大幅降低。行政院遵守依法行政原則行事，立法院與行政院形成憲政僵局之危險不大，立法院動用不信任案機制的需要也就不高。立法院若勤於立法，要求行政院依法行政，而不輕易提出不信任案，總統解散國會的權力即只能成為擺設性的權力。如果因為立法院與行政院由不同政黨主導而使得行政院不肯積極依法行政，這本是總統制及雙首長制憲法共同具有的難題，即使修憲讓總統主動解散立法院或成為最高行政首長，也不能解決問題。

二、憲法解釋所形成的變化

所謂憲法解釋所形成的變化，主要係指司法院大法官根據憲法規定解釋憲法上總統的職權，構成憲法變遷的一種形式而言。歷年來，大法官解釋總統憲法上職權範圍的案例不多，在有限的機會中，較重要的則為釋字第 262、387、388、419、461 等五號解釋。其中釋字第 387、419 及 461 號解釋對於釐清總統、行政院與立法院間的權力互動及制衡關係，極為重要；釋字第 262、388 號解釋，則對於總統與司法關係的釐清，頗具助益。

㈠總統、行政院與立法院間的關係

大法官釋字第 387、419 及 461 號三案解釋中，最重要的應屬釋字第 419 號解釋。此項解釋，係因李登輝總統批示「著毋庸議」四字留任連戰副總統兼任行政院院長，遭到立法委員質疑違憲而聲請大法官解釋憲法。大法官的解釋中，最為關鍵的一點，則是指出總統與行政院院長在憲法上具有制衡關係，其所引據的憲法例證規定則為關於緊急命令的條文❹。亦惟其因為制衡關係存在，行政院院長即不能是總統的行政部屬或幕僚長，且彼此間既具有制衡關係，自亦不容總統任意免除行政院院長之職務。又如將第 419 號解釋與第 387 號解釋對照並觀，則可發現：大法官認為行政院於立法委員改選時，有總辭之義務，為義務性之辭職；而於新總統就位

----

❹　同註 40。

時，行政院院長之辭職則僅為禮貌性辭職❺⓪，可辭可不辭。大法官為此區別之依據，即在行政院係向立法院負責❺①，而非向總統負責的憲法規定。到了於民國 86 年修憲之後做成的釋字第 461 號解釋❺②，大法官依然強調行政院應依民意政治原理向立法院負責，參謀總長有應邀到立法院備詢之義務。這三項意旨一貫的憲法解釋，可為 86 年之修憲並未改變總統、行政院與立法院之間基本關係的有力引證。

大法官於民國 90 年做成之釋字第 520 號解釋❺③中，曾有下列論述：

> 民主政治為民意政治，總統或立法委員任期屆滿即應改選，
> 乃實現民意政治之途徑。總統候選人於競選時提出政見，獲選民
> 支持而當選，自得推行其競選時之承諾，從而總統經由其任命之
> 行政院長，變更先前存在，與其政見未洽之施政方針或政策，無
> 乃政黨政治之常態。

惟從此段話語之中，似乎難以推論大法官因此認定行政院院長負有憲法義務，實現總統之競選政見，否則即難解釋：為何同號解釋中，大法官認定行政院院長於立法院不同意變更原有政策時，仍然可以欠缺「民主正當性」為由而辭職？職是之故，誠不能從釋字第 520 號解釋的論述中得出第 387 號、第 419 號及第 461 號解釋之一貫見解已遭變更。

(二)總統與司法的關係

大法官做成釋字第 262 號解釋之歷史，很足以說明總統與司法間關係的歷史發展。此項解釋係由監察院聲請大法官解釋監察院彈劾權之行使是否及於軍人。此一問題早在蔣介石總統時代即已形成，蔣總統認為對軍人之彈劾懲戒屬於統帥權之範圍，監察院雖有不同意見，但依民國 40 年總統代電認為此一問題毋須送大法官解釋而由公懲會函示仍由軍事機關辦理❺④，直至民國 76 年解嚴之後，監察院始舊案重提，聲請大法官解釋，大

---

❺⓪ 《司法院大法官解釋彙編續編(十)》，頁 321 以下，臺北：司法院秘書處（1997 年）。

❺① 同註 50。

❺② 《司法院大法官解釋彙編續編(十二)》，頁 163 以下，臺北：司法院秘書處（1999 年）。

❺③ 《司法院大法官解釋彙編續編(十四)》，頁 471，臺北：司法院秘書處（2001 年）。

法官之釋字第 262 號解釋則認為軍人亦為監察院彈劾權與司法院公務員懲戒審議權行使範圍所及❺❺，不因統帥權之行使而受影響。易言之，總統主張統帥權以排除監察權尋求司法解釋之機會，歷經 36 年始因監察院與司法院大法官有所堅持而告扭轉。

釋字第 388 號解釋，亦說明總統行使職權受制於司法。此項解釋闡釋憲法第 52 條總統關於刑事司法豁免權之意義，大法官認為該條係對總統職位而非個人之保障，僅暫時不能追訴、相對不能追訴（如所犯為內亂或外患罪，亦無豁免保障），大法官言下之意，總統於任期結束後，不能主張豁免責任❺❻。憲法第 52 條乃只在確保現職總統受到尊重、行使職權不遭干擾，總統任期屆滿後，司法並非不能就其任內行為追究法律責任。總統既無終身、絕對豁免於司法管轄之外的地位，即無解釋為當然不受司法權節制的餘地。

❀ 參、總統超越憲法的實踐及其評價

我國總統作為國家元首，憲政實踐上不時自認為或被誤認為可以居於憲法之上行事的例證，一再出現。在總統直接民選之前固已經常如此破壞民主憲政的精神，在總統直接民選之後，民主政治的價值雖然強化提昇，但總統挾民意以超越憲法的傾向，則仍未曾稍減。中華民國歷任總統，大概除了嚴家淦先生以外，或多或少都有行事自居憲法之上的記錄。以下分為四個類型加以說明。

一、總統超越立法的錯誤實踐

總統超越立法的錯誤實踐，憲政史上最為嚴重的首推民國 38 年 11 月 2 日行政院院會並未嚴格踐行戒嚴法之程序❺❼，通過決議宣布全國包括臺

❺❹　《司法院大法官解釋彙編續編(五)》，頁 105 以下，臺北：司法院秘書處(1991 年)。

❺❺　同註 54。

❺❻　《司法院大法官解釋彙編續編(九)》，頁 305 以下，臺北：司法院秘書處(1997 年)。

❺❼　戒嚴法第 1 條規定，第 1 項：「戰爭或叛亂發生，對於全國或某一地域應施行

灣在內戒嚴❺❽，也就違反了憲法第 39 條之規定。此項戒嚴令，從發布到解除，長達 37 年。戒嚴本為軍事統治之代名詞，其對民主憲政的破壞程序，恐怕遠甚於臨時條款的負面影響❺❾。然則，臨時條款的負面影響，亦非淺顯，例如其間一度授權總統遴選海外中央民意代表（含立法委員）❻⓿，即屬民主精神之嚴重背離、臨時條款授權總統設置動員戡亂機構並調整中央政府之行政、人事機構、組織❻❶，總統據之發布行政命令，成立國家安全會議❻❷、行政院人事行政局❻❸，以及擴充領海及經濟海域範圍❻❹，亦均為違反法律保留原則、超越立法之錯誤實踐。

　　解嚴及廢除臨時條款之後，總統是否即無任何超越立法之舉措？茲舉一例，民國 83 年間，李登輝總統訪問哥斯達黎加期間，與哥國總統簽署「中

戒嚴時，總統得經行政院會議之議決，立法院之通過，依本法宣告戒嚴或使宣告之。」第 2 項：「總統於情勢緊急時，得經行政院之呈請，依本法宣告戒嚴或使宣告之。但應於一個月內提交立法院追認，在立法院休會期間，應於復會時即提交追認。」憲法第 39 條授權總統依法宣布戒嚴，但須經立法院之通過或追認，臺灣四十餘年的戒嚴統治是否在施行之初完滿踐行法定程序，一直是高度爭議的問題。

❺❽　城仲模，〈從法學觀點論解決戒嚴〉，收入《戡亂終止後法制重整與法治展望論文集》，頁 96–97，臺北：中國比較法學會（1991 年）。

❺❾　戒嚴時期，許多非常時期法制均帶有「動員戡亂」之名稱，但大多非以臨時條款為其立法依據。其實臨時條款並未規定動戡時期之始期或終期，而係授權總統加以宣告。惟論者多將非常時期法制之依據歸於臨時條款，而非戒嚴之宣告；其間所反映者，應屬一種具有社會文化意義的觀念認知。參閱前註所引文集各相關文獻。

❻⓿　李念祖，註 19，頁 40。

❻❶　李念祖，同上註，頁 40。

❻❷　李念祖，同上註，頁 39。

❻❸　1967 年 7 月 27 日經國家安全會議決議，公布「行政院人事行政局組織規程」，李念祖，同上註，頁 40。

❻❹　1979 年 10 月 8 日依動員戡亂時期臨時條款第 4 條之規定，公告將我國領海擴充為 12 海浬之海域，經濟海域為 200 海浬之海域，李念祖，註 19，頁 39–40。

哥聯合公報」免除我對於哥國之貸款債權❻❺，是否為違反國有財產法規定應經立法院預算程序通過之債權處分行為❻❻，從而逾越了法律保留原則的精神？值得一問。此外，民國 89 年陳水扁總統有無指示行政院命令停止執行興建核四之預算？也不免引發有無超越立法院預算規範行事的討論與質疑。

二、總統超越行政的錯誤實踐

　　總統超越行政之錯誤實踐，莫過於將行政院院長當作幕僚長加以指揮；由於總統與行政院院長具有制衡關係，憲法第 56 條規定行政院重要人事「由行政院院長提請總統任命之」，不能將之視做總統的組閣權。行政院重要人事並非憲法增修條文第 2 條第 2 項規定應經立法院同意任命之人員，即無適用該條排除行政院院長副署之餘地，行政院重要人事命令需要行政院院長副署，即不容總統越過行政院院長逕行決定人事安排。總統若無視於行政院院長之存在，逕將行政院人事安排當作權力布局之棋子或禁臠者，即已逾越了憲法於總統與行政院院長之間設定的權力界限。同樣地，總統如欲使用任何憲法外的手段，代行政院院長決定行政決策或是越過行政院院長逕行指示部會首長如何行事，亦均是傷害憲法精神之舉措。我國歷任總統有無此種逾越界限行事的實跡，歷任行政院院長譬如飲水，冷暖自知。不過，從歷年總統選舉中許多總統候選人的政見普遍涵蓋行政部門各種職權範圍❻❼觀察，箇中消息，實已不問可知！總統若是進入政黨運作機制，

---

❻❺ 該公報載《總統府公報》，第 5871 號，頁 1–2（1994 年 5 月 18 日）；其免除尼國 1 千 7 百萬美元積欠之債務，參閱《立法院公報》，頁 336，83 卷 55 期，院會記錄（1994 年）；《立法院公報》，頁 231，83 卷 35 期，院會記錄（1994 年）。立法院外交及僑務委員會嗣後並於 2001 年 12 月 20 日通過決議：「債務的減免應先經立法院之同意。」見《立法院公報》，頁 123，91 卷 8 期，委員會紀錄（2002 年 1 月 16 日）。

❻❻ 國有財產法第 7 條規定：「國有財產收益及處分，依預算程序為之；其收入應解國庫。」

❻❼ 例如前總統陳水扁，在競選期間所提出的政見，範圍涵蓋了憲政政策、水資源

透過同黨形成政綱政策，影響行政院，尚有可說；但如形成在政黨體制之外運作的機制，如所謂九人小組決策會議❻，自亦不是符合憲法精神的政治實踐。

三、總統超越司法的錯誤實踐

早年的劣跡，出現於民國四十年代以前。大法官做成釋字第 3 號解釋，是基於「總統訓令」❻；最後做成釋字第 19 號解釋，則是因為總統府秘書長函請司法院解釋行憲前國民政府主席諭交司法院解釋之問題而來❼。或許是釋字第 19 號解釋著有前例，到了民國 46 年間，國外邀請我國派遣代表參加世界國會聯合會會議，由於國民大會、立法院、監察院間互爭誰是國會相持不下，擬請蔣介石總統行使憲法第 44 條之院際爭議調解權，蔣總統則將此一不該送由大法官解釋之案件，交由其秘書長具函聲請大法官解釋。大法官因此做成之釋字第 76 號解釋❼，不僅內容受到嚴重批評❼，其未以總統府秘書長聲請解釋不適格，亦未以不能提供諮詢意見為由，拒絕解釋，實屬司法史上黯淡的一頁。而總統府秘書長代總統聲請釋憲的錯誤，於民國 87 年李登輝總統欲請大法官解釋依何種程序提名司法院副院長時，又由總統府黃昆輝秘書長具名提出聲請，重蹈當年蔣總統覆轍，司法院大法官則仍未堅持應由適格之憲政機關提出聲請而做成釋字第 470 號解釋❼。總統聲請大法官解釋竟由秘書長代勞，自是總統以超越司法自視的

政策、防災政策、治安政策、客家政策、國政藍圖政府再造篇、科技政策、原住民政策、國防政策、公共建設政策、司法改革、婦女政策、教育政策等。

❻ 九人小組（正式名稱為「府院黨團協調會報」）之決策機制，參見 2001 年 7 月 10 日總統府新聞稿。

❻ 《司法院大法官解釋彙編》，頁 27，臺北：司法院秘書處（1991 年）。

❼ 註 69，頁 40–41。

❼ 同上註，頁 109 以下。

❼ 翁岳生，〈憲法之維護者——回顧與展望〉，收入於氏著，《法治國家之行政法與司法》，頁 395–396，臺北：月旦（1994 年）。

❼ 《司法院大法官解釋彙編續編㈡》，頁 355 以下，臺北：司法院秘書處（2000 年）。

顯例。

　　總統自居司法之上的作風，當然也可從釋字第 262 號解釋竟因總統不願與司法共享懲戒軍人之權而致遲延了近 40 年之久❼❹、於釋字第 419 號解釋之憲法法庭程序中總統之舉措被質疑為違憲而仍然不肯指派代表出席憲法法庭為總統辯護❼❺等等事例之中，領略其嚴重的程度。

四、總統直接超越憲法的錯誤實踐

　　總統前述幾類錯誤的憲政實踐，其實都是行使權力超越憲法精神，然則除此之外，總統無視於自身權力來自於憲法拒絕受制於憲法、直接自居憲法之上的錯誤實踐，亦非罕見。從蔣介石總統藉用臨時條款修憲而猶不肯承認業已修憲❼❻，到李登輝總統六度操控或發動國民大會修憲、到後任總統就任任期不滿一半，卻一再倡言修憲❼❼，以各種藉口，甚至不惜批判憲法、破毀憲法尊嚴作為修憲的理由，修憲成了習慣，而權力者之目的均在增加己身權力，其實，總統不但權力所及業已無所不在也不肯接受憲法控制，如果仍受社會縱容，自是民主憲法的最大悲哀。「總統不是帝王，憲法才是」❼❽的觀念，尚屬有待權力者，乃至於全社會積極培植的憲政素養，應非過言。

---

❼❹　同註 54。

❼❺　參見社論，〈釋憲案仍應邀請總統的代表出席言詞辯論〉，《聯合報》（1996 年 7 月 30 日），2 版；張俊雄，〈出席憲法法庭，有請總統〉，《中國時報》（1996 年 9 月 30 日），11 版，以上分載於法務部編，《「副總統得否兼任行政院院長」等釋憲案相關資料輯要（上）》，頁 461，臺北：法務部（1997 年）；社論，〈從總統給憲法法庭的覆函談起〉，《聯合報》（1996 年 11 月 1 日），2 版。

❼❻　《國民大會實錄第一編》，頁 266–268，臺北：國民大會秘書處（1961 年）。李念祖，註 19，頁 195。

❼❼　陳水扁總統在任時一再談及修憲，例如 2002 年總統國慶元旦祝詞中，即曾提到修憲議題，《總統府公報》，第 6439 號，頁 3–4，2002 年 1 月 9 日。

❼❽　李念祖，註 25，頁 162。

憲政主義在臺灣的發展與政治影響
——憲法取代國王權威的半世紀回顧[*]

壹、取代國王權威的憲法？

Edward Corwin 教授在他的名著《美國憲法的「較高法」傳統》的第 1 頁，引述了下述 Thomas Paine 的話語，藉以指陳美國獨立革命以一部稱為憲法的文書取代帝王的權威，乃是美國憲法的一項基本要義所在❶：

> 代表們集會了，讓他們從事建構一部美洲大陸憲章或是殖民地聯合憲章的任務（以對應英國所稱呼的大憲章）；確定國會議員與國民會議代表的人數及產生方式……並區分兩者彼此之間的職權與職責範圍（永遠記得：我們的力量在於整體的美洲意識，而非狹隘的地方觀念）；保障所有人的自由財產……還有其他應由憲章規定的事項。然則，有人問道，美國的皇帝在那裡？終究我們會看起來美譽無瑕，莊嚴地設定一個布告憲章的日子，將上帝的話語帶進神聖的律法，為之加戴冠冕，以使世人知曉，我們所能容忍的帝制極限，乃是律法就是美國的帝王。❷

這項美式的觀念，在 1789 年孕育出舉世第一部成文憲法，並在之後的世紀之中，在全球各地繁衍出無數部其他的成文憲法，包括 1947 年的中華民國憲法在內。成文憲法的內容容有不同，觀念卻無二致：用成文憲法的

---

* 本文原刊載於《法令月刊》，頁 162–171，51 卷 10 期（2000 年 10 月）。

❶ E. S. Corwin, THE "HIGHER LAW" BACKGROUND OF AMERICAN CONSTITUTIONAL LAW (Cornell, 10th ed. 1976).

❷ 依 Corwin 前揭書註，語出 T. Paine, POLITICAL WRITINGS, 45–46 (1837). 美國費城制憲會議，確曾討論並決定美國不採帝制憲法，自然更非君主立憲。

權威，取代帝王的權威。美洲獨立革命出現時，統治美洲殖民地的英王猶在數千哩外的大西洋彼岸；1947 年的中華民國，其時已無頭戴冠冕的帝王，但是共和國距離中國 3 千年歷史中無數的君主所建立的帝制，也只有 30 餘年而已，國中無人能夠確知，當時手握統治大權的軍事委員長蔣介石❸，或是任何未來的政治領袖，會不會搖身一變而為新的帝王。中國歷史上第一部民主成文憲法──中華民國憲法，係於 1946 年 12 月 25 日由制憲國民大會所制定，並於 1 年之後施行。其時距離 1945 年間二次世界大戰結束日本將臺灣交還中華民國不遠；之後不久，中華人民共和國於 1949 年宣告成立，國民黨主持的政府遷移臺灣，中華民國憲法則續於臺灣施行迄今。

伴隨著成文憲法的美式原初觀念，直指憲政主義❹的神髓。探討憲政主義是否確已在臺灣隨著中華民國憲法的存在而成功發展，本文作者將試圖考求三個問題：這部憲法是否成功地取代了帝王？憲政主義有無或在何種程度上強化了憲法？這部憲法是否或在何種程度上透過司法的實踐拘束國家元首的行為？

❀ 貳、政府模型之辯──憲政主義的迷失？

在中國，討論制憲問題始於 20 世紀的最初 10 年，得到了年輕而羸弱之大清光緒皇帝的支持，卻與其權高氣盛的皇母慈禧太后意志相違❺。計議的結果，朝廷無意採納憲法以取代帝制❻，旋即發生推翻宣統幼皇帝的

❸ 中華民國在行憲之前，係由主導國民黨的蔣介石軍事委員長執政，自 1928 年北伐成功，蔣氏即掌握軍政大權。

❹ 憲政主義也許缺乏普世的定義，但係由一組一組的關鍵思想串結而成，它們包括：受限制的政府、法治民主、基本人權保障、權力分立、司法獨立等等。參見 M. Rosenfeld, ed., CONSTITUTIONALISM, IDENTITY, DIFFERENCE, AND LEGITIMACY─THEORETICAL PERSPECTIVES (Duke, 1994). 特別是書中頭兩篇論文，M. Rosenfeld, "Modern Constitutionalism as Interplay Between Identify and Diversity", L. Henkin, "A New Birth of Constitutionalism─Genetic Influences and Genetic Defects"。

❺ 荊知仁，《中國立憲史》，頁 83-152，臺北：聯經（1984 年）。

武力革命，而有 1912 年中華民國的肇建。然而，若是以為帝王不再、國家元首的權威不復構成未受憲政主義洗禮之新生共和國的任何威脅，未免失之天真。在中華民國憲法所經歷的半世紀顛簸道路上，此種威脅始終以不同的面貌出現，憲政主義的際遇堪稱特殊。

　　中華民國成立之前以及之後共約百年期間，政治思想在內閣制與總統制之間的擺盪選擇，似乎形成了一種論辯傳統❼。制憲期間，此項論辯曾經聚焦於國家元首（也就是過去帝制之中的君王）在憲政體制裡的角色應該如何安排的問題。

　　1946 年制憲國民大會召開之前，政治協商會議通過了五五憲草的 12 項修改原則❽，五五憲草原為國民政府於 1936 年提出的制憲草稿❾，立意創造出一位實權極大的總統，接近美國的總統制，而與內閣制距離懸殊。政治協商會議通過五五憲草的 12 項修正原則之內，涉及了擬議中中央政府體制的核心問題：行政院院長的任命究應由總統（即國家元首）獨力為之，抑或應經立法院的同意？由於非國民黨籍的憲政主義者張君勱先生堅持，政治協商會議通過的修正原則是，行政院院長應經立法院同意任命，用以確保行政院院長能夠成為貨真價實的最高行政首長❿。在他的傳世之作《中

---

❻　1908 年清廷曾有憲法大綱之頒布，規定君上大權共 14 條，臣民權利義務 9 條。荊知仁，同上註，頁 13–14。

❼　1947 年以前之論辯狀況，可參見胡春惠編，《民國憲政運動》，臺北：正中（1978年）；關於 1947 年以後各家主張之討論，可參見如湯德宗，《權力分立新論》，頁 1–66，自刊（1998 年）。在西方，類似的討論亦屬汗牛充棟，如何給某種政府模式下定義，本身即極富爭辯性，遑論那種制度較好的論辯。關於制度的定義，參見如 G. Sartori, COMPARATIVE CONSTITUTIONAL ENGINEERING 83–140 (1994). Sartori 教授在其書中引用 John Plamenatz 的名言：「研究政治應研究制度而非人物」，則是說明此種制度研究的價值所在。

❽　繆全吉，《中國制憲史資料彙編——憲法篇》，頁 590–594，臺北：國史館（1989年）。

❾　五五憲草係因於 1936 年 5 月 5 日公布而得名。

❿　繆全吉，註 8，頁 592。

華民國民主憲法十講》之中，張君勱懷著仿效美國制憲先賢撰著《聯邦主義文存》的心願，寫下了為何他對中國採取美式的總統制深不以為然的道理：因為美國總統，是個權力過大的職位**⓫**。張氏認為，中國並不需要強有力的行政權，因他瞭解如果憲法創造了一位類似美國總統的行政首長，當時掌握權力的蔣委員長自然會將此職位視為囊中之物，將立生憲法難以有效加以控制的顧慮。在書中，張氏曾為如下的嚴肅提醒**⓬**：

> 國民黨中確有一部為擁護蔣主席大權起見，贊成總統制。雖沒有人拿出堅強的理由為總統制辯護，但對於各黨各派責任政府制度之主張，常用內閣風潮的話來反對。我們可以說，這次協商討論之中分為兩派：一派主張責任政府；一派偏於總統制，反對責任政府。第二派的意思即要蔣總統權限擴大。這對立陣勢，雖不明顯，而暗流潛伏是很有力的。

> 我要勸告國人：我們如何不預存一個人的觀念，或曰「因人立制」的成見，而要徹底為中國長久計，應採用何種制度打算。民國成立已經 36 年，民國元年南京政府本來採用總統制，後來因袁世凱總統時又採用內閣制，不免「因人立制」的毛病，每一大人物上臺，先要變更條文，總是將條文遷就個人，個人不遷就國家根本大法。這實在是件很奇怪的事。

張氏本身原為內閣制的擁護者，瞭解既有五五憲草鍾情於總統制，想要在中國全盤引進內閣制已不可能。但他仍然反對在憲法中規定授權總統獨自任免行政院院長甚力；所執之理由就在憲法既然要將行政院院長規定為最高行政首長，命其向立法院負其責任，自不可復使總統有權自行任免行政院院長，造成「最高」兩字成為空談。此亦即張氏堅持總統提名的行政院院長必須得到立法院同意始得任命的緣故。

此一關鍵性的原則，加上行政院以行政院院長為最高行政首長向立法院負責的規定，均寫入了中華民國憲法，五五憲草之中「行政院院長及部

⓫　張君勱，《中華民國民主憲法十講》，頁 53–62，臺北：臺灣商務（1971 年）。

⓬　張君勱，同上註，頁 54。

會首長各自對總統負責」的條文則未受採用⓭。行政院院長因此即成為憲法上與總統相互制衡的職位，而非總統可以隨意指揮之僚屬⓮。此一轉折顯示：憲法採取了一種妥協於總統制與內閣制之間的折衷安排。此一折衷體制的特徵，在於作為國家元首的總統，與作為最高行政首長的行政院院長之間，多了一層權力分立的制衡關係。此中形成的政治影響既深且長，於此只能舉出中華民國憲法公布後隨即出現的第一個重要政治插曲（或許正是日後一連串重大政治連鎖效應的源頭），作為論述的例證。

憲法施行伊始，蔣委員長旋即發覺自己陷入究竟競選總統還是拿取行政院院長職位的兩難困惑之中。原先他要競選總統，繼而改變主意，寧願就任行政院院長，覬覦行政院才能享有的行政實權。他乃邀請胡適博士參選總統，並計畫經由胡適「總統」提名以擔任行政院院長。嗣後，由於國民黨人堅持，蔣氏終被說服，在中國，國家元首即是一國之君，受擁戴而攬取政治實權，其實輕而易舉。乃又改變心意，決心競選總統⓯。蔣委員長的困難選擇，足以驗證一個具有說服力的觀點，中華民國憲法墨瀋未乾，即已開始展現某種拘束強人的作用。國民大會在選舉蔣氏為中華民國首任總統⓰的同次集會之中，經過擁護蔣氏的代表倡議，也通過了憲法修正案，名之為動員戡亂時期臨時條款，授權總統不受憲法原文的拘束，行使限制較少的緊急權力，以戡平共產黨的內亂⓱。作為當時中國的實際統治者，

⓭ 五五憲草第 59 條，繆全吉，註 8，頁 553，並參見薛化元，〈中華民國憲政藍圖的歷史演變——行政權為中心的考察〉，收入於《現代學術——制憲與修憲專題》，頁 87–98，臺北：財團法人現代學術研究基金會（1997 年）。

⓮ 參見下文關於大法官釋字第 419 號解釋的討論。

⓯ 參見如陸鏗，《陸鏗回憶與懺悔錄》，頁 181–200，臺北：時報（1997 年）。陸氏為向胡氏傳達蔣氏邀請胡氏參選總統的信使之一，並參見沈衛威，《胡適傳——學思與學潮》，頁 321–331，臺北：立緒（2000 年）；郝柏村，《郝柏村解讀蔣公日記——1945～1949》，頁 344–345，臺北：天下文化（2011 年）。

⓰ 1994 年時憲法修正，總統改由人民直接選舉，2000 年時憲法修正，國民大會成為複決立法院修憲提議的臨時 (ad bot) 憲政機關。

⓱ 憲法第 43 條規定立法院通過緊急命令法為總統發布緊急命令的先決條件，臨

蔣氏必為極少數較早認識到憲法威力的人士之一。憲法顯然已經開闢了一條途徑，藉由國家元首與行政院院長瓜分元首冠冕與行政實權的辦法，以取代君王的威權。沒有人可以同時享有國君的榮耀與全部的行政實權。蔣氏學到了教訓，於是轉而訴諸戒嚴的統治❶，終其一生，掌握政治實權❶。不僅如此，他還提名其副手即副總統擔任行政院院長，一為再為❷；行政實權，更是牢入囊中。

　　憲法採取了折衷設計，並未終止關於政府模型孰優孰劣的論辯。在學界、在政壇，激烈的爭議繼續進行，經常環繞著兩類主題打轉：憲法應該採取何種政府模型（例如內閣制或總統制）加以理解？以及憲法應否修正或重新制定，以求取一種純粹的、較好的模式付諸實現❷？

　　學者們對於憲法的解釋，向來莫衷一是，主要的原因在於各有心目中的理想政府模型❷。相反的論證交互激盪，基調卻屬相同：憲法若有可能按照某種理想的政府模型（如內閣制或總統制）運作，憲法就應該依照該種政府模型理解其義；即便是在解釋上削足適履，也在所不惜。一旦發現憲法缺乏某種理想政府模型所需要的內容，學者可能立刻批評憲法規定不當，或是鼓吹修正憲法，甚至擬議制定新憲法。此中遭到忽略的則恐是：

時條款則授權總統不待立法院制定緊急命令法即可為緊急處分。

❶ 憲法第 39 條授權總統依法宣布戒嚴，但須經立法院之通過或追認。臺灣 40 餘年的戒嚴統治是否在施行之初完滿踐行法定程序，一直是個引起高度爭議的問題。

❶ 蔣介石總統於 1975 年逝世，戒嚴則是由其子蔣經國總統於 1986 年宣告解除。

❷ 蔣介石曾經提名陳誠及嚴家淦兩位副總統兼任閣揆。

❷ 對於這種討論態度，最早提出反省的學者之一，應屬蘇永欽教授。參見蘇永欽，《憲法與社會》，頁 255–267、282–287，自刊（1988 年）。

❷ 例如內閣制的支持者會認為立法院否決行政院的覆議案時，雖然當時憲法第 57 條規定行政院院長應該接受或辭職，但行政院院長應即辭職，不應戀棧，理由在於憲法規定的其實是內閣制的不信任投票制度云云。又例如總統制的支持者則會認為總統可以兼任閣揆（只要立法院同意），而在實踐上造成美式總統制在我國實現云云。

任何一種理想政府模型，政治上但乏共識，即渺不可得；憲法不過是不同政治力量折衝後的妥協成品而已，而現行憲法所以形成折衷，一個重要目的就在建立權力分立的新面向，用以限制權力，特別是國家元首以及行政系統兩者的權力，防免帝制的重生與復辟。憲法不是政治科學的教科書，而是一組致力限制權力的規範。追求理想、完美的政府模型可能具有學術價值，但不足以說服吾人捐棄已經見諸憲法的權力限制、也不該犧牲憲政主義業已加諸於既存政府之拘束。

政治勢力，在另一方面，則慣以自身之實際政治需要作為行事的張本。從 1945 年起，國民黨在臺灣主政已逾半世紀之久，直至 2000 年才在選舉失利後交出國家元首的寶座。其執政時期，直到 1986 年才允許組織新的政黨；直到 1987 年才宣告解嚴；直到 1990 年才實現國會常態改選；直到 1991 年才廢除動員戡亂時期臨時條款。從這些方面來看，政府尊重憲政主義的記錄並不值得驕傲；國民黨尤其慣於強化總統的權力，在國民黨主席擔任總統的期間特別明顯。

有此背景，檢視在野政治力量有無訴諸憲政主義以獲致民主，即頗為關鍵。在解嚴之前，「回歸憲法」曾是批評執政者劣績頗具說服力的說法。但是，當 1990 年代憲政改革的舞臺準備就緒之際，民進黨身為最主要的在野政治力量，卻倏然放棄「回歸憲法」的說詞，而曾在各種政府模型中游移。先後主張內閣制，鼓吹總統制，也曾同意雙首長制作為該黨的政策主張。2000 年總統選舉，民進黨又再度轉以總統制為其訴求 ㉓。憲法所特意採取、於國家元首與行政首長之間的制衡設計 ㉔，如果不說是全遭忽略的

㉓ 參見民進黨 2000 年競選總統政見之憲政體制白皮書，頁 60–68。民進黨曾於 1990 年推出以內閣制為藍本的「民主大憲章」憲法草案，於 1991 年則通過以總統制為藍本的「臺灣憲法草案」，1997 年修憲前後，則同意採取雙首長或半總統制的修憲政策。一黨的憲法政策在不同的政府模型中一再游移，或許可以證明制度的選擇只是見仁見智，並無絕對的真理或好壞。政治權力的需要是否構成憲法的威脅，反而是最應小心注意的所在。

㉔ 例如憲法規定總統行使緊急權應先經行政院會議通過，又如總統的宣戰權，依照憲法第 38 條與第 58 條之規定，應先由行政院向立法院提出宣戰案。

話，顯然亦不是主要的考慮。

　　1990 年代末期，加強鞏固民選國家元首的權力，開始在當時還是在野黨的陣營流行。如同往昔，未受重視也未見提出答案的仍是那個老問題：帝制難道已經不再構成民主憲法的威脅？從而國家元首與行政首長之間的制衡設計已然成為多餘？

　　以下將從另一個略為不同的觀察角度切入，也就是審視修憲的歷史，以為進一步的討論。

✿　參、修憲──舊話重提？

　　憲法第一次修正係在 1948 年。當時修憲係採取臨時條款的模式進行，放寬了總統緊急權力運作的程序界限；修憲條文則附隨於憲法原文之末，並不改動憲法本文。當時所以維持憲法原文的理由，與 1791 年美國第一屆國會從事修憲所遵循的理由，頗為相似❷❺。其中包括：維持制憲者制憲成品的完整歷史風貌、避免其他輕率修憲的嘗試、以及刻意降低修憲條文的重要性以與憲法原文有所區隔❷❻等等。美國憲法與中華民國憲法都是在生效之後立即遭到修改，所不同處則有兩點：在中國，首度修憲標示著「臨時」的名稱，用以當下增加總統的權力；在美國，首度修憲納入的是人權清單條款，意欲永恆地限制聯邦政府的權力❷❼。

　　在中華民國的憲法史上，臨時條款以及 1991 年的修憲❷❽均曾放寬總統緊急權力的限制；1949 年之後的臺灣，總統運用緊急權力的經驗共有 4 次❷❾。憑仗著戒嚴所帶來的權力，蔣介石總統似不真正需要臨時條款的幫

---

❷❺ L. Levy, ORIGINAL INTENT AND THE FRAMERS' CONSTITUTION, 168–169 (1988), P. Smith, THE CONSTITUTION─A DOCUMENTARY AND NARRATIVE HISTORY, 288–289 (1980).

❷❻ 《國民大會實錄》，頁 129、219–221、266–268，臺北：國民大會秘書處（1961 年）。

❷❼ A. R. Amar, THE BILL OF RIGHTS, 7–8 (1998).

❷❽ 依 1991 年通過之憲法增修條文，總統不待立法院制定緊急命令法即可行使緊急權，但應於 10 天內送請立法院追認。

助以遂行有效的統治，直到 1960 年他遇到了憲法限制他二度連任總統的問題⓷，國民黨控制的國民大會才又訴諸臨時條款修改憲法的連任限制，他乃能無止境地連任國家元首直至 1975 年身歿為止。缺乏國家元首連任限制的憲法未必即是不民主的憲法⓸，然而，1960 年建築在戒嚴時期的憲法修正，卻不啻在滋養帝制。

　　臨時條款在 1960 年之後又曾有數次修正，1966 年，臨時條款新增的一項條文授權總統在政府之上另設決策機關，也就是直轄於總統的國家安全會議。國家安全會議係以總統為主席，行政院院長為副主席。1965 年臨時條款納入另一項新的條款則明文促使 1948 年選出的第一屆中央民意代表得以繼續留任，直到光復大陸而無須改選。此一荒謬的規定在 1980 年代末期，亦即解嚴之後受到大法官的審查⓺。大法官做成釋字第 261 號解釋，指出定期改選民意代表，乃是民主政治形成的要素，1948 年選出而當時仍然在位的中央民意代表們必須在 1999 年年底以前退職⓻。釋字第 261 號解釋開啟了一連串後續的憲政改革；1991 年國民大會廢止了臨時條款，即改以憲法增修條文的形式修憲⓼。憲法增修條文仍然附於憲法原文之後，其中規定國會必須在臺灣定期改選，但亦規定了國家安全會議繼續維持，作為總統關於國家安全大政方針的決策幕僚。國會開始定期改選之後，真正的民主來臨了；然而 1991 年修憲使得國家安全會議法制化，則顯示了強化

⓴　蔣介石總統於 1959 年、李登輝總統於 1999 年動用緊急權變動政府預算以為救濟水災、震災之用。蔣經國總統於 1978 年運用緊急權停辦中央民意代表增額選舉兩年，李登輝總統則曾於 1988 年蔣經國總統去世時動用緊急權三軍戒備。

㉚　憲法第 47 條。

㉛　例如，1951 年美國通過憲法增修條文第 22 條之前，美國憲法即無限制總統連任的規定。

㉜　領銜向大法官提出本案聲請解釋的為時任立法委員的陳水扁總統。

㉝　《司法院大法官解釋續編(五)》，頁 96–98，臺北：司法院秘書處 (1991 年)。

㉞　臨時條款廢止後，憲法曾於 1991、1992、1994、1997、1999 及 2000 年 6 度修改。每次修正時，都以新修正的修憲條文取代被修正的憲法增修條文，附在憲法原文之後。

總統在政治上及制度上影響行政系統的政治推力，從未退卻。

臨時條款受到批評達數十年，因為它鬆弛了憲政主義之下對於政府權力的制度性限制。蔣介石總統統率的軍隊成功地防衛臺澎金馬免受共產統治，他宣言帶著形式上完整的憲法原典重返中國大陸，堅稱臨時條款並不等於修改憲法。他總是公開尊崇憲法的神聖，因為他深知憲法的存在使他的政府具有合法性，對抗對岸的敵對政權；但他實際上卻不肯受制於憲法。他的支持者一再修改憲法，卻不肯承認修憲的事實。他誤置了憲政主義，憲法只是他實現政治願望的工具而已。

蔣介石的政治權力為其子蔣經國所繼承。蔣經國總統在 1978 年接任總統之前，曾經擔任行政院院長 6 年。在這 6 年期間，他展現了憲法之下，行政院院長可以比總統更為活躍。當他隨後成為與父親一樣的強人總統時，憲法又有再趨黯淡無光之虞。他未曾提名副總統為行政院院長，但也直到他的第 2 任總統任期的中途，才宣告解嚴。他繼承父親的遺志，誓言維護憲法，也面臨了民間社會極為嚴肅的挑戰。不過，儘管有蔣氏父子先後的威權統治，憲法原文仍然存留在法律典籍之中，成為一個鮮明可見的標竿，給予民間回歸憲法統治的希望。這樣的希望在兩蔣身後持續發皇，終於點燃了終結威權統治的引信。兩蔣尊重憲法之治的口頭說詞，弄假成真地形成一種必須實踐的承諾。蔣經國總統成為我國憲政歷史上僅見的、願意釋出權力的強人，他於 1987 年 7 月解嚴，1988 年 1 月去世，由副總統李登輝繼任國家元首。蔣經國總統將家人排除在權力繼承之外；對他而言，這正是他願意信守民主憲政的一種重要表徵。

1990 年代初期，李登輝總統發動了憲政改革運動。他所選擇的第一個修憲題目，是總統連任的憲法限制必須恢復；他顯然深諳打開修憲大門的正當性鎖鑰何在。1991 年國民大會廢止臨時條款、通過憲政增修條文之後，在接下來的 9 年之中，憲法又歷經了 5 次的修正。其中，1994 年及 1997 年的兩次修憲觸及並且重溫了張君勱在 1940 年代最為縈懷的問題。

1994 年的修憲，將總統改變為經由全國人民直接投票選出的職位，但尚未因此賦予總統更多的權力。李登輝總統隨後在 1996 年的直接選舉中獲

勝，得以連任❸。接著又有 1997 年的修憲，大幅改變了政府的結構。其中最受爭議的部分，當屬 1997 年憲法增修條文第 3 條第 1 項給予總統單獨任命行政院院長的權力。該次修憲之後，行政院院長仍是應對立法院負責執行法律的最高行政首長，但是張君勱所堅持的行政院院長任命應經立法院同意的規定，則遭刪除。

憲法增修條文並未明文規定總統有權隨時免除行政院院長之職務，學者中則有認為 1997 年修憲條文並未允許總統隨時任意免除行政院院長的職務者❸。依照張君勱氏 50 餘年前即已提出的觀點，行政院院長按憲法規定既為應向立法院負責的最高行政首長，總統當然不能任意免除行政院院長的職務。否則，一位可以聽由總統隨意免除的行政院院長勢必成為聽由總統指揮的僚屬，從而牴觸了憲法在總統與行政院院長之間設定的制衡關係界限。1997 年的修憲增加了總統的影響力，也使得兩者權力界限看來較為模糊。李總統得到了憲法原文所未給予蔣介石總統的影響力，但是張君勱所提到的問題，仍然迫使人們嚴肅面對。

1997 年修憲增加總統之人事影響力的理由，不外於民選的總統應該享有更多的權力領導國家。然而，應該追問的是：「我們是否準備妥當，要將總統與行政院院長之間的那一層權力分立取消？」在 1997 年憲法增修條文第 3 條第 1 項規定出現之前，大法官肯認這樣一層的權力分立確實存在，而在釋字第 419 號解釋的理由書中指出總統不得同時擔任行政院院長❸。1999 年修憲之後，大法官並未因之而動搖，又在釋字第 461 號解釋重申憲法要求行政院院長應向立法院負責的意旨❸。

❸ 1988 年李登輝總統於蔣經國總統去世時繼任總統，1991 年為國民大會選舉為總統，任期 6 年 (1991 年～1996 年)。1994 年憲法增修條文將總統的任期從 6 年改為 4 年。

❸ 如黃昭元，〈九七修憲後我國中央政府體制的評估〉，《臺大法學論叢》，頁 199–200，27 卷 2 期（1988 年 1 月）。

❸ 《司法院大法官解釋彙編續編（十）》，頁 321、329，臺北：司法院秘書處（1997 年）。

❸ 《司法院大法官解釋彙編續編（土）》，頁 163、164–165，臺北：司法院秘書處

　　應該注意的是，1997 年的憲法增修條文並未採取五五憲草第 59 條「行政院院長及部會首長各自對總統負責」的規定；憲法中關於行政院院長為最高行政機關首長應向立法院負責的規定，既然均未遭到修改，憲法增修條文復又加強了立法院對行政院的影響力與制衡作用❸，解釋憲法增修條文第 3 條第 1 項，即必須與憲法其他的條文相互配合協調，而不能依據總統可以單獨任命行政院院長的規定擅為總統可以免除行政院院長的推論，使得行政院院長從最高行政首長淪為總統的幕僚長，違反憲法的意旨❹。

　　憲法制定之後，歷經了 10 餘次修改（包括臨時條款之制修在內），似乎均指向增加國家元首權力的趨勢，也就是造就大權在握的國家元首。可是我們不能忘記憲法的原初任務，就在於替代帝制的政府。陳水扁總統在 2000 年 5 月 20 日接掌大位之後，呂秀蓮副總統旋即抱怨民選的國家副元首權力不如非民選的行政院院長，據之作為鼓吹修憲或制憲以採取總統制的理由❹；嗣後陳總統似乎亦加附和❹。一種令人熟悉的政治傾向又依稀浮現；覆習張君勱先生趨避帝制自為的深謀遠慮，似乎正當其時。以下再從司法與國家元首的互動關係，進一步檢討臺灣的民主政治是否果已毫無張氏心所謂危的顧慮存在。

✿ 肆、民選的國家元首──居於憲法之上或位於憲法之下？

　　李登輝總統的憲政改革運動，被他自己以及若干人士稱之為「寧靜革命」❹，其高潮在於 1994 年的修憲，總統改為人民直接投票選舉產生。李

　　（1999 年）。

❸　依 1997 年通過之憲法增修條文第 3 條第 2 項的規定，立法院可以二分之一的多數而非憲法原文第 57 條規定的三分之二多數否決行政院經總統核示所提出的覆議。

❹　總統的幕僚長應是總統府秘書長，不是行政院院長。

❹　游其昌，〈呂秀蓮副總統專訪〉，《聯合報》（2000 年 8 月 19 日），8 版。

❹　《中國時報》（2000 年 9 月 20 日），4 版；《聯合報》（2000 年 9 月 20 日），4 版。

❹　李登輝，《臺灣的主張》，頁 162–163，臺北：遠流（1999 年）。

總統贏得了「民主先生」的尊號；他自豪地認為創造了中華民國的第二共和❹。他有理由感到自豪；在他領導的憲政改革之下，臺灣的確展現了真正的民主風貌。但是筆者仍然要追根究柢──民主政治之中，民選元首未必不比帝制裡的君王危險；民選的國家元首會不會不願接受憲法的拘束？回答這個問題，筆者不打算探究在 1997 年修憲背後的政治領袖懷有何種動機。更值得審視的，倒是國家元首面對司法仲裁政府部門間憲政爭議時，會有什麼樣的態度與反應❺。

在臺灣，司法院大法官是憲法爭議的終局仲裁者❻，50 餘年的行憲歷史中，總統從未在大法官面前成為憲法爭議的一造。在兩蔣時代，可能少有憲政機關敢與國家元首爭議憲法問題，遑論要與國家元首以司法程序中解決爭議❼。李登輝於 1996 年當選總統之後，曾經有兩個案件❽，總統有理由成為釋憲機關受理之釋憲案件中的一造當事人，可是兩個案件中，總統均未容許此種狀況發生。

1996 年，李登輝總統選擇行政院院長連戰為其競選民選總統的副總統搭擋，他們勝選之後，連戰遞出了辭去行政院院長職務的辭呈；李總統批

---

❹　《中國時報》（2000 年 7 月 22 日），2 版。

❺　我國憲法第 52 條規定，總統除內亂外患罪之外，不受任何刑事追訴。經立法院聲請而為之大法官釋字第 388 號解釋則指出，其規定係指總統在位時不受追訴之意。司法史上，似乎從未發生法院追訴總統民、刑事責任的案件。1997 年修憲時，甚至一度將彈劾總統的事由縮限為內亂與外患；2000 年修憲時，才又重新改寫為無事由之限制。

❻　憲法第 78、79、171、173 條，增修條文第 5 條第 4 項參照。

❼　戒嚴時期，監察院於 1950、1951 年間不同意蔣介石總統基於統帥權不許軍人受監察院彈劾的主張，有意聲請大法官解釋，因蔣介石總統交待不必交由大法官解釋而作罷。直至解嚴之後，始舊話重提，大法官因監察院之聲請做成釋字第 262 號解釋，認定軍人亦可受彈劾而送司法懲戒。《司法院大法官會議解釋彙編續編(五)》，頁 105、120–125，臺北：司法院秘書處（1991 年）。

❽　司法院釋字第 388 號解釋雖涉及總統之豁免權，但該號解釋係由立法委員提出釋憲聲請，並未與總統發生任何具體之爭議。

了「著毋庸議」四字加以退回。李登輝步上了蔣介石提名副總統擔任行政院院長的後塵。在野黨的立法委員們群起爭執此為違憲之爭，乃聲請大法官解釋──總統促成一人兼攝副總統與行政院院長兩項職位，係屬違憲之舉。大法官召開憲法法庭聽取辯論，出席辯論庭的，乃是有意辭職而曾經遞出辭呈的行政院院長的代表，真正決定容許一人兼任兩職而被期待說明其理由的總統，卻無代理人到庭為其提出辯解。聲請人之一的張俊雄立法委員當庭要求憲法法庭敦促總統以當事人的身分參與辯論，李登輝總統則加以拒絕。總統是否想到了「國王不能為非」的豁免主張？外人無從得知。李總統沒有提供他不肯出庭的理由，大法官也未堅持❹。

　　大法官做成了釋字第 419 號解釋，將國家元首是否為該案當事人的問題拆解為數個部分而悄然地加以規避。大法官先不同意副總統能否兼任閣揆是個政治問題❺，大法官認為總統不能兼任行政院院長，因為它們是互不相容的職位，彼此間具有制衡關係。至於副總統，則並無具體的職權，故與行政院院長職位並非顯不相容；但是兼任閣揆的副總統一旦依據憲法繼任總統時❺，不相容的狀態即轉趨顯著。大法官乃暗示副總統應為「適當的處理」以避免潛在的利害衝突。不久之後，連戰副總統成功地辭去了行政院院長之職。

　　雖然認定副總統終究不能兼任閣揆，大法官並未宣告總統使用「著毋庸議」四字拒絕接受連戰的辭職為違憲之舉。相對地，大法官將之作為一個獨立而抽象的憲法問題加以處理──總統就職，可否拒絕接受閣揆的辭職？大法官以為這是司法所不應審查的「統治行為」（亦即政治問題），因

----

❹　參見社論，〈釋憲案仍應邀請總統的代表出席言詞辯論〉，《聯合報》（1996 年 7 月 30 日），1 版；張俊雄，〈出席憲法法庭，有請總統〉，《中國時報》（1996 年 9 月 30 日），11 版，分載法務部編，《「副總統得否兼任行政院院長」等釋憲案相關資料輯要（下冊）》，頁 1206–1208、1246–1248；以及社論，〈從總統給憲法法庭的覆函談起〉，《聯合報》（1996 年 11 月 1 日），2 版。

❺　註 37，頁 327。

❺　同上註，頁 333–334。依憲法規定，總統缺任時，由副總統繼任之。

為閣揆因總統卸任而辭職是一種禮貌性的辭職，不是憲法規定的義務性辭職，故可聽由總統裁量是否加以接受。大法官極為技巧地，一方面確認憲法要求閣揆對國會而非總統負責，另一方面則規避了審查總統拒絕閣揆辭職是否合憲的問題。釋字第 419 號解釋容許總統閃躲司法審查他不肯接受連戰辭職是否合憲，其結果是，總統仍然在司法管轄的範圍之外逗留。

釋字第 419 號解釋之後，釋字第 470 號解釋❷的過程，更加凸顯了總統刻意迴避司法管轄的企圖。釋字第 470 號解釋處理了 1997 年修憲重新規定司法院大法官的組成所造成的後遺症。1998 年秋，司法院副院長呂有文退休，但是究應依循什麼規定提名繼任人選，困擾著總統。總統決定聲請大法官解釋以彌補修憲規定的闕漏，可是向大法官提出聲請的，卻是總統府秘書長，而非總統自己。總統府秘書長並非見諸憲法明文的機關或職位，連總統府也不是；身為國家元首的總統，才是憲法授權提名繼任人選的人。設非國家元首自恃身分居於大法官之上，以致不肯向司法院降尊紆貴，誠難想像本案有何理由要由總統府秘書長向大法官提出聲請。可惜的是，大法官受理了聲請、做成了釋字第 470 號解釋，卻對於總統府秘書長具有聲請人不適格的問題，未置一語❸。

除了上述兩案之外，1999 年發生了另一個倍值批評的事件。當時司法院施啟揚院長辭職獲准，總統須向國民大會提名繼任人選徵求同意，司法院院長職司司法院的司法行政工作，也於大法官解釋案件舉行會議時擔任會議主席❹。大法官是有固定任期的職位，司法院院長則無固定任期。在憲政史上，從無司法院院長由大法官兼任的先例，此一現象，頗受外界責難。因為接任司法院院長者若為政治人物而非出身法界的清譽之士，擔任大法官會議主席即不免引起干涉司法的疑慮。1994 年，曾擔任法學教授與法務部部長的施啟揚被總統提名為司法院院長之際，雖然一般普遍以為他同時也有擔任大法官的資格，卻仍然未被總統同時提名於大法官。1997 年

❷ 《司法院大法官解釋彙編續編㈡》，頁 355 以下，臺北：司法院秘書處（1999 年）。

❸ 同註 52。

❹ 司法院大法官審理案件法第 16 條。

的憲法增修條文則明文規定司法院院長應自大法官中提名，預訂自 2003 年採行新制，以免影響現狀。1997 年施啟揚氏辭去司法院院長一職時，總統即有機會提前實踐憲法增修條文要由大法官兼任司法院院長的意旨。李登輝總統提名的繼任人選，正是最資深、擔任大法官 22 年的翁岳生大法官。翁大法官同意接任；可是，不知是何緣故，翁院長接任時辭去了大法官一職，他的遺缺甚至未獲遞補。要緊的問題是：翁大法官的辭職可能只是一種尊重國家元首的禮貌，總統為何竟然加以接受，以至錯過了提前實踐憲法意旨的機會？一項顯然的道理是，司法院院長卸除任期固定的大法官職位，將使得總統撤換司法院院長時沒有「干涉司法」的顧忌，在政治上國家元首乃更容易促使司法院院長去職。李總統在翁院長接任司法院院長前夕接受他辭去大法官的職位，不免招惹質疑：總統不但不願意接受司法的管轄，還要進一步將自己置於司法之上，處在一種可以操控司法行政的位置。

　　後來，人們應該很高興地看到翁院長在李總統任滿後仍然在位，就如憲法歷經許多帝王似的總統之後，至今還能依然健在一樣。

伍、結　語

　　行憲之後的中華民國，見證了國家元首前仆後繼，用副總統兼任行政院院長、用修改憲法、用戒嚴統治、用政黨勢力、用全民擁戴，種種染指行政實權的姿態與手段，很難假設這與文化上的帝制傳統毫無關連。歷盡去而復來、帝王似的總統們，中華民國憲法猶能在臺灣培育出民主政治，似乎是個奇蹟。（同樣難以置信的是：經過了這許多歲月，同一部憲法未來可能還要接受類似憲法政策選擇的考驗與洗禮❺。）這一奇蹟，可能要歸

---

❺　相關憲法政策，可能涉及政府效率與權力分立制衡的選擇。本文作者認為，在臺灣，權力分立的制衡關係，應比政府效率更優先受到考量。因為臺灣的社會傳統，對於節制權力的需要，遠比對政府效能的需要來得殷切。畢竟，「便利與效率，不是民主政府的主要目標，也不是其主要特徵」（美國最高法院於 Chadha v. INS, 462 U.S. 919 (1983) 案件中語）。

功於政府體制選擇過度論辯的相持不下；也可能因為：作為行政體系首長的行政院院長於實際政治中存在，不論他是否與總統水乳交融，即已足構成防免國家元首尋求帝制自為、稱孤道寡。前者，可能是無心插柳的歷史發展；後者，則正是憲法的智慧安排。

用憲法取代帝王的權威，只是一種原初的憲政主義觀念。基於此一原初的憲法使命，本文業已簡要地回顧了我國的憲政歷史。在臺灣差幸生存的憲政主義，仍然不斷地面臨著來源不同、程度不同，但卻同樣擁護國家元首大權在握的政治傳統激情衝擊。在國家元首們普遍自然流露自願服膺憲法管轄的法治修養之前，但無帝制傳統不會蠢蠢欲動的把握，我們即有理由在臺灣堅持憲法的原初模型，拒絕在得來不易、才現些微曙光的憲政主義基礎上輕言撤退。臺灣的民主年齡尚淺，憲法抑制國王的原初使命仍然新鮮，有待憲政主義的支持者繼續努力！

逆水行舟的憲政
——臺灣解嚴二十年回顧憲法來時路*

❀ 壹、前　言

　　臺灣在 1987 年 7 月 15 日宣布解嚴❶。當天，嚴格的外匯管制也宣告大幅放寬❷，政治與經濟同步鬆綁，社會發展邁向新的里程。

　　中華民國憲法於 1947 年 12 月 25 日施行❸，次年 12 月 10 日全國實施戒嚴（臺灣省及其他三省不在其內），1949 年 5 月 20 日再於臺灣實施戒嚴❹。臺灣解嚴的時候，行憲恰逢 40 週年，其中超過 38 年是在戒嚴狀態中度過❺。歷經 38 年戒嚴歲月的民主憲政，也許可以奄奄一息形容❻。現

---

　* 本文中援引之憲法解釋至 2007 年底為止，由於數量較多，不一一依照司法院大法官（會議）解釋彙編及其續編註明出處。註解中引用彙編及其續編時，簡稱彙頁（年）或續（數）頁（年）。

　　本文原載刊於《思與言：人文與社會科學雜誌》，頁 1-92，45 卷 3 期（2008 年9 月）。

❶ 《總統府公報》，第 4794 號，頁 1，1987 年 7 月 14 日。

❷ 蕭萬邦，〈外匯自今起解除管制〉，《經濟日報》（1987 年 7 月 15 日），1 版。

❸ 中華民國憲法係於 1946 年 12 月 25 日由制憲國民大會通過，1947 年元旦公布，同年 12 月 25 日施行。

❹ 此項戒嚴係由臺灣省警備總司令部於 1949 年 5 月 19 日宣告，次日起於臺灣全省實施，該戒嚴令布告影像，見曾慶國，《二二八現場——檔案直擊》，頁 58，臺北：臺灣書房（2008 年）；關於臺灣因內戰而實施戒嚴之過程及依據，混亂且複雜，其詳可參見城仲模，〈從法學觀點論解除戒嚴〉，收入中國比較法學會編，《戡亂終止後法治重整與法治展望論文集》，頁 94-98，臺北：中國比較法學會（1991 年）。

❺ 臺灣另曾於 1947 年 2 月 28 日至 3 月 1 日，同年 3 月 9 日至同年 5 月 16 日解

在解嚴已歷 20 年，歷經一甲子的憲法依然健在，年齡較世界上許多現行民主憲法為長 ❼；進行歷史的回顧觀察，或許具有某些啟示性的意義。

應先說明的是，戒嚴意味著軍事獨裁的開始；於戒嚴中行憲，殊係奢想。蔣介石總統於 1975 年去世，此後 12 年之間，形成解嚴的醞釀時期；也就是軍事獨裁消退，威權政治緩步下坡，憲政主義逐漸復甦，呈現上升曲線的階段。1987 年的解嚴，其實顯示憲政已從谷底向上攀升了若干時日，民主政治能量累積到達足以改變現狀的程度。若就 1987 年到 2007 年之間進行斷代觀察，一面省視憲政發展的腳程幅度，一面從事是進步還是退步、以及如何進步或退步的評價，都宜將遭到戒嚴措施嚴重壓抑但又於解嚴前逐漸萌芽的民主政治趨勢考慮在內，才能得到更為公平而完整的視角。

本文將循著三條不同的路徑從事回顧：一是以憲法文本的變化及走向為著眼點；二是以釋憲者對憲法的詮釋內容作為研究對象；三是針對憲政行為以及背後的憲政文化進行討論。臺灣近 20 年來的憲政經驗，議題材料豐富，狀態複雜，本文只能本著弱水三千取飲一瓢的心情，為有限度的選樣考察；基本的立場，則是為憲法與憲政主義發聲。不能免於主觀侷限之處，至盼讀者諒鑒。

貳、憲法制度面的觀察

整理解嚴 20 年間中華民國憲法的文本變化，不妨進一步分為三個不同的向度思考其中的意義。首先是憲法法典形式上的變化，其次是憲法法典內容調整的要徑，再次，則是憲法法典變動模式背後的政治思維脈絡。三

嚴，其經過參見曾慶國，註 4，頁 37–42、55–57。

❻　1948 年於中國各地選出之第一屆國大代表、立法委員及監察委員，當時已因未曾改選而在任近 40 年，國民大會仍行使總統、副總統之選舉權。其前雖有釋字第 31 號解釋給予第一屆中央民意代表繼續在任的憲政理由，但依憲法組織成立之政府，其民主正當性至是不免十分稀薄。

❼　美國憲法於 1789 年施行，是世界首部成文憲法，至 1990 年已逾 200 年，年齡最長。日本國憲法亦係於 1947 年施行，德國基本法與法國第五共和憲法則是分別於 1955 年及 1958 年施行。

者也均可依著憲政發展的進步幅度，作為共通的論述主軸。

一、從臨時條款到增修條文

　　1950 年臺灣戒嚴開始時，實質上構成修改憲法❽的動員戡亂時期臨時條款已然制定❾。1987 年解嚴之際，臨時條款依然存在，且其內容更較制定時數度擴充❿。臨時條款與戒嚴體制上並無必然的聯結關係⓫，卻共同延續著「非常時期」的意識型態⓬。臨時條款在蔣介石總統時代運作頻繁，最後一次的修正出現於 1972 年。1977 年大法官曾做出釋字第 150 號解釋，暗示著如何給予臨時條款合憲解釋的問題意識⓭，也隱約預告了此一修憲

❽　關於臨時條款之性質，應認係修憲之一種形式，參見李念祖，〈動員戡亂時期臨時條款之性質及其憲法依據〉，收入《法律哲學與國際私法：馬漢寶先生六秩華誕祝壽論文集》，頁 235–296，臺北：五南（1986 年）。異說認為其不應發生憲法的效力，參見胡佛，〈論回歸憲法與強人體制〉，收入中國比較法學會編，《戡亂終止後法治重整與法治展望論文集》，頁 18–26，臺北：中國比較法學會（1991 年）。

❾　臨時條款係於 1948 年由第一屆國民大會於南京集會時制定。

❿　其制定及歷次修訂之經過及其內容之實施，參見李念祖，〈動員戡亂時期臨時條款在我國憲法上之地位——臨時條款之制修與施行〉，《憲政時代》，頁 32–51，6 卷 4 期（1981 年 4 月）。

⓫　憲法本文即有可以實施戒嚴的規定，臺灣的戒嚴，也不是以臨時條款上總統的緊急處分權為其依據。解嚴之後，「動員戡亂」並未因之而自動終止。

⓬　非常時期，當是相對於民主憲政的「正常狀態」而使用之詞彙，寓有不能或不必依照常態民主憲政行事之意。當時冠有「動員戡亂時期」或「非常時期」的法令比比皆是，多具有嚴重限制人權的特徵，其一般情形之討論，參見如中國比較法學會編，《戡亂終止後法治重整與法治展望論文集》，臺北：中國比較法學會（1991 年），所載諸篇論文之敘述與討論。

⓭　釋字第 150 號解釋理由書：「第一屆立法委員於任期屆滿後，因國家發生重大變故，事實上不能依法改選，為維護憲法樹立五院制度之本旨，在第二屆立法委員未能依法選出集會以前，繼續行使其職權，經本院釋字第三十一號解釋有案。依此解釋，第一屆立法委員任期屆滿之際，已任立法委員者，始能繼續行使其職權。民國六十一年三月二十三日公布之動員戡亂時期臨時條款第六項第

的模式，會尾隨走向解嚴的過程邁入下坡。

　　臨時條款創造了憲政非常時期，非常時期的意識則為戒嚴時期禁錮基本人權的措施推波助瀾。但是臨時條款還有它獨特的任務。在 1960 年代，臨時條款成為解決中央民意代表在臺灣久不改選問題的制度隘口，它讓少部分在臺灣定期改選的中央民意代表，與於 1940 年代末期於中國大陸選出卻在位數十年的資深代表，共處於中央議會行使職權，不但不能符合憲法期待要求的民主體制，反而襯托出因久不改選所形成的民主缺陷。解嚴，則顯然鼓舞了依循司法途徑徹底回歸民主憲法的努力。解嚴後不久，釋字第 261 號解釋於 1990 年做成，實質上運用了數年後始由釋字第 499 號解釋明說的修憲界限概念❶❹，限縮了臨時條款的作用，據之明白指示資深民意代表應在 1991 年底以前悉數退職，也因之促成 1991 年 5 月間臨時條款遭到廢止❶❺。同時，當年重新採取的修憲模式，是將憲法增修條文仍然附於憲法本文之後，隨即據之再由全在臺灣選舉組成的國民大會進行修憲，原係設計於中國全境適用的憲法，自是調整為可在臺灣運作無礙的根本性民主規範。

二款所稱：第一屆中央民意代表依法行使職權，與本院上開解釋法意相同。同款所稱：『第一屆中央民意代表，係經全國人民選舉所產生。』；在立法委員，乃指民國三十七年當選及民國四十年五月七日前已依法遞補暨依民國五十五年三月二十二日公布之動員戡亂時期臨時條款第五項規定增選之立法委員而言。至前引同項款：『大陸光復地區次第辦理中央民意代表之選舉』一語，與憲法第六十五條後段：『立法委員選舉於每屆任滿前三個月內完成之』相若，乃為選舉時期之規定，而據同項規定：『總統得訂頒辦法充實中央民意機構，不受憲法第二十六條、第六十四條及第九十一條之限制』。其非變更第 1 屆中央民意代表任期之規定，尤為顯然。」

❶❹　釋字第 499 號解釋係採取修憲有界限說之理論，相關問題之討論，參見如許宗力，〈憲法違憲乎？──評釋字第四九九號解釋〉，《月旦法學雜誌》，頁 141–154，60 期（2000 年 5 月）。

❶❺　動員戡亂時期臨時條款之廢止，與憲法增修條文之通過，均由應於 1991 年年底退職之資深中央民意代表舉行末次第一屆國民大會依修憲程序為之。

憲法增修條文的修憲形式，初觀之易於引起美國修憲模式的聯想❶，事後的演變，則顯示了兩者仍有不同。

將增修條文附於憲法本文之後，不更動憲法本文的形式，確與美國的修憲模式相似。但是，美國每次修憲，均將新的條文加列於舊條文之後，增補的條文即使遭到修改，也如憲法原有條文一樣仍予以保留。在臺灣，憲法增修條文於 1991 年以後，歷經了多次修正，卻只保留增修之後的新條文，不復保留已遭修改的原有憲法增修條文；2005 年最後一次修憲之後所留存的憲法增修條文共 12 條，已使 1991 年初行制定的版本完全無從辨認。採此修憲模式的主要目的，在於保存制憲本文原貌，雖和美國修憲模式都有培養憲政精神的效益；但是美國修憲模式足以減少修憲頻率的作用，在臺灣卻不存在。

臺灣獨特修憲模式背後的憲政涵義，雖然未必是在修憲之初即可預見，但的確在無形之中逐漸變得具體。憲法增修條文的前言，要言不煩地描述了此一修憲形式的作用❷；簡言之，此一修憲形式同時兼具了劃分時代與延續歷史的功能。在延續中回應斷代的需要，在斷代中保留延續的價值，成為此一修憲形式始料不及卻又自然形成的雙重承載。

---

❶ 美國是在 1789 年眾議院的首次會期中，由麥迪遜 (James Madison) 具名提出人權條款的修憲案。麥迪遜原先的提議，是要將修憲條文納入美國憲法本文中的適當部位，並未刻意將修憲條文與憲法本文分列。可是，其眾院的同僚卻認為若將修憲條文寫進憲法本文，將造成一種錯誤的印象，以為修憲條文也同憲法原文一樣是由制憲者所簽署通過；為了尊重制憲原來文字的歷史價值，所以將麥迪遜的提案移至於憲法本文後作為附屬條文。當時尚有兩個附帶的理由：一是認為將修憲條文納為本文的一部分，勢將對於何條置於何一位置引發辯論，徒然將討論的時間花費在並不重要的形式爭執，不如逕行列於憲法本文之後，以杜意見之紛歧。二是在觀念上認為修憲不如制憲原文來得重要，不欲將之與憲法原文擺在平起平坐的位置。See e.g. L. Levy, ORIGINAL INTENT AND THE FRAMERS' CONSTITUTION, 168–169, N.Y.: Macmillan, 1988.

❷ 憲法增修條文之前言為：「為因應國家統一前之需要，依照憲法第二十七條第一項第三款及第一百七十四條第一款之規定，增修本憲法條文如左……」

　　具體言之，它具有幾項意在言外的憲政價值，解決了 1949 年國府遷臺此一嚴峻歷史事實帶給中華民國憲法的激烈衝擊。民主是憲法的生命線，戒嚴體制裡的憲政，民主瀕處垂危。解嚴之後，透過憲法增修條文的過渡，資深代表組成的國民大會以其稀薄的民主正當性修正憲法，成功地轉換為符合民主理論的憲法修正 ❶⑧，恢復了憲政的民主生機。在一部憲法所建立的憲政秩序之中完成政治轉型，稱之為寧靜革命也罷，第二共和也罷 ❶⑨，只能說修憲的形式展現了民主憲法的堅韌再生能力，此為其一。

　　國府遷臺之後，中華民國政府所實際統轄的領土，因為統治能力的範圍減縮而發生了實質性的變化。憲法增修條文與憲法本文的形式區別，也恰巧同時反映了中華民國領土治權管轄發生變化的現實。當然，如果不是因為憲法第 4 條對於領土的定義採取了彈性的規定 ❷⑳，只靠修憲形式的選

⑱　當時稱為一機關、二階段修憲，所謂一機關，即是國民大會；所謂二階段，第一階段係由資深國代於 1991 年底退職之前集會廢止臨時條款，並通過憲法增修條文規定了如何於臺灣選舉次屆國大代表，並於 1992 年由新選出之第二屆國大代表集會修憲，是為第二階段之實質修憲。參見陳新民，《1990–2000 臺灣修憲紀實——十年憲政發展之見證》，頁 23–83，臺北：學林（2002 年）。

⑲　參見如行政院新聞局編，《寧靜革命》，臺北：行政院新聞局（1994 年）；戴國輝著，《臺灣近百年史的曲折路：「寧靜革命」的來龍去脈》，臺北：南天（2000年）；曾建元，〈寧靜革命——民主新典範的創造〉，《中華人文社會學報》，頁40–61，3 期（2005 年 9 月）；丘延亮，〈中華民國「第二共和」的啟始？〉，《臺灣社會研究》，頁 83–102，40 期（2000 年 12 月）。

⑳　制憲時，第 4 條應以列舉或概括的方式定義領土，曾有討論，最後為了保留未來認定領土範圍的彈性而決定採取開放的概括定義，參見林紀東，《中華民國憲法逐條釋義(一)》，頁 39–42，自刊（1975 年再版）。制憲時如此取捨，固有當時之政治現實的利害考量，其實與中國傳統政治中「天下」是個彈性而浮動的文化性政治概念，暗相呼應；關於天下是宗教性的、也是實然也是應然的，甚至是假設性的統治疆域或理想生活疆域描述，而非固著於物理的地域觀念，「邊界為何則無關緊要」的傳統思想流變，參見甘懷真，〈秦漢的「天下」政體——以郊祀禮改革為中心〉，收入氏編，《東亞歷史上的天下與中國概念》，頁93–148，臺北：臺大出版中心（2007 年）。

擇，或許不能解決此一問題。然而憲法增修條文的形式及其載明於其前言及相關條文的文字，確已彰顯領土管轄能力發生變化所形成的憲政斷代意義，且曾由釋憲者具體加以掌握㉑，此為其二。

不僅是領土範圍發生變化，中華民國國民的結構，也在國府遷臺之後，形成了改變。若將中華民國憲法適用於臺灣喻為大件衣服套上瘦小軀體，從領土與人口數量而言，似乎非無道理。但從憲法增修條文的制定與其採取的形式論之，卻也可解為穿著衣裳的同時已將過大的衣服改得合身。憲法第3條規定的國民實質上亦是採取彈性而開放的定義㉒，其實仍是一項重要的隱形因素，間接化解了增修條文重新定義國民的政治難題，只以授權法律針對兩岸人民事務為特殊規定的方式即已足敷應用㉓，也使得修憲的形式可以藉著象徵意義解決問題，此為其三。

修憲形式的採取，不僅是面臨如何理解過往與現在之間繼續與連接的問題，同時也緊扣著從過去到現在，將要如何面向不確定未來的懸疑與敏感。增修條文的形式，以其前言中所稱「為因應國家統一前之需要」的用語，恰巧為未來發展的各種可能性是否及如何連接過去的想像，保留了廣泛的彈性與空間，也就使得民主憲法在能夠適應現實環境的前提下，發揮應有的功能，此為其四。

憲法增修條文的形式足以應付民主、領土、國民以及未來發展的四重考驗，就是中華民國憲法即使脫胎換骨也仍然延續健在的重要原因。

解嚴20年之間，憲法增修條文共曾進行7次修正㉔，其中1次遭到大

㉑ 釋字第618號解釋認定限制大陸地區人民須於取得公民身分後10年始能擔任公務員之法律規定合憲，謂其「鑒於兩岸目前仍處於分治與對立之狀態……為確保臺灣地區安全、民眾福祉暨維護自由民主之憲政秩序所為之特別規定與憲法……增修條文第十一條之意旨尚無違背。」

㉒ 憲法第3條只謂其有中華民國國籍者為國民，國籍的定義則讓由立法院制定法律加以規定，也保留了彈性。參見林紀東，註20，頁34-36。

㉓ 此條載於憲法增修條文第11條之規定，正是釋字第618號解釋詮釋兩岸治權因管轄現實領域區分，從而證成法律限制對岸居民於獲得在臺戶籍後擔任公職須有等待期限10年為合憲的根據。

法官宣告違反修憲界限而全部條文立即失效❷⁵，其餘 6 次則採取了總統直選制度❷⁶、行政院院長改由總統任命❷⁷、調整了覆議制度❷⁸、納入了倒閣與解散國會機制❷⁹，以上幾點已使爭論不休的學界開始形成我國中央政府體制乃是雙首長制或半總統制的共識❸⁰，制憲時在總統制與內閣制之間，經過論辯而採取的第三條路❸¹，在解嚴之後，因為修憲而變得更為明顯，總統是國家元首，掌握經由憲法列舉的部分行政權；相對而言，行政院則仍是概括性的最高行政機關❸²，依據解嚴後做成的釋字第 387 號解釋應隨著立法院任期屆滿而總辭❸³，以對立法院負責❸⁴，執行立法院通過的法律；

❷⁴　學者有稱之民主轉型與憲政改革脈絡中「多階段分期預告」的修憲模式者，葉俊榮，〈九七憲改與臺灣憲法變遷模式〉，《臺大法學論叢》，頁 7–47，27 卷 2 期（1998 年 3 月）。從 1990 年至 2000 年之間 10 年之間的修憲經過，詳見陳新民，註 18 書。

❷⁵　即為 2000 年由大法官釋字第 499 號解釋宣告為違憲的第 5 次增修條文違憲。

❷⁶　1994 年修憲時納入，現為憲法增修條文第 2 條第 1 項。

❷⁷　1997 年修憲時納入，現為憲法增修條文第 3 條第 1 項。

❷⁸　1997 年修憲時納入，現為憲法增修條文第 3 條第 2 項第 2 款。

❷⁹　1997 年修憲時納入，現為憲法增修條文第 3 條第 2 項第 3 款。

❸⁰　參見如陳淳文，〈中央政府體制改革的謎思與展望〉，收入湯德宗、廖福特編，《憲法解釋之理論與實務（第五輯）》，頁 99–174，臺北：中央研究院法律學研究所籌備處（2007 年）；隋杜卿，《中華民國的憲政工程：以雙首長制為中心的探討》，頁 15–38，自刊（2001 年）。

❸¹　張君勱，《中華民國民主憲法十講》，頁 66–72，臺北：臺灣商務（1971 年臺 1 版）。

❸²　釋字第 627 號解釋首次言明，憲法以列舉方式規定總統具有部分行政權力，就列舉部分為最高機關。解釋理由之原文為：「就現行憲法觀之，總統仍僅享有憲法及憲法增修條文所列舉之權限，而行政權仍依憲法第五十三條規定概括授予行政院」、「總統依憲法及憲法增修條文所賦予之職權……為憲法上之行政機關。總統於憲法及憲法增修條文所賦予之行政權範圍內，為最高行政首長。」

❸³　大法官明白指出行政院於立法委員任期屆滿時總辭，是「義務性」辭職，而與「禮貌性」辭職有別。同時參見釋字第 419 號解釋，續 (10) 334–5 (85)。

❸⁴　憲法第 37 條並要求行政院院長及部會首長，於總統公布法律時簽名副署，以

但是立法委員仍不能同時擔任行政部門的官吏 ㉟，立法與行政之間循覆議制度解決關於法律或預算上的歧見 ㊱，解嚴後修憲增加的不信任投票倒閣及由總統解散立法院的機制，則迄無運作的經驗 ㊲。

　　除此之外，7 次修憲的主要內容還有有形國民大會的建制取消 ㊳、以公民投票作為修憲的程序 ㊴、以單一選區及政黨比例代表制施用於國會選舉 ㊵、憲法法庭的創設 ㊶、司法、監察兩院人事任命機制的調整 ㊷、考試院職權的釐清 ㊸、地方自治架構的變動 ㊹、基本國策的強化 ㊺、兩岸關係規範模式的安排 ㊻等等。涵蓋面向既廣且深，也不乏引起高度政治或學理

　　　明確表示願意負責執行之意。

㉟　憲法第 75 條參照，張君勱指出我國並未採取行政院各部會首長係由國會議員出任的英式內閣制，於此得到證明。張君勱，註 31，頁 70。

㊱　1997 年修憲時納入，現為憲法增修條文第 3 條第 2 項第 2 款。

㊲　現為憲法增修條文第 3 條第 2 項第 3 款。然倒閣後，行政院院長可提請總統解散立法院，而導致立法院有重組之可能，因此立法委員多不願冒著被解散的風險，行使其倒閣權。惟若立法院多數與總統隸屬同黨，此時行政院院長多半與立法院多數亦屬同黨，而仍無倒閣權適用之可能。惟若新上任之總統與立法院多數隸屬同黨，而由上任總統所任命但與新任總統不同黨籍之行政院院長卻不為禮貌性辭職時，總統本身雖無單獨免除行政院院長之權力，此時立法院即可能因無遭解散之危險而行使其倒閣權。

㊳　2000 年修憲時變為任務型國民大會，於 2005 年修憲時廢除國民大會。

㊴　2005 年修憲時納入，現為憲法增修條文第 1 條第 1 項。

㊵　2005 年修憲時納入，現為憲法增修條文第 4 條第 1 項及第 2 項。

㊶　1992 年修憲時納入，現為憲法增修條文第 5 條第 4 項。

㊷　監察院之人事機制調整於 1992 年修憲時納入，於 2000 年修改其產生方式，現為憲法增修條文第 7 條第 2 項。而司法院的人事機制調整於 1992 年修憲時納入，並於 1997 年及 2000 年做過修正，現為憲法增修條文第 5 條第 1 項。

㊸　1992 年修憲時納入，現為憲法增修條文第 6 條第 1 項。

㊹　1992 年修憲時納入，並於 1997 年修正將省長改為民選及 1999 年精省，現為憲法增修條文第 9 條。

㊺　1992 年修憲時納入，並分別於 1994 年、1997 年及 1999 年做過修正，現為憲法增修條文第 10 條；其中包括原住民及其他社會弱勢之積極平權措施。

爭議的項目❹，從其整體上觀察，則確實具有深化民主政治、規整權力分立機制並提高福利政治品質的作用，且還能與憲法本文章節保持體系解釋一致性的聯繫❹。

　　平心而論，解嚴 20 年來，憲法恢復生機，乃是臺灣今日可以自詡為民主政治的主要原因之一。憲法增修條文修訂，其內容或有仁智互見的評價，但是只在臺灣運作原本有所侷限的憲法，不但因為多次增修而克服了領土管轄區域與國民範圍調整所引起的困難，也為每次在選舉中獲勝而執政的政府，提供了民主正當性的法治基礎。這部經常遭受批評而似乎瑕疵滿布的憲法，卻是民主程序下的產物，也容納了敵對政黨的各種妥協，讓生活在臺灣，懷有不同政治信念甚至國家認同觀的人們，均有各取所需且共同相處的可能，或許就是一項無可取代的價值❹。

❹　1991 年修憲時納入，現為憲法增修條文第 11 條。

❹　例如 2005 年載入憲法增修條文第 4 條，關於立法院改採單一選區兩票制的修憲過程中，是否應該減少立委名額，即曾聚焦於「國會減半」的政治主張而引起政界與學界的激烈辯論，相關背景及文獻討論之徵引，參見葉俊榮，〈臺灣 2005 憲改的詮釋──憲法變遷的典範轉移〉，收入許志雄、蔡茂寅、周志宏編，《現代憲法的理論與現實──李鴻禧教授七秩華誕祝壽論文集》，頁 150–151，臺北：元照（2007 年）；又如 1997 年修憲時以「精省」為名而寫成之憲法增修條文第 9 條，不但涉及統獨走向的議題，也引起因人廢制的權力動機揣測，均為形成論辯的題材，並曾導致大法官釋憲釐清「省」是否仍為公法人的問題，參見釋字第 467 號解釋，其評論，參見如陳滄海，《憲法解釋與憲政發展》，頁 109–151，臺北：學富（2006 年）。

❹　憲法增修條文之條次安排，係依照憲法本文各章之順序為之，此與美國修憲之初，所採取之條序排列方法，異曲而同工（參見 A. Amar, THE BILL OF RIGHTS, 124–127, New Haven: Yale, 1998）。一項例外，當是憲法增修條文第 8 條，其於 1992 年通過而入憲時，因其內容同時規範立法委員及國大代表不得自增待遇，兼賅兩個憲法機關，於是並未納入修正國民大會一章的第 1 條內容，而是列於五院之調整條文之末；嗣於 2005 年修憲廢除國民大會，該條只餘規範立委待遇的功能，本該改列並併入第 4 條，卻仍孤立而未為移動，應是修憲過程中整理條序考慮欠周之失。

二、從威權政治到少數政府

臨時條款從制定到 1966 年間共有 4 次修正，都可以從「鞏固領導中心」的政治口號一貫理解其內容，也就是強化憲法本文所無，由總統集中掌握政治權力的制度條件。蔣介石總統在臺灣實施戒嚴時期掌握的政治權力，憑藉一黨獨大與軍事統治的控制作用居多；至於臨時條款所構建的 3 項制度條件，主要是形成政治文化面的影響。這 3 項制度條件分別是：㈠擴張總統的緊急權力，提供總統彈性擴權的空間❺⓪；㈡解除總統連任限制，維持總統終身在位的可能❺①；㈢擴編總統轄屬的安全統制機關（動員戡亂機構，即國家安全會議），藉之將行政院系統納入總統指揮範圍❺②。此中所形

---

❹⑨ 在審議民主（deliberative democracy，亦可稱為思辯民主）觀念的影響下，美國學者 Siedman 即曾主張美國憲法之主要價值所在，並非僅是樹立內容確定的實體原則，而是提供了一個可以容許價值衝突的架構，為不肯接受整體共識的異見人士，找到了留在政治社群共營生活的理由。L. Siedman, OUR UNSETTLED CONSTITUTION: A DEFENSE OF CONSTITUTIONALISM AND JUDICIAL REVIEW, 48–54, New Haven: Yale, 2001；曾於芝加哥大學法學院教授美國憲法，於 2008 年當選之美國總統 Barack Obama，亦將美國憲法看成是為了組織人們可以辯論未來的途徑所設的思辯機制，包括權力分立，制衡關係以及人權清單，都是為了促使人們進入思辯民主的對話而為的設計，他並指出美國憲法能夠歷經包括因為種族奴役制度所引發的內戰而仍然健在，足以證明憲法的設計確實有用。見 B. Obama, THE AUDACITY OF HOPE, 91–98, N.Y.: Crown, 2006. 臺灣因國家認同及族群歧見而生的憲法爭議不斷，但畢竟不涉及奴隸制度，在島內也並未因此發生內戰，臺灣的族群問題似乎不若美國種族問題嚴重。又有論者指出，多元族群在臺灣以「本省人／外省人」或「原住民／漢人」為區分脈絡，所夾雜之國家認同問題，仍是憲政改革中無可避免而必須審慎處理的議題，則是本文所未能涵蓋但極其重要的一個思考面向。參見張嘉尹，〈多元族群、國家認同與臺灣的憲政改革〉，《中研院法學期刊》，頁 109–161，2 期（2008 年 3 月）。

❺⓪ 臨時條款自始即規定總統得不受憲法第 43 條規定之限制，行使緊急處分權。

❺① 臨時條款於 1960 年明文排除憲法第 47 條總統連任以一次為限之規定於動員戡亂時期之適用。

成的政治文化影響，是張君勱先生刻意納入憲法、由行政院制衡總統的機制消解，傳統的帝制文化與國家元首的地位悄然結合，始終不能完全褪散❺❸（詳後文）。

　　臨時條款大幅提升總統權力的制度影響，憲法增修條文就之進行的改變並不徹底；在憲政權力的加減帳上，究竟是增加了還是減少了總統的權力，恐難遽下簡單的結論。臨時條款所增加的總統緊急權力，以及由總統統轄的安全機關，在憲法增修條文之中只有縮限性的調整，並未絕跡❺❹；於憲政之中，仍具有實質的影響力。真正在憲法增修條文中完全恢復作用的是憲法第 47 條規定總統連任只能一次的限制。實施戒嚴與總統終身在位，是戒嚴時期威權政治有效存在的兩大關鍵因素；解嚴之後進行修憲，連任限制恢復，總統必須定期退位，兩大關鍵因素同時消失，也就足以解釋為何威權政治確能漸行漸遠的道理所在。

　　但是，憲法增修條文調整化解臨時條款強化總統憲法權力地位，又增加了總統直接民選的規定，固然在臺灣回復民主的步幅上有加速之功，卻也為總統累積其權力光環，推波助瀾，起了難以估量的強化效應。其結果，可以引用三個例證來加以說明。

　　第一個例證，是初嘗直選勝利滋味的李登輝總統在競選連任時重彈蔣介石總統的舊調，以副總統兼任閣揆，藉用總統副手兼任閣揆的政治現實染指行政權。雖然有些語焉不詳的釋字第 419 號解釋之後打消了兼任的現

---

❺❷　國家安全會議由總統為主席，行政院院長為其當然成員，行政院重要部會首長亦然，參見國家安全會議組織法第 4 條。

❺❸　參見李念祖，〈憲政主義在臺灣的發展與政治影響——憲法取代國王權威的半世紀回顧〉，《法令月刊》，頁 162–171，51 卷 22 期（2000 年 10 月）。本書收入於頁 297–313。

❺❹　國家安全會議之編制始終存在，「為總統決定國家安全有關之大政方針之諮詢機關」（國家安全會議組織法第 2 條），其下設國家安全局，是為總統為國家安全決策之耳目手足。學者曾就此一部分修憲的實質改變有限有所描述，參見黃昭元，〈九七修憲後我國中央政府體制的評估〉，《臺大法學論叢》，頁 188–191，27 卷 2 期（1998 年 1 月）。

象❺，但是總統直選勝利帶來的志得意滿，不能說與李總統起意由副手兼任閣揆的政治動機無關❺。

　　第二個例證，連選連任的李登輝總統在 1997 年發動修憲，因贏得在野黨支持而能成功，主要修憲內容之一是取消國會的閣揆同意權❺，而用實際上對立法院並無補償作用，卻仍足以提升總統權力的倒閣與解散國會的機制，還有形式上略為放寬而實質上作用仍然不大的覆議程序作為替代❺。民選的光環具體轉化為制度權力的增加；蔣介石總統因受挫於張君勱而無法取得的三把權力鑰匙（即 1.閣揆任命權、 2.閣揆免職權與 3.內閣對總統負責之規定），李登輝總統則透過民選光環的庇蔭，拿到了任命閣揆（但無免職權）的那一把❺。

❺ 釋字第 419 號解釋做成時，是否認定兼任為違憲，曾引起輿論相反之解讀，參見社論，〈修憲會議應補全大法官釋憲的未竟之功〉，《中國時報》（1997 年 1 月 2 日），3 版；社論，〈當局必須回應「未盡相符」「適當處理」之釋憲裁示〉，《聯合報》（1997 年 1 月 2 日），2 版，惟學界以其係認定兼任為違憲之解釋，則多有共識，參見李惠宗，〈國家組織法的憲法解釋——兼評司法院大法官會議釋字第三八七號與第四一九號解釋〉，《臺大法學論叢》，頁 13 以下，26 卷 4 期（1997 年 7 月）；蔡志方，〈論「違憲無效」之判斷基準——以釋字第四一九號為探討中心〉，《月旦法學雜誌》，頁 90 以下，22 期（1997 年 3 月）。約莫 1 年之後（1997 年 12 月 11 日），連戰始行交卸行政院院長職務。

❺ 李總統批示「著毋庸議」四字，不許連戰辭去行政院院長職務時，當時的心情表露無遺。王宛如，〈總統批「著毋庸議　連戰續任閣揆」〉，《聯合晚報》（1996 年 6 月 5 日），1 版。

❺ 其經過及背景，參見葉俊榮、張文貞，〈邁向憲政主義——憲政體制的變遷與解釋〉，收入湯德宗編，《憲法解釋之理論與實務（第四輯）》，頁 420–424，臺北：中央研究院法律學研究所籌備處（2005 年）；陳滄海，《憲政改革與政治權力——九七憲改的例證》，頁 179–230、233–284，臺北：五南（1999 年）。

❺ 憲法第 57 條原規定覆議提出後應經出席立委三分之二支持始得維持原議；憲法增修條文第 3 條則改為應經全體立委二分之一支持始可。

❺ 1997 年修憲之後，行政院不但還是最高行政機關，而且應依法向立法院負責之規定，繼續存在於憲法增修條文，即與五五憲草之係向總統負責仍有重大不同。與此相關之一項解釋問題則是張君勱當年對五五憲草之質疑，行政院院長由總

　　第三個例證，則是先於 2000 年贏得政黨輪替選舉，又於 2004 年再勝的陳水扁總統，始終以國會中不滿多數的少數政府抗衡國會，八年如一日。釋字第 419 號解釋做成前夕，曾在憲法法庭兩度質疑李總統利用副手兼任閣揆染指行政權的張俊雄立法委員，卻也是兩度為陳水扁總統擔任閣揆，決定行政權事實上是否盡入總統囊中的關鍵推手。大法官在釋字第 520 號解釋中注意到行政院院長可能有以政策兌現總統競選諾言的實際政治需要，也正是因為張俊雄擔任行政院院長決意推翻立法院的核四建廠既定政策不予執行之故 ❻。大法官釋字第 419 號解釋理由書中明白強調總統與行政院之間具有制衡作用，還有釋字第 387 號解釋藉著要求行政院隨著立委任期屆滿總辭所強調之行政院應向立法院負責的憲法規定，竟然均因總統民選的設計而削弱其作用甚或形同具文，相關制度因由，實不容小覷。總統能在政治現實中對於行政院的人事及運作如臂使指，正是少數政府不必理睬國會多數反對黨陣營而視國會立法如無物的政治本錢。

　　以總統的權力大小作為軸心，憲法制度的設計之中一直存有相反的兩條路線拉鋸。制憲前夕，在野人士努力將行政院的行政權與總統的國家元首拉出一定的制度距離 ❻，臨時條款則於制憲之後不旋踵間開始增加總統對於行政權的影響力；解嚴後廢除臨時條款，鐘擺始朝反向移動；然而增修條文隨之而來的多次修正，雖未改變行政院與總統間應有的制衡關係，但重又一再增強了總統的權力光環。張君勱擔憂總統權力過大足以顛覆憲

統任免，如何能為最高行政首長？憲法增修條文只曰總統「任命」行政院院長，既未如五五憲草之曰「任免」，即應從嚴格解釋，以憲法增修條文係在規定總統應任命行政院院長依憲法規定向立法院負責執行立法院通過之法律，總統無權任意獨立免除行政院院長職務。相關討論，參見黃昭元，註 54，頁 199–200；李念祖，〈中華民國憲法長壽的體制原因〉，《台灣法學雜誌》，頁 4–6（2008 年 1 月）。本書收入於頁 379–387。

❻　續 (14) 475–6、520 (90)。

❻　國民黨提出的五五憲草，在政治協商會議中做出原則性的重大修正，行政院遂不至於聽由總統指揮調度，且與總統之間形成制衡關係。荊知仁，《中國立憲史》，頁 437–445，臺北：聯經（1984 年）。

法的危險❻，原與總統駕馭行政院的程度，成正比例的對應關係。易言之，總統駕馭行政院的程度增加，適亦可能削弱憲法約束國家元首的實際效度。

三、從回歸憲法到否定憲法

解嚴之前，對於臨時條款的質疑，主要來自民主的訴求。「回歸憲法」曾經當時的在野者從事抗爭時援為鮮明的旗幟❻。回歸憲法的主張是要從臨時條款的「違章建築」回復憲法本文的實施。所爭辯的憲政制度問題，經常圍繞著內閣制是否才是制憲原有理想的觀點立論❻。此中，憲法原係將總統、立法與行政三個權力部門的權力較為均勻的三分，不容許國家元首權力獨大，因為憲法本文並未遭臨時條款抹除而產生了映照效果，成就了維持民主希望餘光的心理標竿。基於認同意識而產生的制憲主張雖也同時存在❻，但是以民主作為政治訴求之基調，從民進黨在解嚴前夕組黨時討論的共同綱領文字，可以清楚地加以辨識❻。

解嚴之後，朝野曾因李登輝總統為回應 1988 年 3 月學生運動所召集之國是會議而聚於一堂，爭辯憲政改革的方向❻。之後以憲法增修條文的形式進行修憲，總統改為直接民選、取消任命閣揆的國會同意權，修憲廢除

❻ 張君勱，註 31，頁 53–56、59–62、68。

❻ 李鴻禧，〈憲法基本權概念之澄清〉，收入於氏著，《憲法與人權》，頁 9–20，自刊（1991 年）。

❻ 參見胡佛，註 8，頁 49–53。

❻ 例如民進黨一度提出「民主大憲章」，亦有提出臺灣共和國憲法草案者，參見陳新民，註 24，頁 20–22。

❻ 參見尤清，〈談制訂民進黨綱領〉，收入氏著，《憲政　新經濟　國土規畫》，頁 17–38，臺北：新台灣發展文教基金會（2000 年）；民進黨係於 1986 年，亦即解嚴之前一年成立，當時黨禁未開，衝決網羅的意味明顯，蔣經國政府則未發動戒嚴體制下的取締措施。

❻ 國是會議之背景原因，參見李炳南，《憲政改革與國是會議》，頁 19–35，臺北：永然（1992 年）；國是會議實錄編輯小組編印，《國是會議實錄（上輯）》，頁 5–18（1990 年）。

國民大會❻、總統選舉形成政黨輪替、修憲採取公民投票的方式修憲❻等等，均是 20 年間憲法制度不斷走向民主模式的一連串嘗試，寫進憲法的新興制度，也逐一獲得實施，依據 2005 年修憲縮減人數並採取單一選區兩票制改選國會，2008 年初亦告完成❼。「回歸憲法」，如果說的是回歸中華民國憲法要求的民主憲政制度，解嚴 20 年的經驗足以證明確已實現。所以能夠如此，不是出自任何個人或政黨周密的計畫或刻意的鋪排，而是民主實踐自然發展的結果。不論其所呈現的景象是否令人滿意，無人可以否認，臺灣在解嚴 20 年之後，已經正式進入民主憲政國度。

　　因此，陳水扁總統在當選連任之後，主動扶植制憲的訴求❼，就值得再從民主的角度觀察其中緣由了。以下分別從所訴求的制憲內容、制憲程序與制憲的推動者，檢視其在民主憲政上的意義。

　　陳水扁總統主政期間，曾經出現的一份制憲草案內容❼，包含了新興人權入憲的全新人權清單，重寫的政府權力分立制度，重新包裝的憲法總綱等等。如果依據釋字第 499 號解釋所樹立的修憲界限標準❼而言，似乎並沒有不能修憲而必須訴諸制憲的項目。其實，提出草案的推動者也未強

---

❻　2005 年憲法增修條文第 1 條第 2 項。

❻　2005 年憲法增修條文第 1 條第 1 項。

❼　共選出 113 席立法委員，包括 73 席區域（每區 1 席）立法委員，6 席原住民立法委員，34 席不分區立法委員（依政黨比例代表制產生）。2005 年施行之憲法增修條文第 4 條參照。

❼　陳總統曾於總統府內下設憲政改造辦公室，並於 2003 年在紐約演講中為臺灣新憲法催生，劉寶傑、王時齊，〈扁引美史實催生臺灣新憲〉，《聯合報》（2003 年 11 月 2 日），A1 版；學者有討論其思想可能係受二元民主論之影響，並分析其盲點所在者，參見蕭高彥，〈國族民主在臺灣：一個政治理論的分析〉，《政治與社會哲學評論》，頁 27-29，11 期（2004 年 12 月）。

❼　21 世紀憲改聯盟，《憲改版本第二版》，
http://www.21cra.org.tw/upload/library/20060504_1.pdf，最後拜訪：2006/09/30。

❼　該號解釋指明，民主共和國之國體、主權在民之原則、基本權利之保障及權力分立制度四者為我國憲法修憲之界線。

調憲法總綱的變動是否為其重點。不過,如果處理國家定義的總綱規定不是重寫憲法的核心訴求,全盤重寫憲法的主張難以激發支持者強烈的共鳴,或也不會令人感到意外。反過來說,當以重寫總綱為核心訴求的憲政主張才可以贏得支持者的激情時,或許已經證明了「主權」而非「民主」才是真正的政治原動力。唯其如此,「否定憲法」的理由才能得到充分的解釋。「為了民主回歸憲法」,與「為了主權否定憲法」兩者之間,存在著重要的差異,則已不待辭費了❼❹。

已經出現的憲政改造主張,未在程序上強調究竟是循既有的修憲模式還是要循不明所以的制憲程序進行,但是,在「修憲」與「制憲」此一程序上不容混淆的重要區別上刻意模糊❼❺,本身即可透露著可疑。無來由地

❼❹ 憲法與「民主」的概念,無法須史或離。主權的功能則有二分:「對外獨立」、「對內最高」。「對外獨立」強調者為排外之作用,必然帶有為了凝聚團結而強化權力以能有效排外的意涵,不是單純的「民主」概念所能完全涵攝,且有因其強化權力而與「民主」制度運作齟齬之虞;「對內最高」,則係在澄清統治關係中人民與政府孰為主從,才是單純的確立「民主」之作用。中華民國憲法第2條規定主權在民,釋字第499號解釋以之為修憲不得逾越之界線;倡導「主權在民」,宜防掌權者藉著主權詞義中的排外思想,掩護、偷渡鞏固或集中權力之企圖,反噬「民主」或是所以維繫民主的憲法。研究政治理論的學者已然指出,在臺灣民主化過程中,出現了國民主權與憲政主義的緊張關係,其原因或許在於「臺灣國族民主論述顯然完全著重於政治秩序之斷裂與革新創造」,而忽略了「人畢竟是活在歷史的具體處境之中,在過去與未來之間有必要取得平衡點。」蕭高彥,註71,頁2、29。亦有從激進民主的觀點,逕將之描述為憲政主義與民主的衝突者,參見曾國祥,〈憲政主義與民主的衝突:美國政治思想的一個側面〉,《政治與社會哲學評論》,頁35-82,11期(2004年12月)。

❼❺ 持異說者以為,從結果上來看,當代在某種程度上,制憲與修憲在規範創設或制度建立上,逐漸由質的不同,轉變為量的差異,張文貞、葉俊榮,註57,頁433。果然,則不知制憲與修憲在憲法變遷理論上將如何繼續維持其分類概念上的差異與必要性。亦有學者以為可以主權主體是否相同以決定是制憲或修憲者,曾建元、彭艾喬,〈第七次修憲公投入憲對第二階段憲政改造途徑的影響——修憲與制憲的辯證〉,收入許志雄、蔡茂寅、周志宏編,《現代憲法的理論與現實——李鴻禧教授七秩華誕祝壽論文集》,頁189-194,臺北:元照(2007

否定現行憲法增修條文第 12 條規定的全民投票修憲模式,反而難從民主理論加以說明。修憲程序艱難,或是民主共識難求,都不是否定民主程序的理由;難從既有的民主程序求取民主共識若是成為改採其他程序的理由,適足以令人質疑:改採其他程序即可獲致的共識,是否真為民主的共識?

最後,制憲主張的提出,本來即在言論自由及參政權基本人權保障的範圍之內。任何來自民間的憲改主張,無論是主張修憲或制憲,都應受到同等程度的包容與尊重;但是,如果憲改的主張是出自執政者的提倡,卻託詞於民間聲音的包裝而不能交待其目的,那就不能不思考藉著人民的名義以擴張權力的當權者企圖了。在總統辦公室下設憲改的組織,說不清楚憲改的目的,縱然擺出傾聽民意的姿態,也當做如此觀。掌權者使用民主作為否定民主憲法的理由,無論如何不具有憲政正當性與說服力,反可從中體會權力不受憲法約束而欲求突破的慣有邏輯。推動制憲須要用憲政改造的刻意模糊加以包裝,或許適足以反襯「制憲」只是假的民主議題而已。

參、憲法解釋面的觀察

被視為憲法維護者 **76** 的司法者,在憲政的實際案例中做成許許多多憲法解釋,原是憲法能量的驗證。從戒嚴到解嚴,38 年之間,大法官依憲法

年);以臺灣的經驗論,如果 1992 年全由臺灣選民選出的國民大會修改憲法增修條文不能謂為制憲的話,此一區分標準在臺灣似乎已乏運用實益。

76 此一概念的提出與提倡,在美國,see A. Hamilton, J. Madison and J. Jay, THE FEDERALIST PAPERS No.78: Hamilton, 397, by G. Wills, N.Y.: Bantam Books, 1982. 德國則參見李君韜、蘇慧婕譯,C. Schmitt 著,《憲法的守護者》,左岸(2005 年);翁岳生,〈憲法之維護者──回顧與展望〉,收入於《法治國家之行政法與司法》,頁 391–410,臺北:月旦(1994 年);許宗力,〈司法權的運作與憲法──法官作為憲法之維護者〉,臺灣大學法律學院翁岳生教授榮退演講暨學術研討會議論文(2007 年 12 月 19 日)。釋字第 601 號解釋理由書中指出:「大法官憲法解釋之目的,在於確保民主憲政國家憲法之最高規範地位,就人民基本權利保障及自由民主憲政秩序等憲法基本價值之維護,作有拘束力之司法判斷」後,此一概念已經正式進入憲法解釋。

做成的解釋，包括統一解釋在內，共計 216 則（其中約三分之一是在蔣介石總統去世之後的 12 年中做成）**⑦**。從解嚴之後至 2007 年底，20 年中則已累積了近兩倍的數量**⑱**。此中固然與憲法解釋的可決人數曾於解嚴後有所放寬**⑲**，不無關係，但是憲法解釋的數量大增，足以顯示解嚴之後憲法生命力的旺盛發展，無可懷疑。

憲法解釋的品質，也與憲政的良窳，桴鼓相應。以下，就再以重要的大法官憲法解釋作為主要對象，分三方面觀察解嚴之後憲法透過司法活動所展現的具體面貌，一是從司法解釋數量變化與質量變化間的對應關係為通盤的考察，二是分辨釋憲態度保守或自由的傾向以省視人權保障的進度，三則從憲法解釋的程序議題入手，檢討釋憲制度的實際效益。

一、量變與質變的同步

純從解釋的統計數量上考察，解嚴時當第 5 屆大法官任期**⑳**之中，其後無論從聲請釋憲的件數**㉑**、做成解釋的件數、人民聲請解釋的比例**㉒**，

---

⑦ 釋字第 1 號至第 3 號解釋均係於 1948 年 12 月全國戒嚴令頒布後由大法官於中國大陸做成，釋字第 4 號至第 216 號解釋則係於臺灣戒嚴期間由大法官於 1952 至 1976 年之間做成。

⑱ 至 2007 年年底大法官之解釋已達釋字第 635 號，自解嚴後做成之釋字第 217 號解釋始，共 418 則。

⑲ 1993 年立法院以司法院大法官審理案件法取代原有之司法院大法官會議法，第 14 條規定釋憲案件可決人數為三分之二，已將原有之四分之三限制放寬。

⑳ 2003 年以前，司法院組織法規定大法官每屆之任期為 9 年，2003 年第 6 屆大法官任期屆滿，依憲法增修條文第 5 條之規定，此後之大法官「不分屆次」，任期個別計算。

㉑ 第 1 屆至第 6 屆大法官，聲請解釋案件共 7640 件，其中機關聲請者 815 件，占 10.67%；人民聲請者共 6825 件，占 89.33%（見該網站之責二，各屆之明細可參見該網站之表三）。 資料來源： 司法院網站：http://www.judicial.gov.tw/constitutionalcourt/uploadfile/E100/第一屆至第六屆大法官就機關聲請者與人民聲請者聲請解釋之比例作一統計.htm，最後拜訪：2008/05/25。

乃至於法院適用憲法審判的社會能見度❽，都有明顯的提升，從中已可嗅出民主憲政活潑發展的氣息。大法官處理解釋的件數與其他國家的最高司法機構（例如美國聯邦最高法院或德國憲法法院）的案件量相比❽，或許由於制度差異而尚不足以相提比論，但從聲請解釋到做成目前一般案件仍

❽ 第一屆至第六屆作成解釋 566 件，其中機關聲請者 266 件，占 47%，人民聲請者 300 件，占 53%（見該網站之表四）。其中：

第一屆作成解釋 79 件，全屬機關聲請，比例為 100%。

第二屆作成 43 件，機關聲請者 42 件，占 97.67%，人民聲請者 1 件，占 2.33%。

第三屆作成 24 件，全屬機關聲請，占 100%。

第四屆作成 53 件，機關聲請者 26 件，占 49.06%，人民聲請者 27 件，占 50.94%。

第五屆作成 167 件，機關聲請者 46 件，占 27.54%，人民聲請者 121 件，占 72.46%。

第六屆作成 200 件，機關聲請者 50 件，占 25%，人民聲請者 150 件，占 75%（以上見該網站之表五）。資料來源：司法院網站：

http://www.judicial.gov.tw/constitutionalcourt/uploadfile/E100/第一屆至第六屆大法官作成解釋之統計數據表.htm，最後拜訪：2008/05/25。

❽ 戒嚴期間鮮有法院適用憲法裁判而引起社會注目的案件。解嚴之後，1993 年桃園地方法院合議庭直接適用憲法第 132 條規定判決游日正立委當選無效（桃園地院 82 年訴字第 24 號民事判決），輿情騷然，是為較早的一例；之後者如引用憲法上言論自由之法理突破刑法誹謗罪解釋方法之一系列裁判如臺北地院 82 年自字第 699 號刑事判決、臺北地院 85 年自字第 1098 號刑事判決、臺北地院 86 年自字第 669 號刑事判決、臺東地院 87 年易字第 476 號刑事判決、臺東地院 88 年易字第 242 號刑事判決，又如 1998 年臺北地院判決以憲法規定之民意代表言論免責權與違法表決行為應有適當分際（臺北地院 87 年訴字第 1742 號刑事判決）等，均為法院直接適用憲法而為裁判，引起社會廣泛注目的佳作。

❽ 美國聯邦最高法院一年約處理 4000 件聲請准許上訴案，從中挑出 150 件准許上訴， see W. Rehnquist, *The Supreme Court*, 253, N.Y.: William Marrow & Co. Inc., 1987. 德國方面，1951 至 1994 年間，西德憲法法院共審理過 83,516 個案件，平均一年處理將近 190 個案件，見許宗力，〈集中、抽象違憲審查的起源、發展與成功條件〉，收入於氏著，《法與國家權力㈡》，頁 17，臺北：元照（2007 年）。

有可能需時超過兩年❽來看，顯然還有改善制度設計以求長足進步的空間存在。

　　量變的觀察指標容易尋找，質變的觀察指標則需要一些斟酌。一項與量變、質變同時相關的因素是，解嚴之後立法院於 1993 年修正司法院大法官會議法，改名為司法院大法官審理案件法，並將釋憲之法定可決人數從四分之三放寬為三分之二，在程序上適度釋放了釋憲者的能量。以下本文則從㈠解釋主題的涵蓋範圍；㈡解釋認定法令違憲的態度；與㈢解釋見解的詳略深淺等三方面進行討論，主要的著眼，係在司法解釋內容能否實現憲法控制權力、保障權利之緊要處立論。

　　先談解釋主題的涵蓋範圍。解嚴之後，憲法解釋相對於統一解釋的比重顯然增加，憲法解釋的內容，也從解嚴前明顯偏重於政府機關權限分工，大幅朝向人權的保障發展❽。無論是以政府組織或人權保障為其內容，解嚴前的解釋偏重於技術議題，有意識的避重就輕，或是無意識的語焉不詳與疏略跳躍，都頗常見。前者，如釋字第 137 號解釋對於法官不受行政命令拘束閃鑠其詞❽，直到解嚴前夕的釋字第 216 號解釋才進行釐清；又如

❽　以 2007 年最後做出的 5 個憲法解釋為例，釋字第 631 號解釋係由人民於 2007 年 1 月提出聲請，2007 年 7 月做成解釋，費時半年；第 632 號解釋由立委於 2005 年 1 月提出聲請，2007 年 8 月做成解釋，費時 2 年 7 個月；第 633 號解釋由立委於 2006 年 5 月提出聲請，2007 年 9 月做成解釋，費時 1 年 4 個月；第 634 號解釋由人民於 2004 年 3 月提出聲請，2007 年 11 月做成解釋，費時 3 年 8 個月；第 635 號解釋由人民於 2007 年 4 月提出聲請，2007 年 11 月做成解釋，費時僅 7 個月。聲請人之際遇，相去極遠。

❽　參見翁岳生，〈近年來司法院大法官會議解釋之研討——有關人民權利之保障〉，收入於《法治國家之行政法與司法》，頁 391–410，臺北：月旦（1994 年）；林子儀，〈司法護憲功能之檢討與改進——如何健全違憲審查制度〉，收入於氏著，《權力分立與憲政發展》，頁 30–36，臺北：月旦（1993 年）；葉俊榮，〈從國家發展與憲法變遷論大法官的釋憲機能：1949–1998〉，收入於氏著，《民主轉型與憲法變遷》，頁 290–291，臺北：元照（2003 年）。

❽　依解嚴前夕做成之釋字第 216 號解釋之意，釋字第 137 號解釋係謂法官審判不受行政命令拘束之意，惟釋字第 137 號並未如此明言，設非釋字第 216 號解釋

釋字第 105 號解釋，對於言論自由的重要議題視而不見，只從委任立法的方式圓說其故❽，後者，如釋字第 86 號解釋、第 166 號解釋對於明顯違憲的法律欲言又止❾，釋字第 194 號解釋無保留地支持唯一死刑嚴峻立法，釋字第 206 號解釋忽略商業言論的議題❿，例證俯拾可得。

　　解嚴之後的變化，隨著時間的推移而愈益明顯。在政府組織、權力分立制度的議題上，掌握並強調制衡作用的力道大幅增加，從釋字第 261 號解釋定期強制資深中央民意代表退職、釋字第 262 號解釋支持監察院彈劾武職人員、釋字第 392 號解釋重建刑事羈押的法院保留原則、釋字第 419 號解釋動搖副總統兼任閣揆的正當性、釋字第 436 號解釋將軍法審判納入司法控制、釋字第 499 號解釋強力否定國民大會自延任期的修憲惡例、釋字

如此澄清其旨，其實難以從該項解釋所使用之文字（即謂法官於審判時，對於機關釋示法規之行政命令，「固未可逕行排斥而不用，但仍得依據法律表示其合法適當之見解」）瞭解其意。而法官審判應否受到行政命令約束，本是審判獨立之核心問題，釋字第 137 號解釋就之如需故布疑陣，已可見問題嚴重之程度。

❽　釋字第 105 號解釋中出版法撤銷出版品發行的規定，遭監察院挑戰其為違憲，大法官以之為出版自由之必要限制，理由則只謂此係委任立法的選擇裁量。

❾　釋字第 86 號解釋應已構成我國憲法史上第一個實質上宣告法律違憲的解釋，參見翁岳生，〈憲法之維護者——省思與期許〉，《第六屆「憲法解釋之理論與實務」暨釋憲六十週年學術研討會會議論文集(一)》，頁 21，臺北：中央研究院法律學研究所籌備處／中華民國憲法學會（2008 年 1 月 11 日）；但由於解釋中使用之文字過於含蓄，論者不無認為此兩項解釋均僅為暗示違憲者，如陳弘毅，〈臺灣與香港的憲政發展——兩個個案的比較與反思〉，《中研院法學期刊》，頁 173，創刊號（2007 年 3 月）；亦有直言其看不出來是個違憲解釋者，如林子儀、葉俊榮、黃昭元、張文貞編著，《憲法——權力分立》，頁 81、87、343，臺北：學林（2003 年）。惟若與認定司法院組織法及法院組織法一干立法違憲之釋字第 530 號解釋用語極其類似並觀，應可知釋字第 86 號解釋為違憲解釋無疑。

❿　釋字第 206 號解釋中對於法律限制鑲牙生為醫療廣告，言其並未限制工作機會而為合憲，結論未必錯誤，可是理由語焉不詳，亦未討論商業言論之限制問題。

第 520 號解釋創設立法院與行政院變更重要政策的互動機制等等，都可有所體會。權力分立的制度目的在於節制權力以防濫用，本亦帶有濃厚的人權意涵，憲法是個整體，不能硬行區分政府組織與人權保障的議題而率加割裂，上引各項解釋，能展現其中旨趣者亦不乏其例。

在人權的議題上，解嚴後司法禁忌漸消，顯而易見。解嚴之前不僅認定法令違憲的解釋寥若晨星，人權解釋也甚是稀少❾❶。早年的人權解釋，始於財產權的議題❾❷，也以涉及經濟活動為主的稅捐法令或訴訟程序乃至訴訟費用徵計的解釋❾❸，亦即政治上較不敏感的領域為其大宗。解嚴之後，以人權為主題的解釋開始伸入各項重要的人權領域，從思想自由、言論自由、人身自由、宗教自由、隱私權、性別平等、工作權、生存權、人格尊嚴、正當法律程序、訴訟權、參政權、秘密通訊自由到比例原則、國家賠償不一而足。值得引為憲政里程碑的案件，已經累積了相當數量，如釋字第 243 號以降的一連串解釋❾❹破除特別權力關係理論之絕對性、第 384 號

---

❾❶ 在 1958 年司法院大法官會議法制定之後，人民始有聲請釋憲之管道。於此之前，人權解釋只能由透過機關聲請。第一個由人民聲請的解釋其實是由國大代表以個人之名義提出，是為 1966 年做成之釋字第 117 號解釋，解釋內容則未語及人權，應否以之為人權釋例，非無討論空間。其後則有釋字第 148 號解釋，又已是 10 年以後。從釋字第 117 號至解嚴後之釋字第 216 號，共 100 則解釋之中，因人民聲請而做成之解釋僅 40 件而已。

❾❷ 參見 1954 年之釋字第 37 號解釋。此係第一則人權解釋，所保障之權利為沒收財產之特種刑事程序中第三人之債權。當時尚無由人民聲請解釋之管道，此案係由行政院提出聲請，參見彙 54 (43)；若以釋字第 16 號、第 35 號解釋亦係有關人權保障之解釋者（均亦涉及法官保留原則之概念運用），其權利標的亦均為財產權。

❾❸ 在解嚴前由人民提出而大法官做成之 40 件解釋之中，關於稅捐法令的解釋占 8 件，關於訴訟權的解釋占 10 件，合計已近半數。

❾❹ 釋字第 243 號解釋之前，已有釋字第 187、201 號解釋於戒嚴時期末段為之暖身，之後則有釋字第 266、268、270、280、298、312、323、382、433、462、491、501、517、529、557、575、583、601、610、614 等多號解釋，持續接力而逐步地限縮特別權力關係理論之作用。

解釋樹立正當法律程序概念、第 392 號、第 535 號、第 582 號解釋確立刑事訴訟的無罪推定與證據法則、第 399 號解釋肯認人格權、第 631 號解釋要求監聽適用法院保留原則、第 445 號及第 509 號解釋伸揚言論自由、第 601 號解釋為保障資訊隱私權而否定身分證按捺指紋政策，都是。

　　解嚴之後的司法解釋，宣告法律違憲的比例頗高，也是一項重要特徵，戒嚴時期只有釋字第 86 號、第 166 號兩項解釋可以視為違憲解釋，但都是猶疑其詞。解嚴不久，即有釋字第 224 號解釋實質變更解嚴前釋字第 211 號解釋，改採系爭稅法違憲的立場；旋則有釋字第 251 號解釋訂出違憲立法失效及修法的期限，與解嚴前處理同一議題的釋字第 166 號解釋相比，已見釋憲態度丕變的程度。此後宣告法律違憲的解釋，迄 2007 年底之釋字第 635 號解釋止，凡 54 例❾❺；若加上宣告命令違憲的解釋，則共計 110 則。頻繁宣告法令違憲，其實非是大法官態度激進所致，更許是戒嚴期間威權法令遺跡廣布以致清理不及之故。司法解釋勤於宣告法令違憲，雖然不獲有司配合改善者非無其例（如釋字第 278 號、第 396 號、第 445 號、第 530 號解釋，都是），但不時可在憲法意識上廉頑立懦，亦不待言。

　　解釋明確積極要求憲法機關符合憲法要求的態度，不但是戒嚴時期所未見，也隨著戒嚴日遠而漸見彰顯。最為明快的例證，或許莫過於釋字第 261 號及第 499 號解釋。前者針對可得確定之特定對象，亦即當時有數之中央資深代表要求限期退職，後者宣告國民大會修憲議事程序及內容違法違憲，所通過之修憲條文全部即時無效，不容閃躲，確屬罕見。在人權保障的解釋領域中，戒嚴時期已經開始醞釀，解嚴後屢有針對聲請釋憲之個人於解釋理由中具體指示救濟途徑以求取實效的案例出現❾❻，釋字第 242 號、第 610 號就是最先以及最近的例子。從釋字第 585、599 號開始，大法

---

❾❺　其解釋號數之清單，參見李念祖，《案例憲法——人權保障的程序（上）》，頁 183，註 71，臺北：三民（2008 年修訂 2 版）。

❾❻　參見李念祖，〈大法官從事個案違憲審查之憲法解釋實例研究〉，收入於《當代公法新論（上）：翁岳生教授七秩誕辰祝壽論文集》，頁 858-860，臺北：元照（2002 年）。

官也確認應對需要即時救濟的案件給予暫時處分而不再猶豫，釋字第 590號解釋則指示法院應該在急迫的情形下，自行斟酌適用憲法審查違憲的法律以符給予及時救濟之司法義務要求，都足供體會司法給予即時人權救濟的重要。

解釋的質量在戒嚴後大幅提升，其實顯而易見。戒嚴時代的解釋惜墨如金，有時甚至只有極短的結論而毫不交待理由。解嚴之後的解釋，用字數量增加，說理也愈趨明晰豐富，於解釋理由書更為明顯❾❼。

解嚴之後，記名之不同意見與協同意見的大量發表，也提高了解釋的品質❾❽。大法官以記名方式提出不同意見，固然種因於解嚴時期釋字第 147號解釋的偶然❾❾，勤於立馬萬言，也非僅以解嚴之後為限❿，但是，解嚴後自釋字第 315 號解釋開始進一步區分協同意見與不同意見以降，有時雖然看來立場曖昧⓫，然以學術態度為尚，說理不厭其詳，似已蔚為風氣；大法官以個人具名的意見激烈辯難，甚至不留餘地，解嚴後也屬司空見慣⓬。其中，不能純然歸諸個別大法官的意氣或修養，更多的當是憲政信

---

❾❼　此點或與解釋文需要三分之二之多數通過而解釋理由書則只需過半數通過有關。司法院大法官審理案件法第 14 條、同法施行細則第 17 條參照。

❾❽　關於不同意見書制度得失之討論，頗不乏見仁見智之觀點，參見如翁岳生，註89，頁 42–46；劉鐵錚，《大法官會議——不同意見書之理論與實際》，頁 12–16，臺北：三民（2003 年）。

❾❾　其中原委，見翁岳生，註89，頁 42。

❿　如戒嚴期間做成之釋字第 156、158、159、177 等號解釋中姚瑞光大法官所提出之各篇不同意見書、釋字第 202 號解釋中李鐘聲與張承韜大法官共同具名提出之不同意見書，均遠逾萬言。

⓫　例如釋字第 520 號解釋中，王澤鑑與黃越欽兩位大法官各自提出協同意見書，其觀點卻截然相反，此與抽象解釋不似裁判書之應有具體可資執行的主文而可任由大法官自行標示為協同意見或是不同意見的實務，密切相關。

⓬　劉鐵錚大法官曾為文指出，不同意見書措辭用語不宜激烈、不可尖酸刻薄而有情緒發洩，見氏著，〈不同意見書之研究〉，收於《司法院大法官釋憲五十週年紀念論文集》，頁 24–25，臺北：司法院（1998 年）；則其間之判斷標準只能由大法官自行主觀認定。解嚴之前，姚瑞光大法官經常鉅細靡遺提出全然不留餘

念的執著⑩。釋憲者能夠不計情面，直言無隱，勇於堅持理想，坦然接受公評，也是司法獨立精神的一種進步。

二、保守與自由的交錯

就像自由與保守成為對比詞一樣，司法積極主義與司法消極主義（或稱司法極簡主義⑩）雖然只能說是一種相對的而且定義並不明確的概念，但卻是學界經常使用的分類方法⑩；在政治走向自由開放的趨勢中，司法積極主義通常與自由的司法態度成正比，司法消極主義則易與保守的司法態度接軌⑩。藉之觀察大法官在解嚴後人權案例中釋憲的走向，仍有意義。

解嚴之前，人權保障顯然不是憲法解釋的主要功能所在⑩，有些解釋

地之不同意見；解嚴之後，有嚴詞批評多數意見專斷、擴權者（釋字第 617 號許玉秀大法官不同意見書）、「過動」而違反憲法上原則者（如釋字第 610 號彭鳳至、徐璧湖大法官不同意見書）、或「率爾介入」，「違背權力分立之原則」（如釋字第 632 號解釋余雪明大法官不同意見書）之例。

⑩ 大法官協同意見或不同意見書中，頗不乏情緒激昂、辭鋒犀利或感性流露的作品，例如釋字第 590、601、613 及 617 號解釋中許玉秀大法官的協同意見或不同意見書，釋字第 612 號解釋中王和雄與廖義男大法官及第 613 號解釋中王和雄與謝在全大法官共同具名之不同意見書等，均屬其例。

⑩ 相關介紹，參見凱斯・桑思坦 (C. Sunstein) 著，商千儀、高忠義譯，《司法極簡主義》，臺北：商周（2001 年）。

⑩ 相關討論介紹，參見如黃昭元，〈司法消極美德的積極實踐──評 Sunstein 教授的「司法最小主義」理論〉，收入《當代公法新論（上）：翁岳生教授七秩誕辰祝壽論文集》，頁 875–917，臺北：元照（2002 年）。學者亦有稱之為司法自制與司法創制兩相對比者；參見任冀平、謝秉憲，〈司法與政治──我國違憲審查權的政治限制〉，收入湯德宗編，《憲法解釋之理論與實務（第四輯）》，頁 515–519，臺北：中央研究院法律學研究所籌備處（2005 年）。

⑩ 論者提醒，美國經驗顯示，自由的大法官可能因政治部門係由自由主義當道而不積極行使違憲審查，於政治上係保守主義當道時則態度積極；保守的大法官則反是，任冀平、謝秉憲，同上註，頁 516–517。

⑩ 在司法院大法官會議法制定之前，只有政府機關可以聲請釋憲，一般人民並無聲請釋憲之管道，保障人權之憲法解釋只能期待有心之憲法機關適時發動；此

毋寧只是配合掌權者的政策而已，還談不上人權態度為保守或是自由的選擇。釋字第 194 號解釋以空泛之語言將唯一死刑立法視為理所當然，即為適例。解嚴後，人權解釋的數量增加，也才提供了觀察解釋態度偏向自由或是保守的機會。

從解嚴之後違憲解釋的比例甚高來看，可否假設大法官的自由主義傾向甚高？恐非當然。大法官在人權解釋上態度仍然趨於保守，有幾類明顯的指標領域及案例，可資驗證。

首先應談生命權的保障。解嚴後，主要有釋字第 263、476、573、574 號解釋涉及生命權的課題，其中第 574 號解釋基於生命無價，宣告保險法禁止人身保險複保險契約的規定，違反憲法保障的契約自由，是僅有的、正面的伸揚生命權的解釋。其餘三則之中，第 263 號及第 476 號解釋則均係針對死刑之合憲性而為解釋，前者將擄人勒贖加課唯一死刑之立法解釋為並非唯一死刑的法律，藉以緩和其嚴格適用的程度，卻迴避討論唯一死刑乃至死刑是否合憲、違憲或為何合憲、違憲的問題；後者宣稱係以比例原則檢驗並肯定煙毒犯罪死刑立法的合憲性，但只從立法目的合憲處立論，對於目的與手段關係如何禁得起何種密度的違憲審查，幾乎交了白卷，曾在所著教科書中以 20 頁以上篇幅討論死刑存廢論爭 ⑩ 的大法官也無不同或協同意見的提出，保守的人權態度，無可隱瞞。至於第 573 號解釋，處理的不是死刑問題，卻對死刑犯聲請人企盼能於解釋做成的過程中暫緩執行的請求不置一詞，相較於釋字第 585 號解釋在權力分立問題上針對暫時處分的制度必要性勇於表態，可見其價值取捨存在；相對於死刑廢止論在歐洲已經不生異議 ⑩，在美國學術及司法上激烈辯論的如火如荼 ⑩，我國

中又以監察院之貢獻最多，第一個宣告法律違憲之人權解釋（釋 166）即是由監察院所聲請者，續 (1) 188 (69)。

⑩ 蘇俊雄，《刑法總論 III》，頁 178–198，自刊（2000 年）。

⑩ 2004 年之歐盟憲法草案 〈http://european-convention.eu.int，最後拜訪：2004/10/28〉中，禁止死刑之規定，足以反映歐洲各國在此一問題上之普遍態度。

大法官展現著水波不興的沈靜，與其歸之為學問見解的貧乏，毋寧說是保守的性格使然。生命是一切人權的根本，大法官卻在生命權的解釋荒漠中，對於死刑的嚴肅憲法爭辯，持續漠然以對；雖然不聞弦歌，亦可知其雅意了。

　　思想、信仰或言論自由，是重要性並不亞於生命權保障的領域，大法官的多項解釋，也可憑以驗證其保守或是自由的司法態度。此類解釋數量稀少，本身即是一項指標。以思想自由為主軸的解釋，釋字第 567 號解釋的解釋理由書與林子儀大法官的協同意見，竟是絕無僅有的篇章；詳細闡述信仰自由的解釋，釋字第 490 及 583 號則是僅見的兩則；言論自由的解釋，略為多些，但以之為主題的解釋，認真數來，也只有釋字第 364、407、414、445、509、577、618、623 號等不滿 10 例而已。

　　進一步言其實質，解嚴之後，及至釋字 445 號解釋，才有了第一個從集會遊行自由鋪展言論自由憲法保障體系性概念的作品，釋憲者補繳積欠的憲法作業，意味相當明顯。此前的釋字第 364 號解釋彷彿只在從事學術對話，釋字第 407 號解釋幾乎將認定何為猥褻言論的定義權力全然委諸行政機關決定、釋字第 414 號解釋完全無視於事前審查制定施用於商業言論的不合理，對於言論自由的保障，此三案或有寸進之功，但畏縮不前足以形成未來進步的障礙，又恐怕要得到功不抵過的批評。到了釋字第 509 號解釋，也才以合憲解釋的方法抑制刑法對於新聞自由過度威脅，如果是在引進美國真正惡意原則，似還有些一知半解，又顯得有所保留**❶❶❶**；釋字第 577 號解釋，只在評價法律合憲的案例中，首度詳述如何運用比例原則檢驗法律對於商業言論加設限制；釋字第 618 號解釋仍然採取合憲解釋的手

---

❶❶⓪ See e.g. F. Zimring, *The Contradictions of American Capital Punishment*, Oxford. Oxford U. Press, 2003.

❶❶❶ 相關討論及評論，參見如法治斌，〈保障言論自由的遲來正義──評司法院大法官釋字第五〇九號解釋〉，《月旦法學雜誌》，頁 152–154，65 期（2000 年 10 月）；吳永乾，〈英美誹謗上所稱「真正惡意」法則之研究〉，《國立中正大學法學集刊》，頁 22–23、80，15 期（2004 年 4 月）。

段處理刑法制裁「猥褻言論」的定義問題，於釋字第 407 號解釋的缺陷固有矯正，但是幾乎掏空了「法律明確性原則」，對於成人的資訊接收自由也仍是過門不入 ⑫；釋字第 623 號解釋再度以縮限解釋的方法，宣告對於商業性言論明顯限制過度的法律為合憲，都予人態度保守的觀感。而唯一基於保障言論自由的理由宣告法律違憲的釋字第 445 號解釋，卻仍然迎來行政及立法機關嗣後修正集遊法時仍不刪除已被宣告為違憲的條文，既不換酒也不換瓶，簡直視憲法解釋如無物；大法官的保守含蓄，在與司法平行而手握管制權力的憲政機關眼中可能看到何種指示作用，也就不難捉摸了 ⑬。

可與此相與對照觀察的，則是釋字第 490 號解釋。該案之中，耶和華見證人基於宗教信仰與良心自由，祈求其於 18 歲至 45 歲、幾近 30 年的青春免受循環入罪的折磨 ⑭，竟不可得，多數大法官的鐵石鐵面，確令學界印象深刻 ⑮；本案之後，國防部與立法院未因大法官的合憲解釋而停止修法，仍然從善如流，改以替代役解決拒服兵役者良心自由受到煎熬的困境。兩相對比，釋憲者的保守，其實呈現了某種難以言說的極端。

---

⑫ 相關討論，詳見李念祖，〈禁止猥褻言論的定義魔障〉，《臺灣本土法學雜誌》，頁 53–54，89 期（2006 年 12 月）；對此一解釋類似或其他之批評，參見如黃榮堅，〈棄權又越權的大法官釋字第六一七號解釋〉，《臺灣本土法學雜誌》，頁 70–73，89 期（2006 年 12 月）。至釋字第 623 號解釋，將未見明文區別限制範圍而以刑罰制裁猥褻言論散布之法條，縮限至僅適用於青少年之保護，始首見成人之資訊接收自由受到憲法保障之曙光。

⑬ 關於大法官解釋執行狀況之討論，參見如翁岳生，註 89，頁 36–40；美國最高法院裁判之執行，參見法治斌，〈美國政府機關對其最高法院裁判遵循與抗拒〉，收入於《人權保障與司法審查——憲法專論(二)》，頁 143–158，臺北：月旦（1994 年）。

⑭ 參見該案聲請人吳宗賢釋憲聲請，續 (13) 405 (88)。

⑮ 關於該項解釋之批評，參見如黃昭元，〈信上帝者下地獄？——從司法院釋字第 490 號解釋論宗教自由與兵役義務的衝突〉，《台灣本土法學雜誌》，頁 30–45，8 期（2000 年 3 月）；廖元豪，〈法治尚稱及格，人權仍須努力：解嚴後的台灣憲政主義發展〉，《思想》，頁 183–184，7 期（2007 年 11 月）。

　　良心自由或許是憲法上較為冷門的領域，那勞動權利呢？憲法基本國策的條款顯示了福利政治的濃厚色彩，也有具體且專於勞工或勞資關係適用的規定存在⑯，釋憲者卻在勞動基本權的闡述與保障上，於戒嚴期間只有釋字第 220 號解釋宣告一項判例違憲，將勞資爭議納入司法程序；解嚴後亦僅出現釋字第 373 號解釋一則案例，宣告禁止工會組織的立法違反結社自由，「勞動權」的憲法概念始終不見大法官積極加以提倡，無論如何，都是人權政策的重大遺憾。

　　再若以重要性亦絕不亞於生命權或言論信仰自由的平等原則解釋作為觀察場域，大法官的保守程度，恐也不遑多讓。解嚴之後，釋憲者對於平等原則的解釋數量，相當豐富，學界頗有共識⑰。但是釋憲的結果仍有不應出現的保守之處。憲法第 7 條標舉了五種可資懷疑的區別標準，積極消弭法律上的歧視；它們分別是：男女、種族、階級、宗教及黨派。然而，在大法官為數極夥引用平等原則的解釋之中，泛泛語及平等原則者甚多，明白指出相關法令究竟是侵犯或違反了那一項可疑的區別而應受違憲的評價，可說是鳳毛麟角，只能由研究者自由給予設想推論而已⑱。尤其難以圓說者，五項可疑的區別標準中，極具重要的「種族」及「階級」兩項，從來不見憲法解釋加以引用或給予定義，更多的情形，則是遭到釋憲者的

---

⑯　憲法第 154 條參照。

⑰　學者就大量的平等原則解釋從事專題研究者，如法治斌，〈司法審查中之平等權：建構雙重基準之研究〉，《人文及社會科學》，頁 35–50，6 卷 1 期（1996 年 1 月）；許宗力，〈從大法官解釋看平等原則與違憲審查〉，收入李建良、簡資修主編，《憲法解釋之理論與實務（第二輯）》，頁 85–122，臺北：中央研究院中山人文社會科學研究所（2000 年）；陳愛娥，〈對憲法平等權規定的檢討——由檢視司法院大法官相關解釋出發〉，收入湯德宗、廖福特主編，《憲法解釋之理論與實務（第五輯）》，頁 225–260，臺北：中央研究院法律學研究所籌備處（2007 年）。

⑱　大法官解釋中，有明白指出可疑區分類別者多為男女平等，如釋字第 620 號、第 457 號及第 410 號等解釋；此外，其他的可疑區分上，僅有釋字第 573 號曾明白語及宗教平等。

忽略。「種族」、「男女」及「階級」都與人因與生俱來而難以改變的因素遭到歧視有關，大法官的解釋之中，從未指明此點[119]。釋字第 497、560、618 等號解釋都涉及「種族」歧視的同類問題[120]，釋憲者似乎並無知覺；法律以經濟能力為區別標準，於何種情形時應以「階級歧視」論之，是學術上經常討論的問題[121]，憲法解釋似乎是聞所未聞，從未見解釋何謂「階級」。另外如釋字第 490 號解釋對於徵兵制度之性別歧視為理所當然，全無何以

---

[119] 大法官僅在釋字第 626 號解釋中討論公立大學招生以色盲為差別待遇之分類標準違反平等保障問題，首度明言此中涉及色盲「非屬人力所得控制」之生理缺陷，意味庶幾近之，但仍未討論法令若以與生俱來而難以改變的因素作為差別待遇之標準，即可能構成一種備受平等自由主義論者（如 Ronald Dworkin）非難、重視先天機遇而非後天努力的不平等措施。相關討論，參見 R. Dworkin, *What is Equity? Part 2: Equity of Resources*, Philosophy and Public Affairs 10, 283–345, 1981。朱敬一、李念祖，《基本人權》，頁 23–28，臺北：時報文化（2003 年）。

[120] 其中釋字第 497 號解釋涉及大陸配偶的定居或居留許可問題；第 560 號解釋涉及外國人適用平等原則之適格問題，按以外國人作為差別待遇之基準，不論是基於血緣或是出生地作為認定因素，都與「種族」作為可疑的區別標準道理可以相通，參見李念祖，〈論我國憲法上外國人基本人權之平等保障適格〉，《憲政時代》，頁 80–100，27 卷 1 期（2001 年 7 月），本書收入於頁 215–241；學者有以此號解釋係在建立「非我族類」的國家圖像者，廖元豪，〈「海納百川」或「非我族類」的國家圖像——檢討民國九十二年的「次等國民」憲法實務〉，收入《法治與現代行政法學——法治斌教授紀念論文集》，頁 305–307，臺北：元照（2004 年）。第 618 號解釋接受限制大陸地區人民於取得臺灣地區之國民身分證後 10 年始能擔任公職的法律規定為合憲，卻未注意以地域作為差別待遇標準與「種族」觀念之係受制於出生此一無可改變的事實，在平等原則上有同樣的問題存在。

[121] 參見如陳春生，《憲法》，頁 82–84，臺北：翰蘆（2003 年）；許志雄、蔡茂寅、蔡宗珍、陳銘祥、周志宏，《現代憲法論》，頁 101–102，臺北：元照（1999 年）；林騰鷂，《中華民國憲法》，臺北：三民（2004 年修訂 3 版），頁 72–73；社會學研究上，亦有類似討論，參見如蕭雲菁譯，三浦展著，《階級是會遺傳的》，臺北：三采文化（2007 年）。

論為合憲的理由分析；大法官於釋字第 340 號解釋為了「黨派平等」而宣告政黨推薦之候選人僅須繳納半數之保證金制度違憲之後，卻又於釋字第 468 號解釋容許法律以經濟能力作為無黨籍人士參選總統的門檻，而未以相同的態度交待黨派歧視乃至於階級歧視的問題，都指向釋憲者對於進步的人權觀念裹足不前。也有理由令人懷疑：釋憲者前進的步伐與倒退的幅度互相抵銷之後，人權保障的方向究竟是進步還是退步？

　　當然，解嚴之後，大法官也不乏自由態度明顯的人權解釋，釋字第 384、392、523、535 及 588 號等案解釋接力保障人身自由，釋字第 399 及 587 號解釋樹立人格權為憲法第 22 條的核心內容，釋字第 603 號解釋嚴格維護資訊隱私不容政府侵犯等等，都具有指標性的影響。第 603 號解釋憲法意識之堅定，可以媲美關於修憲機關權力界限的釋字第 499 號解釋，而均堪稱為舉世獨步之作。但是，就整體而言，這些少量的自由態度釋例，尚不足以改變或平衡數量較多的保守作品仍在決定釋憲者整體人權意識態度的座標定位落點，又不待言。反過來說，釋字第 499 號解釋，曾被學者形容為膽敢宣告修憲失效的司法積極主義❷，也與大法官在人權議題上普遍性的消極保守傾向，適成對照。而保守封閉或是自由開放，積極或是消極，既非絕對的，也不是用以衡鑑憲法人權解釋唯一的指標。論者有謂解嚴後人權解釋一項致命的缺點，就是釋憲者眼中只有主流與多數的人權，缺乏保障少數弱勢的人權意識；亦是語在要害的觀點❸。

三、解釋與審判的辯證

　　解嚴之後，憲法解釋制度因憲法解釋實務而發生變化，其實質走向面臨轉折與調整，是個關係整體憲政發展而不容忽略的課題。從戒嚴之前的釋字第 1 號解釋開始，釋憲實務即與一般法院審判形式有所區別，捨個案裁判而就抽象解釋的違憲審查模式❹，並以抽象規範控制為其主要功能，

❷　廖元豪，註 115，頁 172。

❸　廖元豪，同上註，頁 181–189。

❹　其形式源自於制憲前即已出現的司法解釋模式，亦即民初大理院時代之統一解

延續至今，形成了一種與各國釋憲制度不盡相同的特殊制度**⑫**。

　　戒嚴期間，釋憲實務曾一再觸及大法官之憲法解釋與審判功能取捨的問題。先是有國民大會於民國 40 年代聲請解釋大法官是否為憲法第 80 條、第 81 條所稱擔任審判職務之法官，這項聲請在司法院中等待了約 50 年，直至解嚴之後，於民國 94 年釋字第 601 號解釋認定大法官確是憲法上所稱之法官後，始以無解釋必要而宣告不受理**⑯**。繼則是在民國 71 年一件人民

釋；參見黃源盛，《民初法律變遷與裁判 (1912–1928)》，頁 29、32–34，自刊（2000 年）；李念祖，《案例憲法 II——人權保障的程序（上）》，頁 123，臺北：三民（2008 年修訂 2 版）。其中涉及的憲法問題，另見李念祖，《司法者的憲法》，頁 10–28，臺北：五南（2000 年）。

⑫ 我國現行釋憲制度，既不同於美國之由各級法院於審判中附帶進行之分散式違憲審查，亦不同於德國或奧國法院仍為個案審判之集中式違憲審查，且於法國之憲法委員會僅提立法程序完成前從事法律違憲審查的憲法委員會功能頗異其趣，參見許宗力，〈集中、抽象違憲審查的起源、發展與成功條件〉，收入於《法與國家權力㈡》，頁 3–40，臺北：元照（2007 年）；吳庚，〈違憲審查制度之起源功能與發展〉，《法官協會雜誌》，頁 1–10，3 卷 2 期（2001 年 12 月）；李鴻禧，〈司法審查制度之異質移植——大陸型違憲審查制度之研究分析〉，收入於《違憲審查論》，頁 243–337，自刊（1990 年）；批評現狀者，見蘇永欽，〈飄移在兩種司法理念間的司法改革〉，收入於《走入新世紀的憲政主義》，頁 358–362，臺北：元照（2002 年）。繼受西方法制而發展出偏離原味或自成一格的制度與作法毋寧是發展中國家的正常現象，有稱之為十字現象者，相關討論，參見王冠璽，〈法學發展的「十字現象」——以物權行為制度與《合同法》第 51 條為說明主體〉，《現代法學》，頁 162，27 卷 1 期（2005 年 1 月）。

⑯ 司法院大法官 1269 次會議不受理決議 (94.07.30)：「卅六、國民大會秘書處聲請解釋司法院組織法第四條第三項與憲法第八十一條規定有無抵觸案。會台字第 273 號決議：㈠按中央或地方機關，於其行使職權，適用憲法發生疑義，或因行使職權與其他機關之職權，發生適用憲法之爭議，或適用法律與命令發生有抵觸憲法之疑義者，始得為之，司法院大法官審理案件法第五條第一項第一款定有明文。㈡本件聲請人國民大會秘書處因中華民國三十六年十二月二十五日修正公布之司法院組織法第四條第三項（與現行司法院組織法第五條第二項相當）有關大法官定有任期之規定是否抵觸憲法第八十一條法官為終身職，發

聲請釋憲之案件中，應聲請人之請求，以釋字第177號解釋確認，大法官
所為之解釋，對於據以聲請解釋的具體案件發生拘束效力，當事人得以據
之尋求進一步的司法救濟❼；該項解釋固仍維持宣告抽象規範的形式，卻
已與直接發生個案拘束效力之法院裁判，實質上相當接近；只差提供直接
撤銷下級法院錯誤適用法律的救濟性裁判而已。解嚴之後，不旋踵即有釋
字第242號解釋，一方面拒絕宣告法院審判時所引據之民法規定違憲，一
方面直言無隱，係在認定法院「適用法律」不符憲法意旨，並在解釋理由
書末直接指示聲請人提起再審；又有釋字第261號解釋逕命人選特定之第
一屆資深中央民意代表於指定期限退職；再以釋字第295號解釋直接闡示
未為任何法令適用而受到聲請人挑戰之行政法院判決見解違憲，均可顯示
當時大法官並不嚴格堅持區別解釋與審判界限的傾向與意圖。走向審判的
解釋，引起了大法官是否為第四審法院的質疑，也引起了大法官與最高法
院之間某種緊張關係❽。此後，解釋應否審判化的問題遂循著數條軸線進
行爭辯。

　　第一條討論主軸，是大法官與法官有無角色分工、如何為角色分工的
問題，主流觀點似乎是以我國係採取集中型的違憲審查模式而強調大法官
對於法律為規範控制的專屬功能❾，反對大法官循法院審判的模式從事違

　　生疑義，聲請解釋。查八十六年七月二十一日修正公布之憲法增修條文第五條
　　第二項已明文規定司法院大法官任期八年，不分屆次，個別計算，並不得連任，
　　且司法院大法官為憲法上之法官，亦經本院釋字第六○一號解釋闡釋甚明，是
　　司法院組織法上開規定已不生是否牴觸憲法第八十一條之疑義存在，本件聲請
　　核無解釋之必要，依司法院大法官審理案件法第五條第三項規定，應不受理。」

❼ 在民事訴訟及行政訴訟，釋憲案之聲請人得根據釋憲之有利結果聲請原審法院
　　再審，若係刑事訴訟之被告，依現行法院實務，則因刑事訴訟法規定發現新證
　　據始得聲請再審為由不以之為得為再審聲請之事由，而僅得聲請檢察總長提起
　　非常上訴。

❽ 此種緊張關係，在最高法院以78年台再字第111號再審判決，給予釋字第242
　　號解釋聲請人鄧元貞夫婦翻案救濟時，認為原審判決適用法律並無錯誤，乃僅
　　能以釋字第242號解釋為再審改判之唯一依據之際，即已開始顯現。

憲審查❿。釋字第 371 號解釋即是此項觀點的代表作,一方面開放由法院為具體違憲審查,於審判中停止訴訟程序以挑戰法律違憲的聲請解釋管道;另一方面則排斥法院有於審判中逕行拒絕適用違憲法律的功能。嗣後並於釋字第 585、599 號解釋依司法功能理論創設大法官的暫時處分制度時,以抽象解釋的形式做出暫時處分,而與法院所為之個案處分有無區別,保留了想像空間❿。釋字第 576 號解釋中 3 位大法官署名的協同意見❿,強烈質疑久於司法實務存在的判例制度違憲,似也隱約指向司法系統之內只容大法官以形成抽象規範作為核心職權的解釋立場。

第二條討論主軸,則是論辯大法官違憲審查的功能,應限於客觀憲政秩序規範之建構維護,抑或以主觀權利的救濟為依歸?此一討論,首見於釋字第 445 號解釋,大法官在程序上可否受理並宣告集遊法禁止主張分裂國土或共產主義的規定違憲,引發大法官之間的歧見❿,集遊法該條於據以聲請釋憲之個案並無直接適用,多數大法官則以釋憲功能重在客觀憲政秩序之維護為由而仍進行實體審查並宣告該條違憲。到了釋字第 572 號解釋,大法官轉而要求法官只能針對適用上足以影響個案審判結果的法條聲請釋憲,引起不同意見質疑此係脫離客觀憲政秩序維護論,改採主觀權利救濟論的錯誤❿。相關爭辯的火苗並於釋字第 590 號解釋中繼續延燒❿,

---

❿ 蘇永欽,〈法官是否應有違憲審查權〉,收入於氏著,《合憲性控制的理論與實際》,頁 187–198,臺北:月旦(1995 年);許宗力,註 84,頁 37–40。

❿ 大法官是否循審判模式解釋憲法,與司法審查制度採取集中型或分散型模式,其實是兩個不同的議題,無論採取集中型或分散型模式均有以審判模式為違憲審查之可能,也均有實際例證存在,將之混為一談,並不妥當。關於集中型與分散型模式之討論,參見如蘇永欽,同註 129。

❿ 釋字第 599 號解釋命戶籍法規定暫停適用,指示內政部辦理換發身分證之權宜措施,縱不以之為性質上屬於具體處分之指令,亦很難謂非一般處分之指令。

❿ 林子儀、許宗力、楊仁壽大法官之協同意見書質疑判例制度違反了權力分立與審判獨立之憲法上原則,續 (17) 300–1 (93)。

❿ 參見該號解釋董翔飛大法官及陳計男大法官各自提出之不同意見書,續 (11) 254、257–8 (87)。

方興而未艾。

　　第三條軸線，則是以審判機關的組織形態作為引信，點燃了爆炸性的議論火種。解嚴之後，先是有釋字第 378 號解釋理由書以職司審判之司法機關不能採取行政機關名稱為由，指出律師法上律師懲戒覆審委員會的名稱需要改為法庭名稱，並未引起注意❻；隨後之釋字第 396 號解釋依循同一思路，實質上宣告司法院公務員懲戒委員會為法院名稱及組織均屬違憲之審判機關，堪稱行憲以來罕見的司法雷霆。雖然此項解釋未設期限而相關組織立法迄今未修，公懲會仍以違憲的姿態行使職權數年，難以避免雷大雨小的感覺，卻已是下個司法雷霆的先聲。民國 90 年釋字第 530 號解釋再一次宣告司法院公務員懲戒委員會組織法違憲❼，更進一步宣告司法院應為審判機關，司法院組織法亦為違憲，並且加設 2 年的修法猶豫期間。從此引發了學界的辯論❽，並因而在立法院中掀起長期角力波濤，致使懸為司法改革龍頭法案的司法院組織法，其修正草案幾度進出立法院，卻仍不能改變其逾越猶豫期間而無法可依的違憲狀態❾，成為一項難解的憲政難題。司法院應為審判機關的憲法解釋，直接為大法官應為審判機關從事

---

❹　參見許玉秀、城仲模兩位大法官之不同意見書，續 (17) 121-4 (93)；此一問題之討論，參見李念祖，〈純規範控制的憲政難題——從釋字第五七二號解釋補充第三七一號解釋談起〉，收入《公法學與政治理論——吳庚大法官榮退論文集》，頁 331-361，臺北：元照（2004 年）。

❺　參見許玉秀大法官之不同意見書，續 (18) 98-9、111-15 (94)。

❻　該項解釋於 1995 年做成，嗣後律師法曾經立法院四度修正，卻全未因該項解釋而重新調整律師懲戒覆審委員會的名稱或組織，該項解釋之不受重視，可見一斑。

❼　釋字第 394 號解釋未設違憲立法之落日期間，非無遺憾。

❽　參見如法治斌，〈司法行政與司法審判之分與合——評司法院釋字第 530 號解釋之功與過〉，收入《法治國家與表意自由》，頁 73-96，臺北：正典（2003 年）；蘇永欽，〈憲法解釋方法上的錯誤示範——輕描淡寫改變了整個司法體制的第 530 號解釋〉，《月旦法學雜誌》，頁 48-64，81 期（2002 年 2 月）；翁岳生，註 89，頁 122-123。

❾　翁岳生，註 89，頁 121-124。

定位，不但與釋字第601號解釋的內容相互呼應❿，實也根本動搖了大法官只應為抽象憲法解釋的前提。

　　大法官採取抽象解釋，為通案審查後，每每形成足以否定立法的通案效力規範⓫，涉及權力分立制度中立法權與司法權如何維持分際不容越界的問題；應以維護客觀憲政秩序抑或以保障主觀權利為其主要權能，則屬於人權保障司法實踐的策略上選擇。現行的抽象解釋制度，從釋憲程序位於三級審判之外的面向說，固然於法院以憲法保障人權不足時提供了另一層救濟機會；從大法官不許法官於判決中拒絕適用違憲法律的觀點說，則是製造了法院疏離憲法而形成當事人援引憲法保障人權的複雜程序障礙⓬，若以較高的人權保障要求檢視，恐怕仍是功不抵過。

⓴ 釋字第530號解釋理由書謂：「三十六年三月三十一日公布司法院組織法第四條雖規定：『司法院分設民事庭、刑事庭、行政裁判庭及公務員懲戒委員會。』未及施行，旋於三十六年十二月二十五日修正，沿襲訓政時期之司法舊制，於司法院下設最高法院、行政法院及公務員懲戒委員會……。是司法院除大法官職掌司法解釋及政黨違憲解散之審理外，其本身僅具最高司法行政機關之地位，致使最高司法審判機關與最高司法行政機關分離。為期符合司法院為最高審判機關之制憲本旨，司法院組織法、法院組織法、行政法院組織法及公務員懲戒委員會組織法，應自本解釋公布之日起二年內檢討修正，以利憲政體制。」釋字第601號解釋則明謂大法官是「憲法上法官」。

⓵ 於戒嚴時期做成之釋字第185、188號解釋，明謂大法官之憲法解釋與統一解釋均有拘束全國各機關及人民之效力，是為通案之拘束力，與立法規範之特徵相同，而與司法審判所產出之個案規範僅生拘束個案當事人之效力，迥然不同。參見翁岳生，〈司法院大法官解釋效力之研究〉，收入《公法學與政治理論──吳庚大法官榮退論文集》，頁6-12、28-30，臺北：元照（2004年）。

⓶ 依大法官釋字第371號解釋，法官確信法律違憲，則應停止審判程序，聲請大法官解釋。法官停止審判聲請解釋，與法官逕行拒絕適用違憲法律審判相較，訴訟程序必有耽誤；法官若不聲請釋憲，則當事人需俟三審判決確定後始能聲請釋憲，即使獲得有利解釋，亦需聲請再審始能翻案，程序繁複，實質上需要五個審級始能為違憲法律侵犯個案人權提供救濟。遑論釋字第590號解釋中法官遇到緊急狀況，聲請大法官解釋法律違憲緩不濟急，足以形成當事人權利保障之另一種困窘，猶其餘事。

自行憲開始即以抽象解釋姿態出現的釋憲權力，於解嚴後朝向個案裁判的型態移動，相關論辯同時徘徊於㈠權力分立制度之中立法權與司法權有無根本界線，以及㈡大法官釋憲功能能否將憲法懸為人權保障主體的個人摒除在權利救濟門外❿，兩大憲政重要關切的十字路口，因此所形成的影響，廣度與高度不同於一般，未來憲政上權力分立制度能否澄清輪廓，人權保障機制是否歧路亡羊，有待大法官提供關鍵性的答案。

⊛ 肆、憲政文化面的觀察

憲法制度的內容與憲法解釋的剖析，屬於靜態的觀察，呈現著憲政變遷的軌跡。憲政行為的表現與憲政文化的潛移默化，則是動態之法社會學研究的主題，關心的是憲政變遷背後的文化脈絡。徐復觀曾說❿：

用憲法來控制人君或其他型態的政治權力，乃到了近代才出現的事，在中國古代，便只有靠人君的德行來控制自己。

在封建餘緒中誕生的憲法如何受制或解放於既有人治文化的無形束縛，足以決定憲政實踐的成績；即使在解嚴之後，亦不能不然。以下再從一、檢討人治觀念與法治觀念孰消孰長的強人政治文化；二、評估司法與政治權力部門互動分際的憲政司法文化；與三、觀察政黨鬥爭與權力部門間制衡異同的政黨政治文化三條路徑，亦即對照於封建文化中強人領袖、司法不能獨立以及黨派傾軋的習梁，分別進行行為及文化面的分析。

一、強人政治依依不捨

軍事強人的統治，是憲法制定時即已存在、而非行憲之後才有的現象。蔣介石，正是曾被尊為憲法之父的張君勱❿在政治協商會議中企圖用憲法束縛的對象❿。共產黨的退出迎來了國民黨的妥協，政治協商會議裡通過

---

❿　相關問題之討論，參見如翁岳生，註141，頁30-34；李念祖，註134，頁334-341、348-351。

❿　徐復觀，《中國思想史論集》，頁136-137，臺北：學生書局（1995年）。

❿　楊永乾，《中華民國憲法之父——張君勱傳》，頁139，自刊（1993年）。

了張君勱的堅持，使得五五憲草中原由總統任命並向總統負責的行政院院長❹，改由總統提名、立法院同意後任命，並向立法院負責；對蔣介石而言，「國家元首」與「行政最高首長」遂成為不能得兼的魚與熊掌❹。蔣介石選擇擔任總統，於是才有甫行行憲即要通過憲法臨時條款❹，日後且一再任命副總統擔任行政院院長❺，以圖掌控行政權的舉措。實施戒嚴與終身在位，是蔣介石在臺灣實施強人威權統治的兩大憑仗；如何藉著國家元首的名器牢牢抓住行政院的行政實權，則是嚴家淦之外，歷任總統確保其號令地位的政治功課。根據大法官釋字第 419 號解釋認定總統與行政院是相互制衡的憲法機關、擔任閣揆的副總統若是繼任總統即構成違憲的意旨❺，總統染指行政院的權力並不符合憲法所設的權力限制，憲法所不許

❹ 張君勱在《中華民國民主憲法十講》中說：「國民黨中確有一部為擁護蔣主席大權起見贊成總統制。雖沒有人拿出堅強的理由為總統制辯護，但對於各黨各派責任政府制度之主張，常用內閣風潮的話來反對。……我要勸告國人：我們如何不預存一個對人的觀念，或曰『因人立制』的成見，而要徹底為中國長久計，應採用何種制度打算。民國成立已經三十六年，民國元年南京政府本來採用總統制，後來因袁世凱任總統時又採用內閣制。不免『因人立制』的毛病。每一大人物上臺先要變更條文，總是將條文遷就個人，個人不遷就國家根本大法。這實在是件很奇怪的事。……能以分析頭腦研究一番，自能將憲法之遵守與人的運用兩方面，匯歸於一。萬不可逞一時意氣，動輒蹂躪法律，遷就自己。如明白這道理，自然能免於重蹈三十餘年以來的覆轍……」張君勱，註31，頁54–55。

❹ 五五憲草第56、58 及 59 條，參見繆全吉，《中國制憲史資料彙編──憲法篇》，頁 553，臺北：國史館（1992 年 3 版）。

❹ 第 1 任總統蔣介石起初一度不願競選總統而有意出任行政院院長，並力薦胡適競選總統，其動機來自憲法規定行政實權歸於行政院，後經說服，以中國並無憲政傳統，人民只知有總統，不知有憲法，始決意出任總統。

❹ 臨時條款係於 1948 年 3 月間第 1 屆國民大會於南京集會時循修憲程序通過，當時其主要內容係在放寬總統發布緊急命令之憲法限制，賦予總統不受立法院事前干預而於緊急狀態中發布緊急處分之權力。

❺ 蔣介石總統曾任命陳誠及嚴家淦兩位副總統先後出任行政院院長(均經立法院同意)。

之事，是否仍然執意為之？此中恰就是強調強人政治不能見容於民主憲法者所必然思索的人治與法治選擇。胡佛在解嚴前後始終倡言回歸憲法，如此寫道[152]：

> ……將過去若干年來的國內政治，說成強人政治。在一般看來，這一意涵還不僅是指強人絕對地掌握了政治的權力資源，包括對人與對事，而且在某種程度，把自身處於政治體制的規範之上，並加以支配，這也就是說，過去的政治運作，相當流於因人設制的人治……中國知識份子對民主憲政的盼望與追求已超過一個世紀——其間曾遍歷各種艱困與險阻——進展到目前的政局，對民主憲政在我國的確立而言，可說是已到了一關鍵的時刻。

解嚴之後 20 年來，臺灣走出了強人政治的文化嗎？應視下列問題的答案而定：在人們的心目中，國家元首與憲法相比，是人大於法還是法大於人？國家元首與憲法的關係，是人在法之上還是人在法之下？這本是一體的兩面，法在人之上，法大於人；人在法之上，人大於法，介乎其間的命題，不會存在。

蔣介石雖然終其晚年要以憲法原貌光復大陸，但他從來都自命為人在法上，人比法大；從他的行為觀察，可以說明一切。此處舉幾個例子，以與解嚴之後兩位總統的政治舉措相與對照。

蔣介石的憲政意識，可從他對大法官一貫視為屬僚的態度窺見一斑。戒嚴時期中，也是大法官於告別中國大陸執政時代，在臺灣所做的第一個憲法解釋為釋字第 3 號解釋，當時蔣介石是在召集立法、司法、監察三院院長協商監察院有無法律提案權之後，「訓令」監察院提出聲請釋憲案而做成者。仔細觀察其間過程，從該號解釋是早期憲法解釋中說理綦詳者之最，以及總統「訓令」裡高不可攀的政治姿態之中[153]，非無理由推論，大法官

---

[151]　續 (10) 329，333–4 (85)。

[152]　胡佛，註8，頁1。

[153]　彙 21 (41)。釋字第 3 號解釋，是釋字第 80 號解釋開始區別解釋文與解釋理由書之前的各項解釋之中，字數最多者；以解釋主題之重要性而言，在戒嚴期間

的釋憲結論，可能是在總統召集三院院長協調會議時即已定調；該號憲法解釋的功能，也許主要在於提供法理說明以容立法院中朝野立法委員接受監察院的法律提案而已。在蔣介石的心目中，釋字第 3 號解釋可能是總統以元首身分在五院之間進行政治調解的具體產物❶❺❹，他可能係以五院大家長自居，在調解立法院就與監察院能否提案所生爭執的程序中，以為由其主持公斷、提供解答或尋找解決爭端的要徑乃是分內之事❶❺❺。憲政調解作為憲政訴訟的替代機制，元首調解人不應將調解不成時負責中立仲裁憲法爭議的司法院納入調解協商的程序，恐怕是蔣介石心中從未出現的概念。

1949 年，因於中國大陸軍事失利，監察院有意彈劾戰場指揮官追究責任，1951 年 3 月蔣介石總統以代電令示司法院公懲會，認為軍人失職之究責，應由軍法機關辦理，此議遂作罷論❶❺❻。過程之中，蔣介石總統儼然已是地位更為優越的釋憲者。直至解嚴之後，1990 年監察委員林純子舊案重提，大法官乃有機會做成釋字第 262 號解釋，確認武職人員亦是監察院行使彈劾權的範圍，此一問題前後逾 40 年始告解決❶❺❼。

1957 年，為了哪一個憲法機關才是國會可以參加世界國會聯合會的國際會議，蔣介石總統決定不援憲法第 44 條擔任政治調解者，轉而指向交由大法官釋憲解決問題❶❺❽。然則，正式向大法官提出釋憲聲請的不是蔣介石總統，而是奉「諭」行事的總統府秘書長❶❺❾，當時大法官則既不介意此中

決非首選；以其字數言之，迄至解嚴時之釋字第 216 號解釋，則並無超越釋字第 3 號解釋者。

❶❺❹ 憲法第 144 條，藉元首之政治聲望以達成政治上排難解紛之目的，論者有稱之為「調解權」者，陳新民，《中華民國憲法釋論》，頁 495，自刊（2001 年 4 版）。

❶❺❺ 今日依西方法制稱為仲裁之爭端解決機制，在清朝時稱為公斷，而與調解制度，屬於可以由排難解紛者替代運用的機制，而與今日西方社會以為仲裁與調解應該嚴格區別其間程序，不容混淆，有著文化觀念上的歧異。

❶❺❻ 續 (5) 110–5 (79)。

❶❺❼ 續 (5) 105–11 (79)。

❶❺❽ 彙 103–4 (46)。

❶❺❾ 彙 104 (46)。

尚有當事人不適格的問題，也不察覺此項聲請只在尋求一項諮詢意見 ⓐ，旋即做成日後大法官亦感不妥 ⓐ 而於解嚴後尋隙加以變更 ⓐ 的釋字第 76 號解釋 ⓐ。蔣介石總統對於大法官如意指使的強人元首心態，也就一覽無餘。

　　解嚴之後強人政治文化有無發生變化？更值得觀察。李登輝總統與大法官在憲政上似乎過從不密，但至少有三次遭遇具有憲政文化意涵。一次是在 1990 年的釋字第 419 號解釋，大法官應立法委員聲請針對副總統兼任閣揆一事進行違憲審查，此事係由李總統批下「著毋庸議」四字拒絕接受連戰的閣揆辭呈而起，憲法法庭史無前例地兩度開庭，在聲請方張俊雄立法委員的強烈質疑之下，雖經司法院聯繫，兩次均無李總統的代表出席從事言詞辯論，國家元首不屑屈身接受司法管轄的倨傲，溢於言表。「著毋庸議」四字背後的強勢帝王口吻，也已躍然紙上。

　　第二次是在 1998 年，李登輝因於國民大會提名司法院副院長之程序，究應適用 1997 年修憲之前的憲法舊條文、抑或修憲之後應於 2003 年始行

ⓐ　法院不得提供「諮詢意見」，指法院僅能就「案件或爭議」進行裁判，且裁判應有拘束力之當然結果。參見湯德宗，〈權力分立與違憲審查──大法官抽象釋憲權之商榷〉，收入於《權力分立新論（卷二）──違憲審查與動態平衡》，頁 96，臺北：元照（2005 年）。

ⓐ　翁岳生，註 76，頁 395–396。

ⓐ　大法官於釋字第 325 號解釋中，係以業已修憲為由，明言釋字第 76 號解釋應予變更。

ⓐ　應值注意者，大法官變更釋字第 76 號解釋的理由，並非該號解釋之內容不妥，或是當年不該加以受理，而是監察院之地位已因修憲而有所調整，乃不再有視之為國會之一的理由。然則憲法增修條文將監察委員之產生程序從由地方議會選舉改為總統提名並經議會同意後任命，監察院之職權功能如行使彈劾、糾舉、糾正、審計、調查諸權均未改變，而論者所以謂監察院所以構成「國會」之環節，其實不僅是以監察委員係由選舉產生之故，主要理由其實係認為監察院所行使者為國會之職權。於此，不能不謂釋字第 325 號解釋其實已經改變了釋字第 76 號解釋的立論基礎，亦即憲法規定之彈劾審計諸權並非本質上當然屬於國會之權力。

生效的憲法新條文問題，發生困惑而聲請大法官解釋。他遵循蔣介石差遣秘書長提出聲請的舊例行事❶。大法官仍不介意，在聲請遞出 24 天後即行做出釋字第 470 號解釋，為李總統順利解惑❶。

　　第三次亦在 1998 年發生。李登輝總統任命的司法院院長施啟揚請辭，施氏是一位不具大法官身分的司法院院長，在出任司法院院長之前，曾在國民大會之中勸說同僚代表不須提案修憲亦可期待總統提名大法官兼任司法院院長❶；嗣後國民大會於 1997 年修憲時明文要求司法院院長同時兼任大法官，也在李總統未以施氏以司法院院長兼任大法官之後。雖然 1997 年修憲的規定訂於 2003 年始行生效，但是憲法要求大法官兼任院長的意思業已昭然；李登輝總統提名施院長的繼任人選，正是時任大法官已歷 20 餘年的翁岳生❶，李總統毫不顧及憲法新增條文的明文規定，竟然接受了翁岳生大法官的禮貌性辭職❶，讓新的翁院長改以不是會議成員的身分主持大法官的釋憲討論會議❶。若謂此中並無保留隨時可讓不受大法官身分保障的院長聽命去職的權力心思，恐會小覷了當時縱橫政壇不可一世的李登輝總統。

----

❶　續 (12) 360 (87)。

❶　該案係於 1991 年 11 月 3 日提出聲請，大法官於同年 11 月 27 日做成解釋，續 (12) 360 (87)。

❶　施氏當時是執政黨內負責該次修憲事務之召集人，於修憲程序中勸說國大代表不必提出黨版之外的修憲提案，為其例行之舉。

❶　翁岳生係於 1972 年 7 月首次出任（第 3 屆）大法官，至其於 1999 年 2 月辭去大法官而接任司法院院長，已連續擔任大法官 26 年有餘；see V. Sze, *The Republic of China Constitutional Court Reporter*, vol. 1, 19–20, Taipei: Judicial Yuan, 2000.

❶　將釋字第 387 號與第 419 號解釋並觀，可知辭去憲政機關職務者，有義務性辭職與禮貌性辭職之分。翁氏辭大法官以就任院長，絕無以之為義務性辭職之理由。

❶　解釋案件之提會討論會議由院長主持，大法官全體審查會議則由大法官輪流擔任主席。司法院大法官審理案件法第 16 條參照。

　　陳水扁總統繼李總統之後擔任國家元首,與釋憲的大法官亦不乏可資記敘的特殊遭遇。一次是在 2002 年他欲向立法院提名大法官,再度發生憲法新修條文與既有條文如何適用的問題❿,陳水扁總統仍循舊例交由總統府秘書長陳師孟具名聲請釋憲。大法官如前加速做成釋字第 541 號解釋;但也直至此案,始有兩位大法官提出不同意見,一位大法官提出協同意見,討論此中有無當事人不適格、大法官應否知錯不改、總統府秘書長代勞應該下不為例等等問題⓫。到了 21 世紀,臺灣還有總統不肯屈駕聲請釋憲接受司法管轄的身段問題。此外,陳水扁總統邀請司法院院長與其他各院院長入府協調憲政問題而不以為非⓬,出國訪問時欲安排司法院院長赴機場送行⓭的理所當然,與蔣介石的作風也有似曾相識之感。人在法上、人比法大的意識,還在存留徘徊。

　　最特殊的一例,發生在 2007 年 1 月。因為吳淑珍夫人被檢方提起公訴,陳水扁總統首次以總統自己的名義,親筆簽字遞出了釋憲聲請書。這次他要大法官解釋總統享有絕對的刑事豁免權及國家機密特權,而且足以擴及總統夫人不受司法管轄,據而裁發暫時處分停止總統夫人的刑事審判。以總統之尊,發動大法官釋憲程序企圖停止正在進行的司法審判,司法獨立

---

❿　當時已在憲法增修條文將國民大會改變為「任務型國民大會」之後,總統提名大法官,須經立法院同意後任命,惟該項規定仍係於 2003 年時始有適用,總統提名大法官又因舊法已遭修正而新法未屆適用期,而生應該如何適用的疑難。

⓫　提出不同意見者為劉鐵錚、董翔飛大法官;謝在全大法官則係提出協同意見書。續 (15) 194–205 (91)。

⓬　總統活動紀要,《總統府公報》,第 6570 號,頁 16–17,2004 年 3 月 1 日,http://www.president.gov.tw/php-bin/prez/showpaper.php4?issueDate=&issueYY=93&issueMM=3&issueDD=&title=&content=&NumberVol=&category=&section=6&_pieceLen=50&_orderBy=numberVol%2Ccategory+asc&_desc=1&_recNo=2,最後拜訪:2008/05/02;〈總統今見五院院長〉,《聯合報》(2004 年 3 月 23 日),A4 版。

⓭　盧德允、何民國,〈大陣仗送機〉,《聯合報》(2006 年 9 月 4 日),A2 版。

在總統眼中具有什麼價值，不言可喻，法院的莊嚴在總統心中如何不值一顧❼，似也不在話下。同年陳總統在公開場合斥責主張公投與選舉投票不應同時舉行的在野黨亂政，不惜表示考慮實施戒嚴❼，若謂強人政治可能去而復來，不是危言聳聽。

強人政治所依仗的「人高於法」深層意識，不只是在政治權力人物心中存在而已，即使是討論憲政問題的學界菁英，如果寧可耽於批評憲法的制度缺失，減低憲法約束強人政治的正當性，或是寧可責怪媒體輿論偏頗渲染，削弱言論新聞自由的第四權功能❼，卻是吝於針砭權力逾越界限，縱容「人在法上」的意念氾濫，那也就是重視人治而輕視法治的表現，自會滋養強人政治繼續威脅法治。畢竟月旦政治實權人物，帶有實際風險，批評憲法而埋葬憲政意識，則是廉價而安全的替代選擇；人們設無警覺，法治恐難落錨靠岸。早在戒嚴時期，余英時即已提醒：

> 傳統君權的絕對性，也許會在我們的潛意識裡發生一種暗示作用，使人相信權力集中在一個具有 charisma 的領袖之手是最有效率的現代化途徑。如果很多中國人（特別是知識份子）還有這種潛意識，那真是最值得憂慮的事。❼

❼ 於陳水扁總統以總統之名義聲請釋憲之前，其同黨籍立法委員已曾聯合就同性質之憲法問題聲請大法官解釋，大法官於 2007 年 1 月 25 日第 1293 次會議做成程序上不予受理之決議。陳水扁總統旋於次日向司法院遞出釋字第 627 號解釋之釋憲聲請書。阻止第一夫人受審的用意殷切，一望即知。

❼ 林修全，〈扁高分貝，炒立委選情〉，《聯合晚報》（2007 年 11 月 26 日），3 版；孟祥傑、邱英明、包希勝，〈戒嚴？延選？換主委？〉，《聯合報》（2007 年 11 月 26 日），A3 版；陳水扁之說法曾受到論者嚴厲之批評，如黃煌雄，〈黨、本土、專賣〉，《中國時報》（2008 年 2 月 1 日），22 版。

❼ 關於新聞傳播事業在憲法上被視為「第四權」之觀念及其討論，參見如林子儀，〈新聞自由的意義及其理論基礎〉，收入氏著，《言論自由與新聞自由》，頁 66–67，臺北：月旦（1993 年）。

❼ 余英時，〈「君尊臣卑」下的君權與相權〉，收入氏著，《歷史與思想》，頁 73，臺北：聯經（1976 年）。

解嚴 20 年後，仍值三復斯言。

二、司法獨立緩緩著陸

　　司法是把守憲政的緊要關隘，常被稱為最後的防線，相對於政治部門（如立法及行政機關）而言，也被視為較為弱勢的環節❶❼❽。司法若是無力抗拒政治勢力的威猛，意味著憲政的失守。民國建立之前，封建時代根本沒有司法獨立的觀念，即使在民國初年，行政兼理司法的現象仍然存在❶❼❾，司法成為行政的附庸乃是行憲前後的常態，民間社會當也毫無司法獨立的普遍意識或期待可言。到了戒嚴時期，司法審判與軍事審判並行，不但就是戒嚴並無必要的反證❶❽⓪，也是當時司法難以有效衛護憲政的現象告白。解嚴之後，釋字第 436 號解釋將軍事審判收歸司法控制，可謂撥亂反正的補救措施；而司法能在何種程度上實現憲法的期待，以獨立之精神有效節制政治權力，則必須考察司法部門的具體作為。學者有就司法獨立與影響力入手觀察，而謂解嚴後臺灣的法治「尚稱及格」者❶❽❶；值得思考的是，解嚴後的臺灣，是政治馴服司法，還是司法馴服政治❶❽❷？以下分從法官、大法官以及檢察部門作為近距離的觀察對象。

　　憲法期待法官獨立審判而馴服政治權力，其實一望即知；最明顯的例子莫過於憲法第 8 條❶❽❸，使用冠於他條的字數，以小時為單位，6 次叮囑法院如何提審以保障人民免受未經法院事前許可的人身羈押。解嚴之前，

---

❶❼❽ 美國制憲初期，即有謂司法為最少危險的權力機關者。See A. Hamilton, J. Madison and J. Jay, *supra* note 76, 393–394.

❶❼❾ 那思陸、歐陽正，《中國司法制度史》，頁 381–386，臺北：空大（2001 年）。

❶❽⓪ 法院既能正常運作，自不得對普通人民所涉之法律案件施以軍事審判而違反憲法第 9 條之規定。

❶❽❶ 廖元豪，同註 115。

❶❽❷ 關於司法與政治互動而受到政治限制的分析，學者曾為深入之討論與分析，認為其中之關鍵，在於司法的表現能否得到多數民意與其他權力機關的支持。參見任冀平、謝秉憲，註 105，頁 461–521。

❶❽❸ 又如憲法第 132 條規定：「選舉應嚴禁威脅利誘，選舉訴訟由法院審判之。」

憲法此條的美意，曾因如違警罰法、檢肅流氓條例之明目張膽准由警察逕為拘留或保護管束、法院組織法釜底抽薪將檢察官配置於法院而篡奪羈押權，以至於完全落空。解嚴之後，半因法官勇於挑戰違憲立法，半因大法官本身的憲法意識支撐，先後有釋字第 251 及 384 等號解釋限期逼使違憲的法律炎陽落山❿，又曾於憲法法庭進行言詞辯論，雖經領導檢察機關的法務部負隅頑抗，釋字第 392 號解釋終於奠立了刑事訴訟羈押程序應該嚴守法官保留原則，但仍為檢察官保留了「廣義司法」的稱號。此後，從「拘提」⓱ 到「安置」⓲，從「限制出境」⓳ 到「監聽」⓴，行政機關對於自為強制處分的權力毫不鬆手，在大法官面前進行濠溝式的抵抗，大法官的解釋卻並未以同等的一貫堅持維護第 392 號解釋的人權戰果。於此同時，法院提審的案例，也未因釋字第 392 號解釋問世而顯著增加㉑；提審法追究違法羈押機關人員刑責之規定㉒，更是法院從未造訪的原始森林。由法官所聲請的釋字第 384 號解釋引進了正當程序的憲法概念，第 392 號解釋帶動了刑事訴訟法審判中羈押程序的調整之後，善體憲法精神，勤於聲請釋憲的法官，頗不乏人，固為大法官時有佳作提供案源素材㉓，卻也招來大法官斥為主觀、不倫的指責㉔，或是拒絕受理的冷漠㉕；釋字第 371 號

⓴ 釋字第 251 號解釋以 18 個月為修正違警罰法之限期；釋字第 384 號解釋以 18 個月為修正檢肅流氓條例之限期；釋字第 471 號解釋宣告槍砲彈藥刀械管制條例即時不予適用；釋字第 523 號解釋再以 1 年為重修檢肅流氓條例之限制。

⓱ 釋字第 588 號解釋參照。

⓲ 釋字第 590 號解釋理由書參照。

⓳ 刑事訴訟法第 117-1 條規定檢察官得命限制住居而限制出境，釋字第 345 號解釋則未以行政機關限制欠稅人出境為違憲。

⓴ 釋字第 631 號解釋參照。

㉑ 該案解釋中，大法官宣告提審法第 1 條違憲，直到修法猶豫期間業已超過時，始由立法院通過修改提審法。其後，聲請提審的案例仍然為數有限。

㉒ 提審法第 9 條規定參照。

㉓ 例如釋字第 471、509、636 等號解釋均係由法官聲請釋憲改變違憲立法內容的成功案例。

解釋表面上普遍開創了法官根據憲法良心挑戰違憲法律的機會❿，實質上卻繼續強化了法官並非憲法專家的印象❿，致使若干法官疏離違憲審查的司法責任，也就不足為奇。

因此或許不難解釋，為何上級法院鮮於援引釋字第 9 號解釋檢討下級裁判的內容或程序是否違憲❿？為何憲法並未普遍成為法院控制政府權力侵犯人民基本權利的利器？為何大法官從來都將行政機關的行政處分或是下級法院的違憲裁判，留給法官從事違憲審查❿，卻仍有行政法院擅於為行政處分背書，罕見其裁判內引用憲法遏止行政機關侵犯人權，戒嚴時期積習如此，解嚴 20 年來，即使行政程序法完成立法，行政訴訟法大幅修訂，亦無明顯長進❿？當然，立法院嚴格控制司法預算、法官助理人數以及法

❿　釋字第 476 號解釋，大法官即曾以此等語詞於解釋理由書中批評聲請釋憲的法官。

❿　如釋字第 572 號解釋。

❿　該案解釋認為法官均得聲請釋憲，僅許終審法院法官聲請釋憲的法律規定為違憲。

❿　釋字第 590 號解釋許玉秀大法官協同意見書參照。續 (18) 102 (94)。

❿　釋字第 9 號解釋：「裁判如有違憲之情形，在訴訟程序進行中當事人自得於理由內指摘之。」解嚴後，歷年最高法院及高等法院裁判之中，援引此號解釋為其基礎者僅兩件而已（85 年台聲字第 254 號及 85 年台聲字第 458 號民事裁定）；最高行政法院裁判之中，雖曾有 6 件經當事人據之而為主張，惟無任何援為裁判者（87 年判字第 253 號、88 年判字第 197 號、88 年判字第 596 號、91 年判字第 2121 號、92 年判字第 92 號、92 年判字第 275 號判決），具見憲法不受法院重視之一斑。

❿　釋字第 553 號解釋參照。

❿　行政程序法自 1999 年 2 月 3 日公布，2001 年 1 月 1 日施行；行政訴訟法自 1998 年 10 月 28 日全文從原本 34 條修正為 308 條，2000 年 7 月 1 日實施。最高行政法院行政訴訟第一審事件終結情形，民國 86 年件數合計 3407 件，人民受駁回者 3166 件；87 年 3167 件中 2945 件被駁回；88 年 5016 件中 4760 件被駁回；89 年 4661 件中 3814 件被駁回；90 年 2605 件中 2191 件被駁回，詳見司法院統計網站：http://www.judicial.gov.tw/juds/index1.htm，其完整之統計至 90 年為止（最後拜訪：2008/05/08）；高等行政法院行政訴訟第一審終結事件，

院案件負荷的壓力，或許也是法院裁判品質還不足以建立社會普遍信賴的多重原因[199]。

　　近幾年間，政治人物間的鬥爭以訴訟型態進入法院的案件明顯增加，可能標榜著民主政治中司法受到重視與期待,乃至司法控制政治的程度[200]，也可能意味著，政治權力仍視司法為可資運用的政治工具心態，並未改變[201]。而朝野政治實力人物的司法訴訟，勝負互見不再是執政者恆勝的單方取向[202]，既可視為司法獨立精神的提升，也可視為朝野政治實力相埒的司法鏡映，亦不妨解為政治勢力從事訴訟鬥爭的贏面仍然高於升斗小民對抗政府的勝算。而執政勢力在敗訴時不時對法院公然施以口頭攻擊[203]，既

民國 92 年 9892 件中敗訴 5050 件；93 年 9179 件中 5056 件敗訴；94 年 9205 件中 5518 件敗訴 ；95 年 8734 件中 5419 件為敗訴 ，司法院統計網站：http://www.judicial.gov.tw/juds/index1.htm，最後拜訪：2008/05/08。

[199]　法院組織法第 11、34、51 條規定各級法院得設法官助理，其具體人數則與每年度司法預算之通過數額直接相關。學者不乏研究司法工作負荷影響司法品質之不容忽視者，參見如蘇永欽，〈案件負擔與審判遲延〉，收入《司法改革的再改革》，頁 305–359，臺北：月旦（1998 年）；法治斌，〈當前建構法治社會面臨的問題——司法獨立、司法責任與司法負荷〉，收入《法治國家與表意自由》，頁 71–72，臺北：正典（2003 年）。

[200]　廖元豪，註 115，頁 172。

[201]　陳水扁總統為了阻止法院審判其夫人於同黨主要聲請釋憲阻擋審判不獲大法官受理之次日，即以其享有國家機密特權以及能擴及至總統夫人之絕對刑事豁免權為由而聲請大法官釋憲，濫用其元首地位而視大法官為訴訟工具之心態，即已表露無遺。參見續 (20) 150 (96)。

[202]　例如法院判決李登輝總統侵害宋楚瑜名譽應予賠償（最高法院 96 年台上字第 793 號民事判決）。王文玲、林河名，〈宋打麻將案李登輝敗訴〉，《聯合報》（2007 年 4 月 20 日），A4 版。

[203]　例如陳水扁總統於高雄地方法院判決高雄市長陳菊當選無效時，曾語出「玩笑未免開得太大」（高雄地方法院 95 年選字 20 號民事判決）；包喬晉，〈扁挺陳菊　砲轟法官「什麼世界」〉，《聯合報》（2007 年 6 月 18 日），A4 版；陳菊當選無效的判決新聞：包喬晉、唐孝明，〈陳菊當選無效〉，《聯合晚報》（2007 年 6 月 16 日），2 版。

可解為干涉司法的政治心理蠢動從未停歇，也可目之為政治權勢人物輕視司法的權力傲慢，仍難消褪。

　　大法官在政治權力環境中的處境與表現，其實未必優於法官。釋字第261、499號解釋均曾不假辭色給予議會實施權力自肥當頭棒喝，一方面也是藉著民氣可用的政治正確展布釋憲信用❷，另一方面卻仍不能免於權力的困獸反噬而點滴在心❷。從釋字第334號解釋的背景案件被選為憲法法庭的初試啼聲之作❷，即可見到大法官展現憲法仲裁權威的用心，還有考量各責五十的權力平衡技巧；此後每遇重量級政治角力，而為憲法解釋時（如第419、467、520、550、553、585、613號等則），均或多或少展現「橫看成嶺側成峰」❷的文字奧妙，或是奪之東隅、還之桑榆的收放兼施❷，

❷　1999年國民大會修憲自延任期的舉措，普遍引起輿論撻伐，參見如瞿海源，〈全民監督　提防憲政怪獸再作亂　國代選制變革與廢國大課題〉，《聯合報》（1999年9月4日），15版；林三欽，〈貫徹國代無給立院應修法　嚴格訂定「與其行使職權有直接關係而非屬於個人報酬性質」〉，《聯合報》（1999年9月5日），15版。

❷　早期如立法院於大法官做成釋字第76號解釋之後，制定司法院大法官會議規定大法官釋憲均經四分之三之多數通過；解嚴後如國民大會於1999年大法官以釋字第499號解釋宣告其修憲違憲後，重為修憲而於憲法增修條文中規定「司法院大法官除法官轉任者外，不適用憲法第八十一條及有關法官終身職待遇之規定」，又如立法院對於大法官做成釋字第585號解釋之內容並不滿意，而於次年司法預算中刪除大法官領取之司法人員專業加給預算，皆屬報復性之政治舉措。

❷　該案於憲法法庭中行言詞辯論的兩造，正為立法院與行政院，大法官擔任憲政爭議之仲裁者的態勢，於是一望可知。

❷　此為楊仁壽大法官於擔任司法院秘書長期間，為發布釋字第553號解釋面對媒體之用語。參見《中國時報》（2002年12月21日），4版；釋字第419及520號兩案涉及高度政治爭議的解釋，語意曖昧籠統而應予檢討，連翁岳生大法官亦不諱言。參見翁岳生，註89，頁31–32；又如釋字第467號解釋是精省修憲之後的產物，解釋精省後省是否為公法人之問題，亦引起論者譏為模稜兩可之批評，參見陳滄海，註47，頁145–149。

❷　許宗力大法官於釋字第585號解釋中提出之不同意見書，即批評多數大法官擴

其解釋背後也可能暗藏著避免違反政治正確的敏銳；真正受到政治報復時，大法官亦不吝在釋字第 601 號解釋展現勇於防衛其應得待遇的同仇敵愾❷❾。至於抽象解釋不似個案裁判之須有明確之審判結果❷❿，而可有更多容許政治勢力各取所需的空間，大法官當亦瞭然於胸。

　　大法官與國家元首相對憲政地位的消長，前已言之，也正是憲政司法文化能否脫離政治權力陰影籠罩而趨於成熟的觀察指標。在臺灣，國家元首與政治強人既然不時成為同義辭，大法官遇到總統對之產生政治期待時如何泰然自處，為所當為，就是以行為履踐甚或塑造憲政司法文化的時機；如何維持政治身段靈活柔軟以免羽毛受傷，大法官的智慧必不亞於任何斲輪老手，然而過度重視明哲保身的政治考量，其實很難避免折損司法獨立的終極精神，釋字第 627 號解釋可謂此中代表例證。

　　該案之中，陳水扁總統首度以元首之尊親筆署名聲請解釋，大法官不會不知其請求之殷切，似也無意加以拒絕，雖然大法官確有理由拒絕審判中案件權勢人物配偶之請求，不以其解釋影響或干預該案法官的審判。大法官為審判中案件提供解釋，向依審判之法官主動為之❷⓫。而該號解釋一方面拒依總統聲請做出暫時處分停止法院審判，且不同意總統享有終身之

張解釋立法院調查權之用心在此。續 (17) 751 (93)。

❷❾ 該案解釋中，無不同意見書而有 6 位大法官或單獨或聯名發表共 4 篇協同意見書，其中如許玉秀大法官之協同意見書，盡斂往常不因同僚之誼而稍減批判力道之態，以能躬逢其盛而與權力者「近身肉搏」自豪，也盛讚得與「比肩同行」之同僚大法官，令其深感榮幸。續 (18) 351 (94)。

❷❿ 參見李念祖，註 134，頁 357–359。學者亦曾舉例指出，釋字第 419 號解釋若係由大法官採取「審判法院」模式作業，即當清楚表明副總統當時不應兼任閣揆，並對政治人物凌駕憲法規範的方式加以譴責，張文貞、葉俊榮，註 57，頁 453–455。

❷⓫ 於該案解釋之前，除由法官依釋字第 371 號解釋聲請大法官解釋而停止審判外，大法官徒然於法院審判程序進行中，受理訴訟當事人針對審案法官之決定聲請釋憲之例。參見刑事訴訟法第 4 編抗告之規定，釋字第 627 號解釋之受理程序與解釋內容，均顯得突兀。

刑事豁免，同時明白否定其他人可以受到總統刑事豁免之羽翼，也不接受其行使國家機密特權可以免於司法審查的觀點，均屬正面。❷另一方面卻承認總統確有至少五種未見憲法明文之國家機密特權可資主張❷；更兩面創設了未見憲法明文之高等法院資深五人合議庭受理總統不服法院裁定所為之抗告；甚至在解釋理由書中，以近乎提供諮詢的方式說明總統可以於案件繫屬於法院之後回頭指定何者構成國家機密❷。大法官提供所以如此解釋之正當理由，其實只有憲法意欲國家元首應受司法給予特殊之尊崇而已。牽強迎合之程度，實對憲政具有負面作用。從其結果觀察，已經繫屬於法院之審判案件似尚未直接受到大法官之干預❷；但其受理解釋而非命法院移審❷的行為本身，就已預設了大法官可以干預左右尚在進行的審判，解釋中且無一語交待，為何憲法第 80 條要求審判獨立不受任何干涉的規定，不會因此受傷；大法官以解釋干涉審判，於此恐已播下種籽。大法官自知亦受司法獨立原則拘束❷，對於元首卻竟如此折節禮遇，是在重新詮釋司法獨立確可因總統而異其精神表現，抑或仍不能免疫於總統地位高於

❷ 論者有以之係在「確認司法優位」，促成以吳淑珍為被告之國務機要費案可以繼續審判者。廖元豪，註 115，頁 169，註 7。

❷ 其分類及內容，參見李念祖，《案例憲法 II——人權保障之程序 （下）》，頁 65–67，臺北：三民（2008 年修訂 2 版）。

❷ 其解釋理由謂：「本件暫時處分之聲請，因本案業經作成解釋，已無須予以審酌，併予指明。又本件聲請意旨主張總統行使職權，與臺灣臺北地方法院九十五年度矚重訴字第四號刑事案件審理之職權，發生適用憲法第五十二條之爭議；適用法院組織法第六十三條之一第一項第一款、第二款及刑事訴訟法第一百七十六條之一規定，發生有牴觸憲法第五十二條之疑義部分，核與司法院大法官審理案件法第五條第一項第一款規定不符，應不受理。」

❷ 總統於解釋做成後，果然依照解釋理由書之指引，另以命令指定業已公開之資訊為國家機密資訊，要求法院不得據之進行審判，釋字第 627 號解釋其實已生間接干涉審判之效果。

❷ 關於我國釋憲制度中採取美國聯邦最高法院移審制度之考量，參見林超駿，《超越繼受之憲法學——理想與現實》，頁 422–446，臺北：元照（2006 年）。

❷ 釋字第 601 號解釋參照。

司法之觀念作祟？兩者似乎都是原因，其實或許還是同一個原因。

　　於此也一併觀察解嚴後檢察官體制的變化。解嚴前在蔣介石主政時期所做成，但於 20 年之後蔣經國時代才獲執行❷❶❽的釋字第 86 號解釋，促成審檢分隸，讓法院回歸司法系統，檢察機關則隸屬於法務部；解嚴後釋字第 392 號解釋更一針見血地指出檢察官與法官的差別，在於主動或是被動行使職權，檢察官與法官在權力分立制度上的本質不同一旦釐清，兩者角色混淆致使審判權不能脫離行政權的覬覦與糾纏，才出現疏解的機會。

　　然而，解嚴 20 年後，檢察機關仍是法院組織法中占地極廣的一個章節❷❶❾，檢察官仍能如法官一樣享受終身職的待遇❷❷⓿，法官仍然如檢察官一樣適用文官體系的職務等第與升遷考績制度❷❷❶，檢察官獨立、審判獨立、司法獨立與文官中立的概念依然夾纏不清❷❷❷，檢察官也仍與法官同時享受「司法官」的稱呼，當也正是檢察官仍如當年擁有羈押權一樣，繼續把持各種不受法官保留原則拘束之強制處分權的概念藉口。而以追求檢察獨立為由，立法院修法改經國會同意始得任命之檢察總長，其轄下專辦高層官員犯罪之特偵組❷❷❸，在以總統夫人為被告的國務機要費案與以總統大選之候選人為被告的首長特別費案中採取因人而異卻始終拒為見解統一的追訴

---

❷❶❽　釋字第 86 號解釋做成於 1960 年；據之而推動之審檢分隸則於 1980 年始獲實現。其間經過，參見林紀東，《大法官會議憲法解釋析論》，頁 96–98，臺北：五南（1987 年再版）。

❷❶❾　法院組織法第 5 章參照，檢察機關一章所占條文數量竟為法院組織法諸章之冠，可謂喧賓奪主。

❷❷⓿　司法人員人事條例第 2 條、第 3 條將檢察官與法官合稱司法官，第四章則使之適用相同之任職任期保障。惟釋字第 13 號解釋則曾指出，法官終身職是憲法為保持審判獨立而有的要求；檢察官的終身職，則只出於當時法院組織法的規定，不是憲法原有的當然建制。

❷❷❶　如法院組織法第 12 條。

❷❷❷　參見李念祖，〈審判獨立、司法獨立、檢察獨立、檢察中立憲法釋義辨（上）（下）〉，《司法周刊》，1322～1323 期（2006 年 1 月 18 日、25 日），2、3 版。

❷❷❸　法院組織法第 63–1 條參照。

標準❷，其中的作為與不作為，難為檢察官淪為政治或選舉工具的質疑，提供令人信服的辯解，也就不能證實特偵組建制係在促成「檢察獨立」的實現。一日不能建立完全不受政治左右的檢察中立信用，司法與行政的分野一日因人為的蓄意而持續曖昧不清，臺灣解嚴之後，法治國的憲政發展仍受既有封建文化制約，就一日是個尚未解決的憲政難題。

三、政黨政治姍姍來遲

　　就像「人權保障」與「權力分立」一樣，「政黨政治」是民主憲政不可或缺的元素。歷史上朋黨政治或黨爭文化並不罕見❷，人權保障或權力分立則是東方封建王權政治文化中未曾真正存在的觀念❷。當然，就像民本思想並不等同於人權思想❷，君權與相權的析分或君臣關係的規範❷並不等同於權力分立的制度觀念，朋黨政治與政黨政治也不能畫上等號❷；政

❷　詳見董保城，〈首長特別費法律爭議〉，《法令月刊》，頁 4–11，58 卷 6 期（2007年 6 月）。

❷　例如漢代有黨錮之禍、外戚宦官之爭，唐代有牛李黨爭，宋代有王安石變法前後的新黨與元祐黨之爭，明代有閹黨、東林黨之爭，清代有戊戌變法的維新黨爭。其政治文化上的意義，未必盡為負面，漢朝黨爭之興即有學者論為係與士人之群體自覺有關者，　參見余英時，《中國知識階層史論──古代篇》，頁 206–230，臺北：聯經（1980 年）。

❷　相關討論，參見如陳弘毅，〈中國文化傳統與現代人權觀念〉，收入氏著，《法治、啟蒙與現代法的精神》，頁 145–150，北京：中國政治大學出版社（1998 年）；李念祖，〈「民之父母」與先秦儒家古典憲政思想初探──從上博楚竹書簡文談起〉，收入於《法律哲理與制度──公法理論（馬漢寶教授八秩華誕祝壽論文集）》，頁 32–34、37–41，臺北：元照，2006 年。本書收入於頁 9–55。

❷　李念祖，同上註，頁 34–37。

❷　參見如余英時，註 177，頁 50–74；薩孟武，《儒家政論衍義》，頁 129–170、665–676，臺北：東大（1982 年）；李俊，《中國宰相制度》，頁 1–34，臺北：臺灣商務（1989 年重排 1 版）。

❷　現代政黨政治之前提必是在各政黨均已接受為政治競爭規則的一個民主憲法秩序中運作，政黨彼此之間不是必欲相互消滅的敵人，而且政黨活動與政綱政

黨政治的發展如果形同朋黨政爭的再現，反就是憲政文化上值得注意的課題了。

1947 年制憲時原曾有某種原初型態的政黨政治面貌，但是戒嚴時期的黨禁阻絕了政黨政治，業已構成憲政的重大缺陷。直到民進黨在解嚴前一年成立❷❸⓿，才為解嚴後的政黨政治揭開帷幕。解嚴 20 年，臺灣的政黨政治態勢不謂不新鮮，壁壘不謂不分明，沿著政黨顏色分野而競爭（或鬥爭）激烈的藍綠政黨政治，卻呈現著取代甚或是破壞權力分立制度的態勢。以解嚴 10 年後出現的四個憲法解釋的背景事實作為例證，可以清楚地看出政黨傾軋足以侵蝕權力分立制度的程度。

第一個例子是釋字第 550 號解釋。這是 2002 年因中央立法要求直轄市負擔全民健康保險經費而發生的中央與地方權限爭議的案件。中央與地方權限劃分，一般稱之為垂直的權力分立❷❸①，然則本案表面上是垂直權力分立之爭，其實是政黨間的角力。此中境況相同、皆因系爭立法而須負擔中央全民健保經費義務的有臺北與高雄 2 個直轄市，但只有在野黨主政的臺北市爭議中央立法規定之全國事務要求地方自治團體負擔經費係屬違憲❷❸②。執政黨主政的高雄市❷❸③，則雖與臺北市的財政立場同病相憐，卻無一致之行動。此事涉及中央藉統籌預算經費款項控制地方財政的權力運

策均須公開以爭取選民的支持；朋黨政治則是封建王朝宮廷政治的產物，為敵的朋黨可能秘密活動，在君王前爭寵，甚至可能各擁其主以取大位，且每欲消滅對手而後快。其間異同之比較討論，參見如雷飛龍，《政黨與政黨制度之研究》，頁 1–29，臺北：韋伯文化（2002 年）；鄒文海，《政治學》，頁 224–225，臺北：三民（1991 年 11 版）。

❷❸⓿ 民進黨成立於 1986 年 9 月 28 日，民進黨網站：http://www.dpp.org.tw/，最後拜訪：2008/03/31

❷❸① 參見如林子儀、葉俊榮、黃昭元、張文貞，註89，頁 379；李念祖，《案例憲法 II——人權保障的程序（下）》，頁 139，臺北：三民（2008 年修訂 2 版）。

❷❸② 當時臺北市長為國民黨籍之馬英九，臺北市政府亦即為釋字第 550 號解釋之聲請人。

❷❸③ 當時之高雄市長為民進黨籍之謝長廷。

作㊉，中央政府對於臺北市及高雄市的態度也有明顯不同㊊，而與背後的黨籍屬性有異有關。大法官作成的解釋，則是在憲法所明定中央專管事項、委辦事項與地方自治事項三類關係中另闢蹊徑，創設財政上協辦事項的分類，以地方應該參與中央決策程序的空泛說辭作為論斷中央之全民健保法合憲的理由；解釋背後的政黨角力激烈，從前述橫看成嶺側成峰的刻意含蓄來看，大法官當然不會不知。此案在中央地方分權的問題上不但未能釐清應有的權力分際，反而為中央壓縮地方自治布置了更為模糊的舞臺空間，也就不能不說政黨鬥爭業已改造了垂直權力分立的實際面貌。

第二個例子是釋字第 585 號解釋，涉及 2004 年總統大選 319 槍擊案的真相調查機制，與憲法上權力分立體制有無衝突的問題。319 槍擊事件中，陳水扁總統表面上是槍手狙擊的受害者，實質上則被普遍視為政治選舉的受益者。總統大選中意外事件事實真相的調查，牽動著政權的正當性受到挑戰。案發後由政府行政系統警調部門公布的調查結果備受輿論的質疑㊌，立法院通過特別立法設立 319 槍擊案調查委員會先遭行政院提出覆議否決不果㊍，繼則由總統於公布法律時，史無前例地暗示該項法律違憲㊎，隨

㊉　參見蔡秀卿，〈日本國民健康保險法制上權限劃分與費用負擔〉，《臺北大學法學論叢》，頁 71–107，51 期（2002 年 12 月）。關於釋字第 550 號解釋評析，參見李建良，〈中央與地方的權限劃分與財政負擔──全民健保補助費分擔問題暨釋字第五五○號解釋研析〉，收入於氏著，《憲法理論與實踐㈢》，頁 391–435，臺北：學林（2004 年）。

㊊　全民健康保險法為國民黨主政時期於 1994 年時通過實施，當時臺北市係由在野黨的陳水扁市長主政。

㊌　參見如社論，〈假如陳義雄是位植物人……〉，《中國時報》（2005 年 8 月 19 日），A2 版。

㊍　2004 年 9 月 14 日立法院第 5 屆第 6 會期第 1 次會議：「行政院函，為貴院通過『三一九槍擊事件真相調查特別委員會條例』，經研議確有窒礙難行，依憲法增修條文第三條第二項第二款規定，移請貴院覆議案（備註：維持本院原決議）」參見立法院國會圖書館網站：
http://npl.ly.gov.tw/do/www/forwardSearch?keyword=三一九
&query=&link=/do/www/lawStatistics，最後拜訪：2008/06/01。

後還遭到行政院各部會史無前例地行使「抵抗權」拒絕執行⑳，不啻是總統與行政院首度聯手對於覆議不成的法律案實施違憲審查⑳。反應之激烈，程度不同於一般。執政黨籍立委表面上以立法與行政部門間權限爭議而提出的釋憲聲請⑳，骨子裡其實也是為了決定政權歸屬而進行政黨對決的修羅場。該案解釋將 319 真調會定位為立法院內設行使立法調查權之機關，無視於立法院制定真調會條例之原旨係在設置立法院外之獨立調查機關⑳，一方面迴避了將之認為行政權機關而必須討論獨立機關的合憲性問題，另一方面也就奪走了真調會單方面強制行政機關接受調查個案、強制公開行政固有權能相關資訊之權力。然而，大法官的解釋並未正面為權力分立制度的結構問題，特別是獨立機關的建制能否在制衡關係中節制高層濫權，提供清晰的引路藍圖，其結果則形成真調會繼續存在卻不能完全達成其調查真相的建制目的⑳，政黨鬥爭維持了暫時不分勝負的局面。憲法規定權力分立制度，也就未能穿透政黨鬥爭的壁壘。

　　第三個例子是釋字第 613 號解釋，處理國家通訊傳播委員會作為獨立機關的組織立法是否合於權力分立制度要求的問題。國家通訊傳播委員會

---

⑳ 《總統府公報》，第 6596 號，頁 7，2004 年 9 月 24 日。

⑳ 李順德、黃雅詩，〈配合真調會？蘇嘉全：公務員有抵抗權〉，《聯合報》（2004 年 10 月 7 日），A4 版。

⑳ 違憲審查，一般均以之為司法的功能與責任；如果行政部門亦得施展違憲審查隨時拒絕執行違憲的法律，「依法行政」之原則將有難以實現之虞。

⑳ 本案係由執政之民進黨在立法院中的黨鞭立委領銜，依三分之一以上立委聲請釋憲之模式提出，續 (17) 765 (93)。

⑳ 參照該案解釋許宗力大法官之不同意見書。又 2004 年 8 月制定之三一九槍擊事件真相調查特別委員會條例第 4 條之立法理由為：「明定調查委員會獨立行使職權之法定地位。」
http://lis.ly.gov.tw/lghtml/lawstat/reason2/0471493082400.htm，最後拜訪：2008/05/08，釋字第 585 號解釋則必解釋其意非在規定真調會超越立法院之外獨立行使職權。

⑳ 三一九槍擊事件真相調查特別委員會條例第 1 條參照。

的爭議緣由，可以溯至戒嚴時期的報禁措施❷❹❹。當時新聞局作為出版法的
主管機關，普遍實施事前的新聞檢查與書刊查扣，大法官曾有兩個憲法解
釋不以違憲宣告輕攖其鋒❷❹❺。解嚴之後，報禁解除，出版法廢止❷❹❻；但因
作為廣播電視主管機關的新聞局不能維持行政中立，政府及執政黨長期壟
斷無線電視臺執照❷❹❼，「黨政軍退出媒體」的訴求繼之而起，終於納入廣電
立法成為明文規範❷❹❽。政府及政黨與媒體之間維持憲政上的分際，本來是
新聞言論自由市場的應有狀態，不因執政黨孰屬而有不同；事實上，掌權
者慣將反對批評的聲音看成政黨間政權鬥爭的環節，運用手中權力掌握輿
論市場或媒體平臺以確保優勢的發言地位，也不因政黨輪替執政而有差異。
「黨政軍退出媒體」一旦成為政黨政權之爭的代名詞，法律規範就轉變為
政黨鬥爭的工具❷❹❾。為了防止執政者控制媒體，解嚴後興起廣播電視主管
機關應該公正獨立移離新聞局的主張❷❺⓪，成為國家通訊傳播委員會的催生

---

❷❹❹ 參見林子儀，〈戡亂終止後，言論自由的復原工程〉，收入中國比較法學會編，
　　　註8，頁82–84。

❷❹❺ 釋字第105號解釋及釋字第294號解釋。

❷❹❻ 《總統府公報》，第6256號，頁22，1999年1月25日。

❷❹❼ 林子儀，註244，頁84–86。

❷❹❽ 2003年廣播電視法第5–1、5–2條。

❷❹❾ 廣播電視法關於黨政軍退出媒體的規定係於2000年政黨輪替之後通過，就政
　　　黨輪替前戒嚴時期以來即已存在之黨政軍控制媒體經營的現象從事規整矯正，
　　　訂有落日期限(2年內撤出資本及6個月內解除董監事職務)，但法條文字並未
　　　針對特定政黨從事規範而逾越禁止個案立法原則，行政院法務部嗣後提出追討
　　　黨產條例草案　　　　　　　（法務部網站：
　　　http://www.moj.gov.tw/ct.asp?xItem=26732&ctNode=11589&mp=202，最後拜
　　　訪：2008/05/08)，則以特定在野黨以及其所涉及的媒體為規範對象；另一方面，
　　　同一時期行政院新聞局的若干政策措施與作為，也有是否違反政府不介入媒體
　　　經營之基本原則的問題。此中顯示政府之媒體政策維持政治中立之要求與執政
　　　政黨之利益衝突，不因誰是執政黨而有不同，卻有可能成為敵對政黨引為選舉
　　　時相互攻訐之工具。

❷❺⓪ 參見如社論，〈就廢了新聞局又何妨？〉，《中國時報》(2006年2月9日)，A2

力量，但卻在政黨輪替執政後繼續遭到執政者的抵制。立法院通過通傳會組織條例，引進政黨比例代表的方式組織通傳會，一方面確有反其道而行，讓廣電媒體主管機關的組成不能脫離政黨政治運作的效果，另一方面無人可以否認，依政黨比例方式組成的通傳會，較之全由執政者決定其首長人事的新聞局而言，實已更為接近獨立機關的境界。本案大法官繼釋字第585號解釋之後，就獨立機關可以如何防止執政者藉執政之便，在廣電媒體發照事務上為政黨謀私以鞏固自身之執政地位，未加置意；但謂政黨比例代表方式組成之通傳會足以影響人民對其應超越政治之公正信賴，違反獨立機關之建制目的，不符通訊傳播自由之保障。大法官在本案中，明示通傳會不因組織立法違憲而影響其人事及既有職權之行使❷，也給了超過2年的落日期限，此在批評者眼中，或許是另一種政治妥協❷；但也不妨以為大法官有意避免立於百步訕笑五十步的尷尬，乃不容只因通傳會之「五十步」違憲而回到新聞局之「百步」違憲狀態❸。本案解釋面對在野黨選擇政黨比例方式組織獨立機關對抗執政黨假手行政人事權全盤掌握新聞局，如何依權力分立制度的原理加以評價理解，似乎有些捉襟見肘，無能為力。

第四個例子是釋字第632號解釋，此案中政黨鬥爭的場地移至監察院監察委員的任命程序。立法院中在野多數黨立委因不滿執政黨總統提出之監察委員名單而施加抵制，不為同意權之行使程序，其結果則為前屆監委任期屆滿而後屆監委未能完成任命，監察院持續不能運作逾2年之久❹。執政黨籍立委聲請憲法解釋，多數大法官不以此為不應解釋的政治問題❺，

版。

❷ 與釋字第394號解釋宣告公懲會組織違憲之效果相較，同樣有法律安定性之考量，惟公懲會案解釋違憲立法並無落日期限，仍然顯示了釋憲者不同的價值態度。

❷ 參見許玉秀大法官之協同意見書。

❸ 相關之比較，參閱如黃錦堂，〈論獨立機關之獨立性──以國家通訊傳播委員會為例〉，頁39-40（司法院釋字第613號解釋設定意見修訂稿）。

❹ 第3屆監察委員任期於2005年1月31日屆至。

❺ 余雪明大法官持不同意見，力主此案為不應為解釋之政治問題，續(20) 321、

認為怠於行使人事同意權以致監察院不能行使職權，為憲法所不許，立法院「應為適當之處理」❷。此案顯示的是，政黨鬥爭導致了立法機關怠惰。按憲政機關怠惰，大法官命為作為之解釋本難強制執行，而該案解釋之中完全不提在野黨要求總統以政黨比例方式提名監察委員之方法是否適憲❷，分立之權力部門能否依照政黨實際生態分配人事的爭議，也就持續成為尚未解決的政黨鬥爭主題❷。

不僅以上四例，另如釋字第 520 號解釋，因政黨間核四預算的政策爭執而由憲法解釋發展出立法院參與重要政策預算之憲政程序，又何嘗不是沿著政黨鬥爭的步伐而產生憲政機關前後政策反覆矛盾的案例？再如釋字第 419 號解釋審查行憲之後去而復來的人事派用襲權慣技，亦即總統任命副總統兼任閣揆以謀取行政權；看似與政黨鬥爭無關，但是在野黨立委張俊雄在憲法法庭中力爭總統不能由行政院為其出庭代表，日後卻兩度擔任行政院院長縱容總統直接指揮行政院，他在權力分立制度上曾有之主張❷，與實際政治行為呈現的分裂態度，只有從其係依政黨立場從事政治鬥爭，才能得到理解。

凡此例證，可以看出政黨立場會使得位於相同位置的憲政機關出現截然不同的制衡反應；也會使得原應制衡的機關放棄制衡；還會使得憲政機關超越原有的制衡機制去牽制對手政黨在位的憲政機關；更已顯現關鍵政

362–72 (96)。

❷　釋字第 419 號解釋亦曾以類似文字表達憲法之要求。

❷　德國聯邦憲法法院法官之選舉，聯邦眾議院及聯邦參議院各有半數權限，聯邦眾議院由其 12 人組成的選舉委員會選出大法官名額，該選舉委員會即以政黨比例代表方式組成，見 C. Starck 著，楊子慧譯，〈憲法規範與政治實務中的聯邦法院〉，收入於《法學、憲法法院審判權與基本權利》，頁 197–198，臺北：元照（2006 年）。

❷　相關討論，參見如蘇永欽，〈沒有方法的解釋只是一個政治決定〉，《月旦法學雜誌》，頁 6–20，136 期（2006 年 9 月）。

❷　參見法務部編印，《「副總統得否兼任行政院院長」等釋憲案相關資料輯要（上冊）》，頁 209–211（1997 年）。

治人物犧牲既有憲政理念以配合左異之政黨政策行事。成熟的民主憲政，政黨政治不應妨礙或使得權力分立的制衡機制停止運作，也不會超越制衡機制運作；解嚴後臺灣的憲政舞臺上，政黨競爭不依照權力分立的制衡系統邏輯運作司空見慣，反而是權力分立制度常因政黨鬥爭而顯得疲弱無力，甚至必須進行相當幅度的制度調整，始能回應政黨傾軋的挑戰❷⓪。原已在前 40 年因戒嚴而缺席的政黨政治，即使到了解嚴之後，縱然已有政黨政治之外觀，實際上何時擺脫朋黨甚或幫派對抗的性格與作為，還值得觀察。

🌼 伍、結 語

　　中華民國憲法施行至 2007 年 12 月 25 日，屆滿 60 年。這部憲法，當年經過政治協商會議確定原則之後❷⓶，由制憲國民大會通過，是中國有史以來第一部真正以民主制度為內容的憲法。可是，以民主憲政取代數千年封建王權政治，談何容易；這可能正是憲法先天不足而又後天失調的主要原因之一。中華民國憲法當年作為中國第一部民主憲法，尚未誕生即有共產黨退出政治協商會議加以抵制❷⓶，旋而發生內戰，兩岸分途而治，此後北京的主政者始終否認中華民國憲法的效力；憲法誕生之後，尚在襁褓之年，蔣介石總統即實行戒嚴以壓抑民主政治生長，架空民主憲政近 40 年；解嚴之後，憲法恢復生機，成就人民直選國家元首、政黨輪替執政，卻又有原該細心呵護憲政人權的民進黨政府，報之以過河拆橋、始亂終棄。政治權力敵視民主憲法的程度，動魄驚心；撥亂反正，似乎還有一些路程要走。中華民國憲法先後歷經共產黨、國民黨、民進黨與之為敵，奇蹟般地度過甲子誕辰，生命力又似脆弱，又似旺盛❷⓶。臺灣內部或許每對憲政施

---

❷⓪　余雪明大法官即曾於釋字第 632 號解釋之不同意見書中引用美國論著而慨言：「權力分立今已成政黨分立」。續 (20) 367 (96)。

❷⓶　陳茹玄，《中國憲法史》，頁 251–262，臺北：文海出版社（1977 年）；當年政治協商會議提出 12 項憲草修改原則，參見荊知仁，註 61，頁 437–445。

❷⓶　中共當年以和談協商制憲為其取得政權之手段；因軍事政治談判失敗後，即與民盟一致拒絕參加國民大會制憲，詳見荊知仁，前註，頁 454–455。

行的成績不以為然❷；處身局外長期潛心觀察的境外學者，卻有評價不惡，禮讚有加者，如陳弘毅即曾如此形容❷：

　　……在過去 20 年，臺灣在這兩方面（作者註：自由化和民主化）都取得了傲人的成就。臺灣的公民權利和政治自由的水平在 80 年代後期迅速趕上香港；民主化的步伐比香港快很多，在 90 年代初期，臺灣的民主水平已遠超過香港。最令人贊嘆的是，由威權主義、一黨專政的管制到全民普選、多黨競爭的政體的轉變完全以和平方式完成，整個過程都依循原有憲法規定，透過逐步修憲而有序地進行。1946 年制定的中華民國憲法對自由和民主的承諾，雖然在 40 年的戒嚴和「動員戡亂時期」落空，卻終於在 20 世紀末的臺灣得到兌現。在源遠流長的中華文明史上，首次出現一個自由民主的、承認人的平等與尊嚴、保障人權的社會。

　　瞻望未來，始終坎坷的憲政道路或許依然險峻艱辛，前程未卜。究其緣故，憲法的原理在於拘束政治權力，可是權力的外貌經常變幻，其本質卻是始終如一，掌權者既不樂意受到憲法約束，也總是追求權力的擴張與

---

❷ 中華民國憲法與二次大戰後制定施行之日本國憲法同庚，而較 1955 年施行之德國基本法及 1958 年施行之法國第五共和憲法年長。關於憲法的壽命與憲政主義間關係的研究討論，參見如 J. Lane & S. Ersson 著，何景學譯，《新制度主義政治學》(THE NEW INSTITUTIONAL POLITICS: PERFORMANCE AND OUTCOMES)，頁 425–430，臺北：韋伯文化（2003 年）。

❷ 最近出現的一般批評，如 C. Y., Shih （石之瑜），DEMOCRACY (MADE IN TAIWAN) — THE "SUCCESS" STATE AS A POLITICAL THEORY, 1–67, N.Y.: Lexington Books, 2007. 在主張制憲者之外，近年來認為憲法有重大缺陷而應進行修正者如姚立明，〈從憲法的功能與實踐論內閣制修憲〉，《律師雜誌》，頁 37–47，335 期（2007 年 8 月）；李震山，〈論憲政改革與基本權利保障〉，《國立中正大學法學集刊》，頁 183–252，18 期（2005 年 4 月）。亦有將 1991 年之後的修憲所形成的憲政變遷，稱之為「惡性循環的憲政體制變遷」者，張文貞、葉俊榮，註 57，頁 425–426。

❷ 參見如陳弘毅，註 89，頁 187–188。

集中。解嚴 20 年後，當年願意為解嚴奮鬥的志士，取得政權之後卻可以輕言實施戒嚴來對付在野黨的抗衡，其理亦不外此。憲法在權力的大河中航行，有如逆水行舟，不進則退。權力的劫波，去而復來；憲政的航程，也不絕如縷。封建傳統裡的帝王強人文化，司法不慣獨立，以及政黨把持權力的幫派態度，都是助長權力波濤洶湧的原因；憲法既有制衡機制的安排❷❻❻，還有司法作為鮮活不懈的憲法聲音，則該是推動憲政逆流而上的動力來源。司法實現人權保障，成績仍有不足，然則既能隨著戒嚴解嚴而從無到有，由少而多；自亦有理由期待其繼續向前，由抽象至於具體，從保守趨於自由。

　　憲法的生命力強韌，乃是民主政治的福音。政黨執政的週期起落，與強人政客的生物生命，畢竟都有限度，但有追求民主憲政法治的社會決心不滅，憲法即有可能樹立憲政彌久。當然，逆水行舟，不進則退；憲政控制權力與權力顛覆憲政的拔河拉鋸未已，憲政能否成熟，端賴善養堅守憲政主義的操舟恆心而已。

---

❷❻❻ 中華民國憲法含有「弱元首、弱行政、弱立法」的弱權體制設計，以防強人政治文化顛覆憲政，或許是持續存在逾六十寒暑的重要因素之一。參見李念祖，註 59，頁 1–7。

中華民國憲法長壽的體制原因*

　　中華民國憲法自 1947 年施行，至今整 60 年。世界上更為長壽的民主憲法，為數有限。除與美國憲法年逾 2 百，相去甚遠之外，較德國基本法與法國第五共和憲法均為年長❶，與日本國憲法則屬年齡髣髴❷。1947 年制憲之前，共產黨業已退出政治協商會議，不旋踵即發生內戰。1949 年中華人民共和國建國，北京始終拒絕承認中華民國憲法存在的效力與事實。蔣介石總統領導之中央政府遷至臺灣，雖然矢言繼續行憲，但是長期實施戒嚴，民主憲政受到壓抑、幾遭架空，1987 年始行解嚴。當時憲法年屆不惑，民主的閱歷卻是極淺，再過 20 年才能回復生機，於甲子之辰，如行弱冠之禮。

　　解嚴之後經過 7 次修憲，國家元首直選，政府體制調整，廢除國民大會，修憲程序改採公民投票方式，2000 年起政黨輪替執政，在黨外時代提倡回歸憲法的民進黨人取得政權。然而，陳水扁總統執政 8 年，卻是一再提倡制定新憲，否定現行憲法。

　　無論是當年的中國，還是現在的臺灣，都沒有憲政傳統，也缺乏深厚的憲政文化，民間社會亦無強烈的憲法意識，孕育憲政的歷史土壤難稱肥沃。不禁令人好奇，歷經共產黨武力反對、否認到底，國民黨陽奉陰違、佯遵實欺，民進黨過河拆橋、始亂終棄，為何憲法看似脆弱的生命力，卻是強韌無比，能夠存活 60 年，且讓臺灣體驗品質並不令人滿意，但也必須承認確實存在的民主政治？此與憲法內中央政府體制的設計，有無關係？

＊ 本文原刊載於《台灣本土法學雜誌》，頁 1–7，102 期（2008 年 1 月）。

❶　德國基本法於 1955 年施行，法國第五共和憲法則於 1958 年施行。

❷　日本國憲法係於 1947 年 3 月施行。

於此，只以極其有限的篇幅，嘗試提供一個粗略的框架式答案。

壹、中央政府體制定位的爭論

　　因為論者在定義取捨、詞彙使用以及意見偏好上常有歧異，增加了理解乃至討論的困難，中華民國憲法究竟是總統制、內閣制還是雙首長制（或半總統制）的辯論，長期難分難解，但也絕非毫無交集或實質意義的探索。

　　早在制憲之前，究應採取總統制或內閣制作為憲法內容，即已曾有半個世紀的討論❸；制憲的過程之中，實際掌握政權的國民黨提出「五五憲草」，其實是以總統制為其骨幹架構的「五權憲法」❹，人稱中華民國憲法之父的張君勱先生，心儀內閣制，力言中國的人治傳統意識濃重，美國總統制並不可行❺。他在政治協商會議力挽狂瀾，將五五憲草中由總統單獨任命而應向總統負責的最高行政首長，亦即行政院院長，改為應由總統提名經立法院同意任命，並向立法院負責，此項原則載入憲法❻，因而稱為「修正的內閣制」❼。妥協意味濃烈的制憲過程，卻未因此結束爭辯。

　　行憲之後，總統制的支持者，或許不甘於五五憲草在制憲前夕臨時轉彎，內閣制的支持者，或許不容總統制死灰復燃而欲使「修正的內閣制」成為真正的內閣制，於是一部憲法，論者可以各自表述；許多條文的詮釋，竟都南轅北轍❽。憲法難於短期內建立權威，於此或亦不無關係。一直到

---

❸　參見如胡春惠編，《民國憲政運動》，頁 28、65–76、125–172、170–171，臺北：正中（1978 年臺初版）；荊知仁，《中國立憲史》，頁 186–187、284–286，臺北：聯經（1978 年）。

❹　五五憲草中規定，行政院院長「由總統任免」（第 56 條），行政院院長及部會首長，「各對總統負其責任」（第 58 條）。

❺　張君勱，《中華民國民主憲法十講》，頁 53–56、59–62、68，臺北：臺灣商務（1971 年臺 1 版）。

❻　參見憲法第 53、55、57 條。

❼　張君勱，註 5，頁 71。

❽　例如薩孟武反駁異見，依內閣制之例，認為有將憲法第 75 條「立法委員不得兼任官吏」之「官吏」解為不含政務官之空間；將覆議不成時行政院院長之辭

了解嚴之後，總統直選成為定局，1997 年的修憲又將立法院的同意權取消，應向立法院負責的行政院院長改由總統單獨任命❾，憲法裡的中央政府體制應該定位於雙首長制（或半總統制），才逐漸成通說❿；雖然仍有學者認為此時已是「總統制」，即使只是弱勢總統制而已⓫；同時亦不乏修憲改採內閣制的主張繼續出現⓬；此外，雙首長制是向總統制傾斜或向內閣制傾斜，隱約也還有爭論存在⓭。

✤ 貳、中華民國憲法從來不是內閣制

　　雖然似乎直到 1997 年才能看得更清楚，制憲時的「修正內閣制」，本來就已與真正的內閣制的本質有間，不因張君勱的形容詞彙即謂不然。以下只談三點，說明為何張君勱也說中華民國憲法是在美國的總統制與英國的內閣制之外走了「第三條路」⓮。

職解為憲法義務；將總統提名行政院院長解為必須任命立法院中多數屬意之人等等。薩孟武，《中國憲法新論》，頁 217、220、235，臺北：三民（1974 年初版）。

❾　憲法增修條文第 3 條。

❿　參見如陳淳文，〈中央政府體制改革的謎思與展望〉，收入湯德宗、廖福特主編，《憲法解釋之理論與實務（第五輯）》，頁 99–174，臺北：中央研究院法律學研究所籌備處（2007 年）；林繼文，〈半總統制下的三解政治均衡〉，收入氏編，《政治制度》，頁 135–175，臺北：中央研究院中山人文社會科學研究所（2000年）；及隋杜卿之歸納，見氏著，《中華民國的憲政工程：以雙首長制為中心的探討》，頁 15–38，自刊（2001 年）。

⓫　湯德宗，《權力分立新論（卷一）──憲法結構與動態平衡》，頁 61–76，自刊（2005 年 3 版）。

⓬　參見如姚立明，〈從憲法的功能與實踐論內閣制修憲〉，《律師雜誌》，頁 37–47，335 期（2007 年 8 月）；盧瑞鐘，〈我國憲法應採內閣制〉，《律師雜誌》，頁 48–56，335 期（2007 年 8 月）。

⓭　例如總統可否有無任意免除行政院院長職務之權？總統應否依照國會生態任命行政院院長？都與此有關。參見陳淳文，註 10，頁 24–27。

⓮　張君勱，註 5，頁 66–72。

　　首先，總統制與內閣制的真正差異，在於前者是「兩次元（或多次元）的民主」政府結構，而後者是「一次元的民主」政府結構。內閣制是以一次的選舉決定由誰同時掌握國會（立法權）與內閣（行政權），總統制則是以不同的選舉分別產生國會（立法權）與總統（行政權）。我國修憲之後，直選的總統逕行任命掌握行政權的行政院院長，而與民選的立法院兩立，其非「一次元的民主」政府模式，固無論矣，即使以制憲原典言之，總統透過國民大會選舉產生，與立法院的選舉仍屬兩次元的民主機制。行政院院長縱須總統與立法院協力任命，但立法院的同意權不會讓總統的提名裁量歸零，特別是有憲法第 75 條禁止立法委員兼任官吏，總統可以提名立委於其辭職後擔任行政院院長（如蕭萬長），但也可以提名無黨籍人士（如王雲五）或不具立委身分者擔任閣揆（如唐飛），而均難以論之為違憲。行政院院長不與立法院的多數同調，立法院裡的多數黨即不掌握行政權。兩次元民主的政府模式，憲法若無規定應由國會議員出任閣揆或閣員 ❶❺，只要行政院院長不具國會議員身分，內閣制中確保國會多數掌握行政權的倒閣或解散國會的機制，運作起來都有障礙。憲法增修條文中的倒閣投票或解散國會機制，在實際憲政中難有用武之地，其故在此 ❶❻。可以掌握立法權的國會多數並不當然掌握行政權，徒有修正的內閣制之名，也無法如內閣制一般運作。

　　其次，覆議制度是總統制用來解決兩次元民主政府中立法與行政各擁民意、相持不下的機制，在內閣制中不會具有作用 ❶❼。內閣制裡立法與行政兩權同歸執政黨派掌握，不致相互對峙，並不需要覆議制度。我國憲法設有覆議制度，就是因為行政院院長不必出身國會，因此需要覆議制度解決閣揆不願執行國會立法的政策歧見難題。不過，總統制中總統行使覆議

❶❺　張君勱曾經明白表示我國並未採用英式的內閣制，各部長同時須為國會議員，張君勱，同上註，頁 70。

❶❻　此或亦是當年張君勱願意在制憲時放棄此二者為真正道理所在，張君勱，同上註，頁 69–70。

❶❼　其中道理，參見劉慶瑞，《中華民國憲法要義》，頁 164，自刊（1978 年 10 版）。

權的正當性在於係經選舉產生，具有民意基礎；我國行政院雖然負責行使執行立法之權，但行政院院長既非民選，隻手發動覆議對抗立法院多數，民主正當性不足。憲法規定提出覆議應經總統核可，即在藉助總統的支持補足其民主正當性 ⑱。總統若不核可覆議，行政院院長即必須率領行政院執行國會立法。覆議若不成功，依內閣制之觀點，憲法之規定實係行政院院長不可戀棧，必須辭職 ⑲。然則不但總統制裡的總統覆議不成，也須執行國會立法，不生戀棧問題，我國的行政院院長並無民意基礎，因覆議不成而辭職，固可譽為風骨嶙峋，也可責以一意孤行、剛愎自用。內閣制中但生內閣立法提議不獲國會支持而不能通過的情景，行政權已須換手，少有再求國會覆議的餘地。爭執覆議不利時行政院院長應否辭職，已是枝節問題。

第三，行政院院長不是民選職位，覆議須有民選總統核可，總統的核可裁量，即是實權，不是虛權 ⑳；加上其提名行政院院長也有實質裁量空間，亦非虛權，總統自非內閣制裡的虛位元首可比。不過，總統的政治影響力，其實也取決於行政院院長與國會的和諧程度。行政院若與立法院水乳交融，不常動用覆議機制，仰賴總統核可支持的需求降低，總統即可無為而治。至於總統不甘寂寞，必欲製造立法行政之間的矛盾，增加自身的影響力，其策略能否得逞，關鍵仍在行政院院長是否樂於忠誠遵守憲法負責執行國會的立法。行政院院長若與立法院不和，即可能形成左右共治的局面，但那也不是內閣制的景象。

正因我國憲法規定的不是內閣制，內閣制中因立法與行政兩權實質合

⑱ 制憲之初，總統並非直接民選，而係由國民大會選舉產生，但此類似美國總統亦係經由選舉人團投票產生，並非人民直接選舉，並不礙於制憲時總統即已具備民主正當性的命題成立。

⑲ 參見如薩孟武，註8，頁 235；林騰鷂，《中華民國憲法》，頁 287，臺北：三民（2004 年修訂三版）。憲法增修條文第 3 條則已將行政院院長於覆議失敗時辭職之文字刪去，可以想見其意。但若行政院院長執意要辭，亦不能強留而責之以違憲。

⑳ 類似看法，見劉慶瑞，註17，頁 155。

一而生的穩定與效率，即不必然出現，但是執政黨同時主控立法與行政兩權以致產生權力集中的風險，也就相對降低。政府效率帶來的政治穩定，與權力分立設計中權力部門之間的牽制平衡，原就是魚與熊掌，難以得兼。

✸ 參、中華民國憲法從來不是總統制

　　憲法不是內閣制，亦不就是總統制。張君勱雖然無力將五五憲草裡的總統制徹底改變為純正的內閣制，但卻成功地阻擋了總統制進入憲法。我國憲法與總統制最大的差異，在於將美國總統一人兼有的元首權與行政權，分由總統及行政院院長行使。如果進行修憲以容由立法委員出任閣揆閣員，再刪除覆議制度，方可使得就我國憲法成為內閣制；那麼也要修憲准許總統自任行政院院長，我國憲法才會成為總統制。

　　依違於總統制與內閣制之間而有所折衷的中華民國憲法，其實早於法國奠立雙首長制的第五共和憲法。事實上，張君勱在政治協商會議裡所為的改動，曾讓他意欲透過憲法加以束縛的軍事強人領袖蔣介石心猿意馬。制憲後蔣介石曾有放棄競選總統的念頭，打算支持胡適擔任總統，自己則屬意行政院院長的職務，其理由無他，憲法規定行政權應由行政院掌握，他寧取行政權力在手。後來蔣介石改變心意，仍然選擇出任總統；想的或許是在沒有憲政經驗的國度之中，人民並不認識憲法，只會知道誰是總統，總統既是國家元首，何求而不可得？

　　依照中華民國憲法當選的總統，從蔣介石到李登輝到陳水扁，或都不免尋思如何攫取行政權的問題。蔣介石需要憲法臨時條款、持續戒嚴、任命副總統兼行政院院長；李登輝 1997 年推動修憲取消立法院對行政院院長的任命同意權，以行政院院長為其連任的競選搭檔，恐都與其有意攫取行政權脫不了干係。然而，在中華民國憲法下，總統與行政院是相互制衡的機關，總統發布緊急命令時，行政院院會須先有決議，就是一項重要的把關制衡機制㉑；所以，總統不能自己兼任行政院院長，釋字第 419 號解釋

㉑　另如宣戰、媾和及簽署條約，也均須總統的同意與行政院的提案，才能為之，兩者之間亦有制衡關係，憲法第 38、58 及 63 條參照。

已有闡明❷。行政院院長所擁有的最高行政首長之權力不屬於總統，釋字第 627 號解釋乃指出多次修憲後憲法仍係將行政權概括授予行政院，總統僅在憲法所列舉賦與之總統職權上，為最高行政機關❷，並不因此取代行政院院長在總統列舉權力以外事項上概括成為最高行政首長的位置。

當然，憲法制度與政治行為之間，可能出現落差。釋字第 419 號解釋兩度舉行憲法法庭辯論，一馬當先質疑總統缺席、不能以行政院為其代表、不能以國王之姿藐視法庭的，是民進黨籍當時擔任立法委員的張俊雄；張俊雄在政黨輪替後，兩度獲得陳水扁任命為行政院院長，成為陳水扁如意指揮行政部門，能以少數政府對抗國會的關鍵推手。政治人物明知而故犯，為了掌握政權而偏離憲法的軌道運作，行跡難於掩藏。人們若是認為直選產生的國家元首指揮行政院乃屬理所當然，也足以驗證「只知有總統不知有憲法」的封建文化影響。

張君勱所主張而蔣介石不能反駁的制衡限制，也就是行政院院長不能由總統任免、行政院不能對總統負責，行政院才能成為「最高」行政機關。李登輝藉著 1997 年修憲，業已解消了其中一個部分。但是，憲法明定行政院為最高行政機關，應向立法院負責的規範仍然存在；行政權應該負責執行國會立法，也就是依法行政，本為權力分立制度中最為原始的誡命之一，不因內閣制、總統制或雙首長制而有不同，在少數政府或左右共治的政治實踐中也不該具有差別。總統如果要求行政院向其負責而不向國會負責，行政院不能屈從；此中有項未經釋憲者闡釋的憲法問題，則是有權單獨任命行政院院長的總統，有無隨時任意免除行政院院長的權力❷？張君勱認

❷ 錄其相關理由文字如下：「論者以總統與行政院院長兩種職位互有制衡之作用，非無理由。是總統與行政院院長不得由一人兼任，其理甚明。」「蓋總統與行政院院長職務之制衡，在於制度上由不同之人分別擔任，……。」

❷ 錄其相關理由文字如下：「就現行憲法觀之，總統仍僅享有憲法及憲法增修條文所列舉之權限，而行政權仍依憲法第五十三條規定概括授與行政院，憲法第三十七條關於副署之規定，僅作小幅修改」「總統依憲法及憲法增修條文所賦予之職權……為憲法上之行政機關。總統於憲法及憲法增修條文所賦予之行政權範圍內，為最高行政首長，負有維護國家安全與國家利益之責任。」

為「行政院為最高行政機關」的憲法規定必須具有規範意義，仍會將此一問題帶向總統無權免除行政院院長的解答。否則，必然很難說明，總統可以隨意任免行政院院長，何以不能自己擔任行政院院長？總統任命行政院院長之著眼，應在覓得可以負責執行國會立法的閣揆；1997 年修憲之後，覆議的門檻提高而益難成功。覆議頻率下降，行政院就更有依法行政的責任。

肆、中華民國憲法從來就是「弱總統、弱立法、弱行政」的弱權體制

　　或許由於蔣介石的離憲攬權動作巨大，或許由於人們總是忘記憲法為政治權力的疆界地圖，「弱總統、弱立法、弱行政」才是我國憲法描繪的制度實象，長期未受重視。在權力的加減帳上，我國的總統，不像美國總統掌握完整的行政全權，更不如內閣制的總理必然駕馭國會，比起英國國王雖然享有更多的實權，儀式性的權威也差可比擬，卻不能終身在職（臨時條款使得蔣介石無限期連任的規定已經消失）。謹守憲法矩限的總統，其實是位弱勢的總統，嚴家淦總統就是適例 ❷❺。我國的行政院院長，不像美國總統享有國家元首的儀式性權威，也缺乏選票賦予的民主正當性增加其實質權力地位，甚至要被總統瓜分若干行政實權，更不如內閣制的總理同時擔任議會領袖，立法大權在握；相對於總統制或內閣制，乃是弱勢的行政。我國的立法院，不像美國總統制的國會享有主動制定預算分配資源的權力，也不能與總統直接依循覆議制度互動而分庭抗禮，又不像內閣制裡的國會能與行政部門融為一體，完全實現其立法意志；相對於總統制或內閣制，其實也是弱勢的立法。

　　與內閣制相比，我國憲法更強調立法與行政之間互不隸屬，權力分立，

---

❷❹　憲法增修條文只謂「行政院院長由總統任命之」，不似五五憲草規定「由總統任免」；一字之差，有大不同。

❷❺　另外，蔣經國總統，逝於第 2 任總統任期之中，其過世之前則將手中業已過度獨攬的政治大權，逐漸釋出，是所以容民主憲政回復運作的關鍵人物。

相互制衡。其缺點是政府效率較差，權責區分較不明確，但卻也較能避免立法與行政兩權合一形成權力集中，趨於絕對的風險；與總統制相比，我國憲法區分國家元首與行政首長的相對位置，隔絕國家元首的政治光環與行政實質權力，削減了兩者合一的相乘效果，正是張君勱的精心設計，也在蔣介石身上發揮了實際的作用。雖然歷任總統每因國家元首缺乏完整的行政權力而多有染指行政實權的設想與行動，其中蔣介石總統幾乎斷送憲政的生機，憲法只憑形式的存在，熬過了他有限的生理壽命期限之後，憲政才有機會復甦；但其他想要獲取行政實權的總統，都要從上任時展開努力，縱有所成，卻或任期已滿，下任總統又要重新來過。總統想與行政兩權合一，就會像希臘神話裡終生推巨石上山的力士，總在到達頂峰之前，會因巨石滾落而重新來過。至於立法與行政也不能兩權合一的結果，則是兩者必將互相牽制。中華民國憲法先天不足，後天失調，但是因為張君勱自始即將元首權、立法權、行政權較為均勻的三分，憲法其實帶有外觀並不明顯的免疫基因，一旦脫離了強人政治40年戒嚴病疫纏身，就能夠在20年後恢復民主的體態。此中緣故，也許是奇蹟，也許是偶然，但也不似泥牛入海，無跡可尋。

憲法的終極功能，在於以民為主、限制權力，但未必能夠提高政府職能與效率，對於缺乏憲政傳統的國度而言，人們不識憲法的精神，不知憲法的可貴，也許就需要元首、立法與行政三者均弱的制度規範，才能使得憲法免因權力追求擴張與集中以致迅速顛覆，難以長久。這或也就是我國仍有憲法長壽，民主憲政體質愈趨勇健的原因。

名詞索引

【一劃】

一夫　　　24, 27, 28, 36, 122, 359

一次元的民主　382

【二劃】

人殉　　　68–76, 79–82, 86–88,
93, 100, 104, 108, 112,
114, 136, 141, 183

人祭　　　68–72, 74–76, 81, 86,
88, 93, 94, 100, 105,
107, 108, 111, 114, 128,
131, 142, 169, 183

人牲　　　68, 69, 71, 72, 74–76,
78–82, 86, 87, 93, 94,
100, 104, 107–109, 111,
112, 114, 116, 135, 137,
141, 142, 150, 153, 154,
156, 157, 169, 183, 184

丁韙良　　63, 64, 101, 178, 239

人國之禮　3, 6, 9, 11–14, 23, 38,
54, 57, 61, 99–102, 107,
108, 115, 125, 128, 150,
156, 157, 159, 160, 162,
164, 165, 166–169, 180,
182–184, 186, 189, 215,

243, 246, 248–251, 253,
277, 297, 315, 379

人道思想　94, 135, 142, 144, 145,
150, 160, 169, 171

人性價值　243–245, 248–252

【三劃】

三無　　　10, 15, 16, 18–22, 32,
51, 54, 58, 158

子思　　　25, 26, 37, 42, 44, 85,
87, 88, 151

【四劃】

五倫　　　4, 6–8, 12–14, 37, 45,
46, 246

五至　　　10, 15, 16, 18, 20–22,
32, 51, 54, 58

五起　　　15–21, 51, 54, 58

天命　　　16, 32–34, 50, 51, 54,
55, 89, 96, 97, 109,
117–128, 130, 131, 142,
143, 146, 148, 150, 153,
154, 159, 167, 171, 175,
177, 178, 184–186, 247

六德　　　38, 46–48, 113, 145,

	181
孔子	9, 10, 15–23, 25, 26, 31, 33, 35, 39–42, 48, 54, 57–60, 66, 67, 69–82, 84–92, 94–97, 100, 102, 104, 108, 110, 113–118, 120, 122, 123, 126, 127, 129, 132–135, 137, 138, 140, 142–145, 147, 148, 151, 153–160, 168, 169, 174, 182–184
文王	39, 83, 118–120
元首	31, 52, 53, 106, 107, 141, 185, 186, 247, 248, 277–280, 282, 284, 286, 292, 298, 299, 301–306, 308–313, 322, 326, 328, 329, 353–356, 358, 363, 365, 366, 375, 377, 379, 383–387
比例原則	205, 230, 234, 337, 341, 342

【五劃】

立憲	42, 45, 50, 64, 65, 84, 101, 106, 166, 167, 175, 183, 185, 228, 246, 297, 298, 328, 367, 377, 380

立法院	192, 217, 222, 223, 230, 231, 235, 259, 261, 270, 277–283, 287–291, 293–295, 299–304, 307–309, 321–324, 327, 328, 333, 335, 337, 343, 350, 353, 355, 358, 361, 362, 364, 365, 367, 370, 371, 373, 374, 380–386
民之父母	7, 9, 10, 11, 13–24, 31, 32, 34–36, 38, 40–42, 44, 45, 47–49, 51–55, 57–61, 66, 81–84, 86, 87, 89, 90, 93, 96, 97, 99, 100, 102, 108, 113, 115, 117, 121–123, 125–128, 131, 132, 134, 135, 143, 144, 146, 150, 152–154, 156–160, 163–169, 171, 173–177, 180, 182, 184–186, 368
民國之禮	101
民本思想	26, 28, 42–45, 50, 55, 76, 128–131, 134, 143, 150, 151, 164, 166–168, 184, 368
司法審查	225, 233, 260, 311, 343, 344, 347, 349, 366

平等原則　196, 197, 217, 219, 223, 227, 232, 233, 254, 255, 344, 345

出禮入刑　182

出生地主義　194, 233, 234, 238

平等自由主義　44, 176, 185, 345

世界人權宣言　170, 190, 195, 200, 221, 238, 239, 244

【六劃】

朱熹　66, 69, 70, 72–76, 88, 100, 122, 124, 141, 156, 169, 170

行政院　83, 192, 198, 201, 202, 208, 245, 259, 278–283, 286–296,　299–303, 305–310, 312, 313, 320, 322, 323, 325–329, 337, 353, 364, 370–372, 374, 380–386

成德意識　31, 36, 54

血緣政治　33, 34, 97, 127, 159, 184

血統主義　194, 195, 233, 234, 238

伊藤博文　63, 64

有限政府　38

【七劃】

李登輝　270, 281, 285, 286, 290, 293, 295, 296, 305–310, 312, 326, 327, 329, 356, 357, 363, 384, 385

君臣有義　4, 6, 12

君民之禮　13, 53, 54, 101, 157, 246

【八劃】

非禮　76, 77, 93, 94, 96, 100, 108, 112–115, 117, 128, 131, 137, 147, 150, 153, 154, 156, 157, 169, 183, 184

孟子　4, 10, 12, 13, 17, 20, 23–25, 27–30, 33–37, 39–45, 48, 50, 51, 59, 60, 64, 66–71, 73–77, 81–94, 96, 97, 100, 102, 108, 109, 113, 117, 118, 121–123, 125–135, 139, 142–144, 146–157, 159, 160, 164–169, 171–175, 177, 178, 180, 182, 184, 185, 250

周公　33, 39, 65, 89, 94, 96, 109–111,　113,　115, 117–120, 123, 126–128,

135, 177, 185

武王　29, 39, 72, 89, 110, 111, 118-120, 122, 123, 133, 146, 158, 177

制憲　43, 52, 63, 101, 106, 170, 176, 229-231, 258, 285, 287, 290, 297-301, 304, 308, 315, 319, 320, 322, 328-332, 346, 351, 353, 360, 369, 375, 376, 379-384

性善　24, 25, 31, 37, 40, 146, 164, 173, 247

性惡　24, 25, 30, 40, 146, 247

始作俑者　57, 59, 60, 66, 67, 69-72, 74-77, 81-84, 86, 88, 94, 96, 97, 100, 102, 108, 117, 121, 126, 128, 132, 142, 150, 151, 156, 159, 164, 169, 184

其無後乎　59, 60, 66, 67, 69, 70, 72-77, 99, 100, 126, 151, 159

兩次元民主　382

【九劃】

牲人　70, 80, 100, 113, 114, 153, 169, 184

政黨政治　248, 281, 282, 288, 289, 291, 352, 368, 369, 373, 375

【十劃】

荀子　12, 24, 25, 30, 44, 88-90, 102, 130, 137, 145, 146, 149, 164, 173, 181

孫文　65, 101, 166, 174, 177

修憲　53, 125, 170, 219, 224, 245, 247, 280, 283-291, 296, 301, 303-309, 311, 317-324, 326, 327, 329-332, 336, 338, 346, 353, 356, 357, 364, 376, 379, 381, 382, 384-386

馬英九　99, 243, 244, 252, 253, 256, 369

翁岳生　232, 261, 295, 312, 332, 335, 336, 338-340, 343, 350-352, 356, 357, 364

效忠關係　205, 221, 224, 225

【十一劃】

康有為　62, 64, 80, 81, 82, 97, 129, 132, 135, 165, 166, 183

梁啟超　28, 30, 64, 84, 91, 95, 97, 116, 166, 179, 183

張君勱　222, 228, 287, 299, 300, 306–308, 322, 323, 326–329, 352, 353, 380–382, 384, 385, 387

陳水扁　245, 282, 294, 296, 305, 308, 328, 330, 358, 359, 363, 365, 370, 379, 384, 385

國際法　64, 101, 194, 216, 223, 224, 229, 235–239, 253–256, 260, 262–266, 268, 271

國民義務　221–223, 225, 241

率獸食人　30, 66, 75–77, 81–88, 90, 96, 97, 100, 117, 121, 122, 126, 128, 135, 143, 147, 149–151, 153, 154, 156, 159, 184, 185

移民三法　192, 193

基本人權　11, 14, 38, 40, 53, 84, 116, 124, 125, 173, 189–191, 195–198, 206, 211–213, 215–221, 223–227, 232, 234, 235, 241, 245, 249, 250, 257, 260, 269, 272, 298, 318,

332, 345

【十二劃】

焦循　66, 68, 73–77, 82, 83, 100, 142, 165

黃宗羲　28–30, 41, 42, 97, 129, 164–166, 177

策名委質　6, 13

凱悌君子　13, 15, 17, 18, 20, 58, 89, 90, 99

無體之禮　15–17, 19, 58, 158, 159, 182, 183, 185

超國界法　189, 253–255, 257–264, 266–273

【十三劃】

楊朱　147

違憲　39, 94, 96, 116, 117, 123, 170, 174, 183, 200, 204, 206, 215, 219, 222, 224, 236, 265, 270, 271, 282, 287, 290, 296, 310, 318, 322, 327, 334–341, 343, 344, 346–351, 353, 356, 361, 362, 364, 369–373, 382, 383

較高法　63, 154, 156, 157, 160, 182, 184, 186, 297

【十四劃】

趙岐　　　　67–70, 72, 73, 75, 76,
　　　　　　82, 83, 94, 142

管子　　　　12, 61, 62, 72, 91, 128,
　　　　　　183, 184

【十五劃】

墨子　　　　63, 72, 80, 85, 92, 93,
　　　　　　133, 146–149, 151, 152,
　　　　　　179

鄧牧　　　　27–32, 36, 41, 44,
　　　　　　164–166, 177

蔣介石　　　52, 285, 287, 288, 291,
　　　　　　295, 296, 298, 302,
　　　　　　304–307, 309, 310, 316,
　　　　　　317, 325–327, 333,
　　　　　　352–358, 367, 375, 379,
　　　　　　384–387

蔣經國　　　281, 285, 302, 305–307,
　　　　　　329, 367, 386

魯穆公　　　25, 26, 37, 44, 87, 151

德禮之治　　167, 180, 181, 182, 184

適格肯定論　229, 234, 239–241

適格否定論　215, 218, 225, 226, 228,
　　　　　　229, 232, 234, 235, 241

【十六劃】

憲政思想　　9, 11, 12, 14, 21, 30,
　　　　　　38–41, 49, 50, 52–55,
　　　　　　57–59, 67, 84, 88, 89,
　　　　　　93, 94, 97, 99–102, 115,
　　　　　　117, 135, 145, 149, 150,
　　　　　　153, 156, 167, 168, 170,
　　　　　　172, 173, 175, 176,
　　　　　　183–186, 247, 251, 368

憲法之治　　12, 167, 180, 181, 184,
　　　　　　306

憲政主義　　3, 7, 8, 11–13, 32, 38,
　　　　　　42, 49, 53, 54, 124–126,
　　　　　　171, 175, 178, 180, 186,
　　　　　　216, 228–230, 241,
　　　　　　246–248, 252, 259, 269,
　　　　　　273, 281, 285, 297–299,
　　　　　　303, 306, 313, 316, 326,
　　　　　　327, 331, 343, 347, 376,
　　　　　　377

【十七劃】

總統　　　　50, 52, 53, 96, 99, 106,
　　　　　　117, 165, 170, 194, 245,
　　　　　　247, 259, 261, 270, 271,
　　　　　　277–296, 299–313,
　　　　　　315–318, 322, 323,
　　　　　　325–330, 332, 333, 336,
　　　　　　346, 353–359, 363,
　　　　　　365–367, 370–375,

379–387

韓非子　　　　63, 90, 123, 181, 182

禪讓政治　　　33, 34, 51, 53

【十八劃】

禮讓原則　　　240

禮不下庶人　　12, 61, 95, 116, 117,
　　　　　　　157, 158

【二十劃】

嚴復　　　　　64, 65, 179

嚴家淦　　　　292, 302, 353, 386

【二十二劃】

權力分立　　　8, 38, 39, 42, 55, 213,
　　　　　　　246, 247, 259, 260, 270,
　　　　　　　271, 273, 298, 299, 301,
　　　　　　　303, 307, 312, 324, 325,
　　　　　　　330, 335–337, 340, 341,
　　　　　　　349, 351, 352, 356,
　　　　　　　367–371, 373–375, 381,
　　　　　　　384–386

大法官解釋索引

釋字第 1 號	333, 346	釋字第 185 號	351
釋字第 3 號	295, 333, 354, 355	釋字第 187 號	337
釋字第 4 號	333	釋字第 188 號	351
釋字第 9 號	362	釋字第 194 號	336, 341
釋字第 13 號	367	＊　＊　＊　＊　＊　＊	
釋字第 16 號	337	釋字第 201 號	337
釋字第 19 號	295	釋字第 202 號	339
釋字第 31 號	247, 316	釋字第 206 號	336
釋字第 35 號	337	釋字第 211 號	338
釋字第 37 號	337	釋字第 216 號	333, 335, 337, 355
釋字第 76 號	295, 356, 364	釋字第 217 號	333
釋字第 80 號	354	釋字第 220 號	344
釋字第 86 號	336, 338, 367	釋字第 224 號	338
＊　＊　＊　＊　＊　＊		釋字第 242 號	338, 348
釋字第 105 號	336, 372	釋字第 243 號	337
釋字第 117 號	337	釋字第 250 號	279
釋字第 137 號	335, 336	釋字第 251 號	338, 361
釋字第 147 號	339	釋字第 261 號	53, 247, 305, 318, 336, 338, 348, 364
釋字第 148 號	337		
釋字第 150 號	317	釋字第 262 號	290-291, 292, 296, 309, 336, 355
釋字第 156 號	339		
釋字第 158 號	339	釋字第 263 號	341
釋字第 159 號	339	釋字第 265 號	204
釋字第 166 號	336, 338, 341	釋字第 266 號	337
釋字第 177 號	339, 348	釋字第 268 號	337

釋字第 270 號　337

釋字第 278 號　338

釋字第 280 號　337

釋字第 294 號　372

釋字第 295 號　348

釋字第 298 號　337

＊　＊　＊　＊　＊　＊

釋字第 312 號　337

釋字第 315 號　339

釋字第 323 號　337

釋字第 325 號　356

釋字第 329 號　259, 264, 265

釋字第 334 號　364

釋字第 340 號　346

釋字第 342 號　288

釋字第 345 號　361

釋字第 364 號　342

釋字第 371 號　251, 349, 351, 361, 365

釋字第 373 號　344

釋字第 378 號　350

釋字第 382 號　337

釋字第 384 號　337, 346, 361

釋字第 387 號　286, 290, 291, 322, 328, 357

釋字第 388 號　290, 292, 309

釋字第 392 號　336, 338, 346, 361, 367

釋字第 394 號　350, 373

釋字第 396 號　338, 350

釋字第 399 號　338, 346

＊　＊　＊　＊　＊　＊

釋字第 407 號　342, 343

釋字第 410 號　344

釋字第 414 號　342

釋字第 419 號　286, 290, 291, 296, 301, 307, 310, 311, 322, 326-328, 336, 353, 356, 357, 364, 365, 374, 384, 385

釋字第 428 號　236, 265

釋字第 433 號　337

釋字第 436 號　336, 360

釋字第 442 號　227

釋字第 443 號　223

釋字第 445 號　338, 342, 343, 349

釋字第 454 號　208, 261

釋字第 455 號　232

釋字第 457 號　344

釋字第 461 號　290, 291, 307

釋字第 462 號　337

釋字第 467 號　324, 364

釋字第 468 號　346

釋字第 470 號　295, 311, 357

釋字第 471 號　361

釋字第 476 號　234, 341, 362

釋字第 490 號　223, 342, 343, 345

釋字第 491 號　337

釋字第 497 號　202, 345

釋字第 499 號　125, 284, 318, 322, 330, 331, 336, 338, 346, 364

＊　＊　＊　＊　＊　＊

釋字第 501 號　337

釋字第 509 號　338, 342, 361

釋字第 517 號　337

釋字第 520 號　291, 328, 337, 339, 364, 374

釋字第 523 號　346, 361

釋字第 529 號　337

釋字第 530 號　336, 338, 350, 351

釋字第 535 號　338, 346

釋字第 541 號　358

釋字第 549 號　265, 272

釋字第 550 號　364, 369, 370

釋字第 553 號　362, 364

釋字第 557 號　337

釋字第 558 號　204, 261

釋字第 560 號　199, 345

釋字第 567 號　342

釋字第 572 號　349, 362

釋字第 573 號　341, 344

釋字第 574 號　341

釋字第 575 號　337

釋字第 576 號　349

釋字第 577 號　342

釋字第 582 號　338

釋字第 583 號　337, 342

釋字第 585 號　50, 338, 341, 349, 364, 370, 371, 373

釋字第 587 號　346

釋字第 588 號　346, 361

釋字第 590 號　339, 340, 349, 351, 361, 362

釋字第 599 號　338, 349

＊　＊　＊　＊　＊　＊

釋字第 601 號　332, 337, 338, 340, 347, 351, 365, 366

釋字第 603 號　346

釋字第 610 號　337, 338, 340

釋字第 612 號　340

釋字第 613 號　340, 364, 371, 373

釋字第 614 號　337

釋字第 617 號　340

釋字第 618 號　321, 342, 345

釋字第 620 號　344

釋字第 623 號　342, 343

釋字第 626 號　345

釋字第 627 號　322, 359, 365, 366, 385

釋字第 631 號　335, 338, 361

釋字第 632 號　335, 340, 373, 375

釋字第 633 號　335

釋字第 634 號　335

釋字第 635 號　333, 335, 338

釋字第 636 號　361

工程與法律的對話

李家慶／主編

　　本書針對工程法律於程序面及實體面之相關議題，彙整國內外相關之法制、學說與國際常見工程契約範本，並援引國內之調解、仲裁和訴訟實務見解，從工程理論與實務及業主與承商等不同之觀點，並嘗試從工程師與法律人不同之角度與面向，深入探討各議題中之核心問題和爭點，使工程與法律得以相互對話。本書具體呈現出理律工程法律專業團隊豐富之辦案經驗與研究心得，內容深入專業、提綱挈領，可供工程法律實務工作者參考，並可作為高等院校工程管理及法律等之專業教材。

訴訟外紛爭解決機制

理律法律事務所／著；李念祖、李家慶／主編

　　本書就各種訴訟外紛爭解決機制，包括調解、仲裁、工程爭議審議委員會等，均有詳細之介紹及分析；內容亦廣及各種紛爭類型，例如：工程、金融、證券、海事、勞資、智慧財產等。本書內容深入淺出，兼具實務觀點及學說理論，徵以國內外可資參考之文獻資料，並就我國現行制度提出建言，故除足以作為法律實務工作者處理案件之參考外，亦得為大專院校教授訴訟外紛爭解決機制之專業教材。

關於律師文書——新進律師寫作入門

吳至格／著

　　在律師生涯中，雖然撰擬文書占去相當大比例的時間，但國內迄今鮮有專門參考著作，以致新進律師須耗費相當時間摸索。為了讓新進律師可儘快掌握律師文書的撰寫要領，本書詳細說明律師文書的特性及基本架構。並由三段論法的架構，分別說明勾勒思考、言必有據、簡要慎重等基本原則。希望藉由本書，新進律師能將寶貴時間致力於法律問題的研析，而非文字或句型的修飾。

靠智慧變富有的祕密

理律法律事務所／著

　　人類的智慧是無形的，透過思考力與創造力的蘊育，將無形的智慧轉化為有形的商品，不管是可口可樂所擁有的營業秘密、iPhone觸控式螢幕的專利發明、星巴克的美人魚商標，或是J.K.羅琳的著作《哈利波特》，這些都是人類智慧的結晶，也為擁有者帶來龐大的商機與財富。《靠智慧變富有的祕密》除了介紹智慧財產的4大領域，包括營業秘密、專利、商標與著作權外，還要告訴你為什麼智慧能夠變財富，並教你如何保護自身的智慧財富，避免他人的侵害。只要懂得運用「智慧」，你也會是下一個億萬富翁！

三民網路書店 會員

獨享好康 大放送

通關密碼：A6365

憑通關密碼
登入就送100元e-coupon。
（使用方式請參閱三民網路書店之公告）

生日快樂
生日當月送購書禮金200元。
（使用方式請參閱三民網路書店之公告）

好康多多
購書享3%～6%紅利積點。
消費滿250元超商取書免運費。
電子報通知優惠及新書訊息。

書種最齊全　服務最迅速

超過百萬種繁、簡體書、外文書5折起　三民網路書店 http://www.sanmin.com.tw